SERMÕES

I

Antonio Vieira

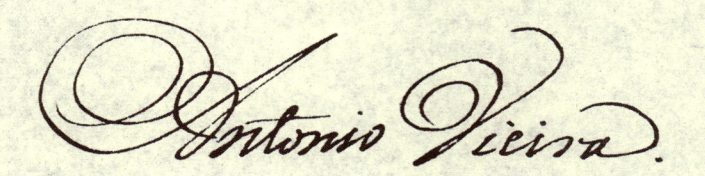

SERMÕES

I

de acordo com as regras do novo *acordo ortográfico*
da língua portuguesa

Edições Loyola

Direção: † Pe. Gabriel C. Galache, SJ
Ryad Adib Bonduki
Editor: Joaquim Pereira
Assistente: Eliane da Costa Nunes Brito
Capa e Projeto gráfico: Maurélio Barbosa
Revisão: Iranildo B. Lopes

Edições Loyola Jesuítas
Rua 1822, 341 – Ipiranga
04216-000 São Paulo, SP
T 55 11 3385 8500
F 55 11 2063 4275
editorial@loyola.com.br
vendas@loyola.com.br
www.loyola.com.br

Todos os direitos reservados. Nenhuma parte desta obra pode ser reproduzida ou transmitida por qualquer forma e/ou quaisquer meios (eletrônico ou mecânico, incluindo fotocópia e gravação) ou arquivada em qualquer sistema ou banco de dados sem permissão escrita da Editora.

ISBN 978-85-15-03602-8

3ª edição: agosto de 2014
© EDIÇÕES LOYOLA, São Paulo, Brasil, 2008

SUMÁRIO

Apresentação 7
Leitor 11
Sermão da Sexagésima 13
Sermão de Quarta-Feira de Cinza 33
Sermão do SSmo. Sacramento 47
Sermão do Nascimento da Virgem Maria 67
Sermão da Terceira Quarta-Feira da Quaresma 83
Sermão de S. Inácio 99
Sermão da Terceira Dominga da Quaresma 119
Sermão do SSmo. Sacramento 145
Sermão da Quinta Quarta-Feira da Quaresma 157
Sermão de Nossa Senhora de Penha de França 177
Sermão no Sábado Quarto da Quaresma 193
Sermão das Lágrimas de S. Pedro 213
Sermão do Mandato 227
Sermão da Bula da S. Cruzada 241
Sermão de Quarta-Feira de Cinza 259
Notas 279
Lista 287
Aprovação do Muito Reverendo Padre Mestre 291
Licenças 293
Privilégio real 295

APRESENTAÇÃO

Padre Antônio Vieira nasceu em Lisboa no ano de 1608 e faleceu em Salvador em 1697. Viveu o século XVII — século da Guerra dos Trinta Anos, de Luís XIV, de Descartes, de Bossuet, de Galileu Galilei, de Kepler e de Isaac Newton, de Rembrandt, dos Stuarts, de John Milton, de Góngora, de Gregório de Matos, da gramatização das línguas indígenas, da expansão agrícola e pecuária...

Os Sermões trazem as marcas desse século que colhe os frutos do Renascimento e naturalmente também as marcas pessoais de seu autor: religioso jesuíta, pregador régio, diplomata, missionário no Maranhão e no Pará, visionário, condenado pela Inquisição, absolvido e confirmado pelo Papa, e finalmente escritor, editor e revisor de seus textos literários.

O presente volume compreende quinze sermões pronunciados em tempos e lugares diferentes. Vieira, no texto que introduz o volume, explica: "(...) o meu intento não é fazer sermonários, é estampar os sermões que fiz. Assim como foram pregados acaso e sem ordem, assim tos ofereço, porque hás de saber que havendo trinta e sete anos que as voltas do mundo me arrebataram da minha província do Brasil, e me trazem pelas da Europa, nunca pude professar o ofício de pregador, e muito menos o de pregador ordinário".

Assim, os quinze sermões se situam:

1. em *Portugal*, 1645 (Ssmo. Sacramento); 1647 (Bula da S. Cruzada); 1652 (Nossa Senhora de Penha de França e Sábado Quarto da Quaresma); 1655 (Sexagésima — paradigmático de sua oratória, que inicia este volume — e Terceira Dominga da Quaresma);
2. no *Brasil*, 1657 (Nascimento da Virgem Maria);
3. em *Portugal* novamente, 1669 (Terceira Quarta-Feira da Quaresma; S. Inácio; Quinta Quarta-Feira da Quaresma e Lágrimas de S. Pedro);
4. na *Itália*, 1670 (Mandato); 1672 (Quarta-Feira de Cinza); 1673 (Quarta-Feira de Cinza); 1674 (Ssmo. Sacramento).

Para facilitar a leitura dos *Sermões* por aqueles que — cada dia mais numerosos — não dominam o latim, a edição atual apresenta os textos integrais com as referências em latim traduzidas para o português. Particularmente com este procedimento, Edições Loyola deseja promover melhor apreciação deste tesouro literário e despertar em seus leitores o desejo de conhecer as edições originais críticas.

Edições Loyola

Ao Príncipe Nosso Senhor

𝒮enhor.
    A obediência, com que V. A. foi servido mandar-me dar à estampa os meus Sermões, é a que põe aos Reais pés de V. A. esta primeira parte deles, tão diferentes na matéria e lugares em que foram recitados, como foi vária e perpétua a peregrinação de minha vida. Se V. A., por sua benignidade e grandeza, se dignar de os passar sob os olhos, entenderei que com a Coroa e Estados de del-Rei, que está no céu, passou também a V. A. o agrado com que S. Majestade e o Príncipe D. Teodósio, enquanto Deus quis, os ouviam. Mas porque os afetos se não herdam com os impérios, ainda será maior a mercê que receberei de V. A. se estas folhas, que ofereço cerradas e mudas, se conservarem no mesmo silêncio a que os meus anos me têm reduzido. Então ficará livre a rudeza destes discursos da forçosa temeridade com que os ponho à suprema censura do juízo de V. A., tanto mais para temer por sua agudeza e compreensão, quanto o mundo presente o admira sobre todos os que o passado tem conhecido. Deus nos guarde e conserve a Real Pessoa de V. A. por muitos anos, para que nas gloriosas ações de V. A. se desempenhe a nossa esperança do que em tantos dotes da natureza e graça nos está prometendo. Colégio de Santo Antão, em 21 de julho de 1677.

ANTÔNIO VIEIRA

LEITOR

Da folha que fica atrás, se a leste, haverás entendido a primeira razão, ou obrigação, por que começo a tirar da sepultura estes meus borrões, que sem a voz que os animava, ainda ressuscitados, são cadáveres.

A esta obrigação, que chamei primeira, como vassalo, se ajuntou outra também primeira, como religioso, que foi a obediência do maior de meus prelados, o Reverendíssimo Pe. João Paulo Oliva, Prepósito Geral de nossa Companhia. Se conheces a Eminência desta grão cabeça pela lição de seus escritos (como não podes deixar de a conhecer pela fama, sendo o oráculo do púlpito Vaticano em quatro sucessivos Pontificados) esta só aprovação te bastará para que me comeces a ler com melhor conceito daquele que formarás depois de lido. Assim lisonjeia aos pais o amor dos filhos, e assim honram os sumamente grandes aos pequenos.

Sobre estas duas razões acrescentarão outros outras, para mim de menos momento. E não era a menor delas a corrupção com que andam estampados debaixo de meu nome, e traduzidos em diferentes línguas, muitos sermões, ou supostos totalmente, não sendo meus, ou sendo meus na substância, tomados só de memória, e por isso informes, ou, finalmente, impressos por cópias defeituosas, e depravadas, com que em todos, ou quase todos, vieram a ser maiores os erros dos que eu conheci sempre nos próprios originais.

Este conhecimento, que ingenuamente te confesso, foi a razão total, por que nunca me persuadi a sair à luz com semelhante gênero de Escritura, de que o mundo está tão cheio. Nem me animava a isto posto que muitos mo alegassem, o rumo particular que segui sem outro exemplo porque só dos que são dignos de imitação se fizeram os exemplares. Se chegar a receber a última forma um livro, que tenho ideado com título de *Pregador e Ouvinte cristão*, nele verás as regras, não sei se da arte, se do gênio, que me guiaram por este novo caminho. Entretanto, se quiseres saber as causas por que me apartei do mais seguido e ordinário, no sermão de *Semen est Verbum Dei*, as acharás, o qual por isso se põe em primeiro lugar, como prólogo dos demais.

Se gostas da afetação e pompa de palavras, e do estilo que chamam culto, não me leias. Quando este estilo mais florescia, nasceram as primeiras verduras do meu, que perdoarás quando as encontrares, mas valeu-me tanto sempre a clareza, que só porque me entendiam, comecei a ser ouvido: e o começaram também a ser os que reconheceram o seu engano, e mal se entendiam a si mesmos.

O nome de Primeira Parte, com que sai este tomo, promete outras. Se me perguntas quantas serão, só te pode responder com certeza o Autor da vida. Se esta durar à proporção da matéria, a que se acha nos meus papéis bastante é a formar doze corpos desta mesma, e ainda maior estatura. Em cada um deles irei metendo dois ou três sermões dos já impressos, restituídos à sua original inteireza: e os que se não reimprimirem entre os demais, supõe que não são meus.

Os que de presente tens nas mãos e mais ainda os seguintes, serão todos diversos e não continuados, esperando tu, porventura, que saísse com os que chamas quaresmais, santorais e mariais inteiros, como se usa. Mas o meu intento não é fazer sermonários, é estampar os sermões que fiz. Assim como foram pregados acaso e sem ordem, assim tos ofereço, porque hás de saber que havendo trinta e sete anos que as voltas do mundo me arrebataram da minha província do Brasil, e me trazem pelas da Europa, nunca pude professar o ofício de pregador, e muito menos o de pregador ordinário, por não ter lugar certo, nem tempo: já aplicado a outras ocupações em serviço de Deus e da Pátria, já impedido de minhas frequentes enfermidades, por ocasião das quais deixei de recitar alguns sermões, não poucos, que já tinha prevenidos, e também agora se darão à estampa.

Além dessa diversidade geral acharás ainda neles outra maior, pelas diversas ocasiões em que os sucessos extraordinários de nossa idade, e os das minhas peregrinações por diferentes terras e mares, me obrigaram a falar em público. E assim, uns serão panegíricos, outros gratulatórios, outros apologéticos, outros políticos, outros bélicos, outros náuticos, outros funerais, outros totalmente ascéticos, mas todos, quanto a matéria o permitia, e mais do que em tais casos se costuma, morais.

O meu primeiro intento era dividir estas matérias, e reduzi-las a tomos particulares, havendo número em cada uma para justo volume; mas como seriam necessários muitos mais dias para esta separação, e para estender, e vestir os que estão só em apontamentos; por não dilatar o teu desejo, o qual tanto mais te agradeço, quanto menos mo deves, irão saindo diante, e à desfilada, os que estiverem mais prontos. E creio que te não será menos grata esta mesma variedade para alternar assim, e aliviar o fastio que costuma causar a semelhança.

Por fim, não te quero empenhar com a promessa de outras obras, porque, se bem entre o pó das minhas memórias, ou dos meus esquecimentos, se acham, como na oficina de Vulcano, muitas peças meio forjadas, nem elas se podem já bater por falta de forças, e muito menos aperfeiçoar e polir, por estar embotada a lima com o gosto, e gastada com o tempo. Só sentirei que este me falte para pôr a última mão aos quatro Livros Latinos de *Regno Christi in terris consummato*, por outro nome, *Clavis Prophetarum*, em que se abre nova estrada à fácil inteligência dos profetas, e tem sido o maior emprego de meus estudos. Mas porque estes vulgares são mais universais, o desejo de servir a todos lhes dá agora a preferência.

Se tirares deles algum proveito espiritual (que é o que só pretendo), roga-me a Deus pela vida: e se ouvires que sou morto, lê o último sermão deste Livro*, para que te desenganes dela, e tomarás o conselho que tenho tomado. Deus te guarde.

---

* Sermão de Quarta-Feira de Cinza, em Roma, na Igreja de S. Antônio dos Portugueses, em 1673.

SERMÃO DA

*Sexagésima**

Pregado na Capela Real
Este Sermão pregou o autor no ano de 1655, vindo da Missão do Maranhão,
onde achou as dificuldades que nele se apontam, as quais vencidas,
com novas ordens reais voltou logo para a mesma Missão.

∽

"A semente é a palavra de Deus."
(Lc 8,11)

---

*Vieira parte para Lisboa, em 1654, em conflito com os moradores do Maranhão
por causa da escravatura dos índios. Uma dúvida o acompanha?
Por que tão poucos frutos dão os sermões? Encontra a resposta na parábola
do semeador. Se a palavra de Deus é tão poderosa, por que não produz frutos?
Falta Deus, com a graça? Não. Falta o ouvinte, com o entendimento?
Não. A culpa é, pois, do pregador? De sua pessoa? De sua ciência? Da matéria?
Do estilo? Da voz? Uma a uma, essas interrogações são tratadas e refletidas criticamente.
Uma grande exposição sobre a arte de pregar. Se as faltas de quem prega são muitas,
são muitos também os méritos. Afinal, qual a causa de tão poucos frutos?
A resposta é breve: "Pregam-se palavras, mas não as palavras de Deus".
Por isso, as gentes não se desenganam e não se convertem.*

§ I

E se quisesse Deus que este tão ilustre e tão numeroso auditório saísse hoje tão desenganado da pregação, como vem enganado com o pregador! Ouçamos o Evangelho, e ouçamo-lo todo, que todo é do caso que me levou e trouxe de tão longe.

"Eis que saiu o que semeia a semear" (Mt 13,3). Diz Cristo que saiu o pregador evangélico a semear a palavra divina. Bem parece este texto dos livros de Deus. Não só faz menção do semear, mas faz também caso de sair: "Saiu", porque no dia da messe hão-nos de medir a semeadura e hão-nos de contar os passos. O mundo, aos que lavrais com ele, nem vos satisfaz o que despendeis, nem vos paga o que andais. Deus não é assim. Para quem lavra com Deus, até o sair é semear, porque também das passadas colhe fruto. Entre os semeadores do Evangelho, há uns que saem a semear, há outros que semeiam sem sair. Os que saem a semear são os que vão pregar à Índia, à China, ao Japão; os que semeiam sem sair são os que se contentam com pregar na pátria. Todos terão sua razão, mas tudo tem sua conta. Aos que têm a seara em casa, pagar-lhes-ão a semeadura; aos que vão buscar a seara tão longe, hão-lhes de medir a semeadura, e hão-lhes de contar os passos. Ah! Dia do juízo! Ah! pregadores! Os de cá, achar-vos-eis com mais paço; os de lá, com mais passos: "Saiu a semear".

Mas daqui mesmo vejo que notais, e me notais, que diz Cristo que o semeador do Evangelho saiu, porém não diz que tornou, porque os pregadores do Evangelho, os homens que professam pregar e propagar a fé, é bem que saiam, mas não é bem que tornem. Aqueles animais de Ezequiel, que tiravam pelo carro triunfal da glória de Deus, e significavam os pregadores do Evangelho, que propriedades tinham? "Uma vez que iam, não tornavam" (Ez 1,12)[1]. As rédeas por que se governavam, era o ímpeto do espírito, como diz o mesmo texto; mas esse espírito tinha impulsos para os levar, não tinha regresso para os trazer, porque sair para tornar, melhor é não sair. Assim arguis com muita razão, e eu também assim o digo. Mas pergunto: e se esse semeador Evangélico, quando saiu, achasse o campo tomado, se se armassem contra ele os espinhos, se se levantassem contra ele as pedras, e se lhe fechassem os caminhos, que havia de fazer? Todos estes contrários que digo, e todas estas contradições experimentou o semeador do nosso Evangelho. Começou ele a semear, diz Cristo, mas com pouca ventura. "Uma parte caiu entre espinhos, e os espinhos cresceram e sufocaram-na" (Mt 13,7). "Outra parte caiu entre pedras, e uma vez nascida secou-se, porque não tinha umidade" (Mt 13,5). "Outra parte caiu pelo caminho, e foi pisada, e os pássaros do céu a comeram" (Mt 13,4). Ora, vede como todas as criaturas do mundo se armaram contra esta sementeira. Todas as criaturas, quantas há no mundo, se reduzem a quatro gêneros: criaturas racionais, como os homens; criaturas sensitivas, como os animais; criaturas vegetativas, como as plantas; criaturas insensíveis, como as pedras, e não há mais. Faltou alguma destas que se não armasse contra o semeador? Nenhuma. A natureza insensível o perseguiu nas pedras; a vegetativa, nos espinhos; a sensitiva, nas aves; a racional, nos homens. E notai a desgraça do trigo, que onde só podia esperar razão, ali achou maior agravo. As pedras secaram-no, os espinhos afogaram-no, as aves comeram-no, e os homens? Pisaram-no, diz a glosa. Quando Cristo mandou pregar os apóstolos pelo mundo, disse-lhes desta maneira: "Ide por todo mundo, pregai a toda criatura" (Mc 16,15). Como assim, Senhor? Os animais não são criaturas? As árvores não são criaturas? As pedras não são criaturas? Pois hão os apóstolos de pregar às pedras? Hão de pregar aos troncos? Hão de pregar aos animais? Sim, diz S. Gregório, depois de S. Agostinho[2]; porque, como os apóstolos iam pregar a todas as nações do mundo, muitas delas bárbaras e incultas, haviam de achar os homens degenerados em todas as espécies de criaturas; haviam de achar homens-homens, haviam de achar homens-brutos, haviam de achar homens-troncos, haviam de achar homens-pedras. E quando os pregadores evangélicos vão pregar a toda a criatura, que se armem contra eles todas as criaturas? Grande desgraça!

Mas ainda a do semeador do nosso Evangelho não foi a maior. A maior é a que se tem experimentado na seara aonde eu fui, e para onde venho. Tudo o que aqui padeceu o trigo, padeceram lá os semeadores. Se bem advertirdes, houve aqui trigo mirrado, trigo afogado, trigo comido e trigo pisado. Trigo mirrado: "Nascido secou-se, porque não tinha umidade"; trigo afogado: "Cresceram os espinhos e sufocaram-no"; trigo comido: "Os pássaros do céu o comeram"; trigo pisado: "Foi pisado". Tudo isso padeceram os semeadores evangélicos da Missão do Maranhão de doze anos a esta parte. Houve missionários afogados, porque uns se afogaram na boca do grande rio Amazonas; houve missionários comidos, porque a outros comeram os bárbaros na Ilha dos Aruãs [na foz do rio Amazonas]; houve missionários mirrados, porque tais tornaram os da jornada dos Tocantins, mirrados da fome e da doença, onde tal houve, que andando vinte e dois dias perdidos nas brenhas, matou somente a sede com o orvalho que lambia das folhas. Vede se lhe quadra bem o "Nascido secou-se, porque não tinha umidade?" E que sobre mirrados, sobre afogados, sobre comidos, ainda se vejam pisados e perseguidos dos homens: "Foi pisado?" Não me queixo, nem o digo, Senhor, pelos semeadores; só pela seara o digo, só pela seara o sinto. Para os semeadores isto são glórias: mirrados sim, mas por amor de vós mirrados; afogados sim, mas por amor de vós afogados; comidos sim, mas por amor de vós comidos; pisados e perseguidos sim, mas por amor de vós perseguidos e pisados.

Agora torna a minha pergunta. E que faria neste caso, ou que devia fazer o semeador evangélico vendo tão mal logrados seus primeiros trabalhos? Deixaria a lavoura? Desistiria da sementeira? Ficar-se-ia ocioso no campo, só porque tinha lá ido? Parece que não. Mas se tornasse muito depressa à casa a buscar alguns instrumentos com que alimpar a terra das pedras e dos espinhos, seria isto desistir? Seria isto tornar atrás? Não por certo. No mesmo texto de Ezequiel, com quem arguistes, temos a prova. Já vimos, como dizia o texto, que aqueles animais da carroça de Deus, "uma vez que iam, não tornavam" (Ez 1,12). Lede agora dois versos mais abaixo e vereis que diz o mesmo texto que aqueles animais: "iam e voltavam, à semelhança dos relâmpagos" (Ez 1,14). Pois se os animais iam e tornavam à semelhança de um raio, como diz o texto que quando iam não tornavam? Porque quem vai e volta como um raio não torna. Ir e voltar como raio não é tornar, é ir por diante. Assim o fez o semeador do nosso Evangelho. Não o desanimou nem a primeira, nem a segunda, nem a terceira perda; continuou por diante no semear, e foi com tanta felicidade que nesta quarta e última parte do trigo se restauraram com vantagem as perdas dos demais; nasceu, cresceu, espigou, amadureceu, colheu-se, mediu-se, achou-se que por um grão multiplicara cento. "E frutificou cem por cento".

Oh! que grandes esperanças me dá esta sementeira! Oh! que grande exemplo me dá este semeador! Dá-me grandes esperanças a sementeira, porque, ainda que se perderam os primeiros trabalhos, lograr-se-ão os últimos; dá-me grande exemplo o semeador, porque depois de perder a primeira, a segunda, e a terceira parte do trigo, aproveitou a quarta e última, e colheu dela muito fruto. Já que se perderam as três partes da vida, já que uma parte da idade a levaram os espinhos, já que outra parte a levaram as pedras, já que outra parte a levaram os caminhos, e tantos caminhos, esta quarta e última parte, este último quartel da vida, por que se perderá também? Por que não dará fruto? Por que não terão também os anos o que tem o ano? O ano tem tempo para as flores e tempo para os frutos. Por que não terá também o seu outono a vida? As flores, umas caem, outras secam, outras murcham, outras leva o vento; aquelas poucas que se pegam ao tronco e se convertem em fruto, só essas são as venturosas, só essas são as discretas, só essas são as que duram, só essas são as que aproveitam, só essas são as que sustentam o mundo. Será bem que o mundo morra à fome? Será bem que os últimos dias se passem em flores? Não será bem, nem Deus quer que seja, nem há de ser. Eis aqui por que eu dizia ao princípio que vindes enganados com o pregador. Mas para que possais ir desenganados com o sermão, tratarei nele uma matéria de grande peso e importância. Servirá como de prólogo aos sermões que vos hei de pregar, e aos mais que ouvirdes esta quaresma.

§ II

"A semente é a palavra de Deus." O trigo que semeou o pregador evangélico, diz Cristo que é a palavra de Deus. Os espinhos, as pedras, o caminho e a terra boa em que o trigo caiu são os diversos corações dos homens. Os espinhos são os corações embaraçados com cuidados, com riquezas, com delícias, e nestes afoga-se a palavra de Deus. As pedras são os corações duros e obstinados, e nestes seca-se a palavra de Deus, e se nasce não cria raízes. Os caminhos são os corações inquietos e perturbados com a passagem e tropel das coisas do mundo, umas que vão, outras que vêm, outras que atravessam, e todas passam; e nestes é pisada a palavra de Deus, porque ou a desatendem, ou a desprezam. Finalmente a terra boa são os corações bons, ou os homens de bom coração, e nestes prende e frutifica a palavra divina com tanta fecundidade e abundância, que se colhe cento por um: "E frutificou cem por cento".

Este grande frutificar da palavra de Deus é o em que reparo hoje; e é uma dúvida ou admiração que me traz suspenso e confuso depois que subo ao púlpito. Se a palavra de Deus é tão eficaz e tão poderosa, como vemos tão pouco fruto da palavra de Deus? Diz Cristo que a palavra de Deus frutifica cento por um, e já eu me contentara com que frutificasse um por cento. Se com cada cem sermões se convertera e emendara um homem, já o mundo fora santo. Este argumento da fé, fundado na autoridade de Cristo, se aperta ainda mais na experiência, comparando os tempos passados com os presentes. Lede as histórias eclesiásticas e achá-las-eis todas cheias de admiráveis efeitos da pregação da palavra de Deus. Tantos pecadores convertidos, tanta mudança de vida, tanta reformação de costumes; os grandes desprezando as riquezas e vaidades do mundo; os reis renunciando os cetros e as coroas; as mocidades e as gentilezas metendo-se pelos desertos e pelas covas. E hoje? Nada disto. Nunca na Igreja de Deus houve tantas pregações, nem tantos pregadores como hoje. Pois se tanto se semeia a palavra de Deus, como é tão pouco o fruto? Não há um homem que em um sermão entre em si e se resolva; não há um moço que se arrependa; não há um velho que se desengane; que é isto? Assim como Deus não é hoje menos onipotente, assim a sua palavra não é hoje menos poderosa do que dantes era. Pois se a palavra de Deus é tão poderosa, se a palavra de Deus tem hoje tantos pregadores, por que não vemos hoje nenhum fruto da palavra de Deus? Esta tão grande e tão importante dúvida será a matéria do sermão. Quero começar pregando-me a mim. A mim será, e também a vós: a mim, para aprender a pregar; a vós, para que aprendais a ouvir.

§ III

Fazer pouco fruto a palavra de Deus no mundo pode proceder de um de três princípios: ou da parte do pregador, ou da parte do ouvinte, ou da parte de Deus. Para uma alma se converter por meio de um sermão, há de haver três concursos: há de concorrer o pregador com a doutrina, persuadindo; há de concorrer o ouvinte com o entendimento, percebendo; há de concorrer Deus com a graça, alumiando. Para um homem se ver a si mesmo, são necessárias três coisas: olhos, espelho e luz. Se tem espelho, e é cego, não se pode ver por falta de olhos; se tem espelho, e tem olhos, e se é de noite, não se pode ver por falta de luz. Logo há mister luz, há mister espelho, e há mister olhos. Que coisa é a conversão de uma alma, senão entrar um homem dentro em si, e ver-se a si mesmo? Para esta vista são necessários olhos, é necessária luz e é necessário espelho. O pregador concorre com o espelho, que é a doutrina; Deus concorre com a luz, que é a graça; o homem concorre com os olhos, que é o conhecimento. Ora, suposto que a conversão das almas por meio da pregação depende destes três concursos: de Deus, do pregador, e do ouvinte, por qual deles havemos de entender que falta? Por parte do ouvinte, ou por parte do pregador, ou por parte de Deus?

Primeiramente, por parte de Deus não falta, nem pode faltar. Esta proposição é de fé, definida no Concílio Tridentino[3], e no nosso Evangelho a temos. Do trigo, que deitou à terra o semeador, uma parte se logrou e três se perderam. E por que se perderam estas três? A primeira perdeu-se porque a afogaram os espinhos; a segunda, porque a secaram as pedras; a terceira, porque a pisaram os homens, e a comeram as aves. Isto é o que diz Cristo; mas notai o que não diz. Não diz que parte alguma daquele trigo se perdesse por causa do sol ou da chuva. A causa por que ordinariamente se perdem as sementeiras é pela desigualdade e pela intemperança dos tempos; ou porque falta ou sobeja a chuva, ou porque falta ou sobeja o sol. Pois por que não introduz Cristo na parábola do Evangelho algum trigo que se perdesse por causa do sol ou da chuva? Porque o sol e a chuva são as influências da parte do céu, e deixar de frutificar a semente da palavra de Deus nunca é por falta do céu, sempre é por culpa nossa. Deixará de frutificar a sementeira ou pelo embaraço dos espinhos, ou pela dureza das pedras, ou pelos descaminhos dos caminhos; mas por falta das influências do céu, isso nunca é, nem pode ser. Sempre Deus está pronto de sua parte com o sol para aquentar, e com a chuva para regar; com o sol para alumiar, e com a chuva para amolecer, se os nossos corações quiserem: "O qual faz nascer o seu sol sobre bons e maus e vir a chuva sobre justos e injustos" (Mt 5,45). Se Deus dá o seu sol e a sua chuva aos bons e aos maus, aos maus que se quiserem fazer bons, como a negará? Este ponto é tão claro que não há para que nos determos em mais prova. "O que deveria eu fazer à minha vinha, e não fiz?" (Is 5,4). — disse o mesmo Deus por Isaías.

Sendo pois certo que a palavra divina não deixa de frutificar por parte de Deus, segue-se que ou é por falta do pregador, ou por falta dos ouvintes. Por qual será? Os pregadores deitam a culpa aos ouvintes, mas não é assim. Se fora por falta dos ouvintes, não fizera a palavra de Deus muito grande fruto; mas não fazer nenhum fruto e nenhum efeito, não é por falta dos ouvintes. Provo. Os ouvintes ou são maus, ou são bons: se são bons, faz neles grande fruto a palavra de Deus; se são maus, ainda que não faça neles fruto, faz efeito. No Evangelho o temos. O trigo que caiu nos espinhos nasceu, mas afogaram-no: "Os espinhos cresceram juntamente e sufocaram-no". O trigo que caiu nas pedras nasceu também, mas secou-se: "E nascido secou-se". O trigo que caiu na terra boa nasceu e frutificou com grande multiplicação: "E nascido frutificou cem por cento". De maneira que o trigo que caiu na boa terra nasceu e frutificou; o trigo que caiu na má terra não frutificou, mas nasceu, porque a palavra de Deus é tão fecunda, que nos bons faz muito fruto, e é tão eficaz, que nos maus, ainda que não faça fruto, faz efeito; lançada nos espinhos, não frutificou, mas nasceu até nos espinhos; lançada nas pedras, não frutificou, mas nasceu até nas pedras. Os piores ouvintes que há na Igreja de Deus são as pedras e os espinhos. E por quê? Os espinhos por agudos, as pedras por duras. Ouvintes de entendimentos agudos, e ouvintes de vontades endurecidas, são os piores que há. Os ouvintes de entendimentos agudos são maus ouvintes porque vêm só a ouvir sutilezas, a esperar galantarias, a avaliar pensamentos, e às vezes também a picar a quem os não pica: "Outra parte caiu entre espinhos". O trigo não picou os espinhos, antes os espinhos o picaram a ele; o mesmo sucede cá. Cuidais que o sermão vos picou a vós, e não é assim: vós sois o que picais o sermão. Por isso são maus ouvintes os de entendimentos agudos. Mas os de vontades endurecidas ainda são piores, porque um entendimento agudo pode-se ferir pelos mesmos fios, e vencer-se uma agudeza com outra maior; mas contra vontades endurecidas nenhuma coisa aproveita a agudeza, antes dana mais, porque quanto as setas são mais agudas, tanto mais facilmente se despontam na pedra. Oh! Deus nos livre de vontades endurecidas, que ainda são piores que as pedras. A vara de Moisés abrandou as pedras, e não pôde abrandar uma vontade endurecida: "Ferindo duas vezes a rocha com a sua vara, saíram dela águas copiosíssimas" (Nm 20,11). – "E endureceu-se o coração do Faraó" (Ex 7,13). E com os ouvintes de entendimentos agudos e os ouvintes de vontades endurecidas serem os mais rebeldes, é tanta a força da divina palavra que, apesar da agudeza, nasce nos espinhos, e apesar da dureza nasce nas pedras. Pudéramos arguir ao lavrador do Evangelho, de não cortar os espinhos e de não arrancar as pedras antes de semear, mas de indústria deixou no campo as pedras e os espinhos, para que se visse a força do que semeava. É tanta a força da divina palavra, que sem cortar nem despontar espinhos, nasce entre espinhos. É tanta a força da divina palavra, que sem arrancar, nem abrandar pedras, nasce nas pedras. Corações embaraçados como espinhos, corações secos e duros como pedras, ouvi a palavra de Deus, e tende confiança; tomai exemplo nestas mesmas pedras e nestes espinhos. Esses espinhos e essas pedras agora resistem ao semeador do céu mas virá tempo em que essas mesmas pedras o aclamem, e esses mesmos espinhos o coroem. Quando o semeador do céu deixou o campo, saindo deste mundo, as pedras se quebraram para lhe fazerem aclamações, e os espinhos se teceram para lhe fazerem coroa. "E partiram-se as pedras" (Mt 27,51). — "E tecendo uma coroa de espinhos a puseram sobre a sua cabeça" (Mt 27,29). E se a palavra de Deus até dos espinhos e das pedras triunfa, se a palavra de Deus até nas pedras, até nos espinhos nasce, não triunfar dos alvedrios hoje a palavra de Deus, nem nascer nos corações, não é por culpa nem por indisposição dos ouvintes.

Supostas estas duas demonstrações, suposto que o fruto e efeito da palavra de Deus não fica nem por parte de Deus, nem por parte dos ouvintes, segue-se por consequência clara que fica por parte do pregador. E assim é. Sabeis cristãos por que não faz fruto a palavra de Deus? Por culpa dos pregadores. Sabeis pregadores por que não faz fruto a palavra de Deus? Por culpa nossa.

§ IV

Mas como em um pregador há tantas qualidades e em uma pregação há tantas leis, e os pregadores podem ser culpados em todas, em qual consistirá esta culpa? No pregador podem se considerar cinco circunstâncias: a pessoa, a ciência, a matéria, o estilo, a voz. A pessoa que é, a ciência que tem, a matéria que trata, o estilo que segue, a voz com que fala. Todas estas circunstâncias temos no Evangelho. Vamo-las examinando uma por uma, e buscando esta causa.

Será porventura o não fazer fruto hoje a palavra de Deus, pela circunstância da pessoa? Será porque antigamente os pregadores eram santos, eram varões apostólicos e exemplares, e hoje os pregadores são eu e outros como eu? Boa razão é esta. A definição do pregador é a vida e o exemplo. Por isso Cristo no Evangelho não o comparou ao semeador, senão ao que semeia. Reparai. Não diz Cristo: saiu a semear o semeador, senão, saiu a semear o que semeia: "Eis que saiu o que semeia a semear". Entre o semeador e o que semeia há muita diferença: uma coisa é o soldado, e outra coisa o que peleja; uma coisa é o governador, e outra o que governa. Da mesma maneira, uma coisa é o semeador, e outra o que semeia; uma coisa é o pregador, e outra o que prega. O semeador e o pregador é nome, o que semeia e o que prega é ação; e as ações são as que dão o ser ao pregador. Ter nome de pregador, ou ser pregador de nome, não importa nada; as ações, a vida, o exemplo, as obras, são as que convertem o mundo. O melhor conceito que o pregador leva ao púlpito, qual cuidais que é? É o conceito que de sua vida têm os ouvintes. Antigamente convertia-se o mundo; hoje por que se não converte ninguém? Porque hoje pregam-se palavras e pensamentos; antigamente pregavam-se palavras e obras. Palavras sem obras são tiro sem bala: atroam mas não ferem. A funda de Davi derrubou o gigante, mas não o derrubou com o estalo senão com a pedra: "E a pedra se encravou na sua testa" (1Rs 17,49). As vozes da harpa de Davi lançavam fora os demônios do corpo de Saul, mas não eram vozes pronunciadas com a boca, eram vozes formadas com a mão: "Davi tomava a harpa, e a tocava com a sua mão" (1Rs 16,23). Por isso Cristo comparou o pregador ao semeador. O pregar, que é falar, faz-se com a boca: o pregar, que é semear, faz-se com a mão. Para falar ao vento, bastam palavras: para falar ao coração, são necessárias obras. Diz o Evangelho que a palavra de Deus multiplicou cento por um. Que quer isso dizer? Quer dizer que de uma palavra nasceram cem palavras? Não. Quer dizer que de poucas palavras nasceram muitas obras. Pois palavras que frutificam obras, vede se podem ser só palavras? Quis Deus converter o mundo, e que fez? Mandou ao mundo seu Filho feito homem. Notai. O Filho de Deus, enquanto Deus, é palavra de Deus, não é obra de Deus: "Gerado, não feito". O Filho de Deus enquanto Deus e Homem, é palavra de Deus e obra de Deus juntamente: "E o Verbo se fez carne" (Jo 1,14). De maneira que até de sua palavra desacompanhada de obras não fiou Deus a conversão dos homens. Na união da palavra de Deus com a maior obra de Deus consistiu a eficácia da salvação do mundo. Verbo divino é palavra divina, mas importa pouco que as nossas palavras sejam divinas, se forem desacompanhadas de obras. A razão disto é porque as palavras ouvem-se, as obras veem-se; as palavras entram pelos ouvidos, as obras entram pelos olhos, e a nossa alma rende-se muito mais pelos olhos que pelos ouvidos. No céu ninguém há que não ame a Deus, nem possa deixar de o amar. Na terra há tão poucos que o amem; todos o ofendem. Deus não é o mesmo, e tão digno de ser amado no céu como na terra? Pois como no céu obriga e necessita a todos a o amarem, e na terra não? A razão é porque Deus no céu é Deus visto; Deus na terra é Deus ouvido. No céu entra o conhecimento de Deus à alma pelos olhos: "Nós o veremos como ele é" (1Jo 3,2); na terra entra-lhe o conhecimento de Deus pelos ouvidos: "A fé é pelo ouvido" (Rm 10,17). E o que entra pelos ouvidos, crê-se, o que entra pelos olhos, necessita. Viram os ouvintes em nós o que nos ouvem a nós, e o abalo e os efeitos do sermão seriam muito outros.

Vai um pregador pregando a Paixão, chega ao pretório de Pilatos, conta como a Cristo o fizeram rei de zombaria, diz que tomaram uma púrpura e lha puseram aos ombros; ouve aquilo o auditório muito atento. Diz que teceram uma coroa de espinhos, e que lha pregaram na cabeça; ouvem todos com a mesma atenção. Diz mais que lhe ataram as mãos e lhe meteram nela uma cana por cetro; continua o mesmo silêncio e a mesma suspensão nos ouvintes. Corre-se neste passo uma cortina, aparece a imagem do "Eis o homem": eis todos prostrados por terra, eis todos a bater nos peitos, eis as lágrimas, eis os gritos, eis os alaridos, eis as bofetadas. Que é isto? Que apareceu de novo nesta Igreja? Tudo o que descobriu aquela cortina tinha já dito o pregador. Já tinha dito daquela púrpura, já tinha dito daquela coroa e daqueles espinhos, já tinha dito daquele cetro e daquela cana. Pois se isto então não fez abalo nenhum, como faz agora tanto? Porque então era "Eis o homem" ouvido, e agora é "Eis o homem" visto; a relação do pregador entrava pelos ouvidos, a representação daquela figura entra pelos olhos. Sabem, padres pregadores, por que fazem pouco abalo os nossos sermões? Porque não pregamos aos olhos, pregamos só aos ouvidos. Por que convertia o Batista tantos pecadores? Porque assim como as suas palavras pregavam aos ouvidos, o seu exemplo pregava aos olhos. As palavras do Batista pregavam penitência: "Fazei penitência" (Mt 3,2), e o exemplo clamava: "Eis o homem": eis aqui está o homem que é o retrato da penitência e da aspereza. As palavras do Batista pregavam jejum e repreendiam os regalos e demasias da gula, e o exemplo clamava: "Eis o homem": eis aqui está o homem que se sustenta de gafanhotos e mel silvestre. As palavras do Batista pregavam composição e modéstia, e condenavam a soberba e a vaidade das galas, e o exemplo clamava: "Eis o homem": eis aqui está o homem vestido de peles de camelo, com as cerdas e cilício à raiz da carne. As palavras do Batista pregavam despegos e retiros do mundo, e fugir das ocasiões e dos homens, e o exemplo clamava: "Eis o homem": eis aqui o homem que deixou as cortes e as cidades, e vive num deserto e numa cova. Se os ouvintes ouvem uma coisa e veem outra, como se hão de converter? Jacó punha as varas manchadas diante das ovelhas quando concebiam, e daqui procedia que os cordeiros nasciam manchados. "As ovelhas punham os olhos nas varas, e pariam as suas crias manchadas e várias, e pintadas de diversas cores" (Gn 30,39). Se quando os ouvintes percebem os nossos conceitos têm diante dos olhos as nossas manchas, como hão de conceber virtudes? Se a minha vida é apologia contra a minha doutrina, se as minhas palavras vão já refutadas nas minhas obras, se uma coisa é o semeador e outra o que semeia, como se há de fazer fruto?

Muito boa e muito forte razão era esta de não fazer fruto a palavra de Deus, mas tem contra si o exemplo e experiência de Jonas (Jn 1,2-4). Jonas, fugitivo de Deus, desobediente, contumaz, e ainda depois de engolido e vomitado, iracundo, impaciente, pouco caritativo, pouco misericordioso, e mais zeloso e amigo da própria estimação que da honra de Deus e salvação das almas, desejoso de ver sovertida a Nínive, e de a ver soverter com seus olhos, havendo nela tantos mil inocentes. Contudo, este mesmo homem com um sermão converteu o maior rei, a maior corte e o maior reino do mundo, e não de homens fiéis, senão de gentes idólatras. Outra é logo a causa que buscamos. Qual será?

§ V

Será porventura o estilo que hoje se usa nos púlpitos? Um estilo tão empeçado, um estilo tão dificultoso, um estilo tão afetado, um estilo tão encontrado a toda a arte e a toda a natureza? Boa razão é também esta. O estilo há de ser muito fácil e muito natural. Por isso Cristo comparou o pregar ao semear: "Saiu o que semeia a semear". Compara Cristo o pregar ao semear, porque o semear é uma arte que tem mais de natureza que de arte. Nas outras artes, tudo é arte: na música tudo se faz por compasso, na arquitetura tudo se faz por regra, na aritmética tudo se faz por conta, na geografia tudo se faz por medida. O semear não é assim. É uma arte sem arte: caia onde cair. Vede como semeava o nosso lavrador do Evangelho. Caía o trigo nos espinhos, e nascia: "Uma parte caiu entre espinhos, e os espinhos cresceram juntamente". Caía o trigo nas pedras, e nascia: "Outra parte caiu entre pedras e nascia". Caía o trigo na terra boa, e nascia: "Outra parte caiu em terra boa, e nascia". Ia o trigo caindo e ia nascendo.

Assim há de ser o pregar. Hão de cair as coisas e hão de nascer, tão naturais, que vão caindo, tão próprias, que venham nascendo. Que diferente é o estilo violento e tirânico que hoje se usa! Ver vir os tristes passos da Escritura, como quem vem ao martírio; uns vêm acorrentados, outros vêm arrastados, outros vêm estirados, outros vêm torcidos, outros vêm despedaçados; só atados não vêm. Há tal tirania? Então no meio disto: Que bem levantado está aquilo! Não está a coisa no levantar, está no cair: "Caiu". Notai uma alegoria própria de nossa língua. O trigo do semeador, ainda que caiu quatro vezes, só de três nasceu: para o sermão vir nascendo, há de ter três modos de cair. Há de cair com queda, há de cair com cadência, há de cair com caso. A queda é para as coisas, a cadência para as palavras, o caso para a disposição. A queda é para as coisas, porque hão de vir bem trazidas, e em seu lugar; hão de ter queda. A cadência é para as palavras, porque não hão de ser escabrosas, nem dissonantes; hão de ter cadência. O caso é para a disposição, porque há de ser tão natural e tão desafetado que pareça caso e não estudo. "Caiu, caiu, caiu".

Já que falo contra os estilos modernos, quero alegar por mim o estilo do mais antigo pregador que houve no mundo. E qual foi ele? O mais antigo pregador que houve no mundo foi o céu: "Os céus publicam a glória de Deus, e o firmamento anuncia as obras das suas mãos" (Sl 18,1), diz Davi. Suposto que o céu é pregador, deve de ter sermões e deve de ter palavras. Se tem, diz o mesmo Davi: tem palavras e tem sermões, e mais, muito bem ouvidos: "Não há linguagem, nem fala, por quem não sejam entendidas as suas vozes" (Sl 18,4). E quais são estes sermões e estas palavras do céu? As palavras são as estrelas; os sermões são a composição, a ordem, a harmonia e o curso delas. Vede como diz o estilo de pregar do céu com o estilo que Cristo ensinou na terra? Um e outro é semear: a terra semeada de trigo, o céu semeado de estrelas. O pregar há de ser como quem semeia, e não como quem ladrilha ou azuleja. Ordenado, mas como as estrelas: "As estrelas que permanecem em sua ordem" (Jz 5,20). Todas as estrelas estão por sua ordem, mas é ordem que faz influência, não é ordem que faça lavor. Não fez Deus o céu em xadrez de estrelas, como os pregadores fazem o sermão em xadrez de palavras. Se de uma parte está branco, da outra há de estar negro; se de uma parte está dia, da outra há de estar noite; se de uma parte dizem luz, da outra hão de dizer sombra; se de uma parte dizem desceu, da outra hão de dizer subiu. Basta que não havemos de ver num sermão duas palavras em paz? Todas hão de estar sempre em fronteira com o seu contrário? Aprendamos do céu o estilo da disposição e também o das palavras. Como hão de ser as palavras? Como as estrelas. As estrelas são muito distintas e muito claras. Assim há de ser o estilo da pregação: muito distinto, e muito claro. E nem por isso temais que pareça o estilo baixo: as estrelas são muito distintas e muito claras e altíssimas. O estilo pode ser muito claro e muito alto; tão claro que o entendam os que não sabem, e tão alto que tenham muito que entender nele os que sabem. O rústico acha documentos nas estrelas para a sua lavoura, e o mareante para a sua navegação, e o matemático para as suas observações e para os seus juízos. De maneira que o rústico e o mareante, que não sabem ler, nem escrever, entendem as estrelas; e o matemático, que tem lido quantos escreveram, não alcança a entender quanto nelas há. Tal pode ser o sermão: estrelas, que todos as veem, e muito poucos as medem.

Sim, padre: porém esse estilo de pregar, não é pregar culto. Mas fosse! Este desventurado estilo que hoje se usa, os que o querem honrar chamam-lhe culto; os que o condenam chamam-lhe escuro, mas ainda lhe fazem muita honra. O estilo culto não é escuro, é negro, e negro boçal e muito cerrado. É possível que somos portugueses, e havemos de ouvir um pregador em português, e não havemos de entender o que diz? Assim como há "Léxicon" para o grego, e "Calepino"[4] para o latim, assim é necessário haver um vocabulário do púlpito. Eu ao menos o tomara para os nomes próprios, porque os cultos têm desbatizados os santos, e cada autor que alegam é um enigma. Assim o disse o Cetro penitente; assim o disse o evangelista Apeles; assim o disse a Águia de África, o Favo de Claraval, a Púrpura de Belém, a Boca de Ouro. Há tal modo de alegar! O Cetro penitente dizem que é Davi, como se todos os cetros não foram penitentes; o evangelista Apeles, que é S. Lucas; o Favo de Claraval, S. Bernardo; a Águia de África, Santo Agostinho; a Púrpura de Belém, S. Jerônimo; a Boca de Ouro, S. Crisóstomo. E quem quitaria ao outro cuidar que a Púrpura de Belém é Herodes, que a Águia de África é Cipião, e que a Boca de Ouro é Midas? Se houvesse um advogado que alegasse assim a Bartolo e Baldo[5], havíeis de fiar dele o vosso pleito? Se houvesse um homem que assim falasse na conversação, não o havíeis de ter por néscio? Pois o que na conversação seria necedade, como há de ser discrição no púlpito?

Boa me parecia também esta razão, mas como os cultos pelo polido e estudado se defendem com o grande Nazianzeno, com Ambrósio, com Crisólogo, com Leão; e pelo escuro e duro, com Clemente Alexandrino, com Tertuliano, com Basílio de Selêucia, com Zeno Veronense, e outros; não podemos negar a reverência a tamanhos autores, posto que desejáramos, nos que se prezam de beber destes rios, a sua profundidade. Qual será logo a causa de nossa queixa?

§ VI

Será pela matéria, ou matérias, que tomam os pregadores? Usa-se hoje o modo que chamam de apostilar o Evangelho, em que tomam muitas matérias, levantam muitos assuntos, e quem levanta muita caça e não segue nenhuma, não é muito que se recolha com as mãos vazias. Boa razão é também esta. O sermão há de ter um só assunto e uma só matéria. Por isso Cristo disse que o lavrador do Evangelho não semeara muitos gêneros de sementes, senão uma só: "Saiu o o que semeia a semear". Semeou uma semente só, e não muitas, porque o sermão há de ter uma só matéria, e não muitas matérias. Se o lavrador semeara primeiro trigo, e sobre o trigo semeara centeio, e sobre o centeio semeara milho grosso e miúdo, e sobre o milho semeara cevada, que havia de nascer? Uma mata brava, uma confusão verde. Eis aqui o que acontece aos sermões deste gênero. Como semeiam tanta variedade, não podem colher coisa certa. Quem semeia misturas mal pode colher trigo. Se uma nau fizesse um bordo para o Norte, outro para o Sul, outro para Leste, outro para Oeste, como poderia fazer viagem? Por isso nos púlpitos se trabalha tanto e se navega tão pouco. Um assunto vai para um vento, outro assunto vai para outro vento; que se há de colher senão vento? O Batista convertia muitos em Judeia; mas quantas matérias tomava? Uma só matéria: "Preparai o caminho do Senhor". Jonas converteu os ninivitas; mas quantos assuntos tomou? Um só assunto: "Ainda quarenta dias, e Nínive será subvertida" (Jn 3,4): a subversão da Cidade. De maneira que Jonas em quarenta dias pregou um só assunto, e nós queremos pregar quarenta assuntos em uma hora? Por isso não pregamos nenhum. O sermão há de ser de uma só cor, há de ter um só objeto, um só assunto, uma só matéria.

Há de tomar o pregador uma só matéria; há de defini-la, para que se conheça; há de dividi-la, para que se distinga; há de prová-la com a Escritura, há de declará-la com a razão, há de confirmá-la com o exemplo, há de amplificá-la com as causas, com os efeitos, com as circunstâncias, com as conveniências, que se hão de seguir; com os inconvenientes, que se devem evitar; há de responder às dúvidas, há de satisfazer às dificuldades, há de impugnar e refutar com toda a força de eloquência os argumentos contrários, e depois disto há de colher, há de apertar, há de concluir, há de persuadir, há de acabar. Isto é sermão, isto é pregar; e o que não é isto é falar demais alto. Não nego, nem quero dizer que o sermão não haja de ter variedade de discursos, mas esses hão de nascer todos da mesma matéria, e continuar, e acabar nela. Quereis ver tudo isto com os olhos? Ora vede. Uma árvore tem raízes, tem troncos, tem ramos, tem folhas, tem varas, tem flores, tem frutos. Assim há de ser o sermão: há de ter raízes fortes e sólidas, porque há de ser fundado no Evangelho; há de ter um tronco, porque há de ter um só assunto e tratar uma só matéria. Deste tronco hão de nascer diversos ramos, que são diversos discursos, mas nascidos da mesma matéria e continuados nela. Estes ramos não hão de ser secos, senão cobertos de folhas, porque os discursos hão de ser vestidos e ornados de palavras. Há de ter esta árvore varas, que são a repreensão dos vícios; há de ter flores, que são as sentenças; e, por remate de tudo, há de ter frutos, que é o fruto, e o fim a que se há de ordenar o sermão. De maneira que há de haver frutos, há de haver flores, há de haver varas, há de haver folhas, há de haver ramos, mas tudo nascido e fundado em um só tronco, que é uma só matéria. Se tudo são troncos, não é sermão, é madeira. Se tudo são ramos, não é sermão, são maravalhas. Se tudo são folhas, não é sermão, são verças [ou versa, que significa couve ou verdura afim]. Se tudo são varas, não é sermão, é feixe. Se tudo são flores, não é sermão, é ramalhete. Serem tudo frutos, não pode ser, porque não há frutos sem árvore. Assim que nesta árvore, a que podemos chamar Árvore da vida, há de haver o proveitoso do fruto, o formoso das flores, o rigoroso das varas, o vestido das folhas, o estendido dos ramos, mas tudo isto nascido e formado de um só tronco, e esse não levantado no ar, senão fundado nas raízes do Evangelho: "Semear a semente". Eis aqui como hão de ser os sermões; eis aqui como não são. E assim não é muito que se não faça fruto com eles.

Tudo o que tenho dito pudera demonstrar largamente, não só com os preceitos dos Aristóteles, dos Túlios, dos Quintilianos, mas com a prática observada do príncipe dos oradores evangélicos, S. João Crisóstomo, de S. Basílio Magno, S. Bernardo, S. Cipriano, e com as famosíssimas orações de S. Gregório Nazianzeno, mestre de ambas as Igrejas. E posto que nestes mesmos Padres, como em Santo Agostinho, S. Gregório, e muitos outros, se acham os Evangelhos apostilados com nomes de sermões e homilias, uma coisa é expor, e outra é pregar; uma ensinar, e outra persuadir. E desta última é que eu falo, com a qual tanto fruto fizeram no mundo Santo Antônio de Pádua e S. Vicente Ferrer.

Mas nem por isso entendo que seja ainda esta a verdadeira causa que busco.

§ VII

Será porventura a falta de ciência que há em muitos pregadores? Muitos pregadores há que vivem do que não colheram, e semeiam o que não trabalharam. Depois da sentença de Adão, a terra não costuma dar fruto, senão a quem come o seu pão com o suor do seu rosto. Boa razão parece também esta. O pregador há de pregar o seu, e não o alheio. Por isso diz Cristo que semeou o lavrador do Evangelho o trigo seu: "A sua semente". Semeou o seu, e não o alheio, porque o alheio e o furtado não é bom para semear, ainda que o furto seja de ciência. Comeu Eva o pomo da ciência, e queixava-me eu antigamente desta nossa Mãe: já que comeu o pomo, por que lhe não guardou as pevides? Não seria bem que chegasse a nós a árvore, já que nos chegaram os encargos dela? Pois, por que o não fez assim Eva? Porque o pomo era furtado, e o alheio é bom para comer, mas não é bom para semear; é bom para comer, porque dizem que é saboroso; não é bom para semear, porque não nasce. Alguém terá experimentado que o alheio lhe nasce em casa, mas esteja certo que, se nasce, não há de deitar raízes: e o que não tem raízes não pode dar frutos. Eis aqui por que muitos pregadores não fazem fruto: porque pregam o alheio e não o seu: "A sua semente". O pregar é entrar em batalha com os vícios; e armas alheias, ainda que sejam as de Aquiles, a ninguém deram vitória[6]. Quando Davi saiu a campo com o gigante, ofereceu-lhe Saul as suas armas, mas ele não as quis aceitar. Com armas alheias ninguém pode vencer, ainda que seja Davi. As armas de Saul só servem a Saul, as de Davi a Davi, e mais aproveita um cajado e uma funda própria que a espada e a lança alheia. Pregador que peleja com as armas alheias, não hajais medo que derrube gigante.

Fez Cristo aos apóstolos pescadores de homens, que foi ordená-los de pregadores: e que faziam os apóstolos? Diz o texto que estavam "refazendo as suas redes" (Mt 4,19). Eram as redes dos apóstolos, e não eram alheias. Notai: "As suas redes". Não diz que eram suas porque as compraram, senão que eram suas porque as faziam; não eram suas porque lhes custaram o seu dinheiro, senão porque lhes custaram o seu trabalho. Desta maneira eram as redes suas, e porque desta maneira eram suas, por isso eram redes de pescadores que haviam de pescar homens. Com redes alheias, ou feitas por mão alheia, podem-se pescar peixes, homens não se podem pescar. A razão disto é porque, nesta pesca de entendimentos, só quem sabe fazer a rede sabe fazer o lanço. Como se faz uma rede? Do fio e do nó se compõe a malha. Quem não enfia, nem ata, como há de fazer rede? E quem não sabe enfiar, nem sabe atar, como há de pescar homens? A rede tem chumbada que vai ao fundo, e tem cortiça que nada em cima da água. A pregação tem umas coisas de mais peso e de mais fundo, e tem outras mais superficiais e mais leves, e governar o leve e o pesado, só o sabe fazer quem faz a rede. Na boca de quem não faz a pregação, até o chumbo é cortiça. As razões não hão de ser enxertadas, hão de ser nascidas. O pregar não é recitar. As razões próprias nascem do entendimento; as alheias vão pegadas à memória, e os homens não se convencem pela memória, senão pelo entendimento.

Veio o Espírito Santo sobre os apóstolos, e quando as línguas desciam do céu, cuidava eu que lhes haviam de pôr na boca, mas elas foram se pôr na cabeça. Pois por que na cabeça, e não na boca, que é o lugar da língua? Porque o que há de dizer o pregador não lhe há de sair só da boca; há-lhe de sair pela boca, mas da cabeça. O que sai só da boca para nos ouvidos: o que nasce do juízo penetra e convence o entendimento. Ainda têm mais mistério estas línguas do Espírito Santo. Diz o texto que não se puseram todas as línguas sobre todos os apóstolos, senão cada uma sobre cada um: "E lhes apareceram repartidas umas como línguas de fogo, que repousaram sobre cada um deles" (At 2,3). E por que cada uma sobre cada um, e não todas sobre todos? Porque não servem todas as línguas a todos, senão a cada um a sua. Uma língua só sobre Pedro, porque a língua de Pedro não serve a André; outra língua só sobre André, porque a língua de André não serve a Filipe; outra língua só sobre Filipe, porque a língua de Filipe não serve a Bartolomeu; e assim dos mais. E se não, vede o estilo de cada um dos apóstolos sobre que desceu o Espírito Santo. Só de cinco temos Escrituras, mas a diferença com que escreveram, como sabem os doutos, é admirável. As penas todas eram tiradas das asas daquela Pomba Divina, mas o estilo, tão diverso, tão particular, e tão próprio de cada um, que bem mostra que era seu. Mateus fácil, João misterioso, Pedro grave, Jacó forte, Tadeu sublime, e todos com tal valentia no dizer, que cada palavra era um trovão, cada cláusula um raio e cada razão um triunfo. Ajuntai a estes cinco S. Lucas e S. Marcos, que também ali estavam, e achareis o número daqueles sete trovões que ouviu S. João no Apocalipse: "Sete trovões fizeram ouvir as suas vozes" (Ap 10,3). Eram trovões que falavam e dearticulavam as vozes, mas estas vozes eram suas: "Suas vozes"; "suas", e não

"alheias", como notou Ansberto[7]. Enfim, pregar o alheio é pregar o alheio, e com o alheio nunca se fez coisa boa.

Contudo eu não me firmo de todo nesta razão, porque do grande Batista sabemos que pregou o que tinha pregado Isaías, como notou S. Lucas, e não com outro nome, senão de sermões: "Pregando o batismo de penitência para a remissão de pecados, como está escrito no livro das palavras do profeta Isaías" (Lc 3,3s). Deixo o que tomou S. Ambrósio de S. Basílio, S. Próspero, e Beda, de Santo Agostinho, Teofilato, e Eutímio, de S. João Crisóstomo.

§ VIII

Será finalmente a causa que há tanto buscamos a voz com que hoje falam os pregadores? Antigamente pregavam bradando, hoje pregam conversando. Antigamente a primeira parte do pregador era boa voz e bom peito. E verdadeiramente como o mundo se governa tanto pelos sentidos, podem às vezes mais os brados que a razão. Boa era também esta, mas não a podemos provar com o semeador, porque já dissemos que não era ofício de boca. Porém o que nos negou o Evangelho no semeador metafórico, nos deu no semeador verdadeiro, que é Cristo. Tanto que Cristo acabou a parábola, diz o Evangelho que começou o Senhor a bradar: "Dizendo isso clamava" (Lc 8,8). Bradou o Senhor, e não arrazoou sobre a parábola, porque era tal o auditório, que fiou mais dos brados que da razão.

Perguntaram ao Batista, quem era? Respondeu ele: "Eu sou uma voz que clama no deserto" (Jo 1,23). Eu sou uma voz que anda bradando neste deserto. Desta maneira se definiu o Batista. A definição do pregador, cuidava eu que era voz que arrazoa, e não voz que brada. Pois por que se definiu o Batista pelo bradar, e não pelo arrazoar; não pela razão, senão pelos brados? Porque há muita gente neste mundo com quem podem mais os brados que a razão, e tais eram aqueles a quem o Batista pregava. Vede-o claramente em Cristo. Depois que Pilatos examinou as acusações que contra ele se davam, lavou as mãos, e disse: "Não encontro nenhuma culpa neste homem" (Lc 23,14). Neste tempo todo o povo e os escribas bradavam de fora que fosse crucificado: "Mas eles clamavam ainda mais: seja crucificado" (Mt 27,23). De maneira que Cristo tinha por si a razão, e tinha contra si os brados. E qual pôde mais? Puderam mais os brados que a razão. A razão não valeu para o livrar, os brados bastaram para o pôr na cruz. E como os brados no mundo podem tanto, bem é que bradem alguma vez os pregadores, bem é que gritem. Por isto Isaías chamou aos pregadores nuvens: "Quem são estes que voam como as nuvens?" (Is 60,8). A nuvem tem relâmpago, tem trovão e tem raio: relâmpago para os olhos, trovão para os ouvidos, raio para o coração: com o relâmpago alumia, com o trovão assombra, com o raio mata. Mas o raio fere a um, o relâmpago a muitos, o trovão a todos. Assim há de ser a voz do pregador: um trovão do céu que assombre e faça tremer o mundo.

Mas que diremos à oração de Moisés: "Derrame-se a minha doutrina como a chuva, escorra a minha palavra como o orvalho?" (Dt 32,2) Desça minha doutrina como chuva do céu, e a minha voz e as minhas palavras como orvalho, que se destila brandamente e sem ruído? Que diremos ao exemplo ordinário de Cristo, tão celebrado por Isaías: "Não clamará nem se ouvirá a sua voz na praça"?(Is 42,2). Não clamará, não bradará, mas falará com uma voz tão moderada, que se não possa ouvir fora? E não há dúvida que o praticar familiarmente, e o falar mais ao ouvido que aos ouvidos, não só concilia maior atenção, mas naturalmente e sem força se insinua, entra, penetra, e se mete na alma.

Em conclusão, que a causa de não fazerem hoje fruto os pregadores com a palavra de Deus nem é a circunstância da pessoa: "O que semeia"; nem a do estilo: "semear"; nem a da matéria: "A semente"; nem a da ciência: "Seu"; nem a da voz: "Clamava". Moisés tinha fraca voz[8]; Amós tinha grosseiro estilo; Salomão multiplicava e variava os assuntos; Balaão não tinha exemplo de vida, o seu animal não tinha ciência, e contudo todos estes, falando, persuadiam e convenciam. Pois se nenhuma destas razões que discorremos, nem todas elas juntas são a causa principal, nem bastante, do pouco fruto que hoje faz a palavra de Deus, qual diremos finalmente que é a verdadeira causa?

§ IX

As palavras que tomei por tema o dizem: "A semente é a palavra de Deus". Sabeis, cristãos, a causa por que se faz hoje tão pouco fruto com tantas pregações? É porque as palavras dos pregadores são palavras, mas não são palavras de Deus. Falo do que ordinariamente se ouve. A palavra de Deus, como dizia, é tão poderosa e tão eficaz, que não só na boa terra faz fruto, mas até nas pedras e nos espinhos nasce. Mas se as palavras dos pregadores não são palavra de Deus, que muito que não tenham a eficácia e os efeitos de palavra de Deus? "Semearão ventos e colherão tempestades" (Os 8,7), diz o Espírito Santo. Se os pregadores semeiam vento, se o que se prega é vaidade, se não se prega a palavra de Deus, como não há a Igreja de Deus de correr tormenta em vez de colher frutos?

Mas dir-me-eis: padre, os pregadores de hoje não pregam do Evangelho, não pregam das Sagradas Escrituras? Pois como não pregam a palavra de Deus? Esse é o mal. Pregam palavras de Deus, mas não pregam a palavra de Deus. "O que tem a minha palavra anuncie a minha palavra verdadeiramente" (Jr 23,28), disse Deus por Jeremias. As palavras de Deus pregadas no sentido em que Deus as disse são palavra de Deus, mas pregadas no sentido que nós queremos não são palavras de Deus, antes podem ser palavra do demônio. Tentou o demônio a Cristo a que fizesse das pedras pão. Respondeu-lhe o Senhor: "Não só de pão vive o homem, mas de toda a palavra que sai da boca de Deus" (Mt 4,4). Esta sentença era tirada do capítulo oitavo do Deuteronômio. Vendo o demônio que o Senhor se defendia da tentação com a Escritura, leva-o ao templo, e alegando o lugar do salmo noventa diz-lhe desta maneira: "Deita-te daí abaixo, porque prometido está nas Sagradas Escrituras que os anjos te tomarão nos braços, para que te não faças mal" (Sl 90,11). De sorte que Cristo defendeu-se do diabo com a Escritura, e o diabo tentou a Cristo com a Escritura. Todas as Escrituras são palavra de Deus; pois se Cristo toma a Escritura para se defender do diabo, como toma o diabo a Escritura para tentar a Cristo? A razão é porque Cristo tomava as palavras da Escritura em seu verdadeiro sentido, e o diabo tomava as palavras da Escritura em sentido alheio e torcido. E as mesmas palavras que, tomadas em verdadeiro sentido, são palavras de Deus, tomadas em sentido alheio, são armas do diabo. As mesmas palavras que, tomadas no sentido em que Deus as disse, são defesa, tomadas no sentido em que Deus as não disse, são tentação. Eis aqui a tentação com que então o diabo quis derrubar a Cristo, e com que hoje lhe faz a mesma guerra do pináculo do templo. O pináculo do templo é o púlpito, porque é o lugar mais alto dele. O diabo tentou a Cristo no deserto, tentou-o no monte, tentou-o no templo; no deserto tentou-o com a gula, no monte tentou-o com a ambição, no templo tentou-o com as Escrituras mal interpretadas; essa é a tentação de que mais padece hoje a Igreja, e que em muitas partes tem derrubado dela, senão a Cristo, a sua fé.

Dizei-me, pregadores (aqueles com quem eu falo indignos verdadeiramente de tão sagrado nome) dizei-me: estes assuntos inúteis, que tantas vezes levantais, essas empresas, ao vosso parecer agudas, que prosseguis, achaste-las alguma vez nos profetas do Testamento Velho, ou nos apóstolos e evangelistas do Testamento Novo, ou no Autor de ambos os Testamentos, Cristo? É certo que não, porque desde a primeira palavra do Gênesis até a última do Apocalipse não há tal coisa em todas as Escrituras[9]. Pois se nas Escrituras não há o que dizeis e o que pregais, como cuidais que pregais a palavra de Deus? Mais. Nesses lugares, nesses textos que alegais para prova do que dizeis, é esse o sentido em que Deus os disse? É esse o sentido em que os entendem os Padres da Igreja? É esse o sentido da mesma gramática das palavras? Não, por certo, porque muitas vezes as tomais pelo que soam, e não pelo que significam, e talvez nem pelo que soam. Pois se não é esse o sentido das palavras de Deus, segue-se que não são palavras de Deus. E se não são palavras de Deus, que nos queixamos de que não façam fruto as pregações? Basta que havemos de trazer as palavras de

Deus a que digam o que nós queremos, e não havemos de querer dizer o que elas dizem. E então ver cabecear o auditório a estas coisas, quando devíamos de dar com a cabeça pelas paredes de as ouvir! Verdadeiramente não sei de que mais me espante, se dos nossos conceitos, se dos vossos aplausos. Oh! que bem levantou o pregador! Assim é: mas que levantou? Um falso testemunho ao texto, outro falso testemunho ao santo, outro ao entendimento e ao sentido de ambos. Então que se converta o mundo com falsos testemunhos da palavra de Deus? Se a alguém parecer demasiada a censura, ouça-me.

Estava Cristo acusado diante de Pilatos, e diz o evangelista S. Mateus que por fim vieram duas testemunhas: "Finalmente apareceram duas falsas testemunhas" (Mt 26,60). Estas testemunhas referiram que ouviram dizer a Cristo que, se os Judeus destruíssem o templo, ele o tornaria a reedificar em três dias. Se lermos o evangelista S. João, acharemos que Cristo verdadeiramente tinha dito as palavras referidas. Pois se Cristo tinha dito que havia de reedificar o templo dentro de três dias, e isso mesmo é o que referiram as testemunhas, como lhes chama o evangelista testemunhas falsas: "Duas falsas testemunhas?" O mesmo S. João deu a razão: "Ele falava do templo de seu corpo" (Jo 2,21). Quando Cristo disse que em três dias reedificaria o templo, falava o Senhor do templo místico de seu corpo, o qual os judeus destruíram pela morte, e o Senhor o reedificou pela ressurreição; e como Cristo falava do templo místico e as testemunhas o referiram ao templo material de Jerusalém, ainda que as palavras eram verdadeiras, as testemunhas eram falsas. Eram falsas, porque Cristo as dissera em um sentido, e eles as referiram em outro; e referir as palavras de Deus em diferente sentido do que foram ditas é levantar falso testemunho a Deus, é levantar falso testemunho às Escrituras. Ah! Senhor, quantos falsos testemunhos vos levantam! Quantas vezes ouço dizer que dizeis o que nunca dissestes! Quantas vezes ouço dizer que são palavras vossas o que são imaginações minhas, que me não quero excluir deste número! Que muito logo que as nossas imaginações, e as nossas vaidades, e as nossas fábulas não tenham a eficácia de palavra de Deus!

Miseráveis de nós, e miseráveis dos nossos tempos! Pois neles se veio a cumprir a profecia de S. Paulo: "Chegará o tempo em que não manterão a doutrina sã" (2Tm 4,3): Virá tempo, diz S. Paulo, em que os homens não sofrerão a doutrina sã: "Mas reunirão para si mestres aduladores de seus ouvidos": e para seu apetite terão grande número de pregadores feitos a montão e sem escolha, os quais não façam mais do que adular-lhes as orelhas: "Afastarão os ouvidos da verdade, e se converterão às fábulas". Fábula tem duas significações: quer dizer fingimento, e quer dizer comédia, e tudo são muitas pregações deste tempo. São fingimento, porque são sutilezas e pensamentos aéreos, sem fundamento de verdade: são comédia, porque os ouvintes vêm à pregação como à comédia, e há pregadores que vêm ao púlpito como comediantes. Uma das felicidades que se contava entre as do tempo presente era acabarem-se as comédias em Portugal, mas não foi assim. Não se acabaram, mudaram-se, passaram-se do teatro ao púlpito. Não cuideis que encareço em chamar comédias a muitas pregações das que hoje se usam. Tomara ter aqui as comédias de Plauto, de Terêncio, de Sêneca, e veríeis se não acháveis nelas muitos desenganos da vida e vaidade do mundo, muitos pontos de doutrina moral, muito mais verdadeiros e muito mais sólidos do que hoje se ouvem nos púlpitos.

Grande miséria, por certo, que se achem maiores documentos para a vida nos versos de um poeta profano e gentio que nas pregações de um orador cristão, e muitas vezes sobre cristão religioso!

Pouco disse S. Paulo em lhes chamar comédia, porque muitos sermões há que não são comédia: são farsa. Sobe talvez ao púlpito um pregador dos que professam ser mortos ao mundo, vestido ou amortalhado em um hábito de penitência (que todos, mais ou menos ásperos, são de penitência; e todos, desde o dia em que os professamos, mortalhas) a vista é de horror, o nome de reverência, a matéria de compunção, a dignidade de oráculo, o lugar e a expectação de silêncio. E quando este se rompeu, que é o que se ouve? Se neste auditório estivesse um estrangeiro que nos não conhecesse, e visse entrar este homem a falar em público naqueles trajos e em tal lugar, cuidaria que havia de ouvir uma trombeta do céu, que cada palavra sua havia de ser um raio para os corações, que havia de pregar com o zelo e com o fervor de um Elias, que com a voz, com o gesto e com as ações havia de fazer em pó e em cinza os vícios. Isto havia de cuidar o estrangeiro. E nós, que é o que vemos? Vemos sair da boca daquele homem, assim naqueles trajos, uma voz muito afetada e muito polida, e logo começar com muito desgarro, a quê? A motivar desvelos, a acreditar empenhos, a requintar finezas, a lisonjear precipícios, a brilhar auroras, a derreter cristais, a desmaiar jasmins, a toucar primaveras, e outras mil indignidades destas. Não é isto farsa a mais digna de riso, se não fora tanto para chorar? Na comédia o rei veste como rei e fala como rei, o lacaio veste como lacaio e fala como lacaio, o rústico veste como rústico e fala como rústico, mas um pregador vestir como religioso e falar como...

não o quero dizer por reverência ao lugar. Já que o púlpito é teatro e o sermão comédia sequer não faremos bem a figura? Não dirão as palavras com o vestido e com o ofício? Assim pregava S. Paulo, assim pregavam aqueles patriarcas que se vestiram e nos vestiram destes hábitos? Não louvamos e não admiramos o seu pregar, não nos prezamos de seus filhos? Pois por que os não imitamos? Por que não pregamos como eles pregavam? Neste mesmo púlpito pregou S. Francisco Xavier, neste mesmo púlpito pregou S. Francisco de Borja, e eu, que tenho o mesmo hábito, por que não pregarei a sua doutrina já que me falta o seu espírito?

§ X

Dir-me-eis o que a mim me dizem, e o que já tenho experimentado, que se pregamos assim zombam de nós os ouvintes, e não gostam de ouvir. Oh! boa razão para um servo de Jesus Cristo! Zombem e não gostem embora, e façamos nosso ofício. A doutrina de que eles zombam, a doutrina que eles desestimam, essa é a que lhes devemos pregar, e por isso mesmo, porque é a mais proveitosa e a que mais hão mister. O trigo que caiu no caminho, comeram-no as aves. Estas aves, como explicou o mesmo Cristo, são os demônios que tiram a palavra de Deus dos corações dos homens: "Vem o diabo e tira a palavra do coração deles". Pois por que não comeu o diabo o trigo que caiu entre os espinhos, ou o trigo que caiu nas pedras, senão o trigo que caiu no caminho? Porque o trigo que caiu no caminho, "foi pisado pelos homens", e a doutrina que os homens pisam, a doutrina que os homens desprezam, essa é a de que o diabo se teme. Desses outros conceitos, desses outros penamentos, dessas outras sutilezas que os homens estimam e prezam, dessas não se teme, nem se acautela o diabo, porque sabe que não são essas as pregações que lhe hão de tirar as almas das unhas. Mas daquela doutrina que cai: "no caminho"; daquela doutrina que parece comum: "no caminho", daquela doutrina que parece trivial: "no caminho"; daquela doutrina que parece trilhada: "no caminho"; daquela doutrina que nos põe em caminho e em via da nossa salvação (que é a que os homens pisam e a que os homens desprezam) essa é a de que o demônio se receia e se acautela; essa é a que procura comer e tirar do mundo. E por isso mesmo, essa é a que deviam pregar os pregadores, e a que deviam buscar os ouvintes. Mas se eles não o fizerem assim, e zombarem de nós, zombemo-nos tanto de suas zombarias como dos seus aplausos. "Por infâmia e boa fama" (2Cor 6,8). O pregador há de saber pregar com fama e sem fama. Mais diz o apóstolo: há de pregar com fama e com infâmia. Pregar o pregador para ser afamado, isso é mundo; mas infamado, e pregar o que convém, ainda que seja com descrédito de sua fama? Isso é ser pregador de Jesus Cristo.

Pois o gostarem ou não gostarem os ouvintes! Oh! que advertência tão digna! Que médico há que repare no gosto do enfermo quando trata de lhe dar saúde? Sarem, e não gostem, salvem-se, e amargue-lhes, que para isso somos médicos das almas. Quais vos parecem que são as pedras sobre que caiu parte do trigo do Evangelho? Explicando Cristo a parábola, diz que as pedras são aqueles que ouvem a pregação com gosto: "Estes são os que recebem a palavra com alegria". Pois será bem que os outros ouvintes gostem, e que no cabo fiquem pedras? Não gostem, e abrandem-se; não gostem, e quebrem-se; não gostem, e frutifiquem. Este é o modo com que frutificou o trigo que caiu na boa terra: "E frutificarão na paciência" (Lc 8,15), conclui Cristo. De maneira que o frutificar não se ajunta com o gostar, senão com o padecer; frutifiquemos nós, e tenham eles paciência. A pregação que frutifica, a pregação que aproveita, não é aquela que dá gosto ao ouvinte, é aquela que lhe dá pena. Quando o ouvinte a cada palavra do pregador treme, quando cada palavra do pregador é um torcedor para o coração do ouvinte, quando o ouvinte vai do sermão para casa confuso e atônito, sem saber parte de si, então é a pregação qual convém, então se pode esperar que faça fruto: "E frutificarão na paciência".

Enfim, para que os pregadores saibam como hão de pregar, e os ouvintes a quem hão de ouvir, acabo com um exemplo de nosso Reino, e quase de nossos tempos. Pregavam em Coimbra dois famosos pregadores, ambos bem conhecidos por seus escritos: não os nomeio porque os hei de desigualar. Altercou-se entre alguns doutores da Universidade qual dos dois fosse maior pregador, e como não há juízo sem inclinação, uns diziam este, outros aquele. Mas um lente, que entre os mais tinha maior autoridade, conclui desta maneira: Entre dois sujeitos tão grandes não me atrevo a interpor juízo; só direi uma diferença que sempre experimento: quando ouço um, saio do sermão muito contente do pregador; quando ouço outro, saio muito descontente de mim. Com isto tenho acabado. Algum dia vos enganastes tanto comigo que saíeis do sermão muito contentes do pregador; agora quisera eu desenganar-vos tanto, que saireis muito descontentes de vós. Semeadores do Evangelho, eis aqui o que devemos pretender dos nossos sermões: não que os homens saiam contentes de nós, senão que saiam muito descontentes de si; não que lhes pareçam bem os nossos conceitos, mas que lhes pareçam mal os seus costumes, as suas vidas, os seus passatempos, as suas ambições, e enfim todos os seus pecados. Contanto que se descontentem de si, descontentem-se embora de nós. "Se agradar aos homens não serei servo de Cristo". (Gl 1,10), dizia o maior de todos os pregadores, S. Paulo. — Oh! contentemos a Deus, e acabemos de não fazer caso dos homens! Advirtamos que nesta mesma Igreja há tribunas mais altas que as que vemos: "Somos feitos espetáculo ao mundo, aos anjos e aos homens" (1Cr 4,9). Acima das tribunas dos reis, estão as tribunas dos anjos, está a tribuna e o tribunal de Deus, que nos ouve e nos há de julgar. Que conta há de dar a Deus um pregador no dia do juízo? O ouvinte dirá: não mo disseram; mas o pregador? "Ai de mim, porque calei" (Is 6,5). Não seja mais assim por amor de Deus e de nós. Estamos às portas da quaresma, que é o tempo em que principalmente se semeia a palavra de Deus na Igreja, e em que ela se arma contra os vícios. Preguemos e armemo-nos todos contra os pecados, contra as soberbas, contra os ódios, contra as ambições, contra as invejas, contra as cobiças, contra as sensualidades. Veja o céu que ainda tem na terra quem se põe da sua parte. Saiba o inferno que ainda há na terra quem lhe faça guerra com a palavra de Deus, e saiba a mesma terra que ainda está em estado de reverdecer e dar muito fruto: "E frutificou cem por cento".

SERMÃO DE
Quarta-Feira de Cinza

*Em Roma, na Igreja de S. Antônio dos Portugueses.
Ano de 1672.*

"Lembrai-vos, homem que sois pó,
e em pó vos haveis de converter."
(Jó 10,9)

---

*Vieira esteve em Roma de 1669 até 1675, em busca da anulação das limitações que a
Inquisição lhe impusera em Lisboa. Somente em 1674 a recebeu do papa Clemente X.
Desse período, constam alguns sermões em português e outros em italiano.
Um deles é o que lemos agora. O seu tema é a matéria da missa do dia: as cinzas.
Cinzas ou pó que seremos e que somos. Assim: O homem em qualquer estado em que esteja,
é certo que foi pó, e há de tornar a ser pó. O pó futuro, vê-se. O pó passado, sabe-se.
E o pó presente? Se foi e há de ser, logo é pó. Assim, tudo o que vive nesta vida não
é o que é: é o que foi e o que há de ser. Um círculo que fazemos de pó a pó.
Somente Deus pode dizer: Eu sou o que sou, porque só Deus é o que foi e
o que há de ser. Lembremo-nos, pois, e olhemos. O presente é o futuro do passado,
e o mesmo presente é o passado do futuro. Entretanto, lembremo-nos que o pó caído
(o pó futuro) há de ser pó levantado (pó ressuscitado). Todos nascemos para morrer
e todos morremos para ressuscitar. Portanto, vivamos como se fôramos imortais.*

§ I

Duas coisas prega hoje a Igreja a todos os mortais, ambas grandes, ambas tristes, ambas temerosas, ambas certas. Mas uma de tal maneira certa e evidente, que não é necessário entendimento para crer; outra de tal maneira certa e dificultosa, que nenhum entendimento basta para a alcançar. Uma é presente, outra futura, mas a futura veem-na os olhos, a presente não a alcança o entendimento. E que duas coisas enigmáticas são estas? "Sois pó, e em pó vos haveis de converter." — Sois pó, é a presente; em pó vos haveis de converter, é a futura. O pó futuro, o pó em que nos havemos de converter, veem-no os olhos; o pó presente, o pó que somos, nem os olhos o veem, nem o entendimento o alcança. Que me diga a Igreja que hei de ser pó: "Em pó vos haveis de converter", não é necessário fé nem entendimento para o crer. Naquelas sepulturas, ou abertas ou cerradas, o estão vendo os olhos. Que dizem aquelas letras? Que cobrem aquelas pedras? As letras dizem pó, as pedras cobrem pó, e tudo o que ali há é o nada que havemos de ser: tudo pó. Vamos, para maior exemplo e maior horror, a esses sepulcros recentes do Vaticano. Se perguntardes de quem são pó aquelas cinzas, responder-vos-ão os epitáfios, que só as distinguem: Aquele pó foi Urbano, aquele pó foi Inocêncio, aquele pó foi Alexandre, e este que ainda não está de todo desfeito foi Clemente[1]. De sorte que para eu crer que hei de ser pó não é necessário fé, nem entendimento, basta a vista. Mas que me diga e me pregue hoje a mesma Igreja, regra da fé e da verdade, que não só hei de ser pó de futuro, senão que já sou pó de presente: "Sois pó?" Como o pode alcançar o entendimento, se os olhos estão vendo o contrário? É possível que estes olhos que veem, estes ouvidos que ouvem, esta língua que fala, estas mãos e estes braços que se movem, estes pés que andam e pisam, tudo isto, já hoje é pó: "Sois pó?" Argumento à Igreja com a mesma Igreja: "Lembra-te, homem". A Igreja diz-me e supõe que sou homem: logo não sou pó. O homem é uma substância vivente, sensitiva, racional. O pó vive? Não. Pois como é pó o vivente? O pó sente? Não. Pois como é pó o sensitivo? O pó entende e discorre? Não. Pois como é pó o racional? Enfim, se me concedem que sou homem: "Lembrai-vos, homem", como me pregam que sou pó: "Porque sois pó?". Nenhuma coisa nos podia estar melhor que não ter resposta nem solução esta dúvida. Mas a resposta e a solução dela será a matéria do nosso discurso. Para que eu acerte a declarar esta dificultosa verdade, e todos nós saibamos aproveitar deste tão importante desengano, peçamos àquela Senhora, que só foi exceção deste pó, se digne de nos alcançar graça.

Ave Maria.

§ II

Enfim, senhores, não só havemos de ser pó, mas já somos pó: "Sois pó". Todos os embargos que se podiam pôr contra esta sentença universal são os que ouvistes. Porém como ela foi pronunciada definitiva e declaradamente por Deus ao primeiro homem e a todos seus descendentes, nem admite interpretação, nem pode ter dúvida. Mas como pode ser? Como pode ser que eu que o digo, vós que o ouvis, e todos os que vivemos sejamos já pó: "Sois pó?" A razão é esta. O homem, em qualquer estado que esteja, é certo que foi pó, e há de tornar a ser pó. Foi pó, e há de tornar a ser pó? Logo é pó. Porque tudo o que vive nesta vida não é o que é: é o que foi e o que há de ser. Ora vede.

No dia aprazado em que Moisés e os magos do Egito haviam de fazer prova e ostentação de seus poderes diante de el-rei Faraó, Moisés estava só com Arão de uma parte, e todos os magos da outra. Deu sinal o rei, mandou Moisés a Arão que lançasse a sua vara em terra, e converteu-se subitamente em uma serpente viva e tão temerosa, como aquela de que o mesmo Moisés no deserto se não dava por seguro. Fizeram todos os magos o mesmo: começam a saltar e a ferver serpentes; porém a de Moisés investiu e avançou a todas elas intrépida e senhorilmente, e assim, vivas como estavam, sem matar nem despedaçar, comeu e engoliu a todas. Refere o caso a Escritura, e diz estas palavras: "A vara de Aarão devorou as varas deles": a vara de Arão comeu e engoliu as dos Egípcios (Ex 7,12). — Parece que não havia de dizer, a vara; senão, a serpente. A vara não tinha boca para comer, nem dentes para mastigar, nem garganta para engolir, nem estômago para recolher tanta multidão de serpentes. A serpente, em que a vara se converteu, sim, porque era um dragão vivo, voraz e terrível, capaz de tamanha batalha e de tanta façanha. Pois, por que diz o texto que a vara foi a que fez tudo isto, e não a serpente? Porque cada um é o que foi e o que há de ser. A vara de Moisés, antes de ser serpente, foi vara, e depois de ser serpente tornou a ser vara; e serpente que foi vara e há de tornar a ser vara não é serpente, é vara: "A vara de Aarão". É verdade que a serpente naquele tempo estava viva, e andava, e comia, e batalhava, e vencia, e triunfava, mas como tinha sido vara, e havia de tornar a ser vara, não era o que era: era o que fora e o que havia de ser: "A vara".

Ah! serpentes astutas do mundo vivas, e tão vivas! Não vos fieis da vossa vida nem da vossa viveza; não sois o que cuidais nem o que sois: sois o que fostes e o que haveis de ser. Por mais que vós vejais agora um Dragão coroado e vestido de armas douradas, com a cauda levantada e retorcida, açoitando os ventos, o peito inchado; as asas estendidas, o colo encrespado e soberbo, boca aberta, dentes agudos, língua trifulca, olhos cintilantes, garras e unhas rompentes; por mais que se veja esse Dragão já tremular na bandeira dos Lacedemônios, já passear nos jardins das Hespérides, já guardar os tesouros de Midas, ou seja Dragão volante entre os Meteoros, ou Dragão de estrelas entre as constelações, ou Dragão de Divindade afetada entre as Hierarquias, se foi vara, e há de ser vara, é vara; se foi terra, e há de ser terra, é terra; se foi nada, e há de ser nada, é nada, porque tudo o que vive neste mundo é o que foi e o que há de ser. Só Deus é o que é, mas por isso mesmo. Por isso mesmo. Notai.

Apareceu Deus ao mesmo Moisés nos desertos de Madiã; manda-o que leve a nova da liberdade ao povo cativo, e perguntando Moisés quem havia de dizer que o mandava, para que lhe dessem crédito, respondeu Deus e definiu-se: "Eu sou o que sou" (Ex 3,14). Dirás que o que é te manda: "Aquele que me mandou a vós? Quem é?" O que é? E que nome, ou que distinção é esta? Também Moisés é o que é, também Faraó é o que é, também o povo, com que há de falar, é o que é. Pois se este nome e esta definição toca a todos e a tudo, como a toma Deus só por sua? E se todos são o que são, e cada um é o que é, por que diz Deus não só como atributo, senão como essência própria da sua divindade: "Eu sou o que sou": Eu sou o que sou? Excelentemente S. Jerônimo, respondendo com as palavras do Apocalipse: "Aquele que é, e que era, e que há de vir"(Ap 1,4). Sabeis por que diz

Deus: "Eu sou o que sou?" Sabeis por que só Deus é o que é? Porque só Deus é o que foi e o que há de ser. Deus é Deus, e foi Deus, e há de ser Deus; e só quem é o que foi e o que há de ser é o que é: "Aquele que é, e que era e que há de vir. Eu sou o que sou". De maneira que quem é o que foi e o que há de ser, é o que é, e este é só Deus. Quem não é o que foi e o que há de ser, não é o que é: é o que foi e o que há de ser: e esses somos nós. Olhemos para trás: que é o que fomos? Pó. Olhemos para diante: que é o que havemos de ser? Pó. Fomos pó e havemos de ser pó? Pois isso é o que somos: "Sois pó".

Eu bem sei que também há deuses da terra, e que esta terra onde estamos foi a pátria comum de todos os deuses, ou próprios, ou estrangeiros. Aqueles deuses eram de diversos metais; estes são de barro, ou cru ou mal cozido, mas deuses. Deuses na grandeza, deuses na majestade, deuses no poder, deuses na adoração, e também deuses no nome: "Eu disse, sois deuses". Mas se houver, que pode haver, se houver algum destes deuses que cuide ou diga: "Eu sou o que sou", olhe primeiro o que foi e o que há de ser. Se foi Deus, e há de ser Deus, é Deus: eu o creio e o adoro; mas se não foi Deus, nem há de ser Deus, se foi pó, e há de ser pó, faça mais caso da sua sepultura que da sua divindade. Assim lho disse e os desenganou o mesmo Deus que lhes chamou deuses: "Eu disse: sois deuses... Mas vós, como homens, morrereis" (Sl 81,6s). Quem foi pó e há de ser pó, seja o que quiser e quanto quiser, é pó: "Sois pó".

§ III

Parece-me que tenho provado a minha razão e a consequência dela. Se a quereis ver praticada em próprios termos, sou contente. Praticaram este desengano dois homens que sabiam mais de nós que nós: Abraão e Jó. Jó, com outro "Lembrai-vos" como o nosso, dizia a Deus: "Lembrai-vos, que me fizestes de pó, e que em pó me haveis de tornar" (Jó 10,9). — Abraão, pedindo licença ou atrevimento para falar a Deus: "Falarei ao Senhor, embora seja pó e cinza" (Gn 18,27). — Já vedes a diferença dos termos que não pode ser maior, nem também mais natural ao nosso intento. Jó diz que foi pó e há de ser pó; Abraão não diz que foi, nem que há de ser, senão que já é pó: "Embora seja pó e cinza". Se um destes homens fora morto e outro vivo, falavam muito propriamente, porque todo o vivo pode dizer: Eu fui pó, e hei de ser pó; e um morto, se falar, havia de dizer: Eu já sou pó. Mas Abraão, que disse isto, não estava morto, senão vivo, como Jó; e Abraão e Jó não eram de diferente metal, nem de diferente natureza. Pois se ambos eram da mesma natureza, e ambos estavam vivos, como diz um que já é pó, e outro não diz que o é, senão que o foi e que o há de ser? Por isso mesmo. Porque Jó foi pó e há de ser pó, por isso Abraão é pó. Em Jó falou a morte, em Abraão falou a vida, em ambos a natureza. Um descreveu-se pelo passado e pelo futuro, o outro definiu-se pelo presente; um reconheceu o efeito, o outro considerou a causa; um disse o que era, o outro declarou o porquê. Porque Jó e Abraão e qualquer outro homem foi pó, por isso já é pó. Fostes pó e haveis de ser pó como Jó? Pois já sois pó como Abraão: "Embora seja pó e cinza".

Tudo temos no nosso texto, se bem se considera, porque as segundas palavras dele não só contêm a declaração, senão também a razão das primeiras. "Sois pó. E por quê? Porque "Em pó vos haveis de tornar": porque fostes pó e haveis de tornar a ser pó. Esta é a força da palavra "Haveis de tornar", a qual não só significa o pó que havemos de ser, senão também o pó que somos. Por isso não diz: "Haveis de tornar", converter-vos-eis em pó, senão: "Haveis de tornar", tornareis a ser o pó que fostes. Quando dizemos que os mortos se convertem em pó, falamos impropriamente, porque aquilo não é conversão, é reversão: "Haveis de tornar"; é tornar a ser na morte o pó que somos no nascimento; é tornar a ser na sepultura o pó que somos no campo Damasceno². E porque somos pó e havemos de tornar a ser pó: "Em pó haveis de tornar", por isso já somos pó: "Sois pó". — Não é exposição minha, senão formalidade do mesmo texto com que Deus pronunciou a sentença de morte contra Adão: "Até que tornes a ser a terra de que foste formado, porque és pó" (Gn 3,19). De maneira que a razão e o porquê de sermos pó: é porque somos pó, e havemos de tornar a ser pó: "Até que tornes a ser a terra de que foste formado".

Só parece que se pode opor ou dizer em contrário que aquele "até que", significa tempo em meio entre o pó que somos e o pó que havemos de ser, e que neste meio tempo não somos pó. Mas a mesma verdade divina que disse: "até que", disse também: "sois pó". E a razão desta consequência está no "Haveis de tornar", porque a reversão com que tornamos a ser o pó que fomos começa circularmente, não do último senão do primeiro ponto da vida. Notai. Esta nossa chamada vida não é mais que um círculo que fazemos de pó a pó: do pó que fomos ao pó que havemos de ser. Uns fazem o círculo maior, outros menor, outros mais pequeno, outros mínimo: "Transferido do ventre à sepultura" (Jó 10,19). Mas, ou o caminho seja largo, ou breve, ou brevíssimo, como é círculo de pó a pó, sempre e em qualquer parte da vida somos pó. Quem vai circularmente de um ponto para o mesmo ponto, quanto mais se aparta dele tanto mais se chega para ele; e quem quanto mais se aparta mais se chega, não se aparta. O pó que foi nosso princípio, esse mesmo, e não outro, é o nosso fim; e porque caminhamos circularmente deste pó para este pó, quanto mais parece que nos apartamos dele, tanto mais nos chegamos para ele: o passo que nos aparta, esse mesmo nos chega; o dia que faz a vida, esse mesmo a desfaz. E como esta roda que anda e desanda juntamente sempre nos vai moendo, sempre somos pó. Por isso, quando Deus intimou a Adão a reversão ou resolução deste círculo: "Até que tornes a ser", das premissas: pó foste, e pó serás — tirou por consequência, pó és: "Porque és pó". Assim que desde o primeiro instante da vida até o último nos devemos persuadir e assentar conosco, que não só fomos e havemos de ser pó, senão que já o somos, e por isso mesmo. Foste pó e hás de ser pó? És pó.

§ IV

Ora, suposto que já somos pó, e não pode deixar de ser, pois Deus o disse, perguntar-me-eis, e com muita razão, em que nos distinguimos logo os vivos dos mortos? Os mortos são pó, nós também somos pó: em que nos distinguimos uns dos outros? Distinguimo-nos os vivos dos mortos, assim como se distingue o pó do pó. Os vivos são pó levantado, os mortos são pó caído; os vivos são pó que anda, os mortos são pó que jaz: "Aqui jaz". Estão essas praças no verão cobertas de pó; dá um pé de vento, levanta-se o pó no ar, e que faz? O que fazem os vivos, e muitos vivos. Não aquieta o pó, nem pode estar quedo: anda, corre, voa, entra por esta rua, sai por aquela; já vai adiante, já torna atrás; tudo enche, tudo cobre, tudo envolve, tudo perturba, tudo cega, tudo penetra, em tudo e por tudo se mete, sem aquietar, nem sossegar um momento, enquanto o vento dura. Acalmou o vento, cai o pó, e onde o vento parou ali fica, ou dentro de casa, ou na rua, ou em cima de um telhado, ou no mar, ou no rio, ou no monte, ou na campanha. Não é assim? Assim é. E que pó, e que vento é este? O pó somos nós: "Porque sois pó"; o vento é a nossa vida: "Porque o vento é minha vida" (Jó 7,7). Deu o vento, levantou-se o pó; parou o vento, caiu. Deu o vento, eis o pó levantado: estes são os vivos. Parou o vento, eis o pó caído: estes são os mortos. Os vivos pó, os mortos pó; os vivos pó levantado, os mortos pó caído; os vivos pó com vento, e por isso vãos; os mortos pó sem vento, e por isso sem vaidade. Esta é a distinção, e não há outra.

Nem cuide alguém que é isto metáfora ou comparação, senão realidade experimentada e certa. Formou Deus de pó aquela primeira estátua, que depois se chamou corpo de Adão. Assim o diz o texto original: "Deus formou o homem do pó da terra" (Gn 2,7). A figura era humana e muito primorosamente delineada, mas a substância ou a matéria não era mais que pó. A cabeça pó, o peito pó, os braços pó, os olhos, a boca, a língua, o coração, tudo pó. Chega-se pois Deus à estátua, e que fez? "Soprou em sua face". Assoprou-a (Gn 2,7). E tanto que o vento do assopro deu no pó: "E o homem foi feito alma vivente": eis o pó levantado e vivo; já é homem, já se chama Adão. Ah! pó, se aquietaras e pararas aí! Mas pó assoprado, e com vento, como havia de aquietar? Ei-lo abaixo, ei-lo acima, e tanto acima, e tanto abaixo, dando uma tão grande volta, e tantas voltas. Já senhor do universo, já escravo de si mesmo; já só, já acompanhado; já nu, já vestido; já coberto de folhas, já de peles; já tentado, já vencido; já homiziado, já desterrado; já pecador, já penitente, e para maior penitência, pai: chorando os filhos, lavrando a terra, recolhendo espinhos por frutos, suando, trabalhando, lidando, fatigando, com tantos vaivéns do gosto e da fortuna, sempre em uma roda viva. Assim andou levantado o pó enquanto durou o vento. O vento durou muito, porque naquele tempo eram mais largas as vidas, mas alfim parou. E que lhe sucedeu no mesmo ponto a Adão? O que sucede ao pó. Assim como o vento o levantou, e o sustinha, tanto que o vento parou, caiu. Pó levantado, Adão vivo; pó caído, Adão morto: "E morreu".

Este foi o primeiro pó, e o primeiro vivo, e o primeiro condenado à morte; e esta é a diferença que há de vivos a mortos, e de pó a pó. Por isso na Escritura o morrer se chama cair, e o viver levantar-se. O morrer cair: "Mas vós como homens morrereis, e caireis como um dos príncipes" (Sl 81,7). O viver, levantar-se: "Moço, eu te digo: levanta-te" (Lc 7,14). Se levantados, vivos; se caídos, mortos; mas ou caídos ou levantados, ou mortos, ou vivos, pó: os levantados pó da vida, os mortos pó da morte. Assim o entendeu e notou Davi, e esta é a distinção que fez quando disse: "Levastes-me, Senhor, ao pó da morte". Não bastava dizer: "Levastes-me ao pó", assim como: "Haveis de tornar pó?" Se bastava; mas disse com maior energia: "Ao pó da morte", porque há pó da morte, e pó da vida: os vivos, que andamos em pé, somos o pó da vida: "Sois pó"; os mortos, que jazem na sepultura, são o pó da morte. "Haveis de tornar pó".

§ V

À vista desta distinção tão verdadeira e deste desengano tão certo, que posso eu dizer ao nosso pó senão o que lhe diz a Igreja: "Lembrai-vos homem". Dois mementos hei de fazer hoje ao pó: um memento ao pó levantado, outro memento ao pó caído; um Memento ao pó que somos, outro memento ao pó que havemos de ser; um memento ao pó que me ouve, outro memento ao pó que não pode ouvir. O primeiro será o memento dos vivos; o segundo, o dos mortos.

Aos vivos, que direi eu? Digo que se lembre o pó levantado que há de ser pó caído. Levanta-se o pó com o vento da vida, e muito mais com o vento da fortuna; mas lembre-se o pó que o vento da fortuna não pode durar mais que o vento da vida, e que pode durar muito menos, porque é mais inconstante. O vento da vida, por mais que cresça, nunca pode chegar a ser bonança; o vento da fortuna, se cresce, pode chegar a ser tempestade, e tão grande tempestade que se afogue nela o mesmo vento da vida. Pó levantado, lembra-te outra vez que hás de ser pó caído, e que tudo há de cair e ser pó contigo. Estátua de Nabuco: ouro, prata, bronze, ferro, lustre, riqueza, fama, poder: lembra-te que tudo há de cair de um golpe, e que então se verá o que agora não queremos ver: que tudo é pó, e pó de terra. Eu não me admiro, senhores, que aquela estátua em um momento se convertesse toda em pó: era imagem de homem; isso bastava. O que me admira e admirou sempre é que se convertesse, como diz o texto, em pó de terra: "Como a palha que voa da eira durante o verão" (Dn 2,35). A cabeça da estátua não era de ouro? Pois por que se não converte o ouro em pó de ouro? O peito e os braços não eram de prata? Por que se não converte a prata em pó de prata? O ventre não era de bronze, e o demais de ferro? Por que se não converte o bronze em pó de bronze e o ferro em pó de ferro? Mas o ouro, a prata, o bronze, o ferro, tudo em pó de terra? Sim. Tudo em pó de terra. Cuida o ilustre desvanecido que é de ouro, e todo esse resplendor, em caindo, há de ser pó, e pó de terra. Cuida o rico inchado que é de prata, e toda essa riqueza em caindo há de ser pó, e pó de terra. Cuida o robusto que é de bronze; cuida o valente que é de ferro: um confiado, outro arrogante; e toda essa fortaleza, e toda essa valentia em caindo há de ser pó, e pó de terra: "Como a palha que voa da eira durante o verão".

Senhor pó: "Não dês crédito ao demasiado colorido"[3]. A pedra que desfez em pó a estátua é a pedra daquela sepultura. Aquela pedra é como a pedra do pintor, que mói todas as cores, e todas as desfaz em pó. O negro da sotaina, o branco da cota, o pavonaço do mantelete, o vermelho da púrpura, tudo ali se desfaz em pó. Adão quer dizer "o vermelho", porque o pó do campo Damasceno[4], de que Adão foi formado, era vermelho; e parece que escolheu Deus o pó daquela cor tão prezada, para nela, e com ela, desenganar a todas as cores. Desengane-se a escarlata mais fina, mais alta e mais coroada, e desenganem-se daí abaixo todas as cores, que todas se hão de moer naquela pedra e desfazer em pó; e o que é mais, todas em pó da mesma cor. Na estátua o ouro era amarelo, a prata branca, o bronze verde, o ferro negro, mas tanto que a tocou a pedra, tudo ficou da mesma cor, tudo da cor da terra: "Como a palha que voa da eira durante o verão". O pó levantado, como vão, quis fazer distinções de pó a pó; e porque não pôde distinguir a substância, pôs a diferença nas cores. Porém a morte, como vingadora de todos os agravos da natureza, a todas essas cores faz da mesma cor, para que não distinga a vaidade e a fortuna os que fez iguais a razão. Ouvi a S. Agostinho: "Olha os sepulcros e vê quem é o senhor, quem o servo, quem o rico? Distingue, se podes o rei do vencido, o forte do fraco, o belo do deforme": Abri aquelas sepulturas, diz Agostinho[5], e vede qual é ali o senhor e qual o servo, qual é ali o pobre e qual o rico? "Discerne, se podes": distingui-me ali, se podeis, o valente do fraco, o formoso do feio, o rei coroado de ouro do escravo de Argel carregado de ferros? Distingui-los? Conhecei-los? Não por certo. O grande e o pequeno, o rico e o pobre, o sábio e o ignorante, o senhor e o escravo, o príncipe e o cavador, o alemão e o etíope, todos ali são da mesma cor.

Passa S. Agostinho da sua África à nossa Roma, e pergunta assim: "Onde estão os que ambicionam os poderes dos cidadãos? Onde os imperadores invencíveis? Onde os comandantes dos exércitos? Onde os sátrapas e os tiranos?" Onde estão os cônsules romanos? Onde estão aqueles imperadores e capitães famosos, que desde o Capitólio mandavam o mundo? Que se fez dos Césares e dos Pompeus, dos Mários e dos Silas, dos Cipiões e dos Emílios? Os Augustos, os Cláudios, os Tibérios, os Vespasianos, os Titos, os Trajanos, que é deles? "Agora tudo é pó", "Agora tudo cinza"; "Agora a memória deles está em poucos versos" não resta de todos eles outra memória, mais que os poucos versos das suas sepulturas. Meu Agostinho, também esses versos que se liam então, já os não há: apagaram-se as letras, comeu o tempo as pedras; também as pedras morrem: "Também as pedras e os nomes morrem"[6]. Oh! que "Lembrai-vos" este para Roma!

Já não digo como até agora: lembra-te, homem, que és pó levantado e hás de ser pó caído. O que digo é: lembra-te, Roma, que és pó levantado, e que és pó caído juntamente. Olha, Roma, daqui para baixo, e ver-te-ás caída e sepultada debaixo de ti; olha, Roma, de lá para cima, e ver-te-ás levantada e pendente em cima de ti. Roma sobre Roma, e Roma debaixo de Roma. Nas margens do Tibre, a Roma que se vê para cima vê-se também para baixo; mas aquilo são sombras. Aqui a Roma que se vê em cima vê-se também embaixo, e não é engano da vista, senão verdade; a cidade sobre as ruínas, o corpo sobre o cadáver, a Roma viva sobre a morta. Que coisa é Roma senão um sepulcro de si mesma? Embaixo as cinzas, em cima a estátua; embaixo os ossos, em cima o vulto. Este vulto, esta majestade, esta grandeza é a imagem, e só a imagem, do que está debaixo da terra. Ordenou a Providência divina que Roma fosse tantas vezes destruída, e depois edificada sobre suas ruínas, para que a cabeça do mundo tivesse uma caveira em que se ver. Um homem pode-se ver na caveira de outro homem; a cabeça do mundo não se podia ver senão na sua própria caveira. Que é Roma levantada? A cabeça do mundo. Que é Roma caída? A caveira do mundo. Que são esses pedaços de Termas e Coliseus senão os ossos rotos e truncados desta grande caveira? E que são essas colunas, essas agulhas desenterradas, senão os dentes, mais duros, desencaixados dela! Oh! que sisuda seria a cabeça do mundo se se visse bem na sua caveira!

Nabuco, depois de ver a estátua convertida em pó, edificou outra estátua. Louco! Que é o que te disse o profeta? "Tu, rei, és a cabeça" (Dn 2,38). Pois se tu és a cabeça, e estás vivo, olhe a cabeça viva para a cabeça defunta; olhe a cabeça levantada para a cabeça caída; olhe a cabeça para a caveira. Oh! se Roma fizesse o que não soube fazer Nabuco! Oh! se a cabeça do mundo olhasse para a caveira do mundo! A caveira é maior que a cabeça, para que tenha menos lugar a vaidade, e maior matéria o desengano. Isto fui, e isto sou? Nisto parou a grandeza daquele imenso todo, de que hoje sou tão pequena parte? Nisto parou. E o pior é, Roma minha, se me dás licença para que to diga, que não há de parar só nisto. Este destroço e estas ruínas que vês tuas não são as últimas: ainda te espera outra antes do fim do mundo profetizado nas Escrituras. Aquela Babilônia de que fala S. João, quando diz no Apocalipse: "Caiu, caiu Babilônia" (Ap 14,8), é Roma, não pelo que hoje é, senão pelo que há de ser. Assim o entendem S. Jerônimo, S. Agostinho, S. Ambrósio, Tertuliano, Ecumênio, Cassiodoro, e outros Padres, a quem seguem concordemente intérpretes e teólogos. Roma, a espiritual, é eterna, porque "As portas do inferno não prevalecerão contra ela" (Mt 16,18). Mas Roma, a temporal, sujeita está como as outras metrópoles das monarquias, e não só sujeita, mas condenada à catástrofe das coisas mudáveis, e aos eclipses do tempo. Nas tuas ruínas vês o que foste, nos teus oráculos lês o que hás de ser; e se queres fazer verdadeiro juízo de ti mesma pelo que foste e pelo que hás de ser, estima o que és.

Nesta mesma roda natural das coisas humanas, descobriu a sabedoria de Salomão dois espelhos recíprocos, que podemos chamar do tempo, em que se vê facilmente o que foi e o que há de ser. "Que é o que foi? Aquilo mesmo que há de ser. Que é o que foi feito? Aquilo que se há de fazer" (Ecl 1,9). Ponde estes dois espelhos um defronte do outro, e assim como os raios do ocaso ferem o oriente, e os do oriente o ocaso, assim, por reverberação natural e recíproca, achareis que no espelho do passado se vê o que há de ser, e no do futuro o que foi. Se quereis ver o futuro, lede as histórias e olhai para o passado; se quereis ver o passado, lede as profecias e olhai para o futuro. E quem quiser ver o presente, para onde há de olhar? Não o disse Salomão, mas eu o direi. Digo que olhe juntamente para um e para outro espelho. Olhai para o passado e para o futuro, e vereis o presente. A razão ou consequência é manifesta. Se no passado se vê o futuro, e no futuro se vê o passado, segue-se que no passado e no futuro se vê o presente, porque o presente é o futuro do passado, e o mesmo presente é o passado do futuro. "O que foste? Isso hás de ser. O que é? Isso que foste e que hás de ser. Roma, o que foste, isso hás de ser; e o que foste, e o que hás de ser, isso és. Vê-te bem nestes dois espelhos do tempo, e conhecer-te-ás. E se a verdade deste desengano tem lugar nas pedras, quanto mais nos homens. No passado foste pó? No futuro hás de ser pó? Logo, no presente és pó: "Sois pó".

§ VI

Este foi o memento dos vivos; acabo com o memento dos mortos. Aos vivos disse: lembre-se o pó levantado que há de ser pó caído. Aos mortos digo: lembre-se o pó caído que há de ser pó levantado. Ninguém morre para estar sempre morto; por isso a morte nas Escrituras se chama sono. Os vivos caem em terra com o sono da morte; os mortos jazem na sepultura dormindo, sem movimento nem sentido, aquele profundo e dilatado letargo; mas, quando o pregão da trombeta final os chamar a juízo, todos hão de acordar e levantar-se outra vez. Então dirá cada um com Davi: "Deitei-me e dormi, e levantei-me" (Sl 3,6). Lembre-se pois o pó caído que há de ser pó levantado.

Este segundo memento é muito mais terrível que o primeiro. Aos vivos disse:

"Lembrai-vos homem que sois pó e ao pó haveis de tornar"; aos mortos digo com as palavras trocadas, mas com sentido igualmente verdadeiro: "lembra-te pó que és homem, e em homem hás de tornar": lembra-te pó que és homem, e que em homem te hás de tornar. Os que me ouviram já sabem que cada um é o que foi e o que há de ser. Tu que jazes nesta sepultura, sabe-o agora. Eu vivo, tu estás morto; eu falo, tu estás mudo; mas assim como eu sendo homem, porque fui pó, e hei de tornar a ser pó, sou pó, assim tu, sendo pó, porque foste homem, e hás de tornar a ser homem, és homem. Morre a águia, morre a fênix, mas a águia morta não é águia, a fênix morta é fênix. E por quê? A águia morta não é águia, porque foi águia, mas não há de tornar a ser águia. A fênix morta é fênix, porque foi fênix, e há de tornar a ser fênix. Assim és tu que jazes nessa sepultura. Morto sim, desfeito em cinzas sim, mas em cinzas como as da fênix. A fênix desfeita em cinzas é fênix, porque foi fênix, e há de tornar a ser fênix. E tu desfeito também em cinzas és homem, porque foste homem, e hás de tornar a ser homem. Não é a proposição, nem comparação minha, senão da Sabedoria e Verdade eterna. Ouçam os mortos a um morto que melhor que todos os vivos conheceu e pregou a fé da imortalidade. "Morrerei no meu ninho, diz Jó, e como fênix multiplicarei os meus dias" (Jó 29,18). Os dias soma-os a vida, diminui-os a morte e multiplica-os a ressurreição. Por isso Jó como vivo, como morto e como imortal se compara à fênix. Bem pudera este grande herói, pois chamou ninho à sua sepultura, comparar-se à rainha das aves, como rei que era. Mas falando de si e conosco naquela medida em que todos somos iguais, não se comparou à águia, senão à fênix, porque o nascer águia é fortuna de poucos, o renascer fênix é natureza de todos.

Todos nascemos para morrer, e todos morreremos para ressuscitar. Para nascer antes de ser, tivemos necessidade de pai e mãe que nos gerasse; para renascer depois de morrer, como a fênix, o mesmo pó, em que se corrompeu e desfez o corpo, é o pai e a mãe de que havemos de tornar a ser gerados. "Disse à podridão: És meu pai; e aos vermes: vós sois minha mãe e minha irmã" (Jó 17,14). Sendo pois igualmente certa esta segunda metamorfose, como a primeira, preguemos também aos mortos, como pregou Ezequiel, para que nos ouçam mortos e vivos (Ez 37,4). Se dissemos aos vivos: "Lembrai-vos, homem, que sois pó, porque fostes pó, e haveis de tornar a ser pó; brademos com a mesma verdade aos mortos que já são pó: lembra-te, pó, que és homem porque foste homem, e hás de tornar a ser homem".

Senhores meus, não seja isto cerimônia: falemos muito seriamente, que o dia é disso. Ou cremos que somos imortais, ou não. Se o homem acaba com o pó, não tenho que dizer; mas se o pó há de tornar a ser homem, não sei o que vos diga, nem o que me diga. A mim não me faz medo o pó que hei de ser; faz medo o que há de ser o pó. Eu não temo na morte a morte, temo a imortalidade; eu não temo hoje o dia de cinza, temo hoje o dia de Páscoa, porque sei que hei de ressuscitar, porque sei que hei de viver para sempre, porque sei que me espera uma eternidade, ou no céu, ou no inferno. "Porque sei que o meu Redentor vive, e que eu no derradeiro dia surgirei da terra" (Jó 19,25). Sei, diz. Notai. Não diz: Creio, senão, "Sei". Porque a verdade e certeza da imortalidade do homem não só é fé, senão também ciência. Por ciência e por razão natural a conheceram Platão, Aristóteles e tantos outros filósofos gentios. Mas que importava que o não alcançasse a razão onde está a fé? Que importa a autoridade dos homens onde está o testemunho de Deus? O pó daquela sepultura está clamando: "Surgirei da terra, e serei novamente revestido da minha pele, e na minha própria carne verei a meu Deus, a quem eu mesmo hei de ver e meus olhos hão de contemplar, e não outro" (Jó 19,25ss). Este homem, este corpo, estes ossos, esta carne, esta pele, estes olhos, este eu, e não outro, é o que há de morrer? Sim; mas reviver e ressuscitar à imortalidade. Mortal até o pó, mas depois do pó imortal. "Crês isto? Sim, Senhor (Jo 11,26). Pois que efeito faz em nós este conhecimento da morte e esta fé da imortalidade?

Quando considero na vida que se usa, acho que não vivemos como mortais, nem vivemos como imortais. Não vivemos como mortais, porque tratamos das coisas desta vida como se esta vida fora eterna. Não vivemos como imortais, porque nos esquecemos tanto da vida eterna, como se não houvera tal vida. Se esta vida fora imortal, e nós imortais, que havíamos de fazer, senão o que fazemos? Estai comigo. Se Deus, assim como fez um Adão, fizera dois, e o segundo fora mais sisudo que o nosso, nós havíamos de ser mortais como somos, e os filhos de outro Adão haviam de ser imortais. E estes homens imortais, que haviam de fazer neste mundo? Isto mesmo que nós fazemos. Depois que não coubessem no Paraíso, e se fossem multiplicando, haviam-se de estender pela terra, haviam de conduzir de todas as partes do mundo todo o bom, precioso e deleitoso que Deus para eles tinha criado, haviam de ordenar cidades e palácios, quintas, jardins, fontes, delícias, banquetes, representações, músicas, festas, e tudo aquilo que pudesse formar uma vida alegre e deleitosa. Não é isto o que nós fazemos? E muito mais do que eles haviam de fazer, porque o haviam de fazer com justiça, com razão, com modéstia, com temperança; sem luxo, sem soberba, sem ambição, sem inveja; e com concórdia, com caridade, com humanidade. Mas como se ririam de nós, e como pasmariam de nós aqueles homens imortais! Como se ririam das nossas loucuras, como pasmariam da nossa cegueira, vendo-nos tão ocupados, tão solícitos, tão desvelados pela nossa vidazinha de dois dias, e tão esquecidos e descuidados da morte, como se fôramos tão imortais como eles! Eles sem dor, nem enfermidade; nós enfermos e gemendo; eles vivendo sempre, nós morrendo; eles não sabendo o nome à sepultura, nós enterrando uns a outros; eles gozando o mundo em paz, e nós fazendo demandas e guerras pelo que não havemos de gozar. Homenzinhos miseráveis — haviam de dizer — homenzinhos miseráveis, loucos, insensatos; não vedes que sois mortais? Não vedes que haveis de acabar amanhã? Não vedes que vos hão de meter debaixo de uma sepultura, e que de tudo quanto andais afanando e adquirindo não haveis de lograr mais que sete pés de terra? Que doidice, que cegueira é logo a vossa? Não sendo como nós, quereis viver como nós? — Assim é. "Morreremos como mortais que somos, e vivemos como se fôramos imortais"[7]. Assim o dizia Sêneca gentio à Roma gentia. Vós a isto dizeis que Sêneca era um estoico. E não é mais ser cristão que ser estoico? Sêneca não conhecia a imortalidade da alma; o mais a que chegou foi a duvidá-la, e contudo entendia isto.

§ VII

Ora, senhores, já que somos cristãos, já que sabemos que havemos de morrer e que somos imortais, saibamos usar da morte e da imortalidade. Tratemos desta vida como mortais, e da outra como imortais. Pode haver loucura mais rematada, pode haver cegueira mais cega que empregar-me todo na vida que há de acabar, e não tratar da vida que há de durar para sempre? Cansar-me, afligir-me, matar-me pelo que forçosamente hei de deixar; e do que hei de lograr ou perder para sempre não fazer nenhum caso! Tantas diligências para esta vida, nenhuma diligência para a outra vida? Tanto medo, tanto receio da morte temporal, e da eterna nenhum temor? Mortos, mortos, desenganai estes vivos. Dizei-nos que pensamentos e que sentimentos foram os vossos quando entrastes e saístes pelas portas da morte? A morte tem duas portas: Vós que me retirais das portas da morte" (Sl 9,15). Uma porta de vidro, por onde se sai da vida; outra porta de diamante, por onde se entra à eternidade. Entre estas duas portas se acha subitamente um homem no instante da morte, sem poder tornar atrás, nem parar, nem fugir, nem dilatar, senão entrar para onde não sabe, e para sempre. Oh! que transe tão apertado! Oh! que passo tão estreito! Oh! que momento tão terrível! Aristóteles disse que, entre todas as coisas terríveis, a mais terrível é a morte. Disse bem mas não entendeu o que disse. Não é terrível a morte pela vida que acaba, senão pela eternidade que começa. Não é terrível a porta por onde se sai; a terrível é a porta por onde se entra. Se olhais para cima, uma escada que chega até o céu; se olhais para baixo, um precipício que vai parar no inferno, e isto incerto.

Dormindo Jacó sobre uma pedra, viu aquela escada que chegava da terra até o céu, e acordou atônito gritando: "Oh! que terrível lugar é este!" (Gn 18,17) E por que é terrível, Jacó? "Por acaso não é isto senão a casa de Deus e a porta do céu?": Porque isto não é outra coisa senão a porta do céu. — Pois a porta do céu, a porta da bem-aventurança é terrível? Sim. Porque é uma porta que se pode abrir e que se pode fechar. É aquela porta que se abriu para as cinco virgens prudentes, e que se fechou para as cinco néscias: "E a porta se fechou" (Mt 25,10). E se esta porta é terrível para quem olha só para cima, quão terrível será para quem olhar para cima e mais para baixo? Se é terrível para quem olha só para o céu, quanto mais terrível será para quem olhar para o céu e para o inferno juntamente? Este é o mistério de toda a escada, em que Jacó não reparou inteiramente, como quem estava dormindo. Bem viu Jacó que pela escada subiam e desciam anjos, mas não reparou que aquela escada tinha mais degraus para descer que para subir: para subir era escada da terra até o céu; para descer era escada do céu até o inferno; para subir era escada por onde subiram anjos a ser bem-aventurados; para descer era escada por onde desceram anjos a ser demônios. Terrível escada para quem não sobe, porque perde o céu e a vista de Deus; e mais terrível para quem desce, porque não só perde o céu e a vista de Deus, mas vai arder no inferno eternamente. Esta é a visão mais que terrível que todos havemos de ver; este o lugar mais que terrível por onde todos havemos de passar, e por onde já passaram todos os que ali jazem. Jacó jazia sobre a pedra; ali a pedra jaz sobre Jacó, ou Jacó debaixo da pedra. "Já dormiram o seu sono" (Sl 75,6); já viram aquela visão; já subiram ou desceram pela escada. Se estão no céu ou no inferno, Deus o sabe; mas tudo se averiguou naquele momento.

Oh! que momento, torno a dizer, oh! que passo, oh! que transe tão terrível! Oh! que temores, oh! que aflição, oh! que angústias! Ali, senhores, não se teme a morte, teme-se a vida. Tudo o que ali dá pena é tudo o que nesta vida deu gosto, e tudo o que buscamos por nosso gosto, muitas vezes com tantas penas. Oh! que diferentes parecerão então todas as coisas desta vida! Que verdades, que desenganos, que luzes tão claras de tudo o que neste mundo nos cega! Nenhum homem há naquele ponto que não desejara muito uma de duas: ou não ter nascido, ou tornar a nascer de novo, para fazer uma vida muito diferente. Mas já é tarde, já não há tempo: "Por que não haverá mais tempo"(Ap 10,6). Cristãos e senhores meus, por misericórdia de Deus ainda estamos em tempo. É certo que todos caminhamos para aquele passo; é infalível que todos havemos de chegar, e todos nos havemos de ver naquele terrível momento, e pode ser que muito cedo. Julgue cada um de nós, se será melhor arrepender-se agora, ou deixar o arrependimento para quando não tenha lugar, nem seja arrependimento. Deus nos avisa; Deus nos dá estas vozes: não deixemos passar esta inspiração, que não sabemos se será a última. Se então havemos de desejar em vão começar outra vida, comecemo-la agora: "Disse: agora começo" (Sl 76,11). Comecemos de hoje em diante a viver como quereremos ter vivido na hora da morte. Vive assim como quiseras ter vivido quando morras. Oh! que consolação tão grande será então a nossa, se o fizermos assim! E pelo contrário, que desconsolação tão irremediável e tão desesperada, se nos deixarmos levar da corrente, quando nos acharmos onde ela nos leva! É possível que me condenei por minha culpa e por minha vontade, e conhecendo muito bem o que agora experimento sem nenhum remédio? É possível que por uma cegueira de que me não quis apartar, por um apetite que passou em um momento, hei de arder no inferno enquanto Deus for Deus? Cuidemos nisto, cristãos, cuidemos nisto. Em que cuidamos, e em que não cuidamos? Homens mortais, homens imortais, se todos os dias podemos morrer, se cada dia nos imos chegando mais à morte, e ela a nós, não se acabe com este dia a memória da morte. Resolução, resolução uma vez, que sem resolução nada se faz. E para que esta resolução dure e não seja como outras, tomemos cada dia uma hora em que cuidemos bem naquela hora. De vinte e quatro horas que tem o dia, por que se não dará uma hora à triste alma? Esta é a melhor devoção e mais útil penitência, e mais agradável a Deus, que podeis fazer nesta Quaresma. Tomar uma hora cada dia, em que só por só com Deus e conosco cuidemos na nossa morte e na nossa vida. E porque espero da vossa piedade e do vosso juízo que aceitareis este bom conselho, quero acabar deixando-vos quatro pontos de consideração para os quatro quartos desta hora. Primeiro: quanto tenho vivido? Segundo: como vivi? Terceiro: Quanto posso viver? Quarto: como é bem que viva? Torno a dizer para que vos fique na memória: quanto tenho vivido? Como vivi? Quanto posso viver? Como é bem que viva? "Lembrai-vos homem!".

SERMÃO DO
SSmo. Sacramento

Em Santa Engrácia.
Ano de 1645.

∽

"Minha carne verdadeiramente é comida
e o meu sangue verdadeiramente é bebida."
(Jo 6,56)

 Durante 12 anos, de 1641 a 1653, Vieira esteve em Lisboa. Anos de muitas e diversas atividades junto à Corte. Prega, escreve e desempenha missões diplomáticas a serviço do Rei. A igreja de Santa Engrácia, fundada em 1570 por D. Maria, filha de D. Manuel, fora profanada sacrilegamente em 1630. A cerimônia de hoje cumpria o voto estabelecido de desagravo "perpétuo". O tema do sermão é claro: o mistério da Eucaristia. Suposta a inteligência da fé, Vieira faz o Mistério da fé mistério da razão. Sete serão os inimigos declarados da verdade do mistério, com suas dúvidas: um judeu, um gentio, um herege, um filósofo, um político, um devoto e o mesmo demônio. A todos satisfará a razão. Para o judeu basta a memória do Antigo Testamento. Se os gentios creram nas fábulas, por que negarão a realidade?
 Os hereges insistem no sentido metafórico, não entendem o sentido verdadeiro. Se os filósofos argumentam com a natureza, não têm eles a melhor mestra da fé que é a mesma natureza? Quanto ao demônio, cale-se. O devoto se queixa por excesso de amor. Os políticos perdem autoridade, não crendo? Não, ganham veneração. Enfim, diante do rei e da corte, convoca à união de todos e apela à ajuda para as obras do templo, uma vez que a piedade cristã e portuguesa sente a construção parada há tantos anos.

§ I

Duas palavras de mais, ou uma duas vezes repetida, achava eu com fácil reparo na cláusula que propus do Evangelho: "Verdadeiramente comida, verdadeiramente bebida" (Jo 6,56). Todos os mistérios da fé, todos os sacramentos da Igreja são verdadeiros mistérios e verdadeiros sacramentos; contudo, se atentamente lermos todos os Evangelhos, se atentamente advertirmos todas as palavras de Cristo, acharemos que em nenhum outro mistério, em nenhum outro sacramento, senão no da Eucaristia, ratificou o Senhor aquela palavra: "Verdadeiramente". Instituiu Cristo o sacramento da Penitência, e disse: "A quem perdoardes os pecados, serão perdoados" (Jo 20,23). E não disse: "verdadeiramente" perdoados. Instituiu o sacramento do Batismo, e disse: "Quem crer e for batizado será salvo" (Mc 16,15). Mas não disse: "verdadeiramente" salvo. Pois se nos outros mistérios, se nos outros sacramentos, não expressou o soberano Senhor, nem ratificou a verdade de seus efeitos no sacramento de seu corpo e sangue, por que confirma com tão particular expressão? Por que a ratifica uma e outra vez: "Verdadeiramente é comida, verdadeiramente e bebida". Nas maiores alturas sempre são mais ocasionados os precipícios, e como o mistério da Eucaristia é o mais alto de todos os mistérios, como sacramento do corpo e sangue de Cristo é o mais levantado de todos os sacramentos, previu o Senhor que havia de achar nele a fraqueza, e descobrir a malícia maiores ocasiões de duvidar. Haviam-no de duvidar os sentidos, e haviam-no de duvidar as potências; havia-o de duvidar a ciência, e havia-o de duvidar a ignorância; havia-o de duvidar o escrúpulo, e havia-o de duvidar a curiosidade, e onde estava mais ocasionada a dúvida era bem que ficasse mais expressa e mais ratificada a verdade. Por isso ratificou a verdade de seu corpo debaixo das espécies da hóstia: "A minha carne verdadeiramente é comida"; por isso ratificou a verdade de seu sangue debaixo das espécies do cálix: "E o meu sangue é verdadeiramente bebida".

Suposta esta inteligência, que não é menos que do Concílio Tridentino, e suposta a ocasião desta solenidade, instituída para desagravar a verdade deste soberano mistério, vendo-me eu hoje neste verdadeiramente grande teatro da fé, determino sustentar contra todos os inimigos dela a verdade infalível daquele "Verdadeiramente: verdadeiramente é comida, verdadeiramente e bebida". Estas duas conclusões de Cristo havemos de defender hoje com sua graça. E porque os princípios da fé contra aqueles que a negam, ou não valem, ou não querem que valham, ainda que infalíveis, pondo de parte o escudo da mesma fé, e saindo a campo em tudo com armas iguais, argumentarei somente hoje com as da razão. O mistério da Eucaristia chama-se mistério da fé por antonomásia: "Este é o cálice do meu sangue, do novo e eterno testamento, mistério da fé"; mas hoje, com novidade, pode ser que nunca ouvida, faremos o mistério da fé mistério da razão. Sairão a argumentar contra a verdade deste mistério não só os inimigos declarados dela, mas todos os que por qualquer via a podem dificultar: e serão sete. Um judeu, um gentio, um herege, um Filósofo, um Político, um devoto, e o mesmo demônio. Todos estes porão suas dúvidas, e a todos satisfará a razão. E para que a vitória seja mais gloriosa, vencendo a cada um com suas próprias armas: ao judeu responderá a razão com as Escrituras do Testamento Velho, ao gentio com as suas fábulas, ao herege com o Evangelho, ao Filósofo com a natureza, ao político com a conveniência, ao devoto com os seus afetos, e ao demônio com as suas tentações. Temos a matéria. Para que seja a glória de nossa santa fé e honra do diviníssimo Sacramento, peçamos àquela Senhora que deu a Deus a carne e sangue de que se instituiu este mistério, e não é menos interessada na vitória de seus inimigos, nos alcance a luz, o esforço, a graça, que para tão nova batalha havemos mister. *Ave Maria.*

§ II

"A minha carne verdadeiramente é comida, e o meu sangue verdadeiramente é bebida". O primeiro inimigo de Cristo que temos em campo contra a verdade daquele sacrossanto mistério é o judeu. Judaica perfídia foi, como se crê, a que deu causa à dor, e ocasião à glória deste grande dia[1]. Mas, para convencer o judeu, e o sujeitar à fé do mistério da Eucaristia, não há mister a razão as nossas Escrituras, bastam-lhe as suas mesmas. A primeira e maior dúvida que tiveram os judeus contra a verdade deste sacramento foi a possibilidade dele. "Como pode este, diziam, dar-nos a comer sua carne?" (Jo 6,53). Não é possível. E Cristo que lhes respondeu? "Se não comerdes a carne do Filho do Homem e beberdes o seu sangue não tereis vida" (Jo 6,54). — Senhor, com licença de vossa sabedoria divina, a questão dos judeus era duvidarem da possibilidade deste mistério, e as dúvidas postas em presença do mestre soltam-se com a explicação, e não com o castigo. Se estes homens duvidam da possibilidade do mistério, dizei-lhes como é possível, e declarai-lhes o modo com que pode ser, e ficarão satisfeitos. Pois por que seguiu Cristo neste caso outro caminho tão diferente, e em lugar de lhes dar a explicação os ameaçou com castigo? A razão foi porque os que duvidavam neste passo eram os judeus: "Disputavam pois, o Judeus" (Jo 6,52), e para os judeus conhecerem a possibilidade daquele mistério não é necessária a doutrina de Cristo: bastam-lhes as suas Escrituras e a razão. Provo do mesmo texto. "Disputavam pois, o Judeus". Diz que os judeus litigavam uns contra os outros sobre o caso. Se litigavam, logo uns diziam que sim, outros que não: os que diziam que sim davam razões para ser possível; os que diziam que não davam razões para o não ser; e eram tão eficazes as razões dos que diziam que sim que não teve Cristo necessidade de dar as suas. Por isso, acudiu à pertinácia com o castigo, e não à dúvida com a explicação. Três coisas concorriam nesta demanda: a dúvida do mistério, a malícia dos que o negavam, e a razão dos que o defendiam. E quando Cristo parece que havia de acudir à dúvida com a explicação, acudiu à malícia com o castigo, porque os argumentos dos que negavam o mistério já estavam convencidos na razão dos que o defendiam. De maneira que, para convencer ao Judaísmo da possibilidade do Sacramento da Eucaristia, não é necessária a fé, nem a doutrina de Cristo: basta a fé e a razão dos mesmos Judeus.

E senão, desçamos em particular aos impossíveis que neste mistério reconhece, ou se lhe representam ao judeu. "Como pode?". Diz o judeu que o mistério da Eucaristia, na forma em que o cremos os cristãos, nem é possível quanto à substância, nem quanto ao modo. Não é possível quanto à substância, porque como diz Moisés no Êxodo e Salomão no terceiro dos Reis (Ex 33,20; 3Rs 8,27). Deus é imenso e invisível, e o imenso não se pode limitar a tão pequena esfera, nem o invisível reduzir-se ao que se vê. E não é possível quanto ao modo, porque, como diz Davi nos salmos (Sl 71,18; 135,4), o autor dos milagres é só Deus, e o sujeito dos milagres são as criaturas; sendo logo o sacerdote criatura, como pode fazer milagres em Deus, e converter em corpo de Deus a substância do pão: "Como pode?" Para satisfazer a razão as aparências destes dois impossíveis, não tem necessidade de ir buscar razões a outros entendimentos, porque no entendimento dos mesmos judeus as tem ambas concedidas e convencidas.

Enquanto Moisés se detinha no monte recebendo a lei, cansados os judeus (que agora não cansam), de esperar, disseram assim a Arão: "Faze-nos um Deus que nos preceda" (Ex 32,1). Um Deus que possamos ver e seguir, e vá diante de nós nesta viagem. — Notai a palavra "Um Deus", que não só significa Deus, senão o Deus verdadeiro que criou o céu e a terra. Assim o escreveu Moisés nas primeiras palavras que escreveu: "No princípio criou Deus o céu e a terra" (Gn 1,1). Esta proposta pois dos judeus tinha dois grandes reparos: o primeiro, que pediram a um homem que lhes fizesse Deus; o segundo, que pediram isto a Arão, e não a outro homem. Não sabiam os hebreus que Deus é imenso e que ocupa todo o lugar? Pois como lhe pediam que fizesse um Deus que pudesse mudar lugar e ir diante? Não sabiam que Deus é invisível, e fora da esfera e objeto dos olhos humanos? Pois como pediam que lhes fizesse um Deus que pudessem ver e seguir? Tudo isto quer dizer: "Que nos preceda". E já que pediam esta grande obra e este grande milagre a um homem, não estavam ali outras grandes pessoas, cabeças das tribos e governadores do povo, e sobre todos não estava Hur, nomeado pelo mesmo Moisés por adjunto de Arão, enquanto durasse a sua ausência? "Tendes convosco a Aarão e a Hur: se sobrevier alguma disputa, consultá-los-eis" (Ex 24,14). Pois por que não pediram a Hur, ou a algum dos outros, que obrasse essa maravilha, senão a Arão e só a Arão? Aqui vereis quão racionais são e quão conformes ao entendimento humano os mistérios da fé católica. Ainda quando os judeus foram hereges da sua fé, não puderam negar a razão da nossa. Pediram os judeus a Arão que lhes fizesse um Deus que pudessem ver e seguir, porque entenderam que ainda que Deus era imenso e invisível, sem menoscabo de sua grandeza, se podia limitar a menor esfera, e sem perigo de sua invisibilidade, se podia encobrir debaixo de alguma figura e sinal visível. E escolheram por ministro desta maravilha a Arão, que era o sacerdote, e não a outrem, porque entenderam também que ação tão sobrenatural e milagrosa, como pôr a Deus debaixo de espécies criadas, não podia competir a outro senão ao sacerdote. Eis aqui o que os judeus pediram então, e eis aqui o que nós adoramos hoje: um Deus debaixo de espécies visíveis, posto nelas milagrosamente por ministério dos sacerdotes. Os judeus foram os que traçaram o mistério, e nós somos os que o gozamos; eles fizeram a petição, e nós recebemos o despacho; eles erraram, e nós não podemos errar. E em que esteve a diferença? Esteve só a diferença em que eles creram que se podia fazer esta maravilha por autoridade humana: "Faze-nos um Deus que nos preceda"; e nós cremos que só se faz e se pode fazer por autoridade divina: "Fazei isto em memória de mim" (Lc 22,19). E que crendo o judeu que se podia fazer por poder humano, não creia que se possa fazer por onipotência divina: "Como pode?" Não é isto só erro de fé; é cegueira de razão.

E senão, ajude-se a razão da experiência. Quando os judeus neste caso adoraram o bezerro, no mesmo dia os castigou Deus, matando mais de vinte mil deles (Ex 32,18). É assim? Logo bem se segue que está Deus na hóstia consagrada. Provo a consequência. Se Deus, ponhamos este impossível, se Deus não está naquela hóstia, todos os cristãos somos idólatras, como o foram os judeus quando adoraram o bezerro. É certo: porque em tal caso reconhecemos divindade onde a não há. Pois se somos idólatras, por que nos não castiga Deus, assim como castigou aos judeus? Aperto a dúvida: porque os judeus adoraram o bezerro uma só vez, os cristãos adoramos a hóstia consagrada há mil e seiscentos anos; os judeus adoraram o bezerro em um só lugar, os cristãos adoramos o Sacramento em todas as partes do mundo; os judeus, que adoraram o bezerro, eram de uma só nação, e os cristãos que adoram o Sacramento são de todas as nações do universo. Ainda falta o mais forçoso argumento. Muitos dos que creem e adoram este soberano mistério são hebreus da mesma nação, verdadeiramente convertidos à fé; o mesmo autor e instituidor dele, Cristo Redentor e Senhor nosso, era hebreu; os primeiros que o adoraram, creram e comungaram (que foram os apóstolos e discípulos) eram também hebreus, e esses mesmos hebreus foram os primeiros sacerdotes que o consagraram, e os primeiros pregadores que o levaram, promulgaram, fundaram e estabeleceram por todo o mundo. Pois se Deus é o mesmo, e os adoradores deste mistério os mesmos, por que os não castiga Deus a eles e a nós, como castigou aos antigos hebreus? Se adorar aquela hóstia é idolatria, como foi adorar o bezerro, por que sofre Deus mil e seiscentos anos na face de todo o mundo o que não sofreu um dia em um deserto? É porque eles foram verdadeiramente idólatras, e nós somos verdadeiros fiéis; é porque eles, adorando o bezerro, reconheciam divindade onde não havia, e nós, adorando aquela hóstia consagrada, reconhecemos divindade onde verdadeiramente está Deus. De maneira, judeu, que com o teu mesmo castigo, com as tuas mesmas Escrituras, e com o teu mesmo entendimento, te está convencendo a razão a mesma verdade que negas, e os mesmos impossíveis e dificuldades que finges.

Mas vamos continuando e discorrendo por todas as dificuldades deste mistério, e veremos como os judeus as têm já crido todas nas suas Escrituras. O Sacramento da Eucaristia por antonomásia é mistério do Testamento Novo: "Este cálice é o novo testamento no meu sangue" (1Cor 11,25). Mas de tal modo é mistério novo, e do Testamento Novo, que todas as suas dificuldades se creram e se tiraram no Velho. Grande dificuldade é desse mistério, que o pão se converta em corpo de Cristo, e o vinho em seu sangue, mas se o judeu crê nas suas Escrituras que a mulher de Ló se converteu em estátua, se crê que a vara de Moisés se converteu em serpente, se crê que o Rio Nilo se converteu em sangue, que razão tem para não crer que o pão se converte em corpo de Cristo?[2] Grande dificuldade é deste mistério que se conservem os acidentes fora do sujeito e que subsistam por si sem o arrimo da substância; mas se o Judeu crê que a luz, que é acidente do sol, foi criada ao primeiro dia (Gn 1,4), e o sol, que é a substância da luz, foi criado ao quarto, que razão tem para não crer que existam os acidentes de pão que vemos, onde não tem substância de pão que os sustente? Grande dificuldade é neste mistério que receba tanto o que comungou toda a hóstia, como o que recebeu uma pequena parte; mas se o judeu crê que quando seus pais iam colher o maná ao campo, os que colhiam muito e os que colhiam pouco, todos se achavam igualmente com a mesma medida, que razão tem para não crer que assim os que recebem parte, como os que recebem toda a hóstia, comungam todo Cristo? Finalmente é grande dificuldade neste mistério, que todas as maravilhas dele se obrem com quatro palavras, e que esteja Deus sujeito e como obediente às do sacerdote; mas se o judeu crê que a três palavras de Josué obedeceu Deus, e parou o sol, e que por não crer Moisés que bastavam palavras para converter a penha em fonte foi condenado a não entrar na Terra de Promissão, que razão tem para não crer que bastam as palavras do sacerdote para que Cristo desça e o pão se mude?[3] De maneira que para o judeu confessar a possibilidade no mistério da Eucaristia, em que tropeça, não lhe é necessária nova fé, nem a nossa; basta-lhe a velha e a sua, ajudada só da razão. O que creu nas suas Escrituras é o que aqui lhe manda crer a fé, só com esta diferença, que aqui mandam-se-lhe crer por junto os milagres que lá creu repartidos. A seu profeta o disse: "Fez uma memória das suas maravilhas, deu comida aos que o temem" (Sl 110,4). Fez uma memória Deus das suas maravilhas no pão que deu a comer aos que o temem. De sorte que a memória é nova, mas as maravilhas são antigas; lá estavam divididas, aqui estão compendiadas.

Donde é muito para notar acerca do "Fez memória", que quando Cristo instituiu e se deixou no Sacramento, não pediu mais que memória: "Fazei isto em memória de mim". E por que não pediu entendimento e vontade? Cristo neste mistério pretendia amor e fé: para o amor era necessária vontade, para a fé, entendimento; pois, por que se cansa em encomendar a memória? Porque o lugar onde Cristo instituiu este mistério era Jerusalém, e as pessoas diante de quem o instituiu eram os judeus, e para Jerusalém e os judeus crerem e amarem este mistério, não lhes é necessário discorrerem com o entendimento, nem aplicarem nova vontade; basta que se lembrem com a memória: lembrem-se do que creram na sua lei, e não duvidarão de adorar o que nós cremos na nossa. Nenhuma nação do mundo tem mais facilitada a fé do Santíssimo Sacramento que os judeus, porque as outras nações, para crerem, hão mister entendimento e vontade; o judeu para crer, basta-lhe a memória: lembrem-se, e crerão. De sorte que a infidelidade nos judeus não é tanto infidelidade quanto esquecimento: não creem porque se não lembram. E se basta a memória para crerem, quanto mais bastará o discurso e a razão? Confessem pois convencidos dela a verdade infalível daquele "Verdadeiramente: verdadeiramente é comida, verdadeiramente é bebida".

§ III

Ao gentio também lhe parece impossível este mistério, e a maior dificuldade que acha nele são as mesmas palavras de Cristo: "A minha carne é verdadeiramente comida, e o meu sangue é verdadeiramente bebida". Como é possível, diz o gentio, que seja Deus quem diz que lhe comam a carne e lhe bebam o sangue? Quando Atreu deu a comer a Tiestes a carne de seu filho, diz a gentilidade, que fez tal horror este caso à mesma natureza, que o sol contra seu curso tornou atrás, por não contaminar a pureza de seus raios dando luz a tão abominável mesa[4]. Como pode logo ser Deus quem diz que lhe comam a carne e lhe bebam o

Sangue? E como podem ser homens os que comem a carne e bebem o sangue a seu próprio Deus? Pareceu tão forçoso este argumento e tão desumana esta ação a Averróis, comentador de Aristóteles, que só por não ser de uma lei em que era obrigado a comer seu Deus, não quis ser cristão, e se deixou morrer gentio.

Aos argumentos dos gentios prometeu a razão que responderia com as suas fábulas; e por que não pareça pouco sólido este novo modo de responder ouçamos primeiro a Tertuliano[5]. Argumentando contra a gentilidade, Tertuliano, no seu Apologético, disse que as fábulas dos gentios faziam mais críveis os mistérios dos cristãos. Parece proposição dificultosa, porque as fábulas dos gentios são mentiras, são fingimentos; os mistérios dos cristãos são verdades infalíveis: como logo pode ser que a mentira acrescente crédito à verdade? O mesmo Tertuliano se explicou com o juízo que costuma: "São mais confiáveis as nossas, mais dignas de fé, mas as imagens deles descobriram também a fé". As fábulas dos gentios, se bem se consideram, são uns arremedos, são umas semelhanças, são umas imagens ou imaginações dos mistérios dos cristãos. E se os gentios deram fé ao arremedado somente dos nossos mistérios por que a não hão de dar ao verdadeiro deles? Se creram e adoraram os retratos, por que hão de duvidar a crença e negar a adoração aos originais? "Mais confiáveis, mais dignas de fé, mas as imagens deles também descobriram a fé". Com a sua mesma idolatria está convencendo a razão aos gentios para que não possam negar a fé, porque nenhuma coisa lhes propõe tão dificultosa de crer a fé, que eles a não tenham já concedido e confessado nas suas fábulas. Daqui se entenderá a razão e providência altíssima que Deus teve, para permitir a idolatria no mundo. E qual foi? Para que a mesma idolatria abrisse o caminho à fé e facilitasse no entendimento dos homens a crença de tão altos e tão secretos mistérios, como os que Deus tinha guardado para a lei da graça. Assim como Deus neste mundo criou um homem para pai de todos os homens, que foi Adão, assim fez outro homem para pai de todos os crentes, que foi Abraão. A um deu o primado da natureza, a outro a primazia da fé. Mas esse mesmo Abraão, se bem lhe examinarmos a vida, acharemos que antes de crer no verdadeiro Deus foi idólatra: "Tare, pai de Abrão e de Nacor, serviram a deuses estranhos" (Js 24,2). Pois idólatra Abraão, que há de ser pai de todos os crentes? Sim, e por isso mesmo. Permitiu Deus que o pai da fé fosse filho da idolatria, porque a idolatria é degrau e sucessão para a fé. A porta da fé é a credulidade, como dizem os teólogos, porque antes de uma coisa ser crida há de julgar o entendimento que é crível. E isto é o que fez a idolatria no mundo, vindo diante da fé. A idolatria semeou a credibilidade, e a fé colheu a crença; a idolatria, com as fábulas, começou a fazer os gentios crédulos, e a fé, com os mistérios, acabou de os fazer crentes. Como a fé é crença de coisas verdadeiras e dificultosas, a idolatria facilitou o dificultoso, e logo a fé introduziu o verdadeiro. As repugnâncias que tem a fé, é o grande, o árduo, o escuro, e o sobrenatural dos mistérios: crer o que não vejo, e confessar o que não entendo. E estas repugnâncias já a idolatria as tinha vencido nas fábulas, quando a fé as convenceu nos mistérios.

Suposta esta verdade, ficam mui fáceis de crer aos gentios quaisquer dificuldades que se lhes representem no Sacramento do Altar, porque tudo o que nós cremos neste mistério, creram eles primeiro nas suas fábulas. Se os gentios criam que no pão comiam um Deus e no vinho bebiam outro, no pão a Ceres e no vinho a Baco, que dificuldade lhes fica para crerem que debaixo das espécies do pão comemos a carne, e debaixo das espécies do vinho bebemos o sangue do nosso Deus? Se comêssemos a carne e sangue em própria espécie, seria horror da natureza, mas debaixo de espécies alheias, tão naturais como as de pão e vinho, nenhum horror faz nem pode fazer, ainda a quem tenha a vista tão mimosa e o gosto tão achacado como Averróis.

Em todos os outros impossíveis que se representam ao gentio neste mistério corre o mesmo. Parece impossível neste mistério que a substância do pão passe a ser corpo de Cristo; parece impossível que a quantidade do pão ocupem um só lugar na mesma hóstia; parece impossível que o mesmo manjar cause morte e cause vida; parece impossível que o mesmo Cristo esteja juntamente no céu e mais na terra; parece impossível que desça Deus cada dia à Terra para se unir com o homem e o levar ao céu; e parece finalmente impossível que o homem comendo se transforme, com um bocado, de homem em Deus. Mas, se os gentios criam (desfaçamos todos esses impossíveis), se os gentios criam que Dafne se converteu em louro, que Narciso se converteu em flor, que Níobe se converteu em mármore, Hipomenes em leão e Aretusa em fonte[6], que razão lhes fica para duvidar que o pão se converte em Corpo e o vinho em Sangue de Cristo? Se os gentios criam que no corpo de Gerião havia três corpos, que razão têm para duvidar que a quantidade do corpo de Cristo, e a quantidade do pão, sendo duas, ocupem um só lugar na mesma hóstia? Se os gentios criam que a espada de Aquiles feriu a Telefo, quando inimigo, e que a mesma espada o sarou depois, quando reconciliado, que razão têm para duvidar que o mesmo corpo de Cristo é morte para os obstinados e vida para os arrependidos? Se os gentios criam que Hécate estava juntamente no céu, na terra e no inferno: no céu com o nome de lua, na terra com o nome de Diana, no inferno com o nome de Prosérpina, que razão têm para duvidar que o mesmo Cristo está no céu e na terra, e em diversos lugares dela juntamente? Se os gentios criam que Júpiter desceu à terra em chuva de ouro, para render e obrigar a Danae, e em figura de águia para levar ao céu a Ganímedes, que razão lhes fica para duvidar que desça Deus à terra em outros dois disfarces para render e se unir com os homens nesta vida, e para os levar ao céu na outra? Finalmente se os gentios creem que Glauco, mastigando uma erva, mudou a natureza e se converteu em Deus do mar[7], que dificuldade têm para crer que por meio daquele manjar soberano mudem os cristãos a natureza, e de humanos fiquem divinos? Assim que não lhes fica razão nenhuma de duvidar neste mistério aos gentios, porque tudo o que se manda crer no Sacramento, creram eles primeiro nas suas fábulas.

Nem cuide alguém que é descrédito de nossa religião parecerem-se os seus mistérios com as fábulas dos gentios, porque antes esse é o maior crédito da fé e o maior abono da onipotência. Louva Davi os mistérios da lei escrita, e encarece-os por comparação às fábulas dos gentios: "Contaram-me os ímpios coisas frívolas, mas não como tua lei" (Sl 118,85). Louva S. Pedro os mistérios da lei da graça, e encarece-os por comparação às fábulas da mesma gentilidade: "Porque não vos temos feito conhecer a virtude, e a presença de Nosso Senhor Jesus Cristo, seguindo fábulas engenhosas" (2Pd 1,16). Notável comparação e notável conformidade entre as duas maiores colunas da lei velha e nova! Se Davi e Pedro querem encarecer os mistérios divinos da fé por comparação à gentilidade, por que os não comparam com as histórias dos gentios, senão com as suas fábulas? A profissão da história é dizer verdade, e as histórias dos gentios tiveram feitos heroicos e casos famosíssimos, como se vê nas dos gregos e dos romanos. Pois por que comparam Davi e Pedro os mistérios sagrados não às histórias, senão às fábulas? Porque as histórias contam o que os homens fizeram, e as fábulas contam o que os homens fingiram; e vencer Deus aos homens no que puderam fazer não é argumento de sua grandeza; mas vencer Deus aos homens no que souberam fingir, esse é o louvor cabal de seu poder. Que chegassem as obras de sua onipotência onde chegaram os fingimentos de nossa imaginação, que chegasse a onipotência Divina obrando onde chegou a imaginação humana fingindo? Grande poder! Grande sabedoria! Grande Deus! Isto é o que adoramos e confessamos naquele mistério. As fábulas dos gentios foram imaginações fingidas das maravilhas daquele mistério, e as maravilhas daquele mistério são existências verdadeiras das suas fábulas. Pois se as creram na imaginação, por que as hão de negar na realidade? Confesse logo o gentio, convencido da razão, a verdade manifesta daquele: "Verdadeiramente, verdadeiramente é comida, verdadeiramente é bebida".

§ IV

O herege, como inimigo doméstico, argumenta com o Evangelho, e das palavras de Cristo forma armas contra o mesmo Cristo. Crê, e pretende provar que o que está debaixo das espécies sacramentais é verdadeira substância de pão, e argui desta maneira: Cristo no Evangelho chama muitas vezes pão a este mistério: "Aqui está o pão que desceu do céu. O que come deste pão viverá eternamente" (Jo 6,59). Cristo chama-lhe pão? Logo é pão. Provo a consequência, diz o herege. Porque a razão por que os católicos cremos que na hóstia está a substância do Corpo de Cristo, é porque Cristo disse: "Este é o meu corpo" (Mt 26, 26). Pois se na hóstia está a substância do Corpo, porque Cristo disse: "Este é meu corpo", também na hóstia está a substância de pão, porque Cristo disse: "Isto é pão".

Responde a razão facilmente. Chama Cristo pão à hóstia consagrada sem ser pão, porque ainda que não é pão, foi pão, ainda que não é pão, parece pão, e para ter o nome não é necessário ser, basta haver sido; não é necessário ser, basta parecer. Prova-o a razão com o mesmo Evangelho. "O pão que eu darei, é minha carne" (Jo 6,52): O pão que eu vos hei de dar, diz Cristo, é meu corpo. Pois, se é corpo, por que lhe chama pão? E se lhe chama pão por que lhe chama corpo? Chama-lhe corpo pelo que é, e chama-lhe pão pelo que foi? Chama-lhe corpo pelo que é, e chama-lhe pão pelo que parece. Aquela hóstia não é pão, mas foi pão e parece pão, e basta o parecer e o haver sido, para se chamar assim. E, por que não possa dizer o herege que isto é explicação humana e nossa, veja ele, e vejam todos, como esta é a frase e o modo de falar de Deus e de suas Escrituras. Convertida a vara de Moisés (que também se chama de Arão) em serpente, convertidas também em serpentes as varas dos magos de Faraó, investiu a serpente de Moisés as outras, e diz assim o texto: "A vara de Aarão devorou as varas deles" (Ex 7,12). A vara de Moisés comeu as varas dos Egípcios. Parece que não havia de dizer assim. As serpentes dos Egípcios não as comeu a vara de Moisés, senão a serpente de Moisés, porque a vara não podia comer, senão a serpente. Pois se a serpente foi a que comeu, por que se diz que comeu a vara? Porque a serpente de Moisés tinha sido vara de Moisés, e para a serpente se chamar vara, basta que tenha sido vara, ainda que seja serpente. O mesmo passa neste mistério. A hóstia consagrada, que agora é corpo de Cristo, tinha sido pão; e para a hóstia, que é corpo de Cristo, se chamar pão basta que tenha sido pão, ainda que seja corpo de Cristo. De sorte que, sem ser pão, se pode chamar pão, não porque o é, senão porque o foi. Da mesma maneira se chama pão, não porque o é, senão porque o parece. Refere o texto sagrado a criação dos planetas e astros celestes, e diz que fez Deus duas luzes, ou lumieiras, como lhes chama o texto, maiores que todas, que são o sol e a lua: "Fez duas grandes lumieiras" (Gn 1,16). Se consultarmos a astrologia, havemos de achar que a maior de todas as luzes celestes é o sol, e a menor de todas é a lua. Pois se a lua é o menor de todos os astros, por que se chama maior? Que se chame maior o sol, é devido esse nome à sua grandeza; mas chamar-se maior a lua? Sim. O sol chama-se maior porque o é; a lua chama-se maior porque o parece. Todos os astros são maiores que a lua, mas a lua parece maior que todos, e basta que pareça maior, ainda que o não seja, para que se chame maior. Assim, nem mais nem menos, aquela sagrada hóstia não é pão, mas parece pão, porque ficaram nela os acidentes de pão em que topam os nossos sentidos; e basta que pareça pão, ainda que o não seja, para que se chame pão: "Isto é pão".

E se acaso algum herege se não deixar convencer destes exemplos, por serem do Testamento Velho (que alguns deles negaram, como os maniqueus), no Testamento Novo temos os mesmos, e ainda, se pode ver, mais claros. Nas bodas de Caná de Galileia, quando a arquitriclino ou regente da mesa provou o vinho milagroso, diz o evangelista S. João que gostou a água feita vinho: "O arquitriclino provou a água feita vinho" (Jo 2,9). Na manhã da ressurreição, quando as Marias entraram no sepulcro, diz o evangelista S. Marcos que viram um mancebo vestido de branco assentado à parte direita: "Viram um jovem assentado à direita, coberto com um manto branco" (Mc 16,5). E este mancebo, diz S. Mateus que era um anjo: "Porque um anjo do Senhor desceu do céu, e chegando revolveu a pedra, e estava sentado sobre ela" (Mt 28,2). Nestes dois casos tem o herege ambos os seus reparos. O vinho milagroso, depois da conversão, era verdadeiro vinho; o anjo que viram as Marias vestido de branco também era verdadeiro anjo. Pois se o vinho verdadeiramente e na substância era vinho, como lhe chama ainda água o evangelista S. João: "A água feita vinho?" E se o anjo verdadeiramente e na substância era anjo, como lhe chama homem o evangelista S. Marcos: "Viram um jovem assentado?" Ambos falaram como evangelistas, e ambos com verdade e propriedade natural. S. João chamou água ao vinho, porque ainda que já não era água, senão vinho, tinha sido água: "A água feita vinho". E S. Marcos chamou ao anjo homem porque ainda que não era homem, senão anjo, na figura e no trajo parecia homem: "Um jovem assentado, coberto com uma veste branca". O mesmo acontece na hóstia consagrada, e por isso falou dela Cristo, como os seus evangelistas falaram do vinho milagroso e do anjo disfarçado. Assim como a substância da água se tinha convertido em substância de vinho, e contudo se chama água depois da conversão, não porque fosse ainda água, senão porque o tinha sido, assim o corpo de Cristo no Sacramento se chama pão, não porque seja pão, senão porque o foi. E assim como o anjo na substância era verdadeiro anjo, e contudo se chama homem, porque vinha disfarçado em trajos de homem e parecia homem, assim o corpo de Cristo, debaixo das espécies sacramentais, se chama pão, não porque seja pão, senão porque parece pão: "Isto é pão".

Sim. Mas daqui mesmo insta e argumenta o herege, que assim como Cristo chamou pão à hóstia sem ser pão, assim lhe podia chamar seu corpo, sem ser seu corpo. Não podia, diz a razão, e daí mesmo o prova e convence admiravelmente. A hóstia pode se chamar pão sem ser pão, porque foi pão, e parece pão; mas não se pode chamar corpo de Cristo sem ser corpo de Cristo, porque nem o foi, nem o parece. De um de três modos se pode chamar a hóstia corpo de Cristo: ou porque o é, ou porque o foi, ou porque o parece. Porque o parece, não, porque aquela hóstia, depois de consagrada, não parece corpo de Cristo. Porque o foi, não, porque aquela hóstia, antes de consagrada, não foi corpo de Cristo. Logo, se se chama corpo de Cristo, é porque verdadeiramente o é. E porque não fica outro verdadeiro sentido em que as palavras de Cristo se possam verificar.

Contra. Replica ainda o herege obstinadamente. Cristo na Escritura chama-se pedra, chama-se cordeiro, chama-se vide. Chama-se pedra, porque assim o disse S. Paulo: "Bebiam da pedra misteriosa que o seguia e esta pedra era Cristo"(1Cor 10,4). Chama-se cordeiro, porque assim o disse S. João Batista: "Eis o cordeiro de Deus, eis o que tira o pecado do mundo". Chama-se vide, porque o mesmo Cristo o disse falando de si: "Eu sou a videira, e vós os ramos" (Jo 15,5). E contudo, nem Cristo foi pedra, nem parece pedra, nem é pedra; nem foi cordeiro, nem parece cordeiro, nem é cordeiro; nem foi vide, nem parece vide, nem é vide; logo, ainda que o Sacramento se chame pão, porque foi pão e parece pão, bem se pode chamar corpo de Cristo sem ser corpo de Cristo, assim como se chama pedra, cordeiro e vide sem ser vide, cordeiro, nem pedra. Bendita seja, Senhor, a vossa sabedoria e providência, que contra toda a pertinácia e astúcia de tão obstinados inimigos de nossa fé deixastes armada vossa Igreja, e defendida a verdade desse soberano mistério com uma só palavra: "Verdadeiramente". Entre o sentido verdadeiro e o metafórico há esta diferença: que o sentido metafórico significa somente semelhança; o verdadeiro significa realidade. E para tirar toda esta equivocação e qualquer outra dúvida, o mesmo instituidor do Sacramento, Cristo, declarou e repetiu uma e outra vez que o sentido em que falava, assim de seu corpo como de seu sangue, não era metafórico senão verdadeiro. Verdadeiro na significação do corpo: "A minha carne é verdadeiramente comida"; e verdadeiro na significação do sangue: "E o meu sangue é verdadeiramente bebida".

Se eu dissera a Lutero e Calvino que eram homens, claro está que haviam de entender que falava em sentido verdadeiro, porque ainda que foram dois monstros tão irracionais, eram compostos de alma e corpo. Mas se eu lhes dissera que eram duas serpentes venenosas, que eram dois lobos do rebanho de Cristo, que eram duas pestes do mundo e da Igreja, também haviam de entender que falava em sentido metafórico. Pois a mesma diferença vai do texto de Cristo a esses textos mal interpretados que eles alegam contra a verdade do Sacramento.

Chama S. Paulo a Cristo pedra, porque assim como da pedra do deserto, de que ele falava, brotou a fonte perene de que bebia o povo de Deus, assim de Cristo manaram e manam as fontes da graça, de que se alimenta o povo cristão. Chama o Batista a Cristo cordeiro, porque assim como na lei antiga se sacrificavam cordeiros para aplacar a Deus ofendido, assim Cristo, figurado neles, se sacrificou na cruz pelos pecados do mundo. E chama-se finalmente o mesmo Cristo vide porque assim como a vara cortada ou separada da vide não pode dar fruto, assim os que se separam de Cristo e de sua Igreja, como os hereges, não podem fazer obra boa nem meritória. Deste modo é Cristo pedra, é cordeiro, é vide, mas não por realidade, senão por semelhança, e não em sentido verdadeiro, senão no metafórico. Porém quando o mesmo Senhor fala de seu corpo e de seu sangue como o corpo e sangue de sua sagrada humanidade, era verdadeiro corpo e verdadeiro sangue, e não metafórico, também o sentido em que fala não pode ser metafórico, senão verdadeiro. E se não, respondam estes dois heresiarcas, e digam-me se o corpo de Cristo, que foi imolado na cruz, e o sangue, que foi derramado no Calvário era verdadeiro corpo e verdadeiro sangue de Cristo? Ambos eles confessam que sim. Pois esse mesmo corpo, que foi imolado na cruz, é o que nos deu Cristo a comer na hóstia, e por isso disse: "Este é o meu corpo, que se dá por vós" (Lc 22,19). E esse mesmo sangue, que foi derramado no Calvário, é o que nos deu a beber no cálix, e por isso disse: "Este é o cálice do meu sangue que será derramado por vós" (Lc 22,20)[8]. Emudeça logo o herege, tape a boca ímpia e blasfema, e creia, e confesse com as mãos atadas a verdade daquele "Verdadeiramente: verdadeiramente é comida, verdadeiramente é bebida".

§ V

O filósofo (que é gente tão cega pela presunção, como os que até agora vimos pela infidelidade) cuida que tem fortíssimos argumentos contra este mistério, e diz que não pode ser verdadeiro por muitos princípios. Primeiro, porque as naturezas e substâncias das coisas são imutáveis: logo o que era substância de pão não se pode converter em substância de Cristo. Segundo, porque o todo é maior que a parte, e a parte menor que o todo: logo, se todo Cristo está em toda a hóstia, todo Cristo não pode estar em qualquer parte dela. Terceiro: porque o entendimento deve julgar conforme as espécies dos sentidos, que são as portas de todo o conhecimento humano: os sentidos cheiram, gostam e apalpam pão, logo pão é e não corpo de Cristo o que está naquela hóstia. Com a natureza argumenta o filósofo, e com a mesma natureza o há de convencer a razão, e muito facilmente e sem trabalho, porque com a fé ser sobrenatural, a melhor ou mais fácil mestra da fé é a natureza. Os profetas, que foram os que pregaram e ensinaram os mistérios da fé aos homens, não os mandou Deus ao mundo no tempo da lei da natureza, senão no tempo que se seguiu depois dela, que foi o da escrita. E por quê? Douta e avisadamente Tertuliano: "Deu-te antes a natureza como mestra, havendo de conceder-te também depois a profecia para que, discípulo da natureza, acreditasses mais facilmente na profecia"[9]. Deu Deus primeiro aos homens por mestra a natureza, havendo-lhes de dar depois a profecia, porque as obras da natureza são rudimentos dos mistérios da graça, e muito mais facilmente aprenderiam os homens o que se lhes ensinasse na escola da fé, tendo sido primeiro discípulos da natureza: "Para que, discípulo da natureza, acreditasses mais facilmente na profecia". Se queres ser mestre na fé, faze-te discípulo da natureza, porque os exemplos da natureza te desatarão as dificuldades da fé. Ouça pois o filósofo discípulo da natureza, por mais graduado que seja nela, e verá como lhe desfaz a razão com os princípios de sua mesma escola todos os argumentos que tem contra a fé daquele mistério.

À primeira dificuldade responde a razão que não tem a filosofia que se espantar de lhe dizer a fé que a substância do pão se converte na substância do corpo, e a substância do vinho na substância do sangue de Cristo, porque este milagre vemos sensivelmente cada dia na nutrição natural do corpo humano. Na nutrição natural do corpo humano, a substância do pão e do vinho não se converte em substância de carne e sangue? Pois se a natureza é poderosa para converter pão e vinho em carne e sangue em espaço de oito horas, por que não será poderoso Deus a converter pão e vinho em substância de carne e sangue em menos tempo? Para confessar este milagre, não é necessário crer que Deus é mais poderoso que a natureza; basta conceder que é mais apressado. O que a natureza faz devagar, por que o não fará Deus um pouco mais depressa? Os dois milagres célebres que Cristo fez em pão e vinho foram as bodas de Caná e o do deserto: nas bodas converteu a água em vinho; no deserto, com cinco pães, deu a comer a cinco mil homens[10]. Um reparo a ambos os casos. Para Cristo dar pão no deserto, não tinha necessidade de se aproveitar dos cinco pães; para Cristo dar vinho nas bodas, não tinha necessidade de que as jarras se enchessem de água. Pois por que não quis dar vinho, senão convertido de água? Por que não quis dar pão, senão multiplicado de pães? A razão foi, diz S. Agostinho, porque quis que nos exemplos da natureza se facilitasse a fé das suas maravilhas[11]. Na multiplicação dos pães, fez o que faz a terra; na conversão do vinho, fez o que fazem as vides. Na multiplicação dos pães, fez o que faz a terra, porque a terra, semeiam-lhe pouco pão, e dá muito; na conversão do vinho, fez o que fazem as vides, porque as vides, a água que chove do céu, convertem em vinho. Isto fez Cristo no deserto; e isto fez Cristo nas bodas. No deserto, de pouco pão fez muito; nas bodas, de água fez vinho. Mas se Cristo fez o que faz a terra, se Cristo fez o que fazem as vides, em que esteve o milagre? Esteve o milagre em que Cristo fez em um instante o que a terra e as vides fazem em seis meses. Oh! que boa doutrina esta, se fora hoje o seu dia! De maneira que o que distingue as obras de Deus, enquanto autor sobrenatural das obras da natureza, é a pressa ou o vagar com que se fazem. Milagres feitos devagar são obras da natureza: obras da natureza feitas depressa são milagres. Isto é o que passa no nosso mistério. Converter pão e vinho em carne e sangue, assim como o faz Cristo no Sacramento, assim o faz a natureza na nutrição; mas com esta diferença, que a natureza fá-lo em muitas horas, e Cristo em um instante. Pois, filósofo, o que a natureza faz devagar, o autor da natureza e da graça, por que o não fará depressa?

O impossível de estar todo em todo, e todo em qualquer parte, também o descrerá o filósofo e confessará facilmente que é possível, se tornar à escola da natureza. Tome o filósofo nas mãos um espelho de cristal, veja-se nele, e verá uma só figura. Quebre logo esse espelho, e que verá? Verá tantas vezes multiplicada a mesma figura quantas são as partes do cristal, e tão inteira e perfeita nas partes grandes e maiores como nas pequenas, como nas menores, como nas mínimas.

Pois assim como um cristal inteiro é um só espelho, e dividido são muitos espelhos, assim aquele círculo branco de pão, inteiro é uma só hóstia, e partido são muitas hóstias. E assim como se parte o cristal sem se partir a figura, assim se parte a hóstia sem partir o corpo de Cristo. E assim como a figura está em todo o cristal, e toda em qualquer parte dele, ainda que seja muito pequena, assim em toda a hóstia está todo Cristo, e todo em qualquer parte dela, por menor e por mínima que seja. E assim finalmente como o rosto que se vê no cristal dividido em tantas partes, é sempre um só e o mesmo, e somente se multiplicam as imagens dele, assim também o corpo de Cristo, que está na hóstia dividido em tantas partes, é sempre um só corpo, e somente se multiplicam as suas presenças. Lá o objeto é um só e as imagens são muitas; cá da mesma maneira as presenças são muitas, mas o objeto é um só. Pode haver semelhança mais viva? Pode haver propriedade mais própria? Parece que criou Deus o mistério do cristal só para espelho do Sacramento. Assim o disse Davi e o entendeu a Igreja: "Envia o seu cristal como pedaços de pão" (Sl 147,17): Deita Deus os seus cristais do céu à terra como bocados de pão. Notável, como peregrina comparação! Que semelhança têm os bocados de pão com o cristal, ou o cristal com os bocados de pão? Com os bocados do pão usual da vossa mesa, nenhum; mas com os bocados do Pão Sacramental da mesa da eucaristia, toda aquela semelhança maravilhosa que vistes. Porque tudo o que no cristal se vê como por vidraças é o que passa dentro no Sacramento com as cortinas corridas. Assim como no cristal se vê por milagre manifesto da natureza o todo sem ocupar mais que a parte, a divisão sem destruir a inteireza, e a multiplicação sem exceder a singularidade, assim na hóstia, com oculta e sobrenatural maravilha, o mesmo corpo de Cristo é um e infinitamente multiplicado, dividido, e sempre inteiro, e tão todo na parte como no todo.

E que não haja o filósofo de crer aos olhos, ainda que lhe digam contestemente que ali está pão, a mesma natureza lho ensina com um notável exemplo. Na íris, ou arco celeste, todos os nossos olhos jurarão que estão vendo variedade de cores, e contudo ensina a verdadeira filosofia que naquele arco não há cores, senão luz e água. Pois se a filosofia ensina que não há cor onde os olhos estão vendo cor, que muito que ensine a fé que não há pão onde os olhos parece que veem pão? Por isso dizia Davi, falando de seus olhos, uma coisa muito digna de reparar, em que ninguém repara: "Abre meus olhos e considerarei as maravilhas de tua lei" (Sl 118,18): Senhor, revelai-me os olhos, e considerarei vossas maravilhas. Parece que havia de dizer o profeta: Senhor, revelai-me vossas maravilhas para que eu as conheça, mas revelai-me os olhos para que conheça vossas maravilhas! Sim, porque muitas vezes os olhos contradizem as maravilhas de Deus, como se vê no mistério da Eucaristia. E para entender semelhantes maravilhas, são necessárias duas revelações: uma revelação nas maravilhas, para que o entendimento as conheça; outra revelação nos olhos, para que a vista as não contradiga. Mas esta segunda revelação não é necessário que a faça Deus; basta que a faça a razão. Se a vista se engana nas obras da natureza, nas que são sobre a natureza, como se não há de enganar? E se em um arco de luz e nuvem assim erram e desatinam os olhos, em um círculo de nuvem sem luz, que crédito lhes há de dar? Emende logo o filósofo a vista com o discurso, e confesse ensinado da natureza e convencido da razão a verdade indubitável daquele "Verdadeiramente: verdadeiramente é comida, verdadeiramente é bebida".

§ VI

Agora se seguia o político, mas fique para o fim, e entre em seu lugar o diabo, que talvez não seria desacertada esta troca. Tempos houve em que os demônios falavam e o mundo os ouvia; mas depois que ouviu os políticos, ainda é pior mundo. O diabo como soberbo e como ciente, que é dobrada soberba ou dobrada inchação, como lhe chamou S. Paulo: "A ciência incha" (1Cor 8,1), argumenta assim. Se os homens comungaram a Cristo no Sacramento, foram como Deus: os homens não podem ser como Deus, logo não comungam a Cristo no Sacramento. A consequência, diz o diabo, é tão evidente como minha; a suposição, não a podem negar os homens, porque é sua. Se os homens comungaram a Cristo, foram como Deus; o seu mesmo texto o diz: "Em mim permanece, e eu nele" (Jo 6,57). E que os homens não possam ser como Deus, eu o digo e eu o padeço, diz o demônio; que se eu não intentara no céu ser como Deus, não pagara hoje este impossível, como o estou pagando. Pois se a mim, se a Lúcifer, se à mais nobre de todas as criaturas é impossível a semelhança do Altíssimo: "Serei semelhante ao Altíssimo" (Is 14,14), ao homem vil, feito de barro, como há de ser possível não só a semelhança, mas a transformação, que isto quer dizer: Ele em mim e eu nele? Crerem os homens esta loucura é não se conhecerem a si, nem nos conhecerem a nós. Nós, ainda que perseguidos, somos anjos, que quem nos pode roubar o lugar não nos pode tirar a natureza. E se o maná, que tanto era menos nobre, se chamou pão de anjos o corpo do Filho de Deus, que excede ao maná com infinita nobreza, como há de ser pão de homens (Sl 77,15)!

À última parte deste soberbo argumento do demônio responde a razão com a causa de sua mesma caída. Depois que Deus uniu a si a natureza humana, e não a angélica: "Ele em nenhum lugar tomou os anjos, mas tomou a descendência de Abraão" (Hb 2,16), não há que espantar que os homens sejam em tudo preferidos aos anjos. Nesta primeira admiração e neste primeiro assombro se sumirão todos os espantos. E quanto ao impossível de os homens, comendo, poderem ser como Deus não argumenta o diabo contra nós, argumenta contra si. O primeiro inventor, ninguém se espante do que digo, o primeiro inventor da traça, ou do desenho do mistério da Eucaristia, foi o demônio. Quando o demônio tentou a Eva, disse-lhe assim: "Naquele dia em que comerdes, sereis como deuses" (Gn 3,5). Comei do pomo vedado, porque no dia que comerdes, ficareis como Deus. — Eis aqui o mistério da Eucaristia, não só quanto à substância, senão também quanto aos efeitos. Quanto à substância, porque diz o demônio que está a divindade em um pomo; quanto aos efeitos, porque diz que, comendo, o homem há de ficar como Deus. Pois vem cá, diabo. "Pela tua boca eu te julgo" (Lc 19,22). Se tu dizes que o homem comendo ficará como Deus, e que no pomo daquela árvore está encoberta a divindade, como negas que pode estar encoberta a divindade debaixo das espécies de pão, e que comendo o homem pode ficar como Deus? O que Cristo nos concedeu neste mistério é o que o diabo nos prometeu no paraíso. Fez Cristo verdadeira a mentira do diabo, para desta maneira o vencer a ele e nos desafrontar a nós. Naquele encontro do paraíso ficou o demônio vencedor e o homem afrontado; vencedor o demônio porque enganou; afrontado o homem porque ficou enganado, despojado, perdido. Pois que remédio para desafrontar o homem e o vingar do demônio? O remédio foi fazer Cristo da sua promessa dádiva, e da sua tentação sacramento: e assim o fez. Da promessa do demônio fez dádiva, porque nos deu a comer a divindade que ele nos prometera comendo; e fez da sua tentação sacramento, porque consagrou debaixo das espécies de pão o que ele fingira debaixo das aparências do pomo. De sorte que o demônio ficou vencido, porque a sua mentira ficou verdade; e o homem desafrontado, porque o seu engano ficou fé. O que creram nossos primeiros pais no paraíso é o que nós cremos no Sacramento: eles erradamente ao diabo, nós acertadamente a Deus.

Daqui se segue que neste mistério, nem o diabo pode ser tentador, nem o homem tentado. O diabo não pode ser tentador, porque se o diabo me quiser tentar na fé do mistério da Eucaristia, respondo-lhe eu assim: Quando tu, diabo, falaste a Eva, ou mentiste, ou disseste verdade. Se mentiste, não te devo crer, porque quem mentiu então também mentirá agora. E se falaste verdade, também te não devo crer, porque se falaste verdade, pode Deus pôr divindade naquele pomo. Pois se Deus pode pôr divindade em um bocado, isso mesmo que tu concedes é o que eu creio. Vai-te embora, ou na má hora. Também o homem não pode ser tentado porque, se o homem (é pensamento de Ruperto[12]), se o homem creu ao diabo quando lhe disse que comendo seria como Deus, como há de deixar de crer a Deus quando lhe diz o mesmo? Principalmente que o que o diabo dizia não cabia na esfera da onipotência, e o que diz Cristo sim. A onipotência de Deus, enquanto autor da natureza, tem menor esfera que a mesma onipotência de Deus enquanto autor da graça porque a onipotência de Deus, enquanto autor da natureza, só pode produzir efeitos naturais, e por virtude natural não podia estar a divindade em um pomo. A onipotência de Deus, enquanto autor da graça, pode produzir efeitos sobrenaturais, e por virtude sobrenatural pode a divindade estar em um bocado. Pois, se os homens foram tão inocentes que creram um impossível ao diabo, por que hão de ser tão irracionais, que neguem um possível a Deus? Desengane-se logo o demônio que neste mistério não só nos não pode vencer, mas nem ainda nos pode tentar; e confesse obrigado de sua mesma tentação a verdade daquele "Verdadeiramente", que como pai da mentira tem feito negar a tantos. "Verdadeiramente é comida, verdadeiramente é bebida."

§ VII

O devoto, não por falta de fé, mas por excesso de amor; e mais queixoso dos acidentes que duvidoso da substância, por parte do seu afeto argui assim com o mesmo Cristo. A minha fé com os olhos fechados crê firmemente, Senhor, que estais nesse Sacramento; mas o meu amor com os olhos abertos não pode entender, nem penetrar, como seja possível esta verdade. Se, partindo-vos da terra, quisestes ficar na terra, foi para satisfação do vosso amor e para alívio do nosso; para crédito de vossas finezas e para remédio de nossas saudades. Assim o disse aquele grande intérprete dos segredos de vosso coração neste mistério: "Deixou um consolo singular aos que se entristeciam com sua ausência"[13]. Pois se ficastes para nossa consolação, como vos encobris a nossos olhos? Se foi amor o ficar, como pode ser amor o ficar desse modo? Ficar, e ficar encoberto, antes é martírio do desejo que alívio da saudade. Por certo que não eram esses antigamente os estilos de vosso amor, nem da sua paciência. "Ei-lo aí está posto por detrás da nossa parede, olhando pelas janelas, estendendo a vista por entre as gelosias" (Ct 2,9). Havia sim, entre vós e a alma vossa querida, uma parede, mas com a parede ser sua, havia nela uma gelosia vossa por onde a víeis, e por onde vos via. Para não podermos ver vossa divindade, é nossa a parede deste corpo; mas para não vermos vossa humanidade, vossa é a parede desses acidentes. Pois, se os impedimentos e estorvos da vista são vossos, e vosso amor onipotente, como quereis que creia o meu amor uma tão grande implicação do vosso, como é amar-me tanto e não vos deixardes ver? A fé o crê muito a seu pesar, mas o amor não o sofre nem o alcança, nem o pode deixar de ter por impossível.

Assim argui amorosamente queixosa a devoção, mas tem fácil e mui inteira resposta a sua piedade. A um afeto amoroso da alma responde a razão com outro afeto mais amoroso de Cristo, e diz que maior amor é em Cristo o não se deixar ver, do que na devoção o desejar vê-lo. Ainda que Cristo se não deixa ver de nós, é certo que se deixou conosco; mas deixou-se de maneira que o não possamos ver, porque fiou mais seu amor de nossos desejos que de nossos olhos. O fim para que Cristo se deixou no Sacramento foi para que os homens o amássemos. E sendo que o maior conhecimento é causa do maior amor, amam os homens mais finamente a Cristo desejado por saudades, do que gozado por vista. Se eu me não engano, tenho bem imaginada a prova desta verdade. Saudoso S. Paulo de se ver com Cristo, dizia assim: "Tendo desejo de morrer e estar com Cristo?" (Fl 1,23). Oh!

quem me dera que a minha alma se desatara e desunira do corpo, para poder estar com Cristo! Tendo isto assim, se perguntarmos aos teólogos, se as almas que estão vendo a Cristo têm algum desejo, resolvem todos que sim, e que desejam unir-se com seus corpos. Pois, dificulto agora e parece que apertadamente, se as almas que estão vendo a Cristo desejam unir-se a seus corpos, por que diz a alma de S. Paulo que desejara desatar-se de seu corpo para ir ver a Cristo: "Tendo desejo de morrer e estar com Cristo?" (Fl 1,23) A razão é porque Cristo, em respeito das almas dos bem-aventurados, é gozado por vista, e em respeito da alma de S. Paulo era desejado por saudades; e o amor de Cristo desejado por saudades é muito mais eficaz nesta parte, ou mais afetuoso, ou mais impaciente, que o mesmo amor de Cristo gozado por vista. Cristo gozado por vista ainda deixa amor a uma alma para desejar unir-se a seu corpo; mas Cristo desejado por saudades, até a união de seu próprio corpo lhe faz aborrecível: "Tendo desejo de morrer e estar com Cristo?" (Fl 1,23). E como a Cristo lhe vai melhor com as nossas saudades que com os nossos olhos, por isso se quis deixar em disfarce de desejado, e não em trajos de visto. Descoberto para os olhos, não; encoberto sim para as saudades. Conheça logo a nossa devoção que é fineza, e não implicação do amor de Cristo, o deixar-se invisível naquele mistério, e confesse não só a nossa fé com os olhos fechados, senão o nosso amor com os olhos abertos, a verdade amorosa daquele "Verdadeiramente: verdadeiramente é comida, verdadeiramente é bebida".

§ VIII

Ultimamente argumenta o político, e do mesmo caso que deu ocasião a esta solenidade infere não estar a pessoa soberana de Cristo naquela hóstia. Os príncipes de nenhuma coisa são nem devem ser mais zelosos que de sua autoridade. Já arriscar e expor a soberania da própria pessoa a poder vir às mãos de seus inimigos, antes perderá um príncipe a vida e mil vidas, que consentir tal afronta. E se não, lembre-se a fé do primeiro rei de Israel. Perdida a batalha dos montes de Gelboé contra os filisteus, achava-se Saul tão mal ferido, que nem se podia retirar nem defender. E que resolução tomou neste caso? Tira-me por esta espada, disse ao seu pajem da lança, e mata-me: "Por que não venham estes infiéis, e me tirem a vida, perdendo-me o respeito" (1Rs 31,4). Pelo respeito e pela autoridade o havia, e não pela vida, pois se mandava matar. Não teve ânimo o criado para o executar, e lançando-se o mesmo Saul sobre a ponta da sua espada, caiu morto por não cair nas mãos de seus inimigos. Assim estimam os príncipes, e assim devem estimar mais a autoridade que a vida. Pois se tanto preço tem na estimação dos monarcas supremos a autoridade e soberania de suas pessoas, se antes quer um rei generoso tirar-se a vida por suas mãos, que poder vir às de seus inimigos, como é possível nem crível, que o príncipe da glória, Cristo, que o rei dos homens e dos anjos, que o monarca universal do céu e da terra, deixasse tão malguardada sua autoridade, e tão pouco defendido seu respeito, como é força que o esteja, cercado só de uns acidentes de pão? Como é possível, nem crível, que deixasse tão arriscada e exposta a majestade divina de sua pessoa a cair nas mãos infiéis e sacrílegas de seus inimigos, como publicam as memórias deste dia, e a ocasião e o nome destes desagravos?

Aos outros argumentos respondi pela razão, com o que estudei; a este respondo com o que vejo. Onde se conquistam venerações não se perde autoridade. Estes são os ditames de Deus, esta foi sempre sua razão de estado. Permitiu o que choramos para conseguir o que vemos. Que maior exaltação de fé, que maior confusão de heresia, que maior honra de Cristo? Tanto rende a Deus uma ofensa, quando é a cristandade a que sente, e a nobreza a que a desagrava. As majestades e altezas do mundo, os grandes, os títulos, os prelados, as religiões, todos prostrados por terra, todos servindo de joelhos, todos confessando-se por escravos humildes, e adorando como a supremo Senhor aquela soberana majestade, sempre venerável e sempre veneranda, mas muito mais quando ofendida. Veja agora o político se perde Deus autoridade, ou se conquista honra e glória quando permite uma indecência? Dizia esse mesmo Senhor (que sempre é o mesmo, e sempre se parece consigo): "Se for levantado da terra, atrairei todos a mim" (Jo 12,32). Quando eu for levantado da terra em uma cruz, hei de trazer tudo a mim. A afronta da cruz foi a maior que padeceu nem podia padecer Cristo a mãos da infidelidade e temeridade humana; mas as consequências dessa mesma afronta, diz o Senhor que haviam de ser as suas maiores glórias, trazendo tudo a si. Assim o mostrou e vai ainda mostrando o cumprimento desta profecia pelo discurso dos tempos da fé universal do mundo, quase todo já trazido ao conhecimento, obediência e veneração de Cristo. Mas, se quisermos apertar mais a significação e energia daquele "Se: se for levantado da terra", nos obséquios de José e Nicodemos, se verificou na mesma cruz o "Atrairei todos a mim". José, como notou S. Marcos, era nobre: "Senador honrado" (Mc 15,43); Nicodemos, como notou S. João, era príncipe: "Príncipe dos Judeus" (Jo 3,1). E como

Cristo desde a sua cruz havia de trazer a si a nobreza e os príncipes, por isso diz que havia de trazer a si tudo: "Atrairei todos a mim", porque os príncipes e a nobreza é o tudo dos reinos. Escolheu Cristo aos nobres e senhores para que o tirassem do afrontoso suplício e fizessem as honras a seu corpo, porque honrar o corpo de Cristo afrontado é ação que anda vinculada à nobreza. E quando assim trouxe a si a nobreza diz que havia de trazer a si "tudo", e não "todos"; porque os nobres não são todos, mas são tudo. Bem se cumpriu esta promessa então, mas muito melhor cumprida a vemos agora. "Atrairei tudo a mim". Tudo o que há em Portugal, aqui o tem Cristo a seus pés.

Que fez este dia tão solene, e esta Igreja tão célebre, senão uma injúria a Cristo? Quando o soldado infiel deu a lançada a Cristo, saíram do lado ferido todos os sacramentos. E disse judiciosamente Tertuliano[14]: "Para que da ferida do seu lado, fosse formada toda Igreja". Ele quis dizer que de uma injúria do corpo de Cristo se formou toda a Igreja. O que Tertuliano disse da Igreja universal, podemos nós dizer desta material: que se fundou esta nova igreja de uma injúria do corpo de Cristo. Mas são muito de reparar os termos de Tertuliano, que da injúria do corpo de Cristo não diz que se formaram só os fundamentos, senão toda a Igreja: "Fosse formada toda Igreja". Vemos levantados os fundamentos desta nova igreja muito nobres, muito suntuosos, muito magníficos e muito conformes aos ânimos generosos de seus ilustres Fundadores; mas sente muito a piedade cristã e portuguesa ver a fábrica parada há tantos anos. Quando no interrompido ou ameaçado desta obra se pudera presumir descuido, assaz desculpado ficava com a variedade e estreiteza dos tempos; mas quanto esta estreiteza é mais pública e conhecida, tanto maior louvor merece o novo e presente zelo com que se trata de levar a fábrica por diante e não parar até se pôr em sua perfeição, sendo o primeiro exemplo o de sua majestade, que Deus nos guarde, cuja real liberalidade quer ter uma grande parte nesta obra, como em todas as de piedade.

Os tempos parece que estão pedindo que se edifiquem antes muros e castelos que templos, mas esse privilégio têm nomeadamente os templos do Santíssimo Sacramento, que são as melhores fortificações dos reinos. Edificou a divina Sabedoria um templo: "A sabedoria edificou para si uma casa" (Pr 9,1). Dedicou este templo ao Santíssimo Sacramento: "Preparou o vinho e dispôs a sua mesa". E que se seguiu daqui? "Enviou as suas escravas a chamar à fortaleza e às muralhas da cidade" (Pr 9,1ss). Os que serviam naquele templo, como os que servem neste, era com nome de escravos, e a esses escravos mandou o Senhor que chamassem para a fortaleza e para os muros da cidade. Pois como? O que se edificou era templo ao Santíssimo Sacramento, e o recado com que se convocava a gente para o templo dizia que viesse para os muros e para as fortalezas da cidade: "À fortaleza e às muralhas da cidade?". Sim, que os templos do Santíssimo Sacramento são os mais fortes muros, são as mais inexpugnáveis fortalezas das cidades e dos reinos. Edifique-se, leve-se por diante esta fábrica, que ela será os mais fortes muros de Lisboa, ela será a mais inexpugnável fortaleza de Portugal. E acabará de conhecer o político a razão de estado de Deus, que quando se expõe a cair nas mãos de seus inimigos, é para mais nos defender dos nossos, e para fundar sobre suas injúrias o edifício de suas glórias, aprendendo e confessando na política deste altíssimo conselho de Cristo a verdade secretíssima e sacratíssima daquele "Verdadeiramente: verdadeiramente é comida, verdadeiramente é bebida".

§ IX

Diviníssimo Sacramento, real e verdadeiro corpo de Cristo, Deus encoberto debaixo de substância de carne, homem encoberto debaixo de acidentes de pão, o filósofo, o devoto, o político, como cristãos e católicos, e com o filósofo toda a nossa ciência, e todas as ciências; com o devoto toda a nossa piedade e todos os nossos afetos; com o político toda a nossa conveniência e todos os nossos interesses, e todos os que estamos presentes com tudo o que sabemos, o que amamos e o que esperamos, obedientes à fé e guiados pela razão, às escuras, e com luz, com os olhos fechados, mas abertos, profundamente prostrados ante a majestade tremenda de vosso divino e humano acatamento, cremos, confessamos e adoramos a verdade infalível de vossa real presença debaixo da cortina sem substância desses acidentes visíveis. E com confiança, Senhor, da clemência com que nos sofre vosso amor, e da benignidade com que aceita a tibieza de nossos obséquios, nos oferecemos, nos dedicamos, nos entregamos todos a ele em perpétua obrigação de o servir como escravos, posto que indigníssimos, desse soberano Sacramento. Aumentai, Senhor, pela grandeza de vossa misericórdia, esta família vossa; e pois que o judeu obstinado, o herege cego, e o gentio ignorante não sabem, nem querem orar por si, nós oramos, e pedimos por eles a vós, soberano pastor, que de todos haveis de fazer um rebanho. Ensinai, Senhor, a ignorância do gentio, alumiai a cegueira do herege, abrandai a obstinação do judeu. E para que a maldade e astúcia do demônio tentador os não engane, chegue já a execução de vossa justiça e acabe o mundo de ver atada sua rebeldia naquelas cadeias e fechada naquele cárcere que há tantos anos lhe está ameaçado e prometido. Para que desta maneira, unidas todas as seitas do mundo na concórdia de uma só fé e religião, se forme de todas essas seis vozes uma total consonância e perpétua harmonia, cantando todas em todas as quatro partes do mundo, até o fim dele, e confessando alternadamente a muitas vozes, e juntas em uma só voz, a sagrada e consagrada verdade daquele "Verdadeiramente: verdadeiramente é comida, verdadeiramente é bebida".

SERMÃO DO
Nascimento da Virgem Maria

*Debaixo da Invocação de N. Senhora da Luz,
Título da Igreja e Colégio da Companhia de Jesus,
na cidade de S. Luís do Maranhão. Ano de 1657.*

"Da qual nasceu Jesus."
(Mt 1,16)

De 1653 a 1656 Vieira é o superior dos Jesuítas do Maranhão e do Grão-Pará. Percorre as missões em Tocantins, Amazonas e Ilha de Marajó. A sede dos jesuítas está na cidade de São Luís. O tema do sermão são dois nascimentos: o de Maria que se festeja e o de Jesus lembrado pelo texto litúrgico. E as razões para se celebrar Maria, Senhora da Luz, são quatro, que ele desenvolve fundado sempre nos textos bíblicos e nos Santos Padres.
1. Porque a luz é mais privilegiada que o sol. Que privilégios são esses? Maria, a luz, é boa para tudo: para o aflito, para o necessitado, para o enfermo, para o tentado, enfim para todos. 2. É mais benigna, a saber, a luz ilumina e não ofende. Jesus nascido de Maria se humanou, se fez homem. 3. É mais universal: a luz ilumina em todo o tempo em todo mundo. Maria é assim luz para os justos, para os pecadores e para os penitentes.
4. É mais diligente para o nosso bem. Cristo, como sol, pode tardar, e ela como luz obra em instante. Por isso, não cessemos de pedir a Deus luz e mais luz.

§ I

Celebramos hoje o nascimento; mas que nascimento celebramos? Se o perguntarmos à Igreja, responde que o nascimento de Maria; se consultarmos o Evangelho, lemos nele o nascimento de Jesus. "Da qual nasceu Jesus". Assim temos encontrados nas mesmas palavras que propus o texto com o mistério, o tema com o sermão e um nascimento com outro. Se a Igreja celebrara neste dia o nascimento glorioso de Cristo, muito acomodado Evangelho nos mandava ler; mas o dia e o nascimento que festejamos não é o do Filho, é o da Mãe. Pois se ainda hoje nasce a Mãe, como nos mostra já a Igreja e o Evangelho não a Mãe, senão o Filho nascido: "Da qual nasceu Jesus"? Só no dia de Nossa Senhora da Luz se pudera responder cabalmente a esta dúvida. O sol, se bem advertirdes, tem dois nascimentos: um nascimento com que nasce quando nasce, e outro nascimento com que nasce antes de nascer. Aquela primeira luz da manhã que apaga ou acende as sombras da noite, cuja luz é? É luz do sol. E esse sol então está já nascido? Não e sim. Não, porque ainda não está nascido em si mesmo. Sim, porque já está nascido na sua luz. De sorte que naturalmente veem os nossos olhos ao sol duas vezes nascido: nascido quando nasce, e nascido antes de nascer.

Grande prova temos desta filosofia na mesma história evangélica, e é um dos mais aparentes encontros que se acham em toda ela. Partiram as Marias ao sepulcro na manhã do terceiro dia, e referindo o evangelista S. Marcos a hora a que chegaram diz assim: "Ao domingo muito de madrugada chegaram ao sepulcro sendo já o sol nascido" (Mc 16,2). Notável dizer! Se era já "o sol nascido", como era "muito de madrugada"? E se era "muito de madrugada", como era já "o sol nascido"?

Tudo era e tudo podia ser, diz Sto. Agostinho, porque era o sol nascido antes de nascer[1]. Ora vede. O tempo em que vieram as Marias ao sepulcro era "muito de madrugada", diz S. Marcos; "ao romper do dia", diz S. Lucas (Lc 24,2). Era "muito de madrugada"? Logo já havia alguma luz que isso quer dizer "romper do dia". Havia luz? Logo, já "o sol estava nascido". Provo a consequência, porque o sol, como dizíamos, tem dois nascimentos: um nascimento quando vem raiando aquela primeira luz da manhã a que chamamos aurora; outro nascimento quando o sol descobre, ou acaba de desaparecer em si mesmo. E como o sol não só nasce quando nasce em si mesmo, senão também quando nasce na sua luz, por isso disse o evangelista com toda a verdade, que era de madrugada e que era o sol nascido. Nenhuma destas palavras é minha; todas são da glosa de Lirano[2] seguindo a Sto. Agostinho: "Muito cedo, tendo o sol já nascido: o sol pode nascer de dois modos: de um modo perfeito, quando em primeiro lugar sai e aparece sobre a terra; de outro, quando a sua luz começa a aparecer, isto é, na aurora, e neste sentido é aqui tomado o nascimento do sol". Não o podia dizer mais em português. De maneira que àquela primeira luz com que se rompem as trevas da noite chamou S. Marcos nascimento do sol, porque em todo o rigor da verdade evangélica não só nasce o sol quando nasce em si mesmo, senão quando nasce na sua luz. Um nascimento do sol é quando nasce em si mesmo e aparece sobre a terra: "Quando em primeiro lugar sai e aparece sobre a terra"; o outro nascimento é antes de nascer em si mesmo, quando nasce e aparece a sua luz: "Quando a sua luz começa a aparecer". É o que estamos vendo neste dia e o que nos está pregando a Igreja neste Evangelho. O dia mostra-nos nascida a luz; o Evangelho mostra-nos nascido o sol, e tudo é. Não é o dia em que o sol apareceu nascido sobre a terra: "Quando em primeiro lugar sai e aparece sobre a terra", mas é o dia em que aparece nascido na luz da sua aurora: "Quando a sua luz começa a aparecer, isto é, na aurora": porque, se o sol não está ainda nascido em si mesmo, já está nascido na luz de que há de nascer: "Da qual nasceu Jesus".

Estava dito. Mas porque parecerá novidade dar dois nascimentos e dois dias de nascimentos a Cristo, saibam os curiosos que não é novidade nova senão mui antiga, e uma das mais bem retratadas verdades que o Criador do mundo nos pintou no princípio dele. No primeiro dia do mundo criou Deus a luz, no quarto dia criou o sol. Sobre estes dois dias e estas duas criações há grande batalha entre os doutores, porque se o sol é a fonte da luz, que luz é esta que foi criada antes do sol? Ou é a mesma luz do sol, ou é outra luz diferente? Se é a mesma, por que não foi criada no mesmo dia? E se é diferente, que luz é, ou que luz pode haver diferente da luz do sol? Santo Tomás, e com ele o sentir mais comum dos teólogos, resolve que a luz que Deus criou o primeiro dia foi a mesma luz de que formou o sol ao dia quarto. De modo que em ambos estes dias e em ambas estas criações foi criado o sol. No primeiro dia foi criado o sol informe; no quarto dia foi criado o sol formado. São os termos de que usa santo Tomás. No primeiro dia foi criado o sol informe, porque foi criado em forma de luz; no quarto dia foi criado o sol formado, porque foi criado em forma de sol[3]. Em conclusão, que entre todas as criaturas só o sol teve dois dias de nascimento: o primeiro dia e o quarto dia. O quarto dia em que nasceu em si mesmo, e o primeiro, em que nasceu na sua luz. O quarto dia em que nasceu sol formado, e o primeiro em que nasceu na luz de que se formou. Pode haver propriedade mais própria? Agora pergunto eu, se alguém me não entendeu ainda: quem é este sol duas vezes nascido? E quem é esta luz de que se formou este sol? O sol é Jesus, a luz é Maria, diz Alberto Magno. E não era necessário que ele o dissesse. Assim como o sol nasceu duas vezes, e teve dois dias de nascimento; assim como o sol nasceu uma vez quando nascido e outra antes de nascer; assim como o sol uma vez nasceu em si mesmo, e outra na sua luz; assim, nem mais nem menos, o sol divino, Cristo, nasceu duas vezes e teve dois dias de nascimento. Um dia em que nasceu em Belém, outro em que nasceu em Nazaré. Um dia em que nasceu quando nascido, que foi em vinte e cinco de dezembro, e outro dia em que nasceu antes de nascer, que foi neste venturoso dia. Um dia em que nasceu de sua Mãe, outro dia em que nasceu com ela. Um dia em que nasceu em si mesmo, outro dia em que nasceu naquela de quem nasceu: "Da qual nasceu Jesus".

Temos introduzido e concordado o Evangelho, que não é a menor dificuldade deste dia. Para satisfazermos à segunda obrigação, que não é senão a primeira, peçamos à Senhora da Luz nos comunique um raio da sua. *Ave Maria.*

§ II

"Da qual nasceu Jesus". Suposto que temos neste "nascido" do Evangelho dois nascidos, e nesse nascimento dois nascimentos: o nascimento da luz, Maria, nascida em si mesma, e o nascimento do sol, Cristo, nascido na sua luz, qual destes nascimentos faz mais alegre este dia? E por qual deles o devemos mais festejar? Por dia do nascimento da luz, ou por dia do nascimento do sol?

Com licença do mesmo sol, ou com lisonja sua, digo que por dia do nascimento da luz. E por quê? Não por uma razão, nem por duas, senão por muitas. Só quatro apontarei, porque desejo ser breve. Primeira razão: porque a luz é mais privilegiada que o sol. Segunda: porque é mais benigna. Terceira: porque é mais universal. Quarta: porque é mais apressada para nosso bem. Por todos estes títulos é mais para festejar este dia por dia do nascimento da luz, que por dia, ou por véspera, do nascimento do sol.

Mas porque este sol e esta luz, entre os quais havemos de fazer a comparação, parecem extremos incomparáveis, como verdadeiramente é incomparável Cristo sobre todas as puras criaturas, entrando também neste número sua mesma Mãe, antes que eu comece a me desempenhar deste grande assunto, ou a empenhar-me nele, declaro que em tudo o que disser, procede a comparação entre Cristo como sol de justiça, e a Senhora da luz, como Mãe de misericórdia, e que assim como os efeitos da luz se referem à primeira fonte dela, que é o sol, assim todos os que obra a Senhora em nosso favor são nascidos e derivados do mesmo Cristo, cuja bondade e providência ordenou que todos passassem e se nos comunicassem por mão de sua Mãe, como advogada e medianeira nossa, e dispensadora universal de suas graças. Assim o supõe com S. Bernardo[4] a mais pia e bem recebida teologia: "Nada Deus quis que tivéssemos, que não tivesse passado pelas mãos de Maria". Isto posto:

§ III

Começando pelo primeiro título, de ser a luz mais privilegiada, digo que é mais privilegiada a luz que o sol, porque o dia, que é a vida e a formosura do mundo, não o faz o nascimento do sol, senão o nascimento da luz. É advertência de Santo Ambrósio, e advertência que quis o grande doutor que soubéssemos que era sua: "Percebemos que o nascimento da luz, antes do sol, parece abrir o dia"[5]. Tenho advertido, diz Santo Ambrósio, que o que primeiro abre e faz o dia é o nascimento da luz, e não o do sol. Está esta grande máquina e variedade do universo coberta de trevas, está o mundo todo fechado no cárcere da noite, e qual é a chave que abre as portas ao dia? O sol? Não, senão a luz, porque ao aparecer do sol já o mundo está patente e descoberto: "O sol ilumina o dia, mas a luz o faz"[6]. O sol faz o dia mais claro, mas a luz é a que faz o dia. E se não, vede, diz o Santo: "Frequentemente o céu cobre-se de nuvens para que o sol se esconda e nenhum raio seu apareça. A luz, no entanto, mostra o dia". Quantas vezes acontece forrar-se o céu de nuvens espessas, com que não aparece o sol, nem o menor de seus raios, e contudo, ainda que não vemos o sol, vemos o dia. Por quê? Porque no-lo mostra a luz. Bem se segue logo que o dia, tão necessário e tão proveitoso ao mundo, é filho da luz, e não filho do sol.

Parece que tem alguma coisa de sofístico este discurso de Santo Ambrósio, porque, sendo a luz efeito do sol, quem faz a luz faz o dia. Assim parece, mas não é assim. E quero dar uma prova valente a uma razão que parece fraca. Noutras ocasiões declaramos a Escritura com o santo; agora declararemos o santo com a Escritura. Diz Santo Ambrósio que o dia é filho da luz, e não do sol. Provo e pergunto: O sol, em que dia o criou Deus? Diz a Sagrada Escritura que criou Deus o sol ao dia quarto: "O luzeiro maior, para que presidisse o dia, e foi o quarto dia" (Gn 1,16.19). Deus criou o sol ao dia quarto? Logo, antes de haver sol já havia dias. Antes de haver sol já havia dias? Logo o dia não é filho do sol. Pois de quem é filho? É filho da luz. O mesmo texto sagrado: "No princípio criou Deus o céu e a terra" (Gn 1,1). No princípio, antes de haver dia nem noite, nem tempo, criou Deus o céu e a terra. "E as trevas estavam sobre a face do abismo." E o mundo todo estava sepultado em um abismo de trevas. "E disse Deus: Faça-se a luz e a luz foi feita". "E chamou Deus à luz dia, e às trevas noite; deste modo se fez o primeiro dia que houve no mundo" (Gn 1,2. 3.5). De maneira, como bem dizia Santo Ambrósio, que o dia é filho da luz e não do sol; ao nascimento da luz e não ao do sol deve o mundo o benefício do dia. O tempo ditosíssimo da lei da graça em que estamos é o dia do mundo; o tempo da lei da natureza e da lei escrita, que já passou, foi a noite. Assim o diz S. Paulo: "A noite passou e o dia vem chegando" (Rm 13,12). E quem foi a aurora que amanheceu ao mundo este dia tão alegre, tão salutífero e tão vital, senão aquela luz divina? O sol fez o dia mais claro; mas a luz, a que rompeu as trevas, a luz foi a que venceu e despojou a noite; a luz foi a que fez o dia: "O sol ilumina o dia, mas a luz o faz". Grande privilégio da luz sobre o sol, que ela e não ele, ou ao menos que ela primeiro que ele, seja a autora do dia.

Mas eu, sem me sair do mesmo passo, ainda hei de dizer outro privilégio maior da mesma luz. Criou Deus a luz três dias antes de criar o sol. Tanto que houve sol no mundo, logo houve também olhos que o vissem e que gozassem de seus resplendores, porque o sol foi criado ao quarto dia, e as aves e os peixes ao quinto; os animais da terra e os homens ao sexto. De sorte que, como notou S. Basílio[7], todos os três dias em que a luz esteve criada antes da criação do sol não havia olhos no mundo. Pois se não havia olhos no mundo, para que criou Deus a luz? Que crie Deus o sol ao quarto dia, bem está; porque no quinto e no sexto dia havia de criar os olhos de todos os viventes; mas se no segundo, no terceiro e no quarto dia não houve nem havia de haver olhos, por que cria Deus a luz no primeiro? Porque o sol criou-o Deus para os olhos dos homens e dos animais; a luz criou-a Deus para os seus olhos. E assim foi. "Faça-se a luz, e fez-se a luz; e viu Deus que a luz era boa" (Gn 1,4). Disse Deus: Faça-se a luz, e fez-se a luz; e no mesmo ponto que nasceu e apareceu a luz, logo foi o emprego e suspensão dos olhos de Deus: "Viu Deus a luz". Digo emprego e suspensão porque quando Deus criou a luz, já estava criado o céu, a terra, os elementos, os anjos e nada disto levou após si os olhos de Deus, senão a luz. Ela encheu os olhos de Deus de maneira que, sendo os olhos de Deus imensos, parece que não deixou neles lugar para os pôr noutra coisa. Alfim era a luz criada para os olhos de Deus, como o sol para os dos homens e dos animais.

Não cuideis que digo injúrias ao sol encarnado, que assim quis Ele que fosse. Aparece no mundo o sol encarnado, Cristo, e que olhos o viram nascido? Olhos de homens e olhos de animais. Para o verem nascido olhos de animais, ele mesmo foi buscar os animais a um presépio, e para o verem nascido olhos de homens, ele os mandou buscar por uma estrela entre os reis e por um anjo entre os pastores. Os homens, pelo pecado, estavam convertidos em animais: "O homem, quando estava na honra, não o entendeu; foi comparado aos brutos irracionais" (Sl 48,13). Por isso se mostra o sol nascido aos olhos dos homens e dos animais, porque nascia para fazer de animais homens. Porém a luz, como nascia para Mãe de Deus, oculta-se a todos os olhos criados, e só nasce manifesta aos divinos: "Viu Deus a luz". Os olhos de Deus foram os que festejaram o nascimento desta soberana luz, e festejaram-na aqueles três dias em que não houve sol, nem outros olhos, porque tomou cada pessoa da Santíssima Trindade um dia da festa por sua conta: "O mesmo é pois a luz que separou a primeira trindade de nossos dias", disse S. Dionísio Areopagita[8]. Os olhos do Padre festejaram o nascimento da luz no primeiro dia: "E viu Deus a luz que era boa". E viu Deus Pai que a luz era boa para filha. Os olhos do Filho festejaram o nascimento da luz no segundo dia: "E viu Deus a luz que era boa". E viu Deus Filho que a luz era boa para Mãe. Os olhos do Espírito Santo festejaram o nascimento da luz no terceiro dia: "E viu Deus a luz que era boa". E viu Deus Espírito Santo que a luz era boa para esposa. Assim festejou toda a Santíssima Trindade o nascimento daquela soberana luz, e assim o devemos festejar nós. Ponde os olhos, cristãos, naquela luz, e pedi-lhe que os ponha em vós; e vereis como é boa para tudo: "E viu Deus a luz que era boa". Boa para a consolação, se estiveres afligido; boa para o remédio, se estiveres necessitado; boa para a saúde, se estiveres enfermo; boa para a vitória, se estiveres tentado; e se estiveres caído e fora da graça de Deus, boa, e só ela boa, para vos reconciliar com ele. Tão cheia de privilégios de Deus nasce hoje esta luz de quem ele há de nascer! "Da qual nasceu Jesus".

§ IV

O segundo título por que se deve mais festejar o dia deste nascimento é por ser a luz mais benigna. É a luz mais benigna que o sol, porque o sol alumia, mas abrasa; a luz alumia e não ofende. Quereis ver a diferença da luz ao sol? Olhai para o mesmo sol e para a mesma luz de que ele nasce, a aurora. A aurora é o riso do céu, a alegria dos campos, a respiração das flores, a harmonia das aves, a vida e alento do mundo. Começa a sair e a crescer o sol, eis o gesto agradável do mundo e a composição da mesma natureza toda mudada. O céu acende-se, os campos secam-se, as flores murcham-se, as aves emudecem, os animais buscam as covas, os homens as sombras. E se Deus não cortara a carreira ao sol, com a interposição da noite, fervera e abrasara-se a terra, arderam as plantas, secaram-se os rios, sumiram-se as fontes, e foram verdadeiros, e não fabulosos, os incêndios de Faetonte. A razão natural desta diferença é porque o sol, como dizem os filósofos, ou verdadeiramente é fogo, ou de natureza mui semelhante ao fogo, elemento terrível, bravo, indômito, abrasador, executivo, e consumidor de tudo. Pelo contrário, a luz em sua pureza é uma qualidade branda, suave, amiga, enfim, criada para companheira e instrumento da vista, sem ofensa dos olhos, que são em toda a organização do corpo humano a parte mais humana, mais delicada e mais mimosa. Filósofos houve que pela sutileza e facilidade da luz chegaram a cuidar que era espírito e não corpo. Mas porque a filosofia humana ainda não tem alcançado perfeitamente a diferença da luz ao sol, valhamo-nos da ciência dos anjos.

Aquele anjo visível que guiava os filhos de Israel pelo deserto, diz o texto que marchava com duas colunas de prodigiosa grandeza, uma de nuvem de dia, e outra de fogo de noite: "De dia numa coluna de nuvens, de noite numa coluna de fogo" (Ex 13,21). E por que e para que levava o anjo estas duas colunas de nuvem e fogo? A de nuvem, para reparo do sol, a de fogo, para continuação da luz. Tanto que anoitecia, acendia o anjo a coluna de fogo sobre os arraiais, para que tivessem sempre luz. E tanto que amanhecia, atravessava o anjo a coluna de nuvem, para que ficassem reparados e defendidos do sol. De maneira que todo o cuidado do anjo sobre os seus encomendados consistia em dois pontos: o primeiro, que nunca lhes tocasse o sol; o segundo, que nunca lhes faltasse a luz. Tão benignas qualidades reconhecia o anjo na luz, e tão rigorosas no sol.

Estas são as propriedades rigorosas e benignas do sol e da luz natural. E as mesmas, se bem o considerarmos, acharemos no sol e na luz divina. Cristo é sol, mas sol de justiça, como lhe chamou o profeta: "Sol de justiça" (Ml 4,2). E que muito que no sol haja raios e na justiça rigores? Todos os rigores que tem obrado no mundo o sol natural, tantas secas, tantas esterilidades, tantas sedes, tantas fomes, tantas doenças, tantas pestes, tantas mortandades, tudo foram execuções do sol de justiça, o qual as fez ainda maiores. O sol material nunca queimou cidades, e o sol de justiça queimou e abrasou em um dia as cinco cidades de Pentápolis[9] inteiras, sem deixar homem à vida, nem dos mesmos edifícios e pedras mais que as cinzas. Tais são os rigores daquele sol divino. Mas a benignidade da luz que hoje nasce, e de que ele nasceu, como a poderei eu explicar? Muitas e grandes coisas pudera dizer desta soberana benignidade, mas direi só uma que vale por todas. É tão benigna aquela divina luz que, sendo tão rigorosos e tão terríveis os raios do divino sol, ela só basta para os abrandar e fazer também benignos.

Por que vos parece que nasce a Virgem Maria em tal dia como hoje? Se o dia do nascimento de Cristo foi misterioso, e misterioso o dia do nascimento do Batista, por ser o precursor de Cristo, quanto mais o dia da Mãe de Cristo? Pois que mistério tem nascer a Senhora neste dia? Muito grande mistério. O mistério do dia do nascimento de Cristo, como notou Sto. Agostinho[10], foi porque naquele tempo volta o sol para nós, e começam os dias a crescer. O mistério do dia do nascimento do Batista foi porque naquele tempo se aparta o sol de nós, e começam os dias a diminuir. E o mistério do dia do nascimento da Senhora é porque neste tempo passa o sol do signo do Leão para o signo de Virgem, e começa o mesmo sol a abrandar. O caminho do sol é pelos doze signos celestes, em que tem diferentes efeitos, conforme a constelação e qualidades de cada um. Quando o sol anda no signo de Leão, como se tomara a natureza daquele animal colérico e assanhado, tais são os seus efeitos: calores, securas, enfermidades malignas, tresvarios, sangue, mortes. Porém tanto que o sol passa do signo de Leão ao signo de Virgem, já o Leão começa a abrandar, já vai manso, já vai pacífico, já vai cordeiro. O mesmo sucedeu aos rigores do nosso sol. Lede o Testamento Velho, e achareis que Deus antigamente afogava exércitos, queimava cidades, alagava mundos, despovoava paraísos[11]. E hoje, sendo os pecados dignos de maior castigo pela circunstância do tempo, da fé e dos benefícios, não se veem em Deus semelhantes rigores. Pois por que, se Deus é o mesmo, e a sua justiça a mesma? Porque então estava o sol no signo de Leão; agora está no signo de Virgem. Como o sol entrou no signo de Virgem, logo aquela benigna luz lhe amansou os rigores, lhe embargou as execuções, e lhe temperou de tal maneira os raios, que ao mesmo fogo abrasador de que eram compostos, lhe tirou as atividades com que queimava e só lhe deixou os resplendores com que luzia. Grande caso, mas provado!

Vê Moisés no deserto uma sarça que ardia em fogo, e não se queimava (Ex 3,3).

Pasma da visão, parte a vê-la de mais perto, e quanto mais caminha e vê, tanto mais pasma. Ser fogo, o que estou vendo, não há dúvida; aquela luz intensa, aquelas chamas vivas, aquelas labaredas ardentes, de fogo são; mas a sarça não se consome, a sarça está inteira, a sarça está verde. Que maravilha é esta? Grande maravilha para quem não conhecia o fogo nem a sarça, mas para quem sabe que o fogo era Deus, e a sarça Maria, ainda era maravilha maior, ou não era maravilha. O fogo era Deus que vinha libertar o povo. Assim diz o texto. A sarça era Maria, em quem Deus tomou forma visível, quando veio libertar o gênero humano. Assim o diz S. Jerônimo, Santo Atanásio, S. Basílio, e a mesma Igreja. Como o fogo estava na sarça, como Deus estava em Maria, já o seu fogo não tinha atividades para queimar. Luzir sim, resplandecer sim, que são efeitos de luz; mas queimar, abrasar, consumir, que são efeitos de fogo, isso não, que já lhos tirou Maria. Já Maria despontou os raios do sol; por isso luzem, e não ferem; ardem e não queimam; resplandecem e não abrasam. Parece-vos maravilha que assim abrandasse aquela benigna luz os rigores do sol? Parece-vos grande maravilha que assim lhe apagasse o fogoso e abrasado, e lhe deixasse só o resplandecente e luminoso? Pois ainda fez mais.

Não só abrandou, ou apagou no sol os rigores do fogo, senão também os rigores da luz. O sol não é só rigoroso e terrível no fogo com que abrasa, senão também na luz com que alumia. Em aparecendo no Oriente os primeiros raios do sol, como se foram archeiros da guarda do grande rei dos planetas, vereis como vão diante fazendo praça, e como em um momento alimpam o campo do céu, sem guardar respeito nem perdoar a coisa luzente. O vulgo das estrelas, que andavam como espalhadas na confiança da noite, as pequeninas somem-se, as maiores retiram-se, todas fogem, todas se escondem, sem haver nenhuma, por maior luzeiro que seja, que se atreva a parar nem a aparecer diante do sol descoberto. Vedes esta majestade severa? Vedes este rigor da luz do sol, com que nada lhe para, com que tudo escurece em sua presença? Ora, deixai-o vir ao signo de Virgem, e vereis como essa mesma luz fica benigna e tratável.

Viu S. João no Apocalipse um novo signo celeste: "Apareceu no céu um grande sinal" (Ap 12,1). Era uma mulher vestida do sol, calçada da lua e coroada das estrelas: "Uma mulher revestida de sol, a lua debaixo de seus pés, e na cabeça uma coroa de doze estrelas" (ibid.). Não reparo no sol e na lua; no sol e nas estrelas reparo. Calçada da lua, e vestida de sol, bem pode ser, porque diante do sol também aparece a lua. Mas vestida de sol, e coroada de estrelas? sol e estrelas juntamente? Não é possível, como acabamos de ver. Pois se na presença do sol fogem e desaparecem as estrelas, e o sol estava presente, e tão presente no vestido da mesma mulher, como apareciam nem podiam aparecer as estrelas da coroa? Aí vereis quão mudado está o sol depois que vestiu uma mulher, ou depois que uma mulher o vestiu a ele![12] Este signo em que o sol apareceu a S. João era o signo de Virgem: "Apareceu no céu um grande sinal: a mulher revestida de sol". E depois que o sol entrou no signo de Virgem, depois que o sol se humanou nas entranhas da Virgem Maria, logo os seus raios não foram temerosos; logo a sua majestade não foi terrível; logo a grandeza e soberania da sua mesma luz foi tão benigna que já não fogem nem se escondem dela as estrelas; antes lhes consente que possam luzir e brilhar em sua presença. Assim amansou aquela luz Divina o sol, noutro tempo tão severo; assim humano a intolerável grandeza de sua luz; assim temperou e quebrou a força de seus raios. Para que vejamos quanto se deve alegrar neste dia, e quanto deve festejar o nascimento desta benigna luz o gênero humano todo, e mais aqueles que mais têm ofendido o sol? Quantas vezes havia de ter o sol de justiça abrasado o mundo? Quantas havia de ter fulminado com os seus raios as rebeldias de nossas ingratidões, e as abominações de nossos vícios, se não fora pela benignidade daquela luz? Para isso nasceu e para isso nasce hoje: para o fazer humano antes de nascer, e para lhe atar as mãos e os braços depois de nascido: "Da qual nasceu Jesus".

§ V

O terceiro título, por que se deve mais festejar o dia deste nascimento, é por ser a luz mais universal. E a luz mais universal que o sol porque o sol nunca alumia mais que meio mundo e meio tempo; a luz alumia em todo o tempo e a todo o mundo. O sol nunca alumia mais que meio mundo, porque quando amanhece para nós anoitece para os nossos antípodas, e quando amanhece aos antípodas anoitece para nós. E nunca alumia mais que meio tempo, porque das vinte e quatro horas do dia natural, as doze assiste em um hemisfério, e as doze no outro. Não assim a luz. A luz não tem limitação de tempo nem de lugar: sempre alumia, e sempre em toda parte, e sempre a todos. Onde está o sol, alumia com o sol, onde está a lua, alumia com a lua, e onde não há sol nem lua alumia com as estrelas, mas sempre alumia. De sorte que não há parte do mundo, nem movimento de tempo, ou seja dia ou seja noite, em que, maior ou menor, não haja sempre luz. Tal foi a disposição de Deus no princípio do mundo. Ao sol limi-

tou-lhe Deus a jurisdição no tempo e no lugar; à luz não lhe deu jurisdição limitada, senão absoluta para todo o lugar e para todo o tempo. Ao sol limitou-lhe Deus tempo, porque mandou que alumiasse o dia: "Um luzeiro maior para presidir o dia" (Gn 1,16). E limitou-lhe lugar, porque só quis que alumiasse dentro dos trópicos de Câncer e Capricórnio, e que deles não saísse. Porém à luz não lhe limitou tempo, porque mandou que alumiasse de dia por meio do sol, e de noite por meio da lua e das estrelas: "Um luzeiro maior para presidir o dia, e as estrelas para presidir a noite, e as estrelas" (ibid.). E não lhe pôs limitação de lugar, porque quis que alumiasse não só dentro dos trópicos, senão fora deles, como faz a luz, que dentro dos trópicos alumia por meio do sol e da lua, e fora dos trópicos por meio das estrelas, para que por este modo, de dia e de noite, no claro e no escuro, na presença e na ausência do sol, sempre houvesse luz, como há.

Esta mesma diferença se acha na verdadeira luz e no verdadeiro sol, Cristo e sua mãe. Cristo é sol do mundo, mas sol que tem certo hemisfério; sol que tem os seus antípodas; sol que, quando nasce, nasce para alguns e não para todos. Assim o disse Deus por boca do profeta Malaquias: "Nascerá o sol da justiça para vós os que temeis o meu nome" (Ml 4,2) — fala o profeta não da graça da redenção, ou suficiente, que é universal para todos; senão da santificante e eficaz, de que muitos, por sua culpa, são excluídos; e por isso diz que o sol de justiça não nasce para todos, senão só para aqueles que o temem. Todo este mundo, tomado nesta consideração, se divide em dois hemisférios: um hemisfério dos que temem a Deus, outro hemisfério dos que o não temem. No hemisfério dos que temem a Deus, só nasce o

75

sol da justiça, e só para eles há dia; só eles são aluminados. No hemisfério dos que não temem a Deus, nunca jamais amanhece o sol; sempre há perpétua noite, todos estão em trevas e às escuras. Neste sentido chamou o profeta a este sol, "sol de justiça?" O sol material, se bem se considera, é sol sem justiça, porque trata a todos pela mesma forma, e tanto amanhece para os bons como para os maus: "Aquele que faz nascer o seu sol sobre os bons e os maus" (Mt 5,45). É possível que tanto sol há de haver para o bom, como para o mau? Para o cristão, como para o infiel? Para o que adora a Deus, como para o que adora o ídolo? Tanto há de amanhecer o sol para o diligente, como para o preguiçoso? Tanto para o que lhe abre a janela, como para o que lha fecha? Tanto para o lavrador, que o espera, como para o ladrão, que o aborrece? Notável injustiça do sol material! Não assim o sol de justiça. E sol de justiça porque trata a cada um conforme o que merece. Só para os bons amanhece, e para os maus esconde-se; só aluma aos que o temem, e aos que o não temem sempre os tem às escuras.

Parece coisa dificultosa que no mesmo hemisfério, na mesma cidade, e talvez na mesma casa, estejam uns aluminados e outros às escuras; mas assim passa, e já isto se viu com os olhos no mundo algum dia. Uma das pragas do Egito foram as trevas. E descrevendo-as, o texto diz assim: "Fizeram-se espessas trevas em toda a terra do Egito. Ninguém viu o seu irmão nem se levantou do lugar que estava; no entanto, em todos os lugares onde habitavam os filhos de Israel havia luz" (Ex 10,22s). Houve em toda a terra do Egito umas trevas tão horríveis, que nenhum Egípcio via ao outro, e nenhum se podia mover do lugar onde estava; mas onde habitavam os hebreus no mesmo tempo havia luz. Brava maravilha! Em toda a terra do Egito havia umas casas que só eram habitadas de egípcios; eram só habitadas por hebreus; outras que eram habitadas de hebreus e de egípcios juntamente. Nas que eram habitadas de egípcios, todos estavam em trevas; nas que eram habitadas de hebreus, todos estavam em luz; nas que eram habitadas de hebreus e de egípcios juntamente, os hebreus estavam aluminados, e os egípcios às escuras. Isto que fez no Egito a vara de Moisés, faz em todo mundo a vara do sol de justiça. Muitas casas há no mundo em que todos são pecadores; algumas casas haverá em que todos sejam justos; outras, há, e é o mais ordinário, em que uns são justos e outros pecadores. E com toda esta diversidade de casas e de homens, executa a vara do sol de justiça o que a de Moisés no Egito. Na casa onde todos são justos, todos estão em luz; na casa onde todos são pecadores, todos estão em trevas; na casa onde há pecadores e justos, os justos estão aluminados e os pecadores às escuras. De sorte que o sol de justiça, nesta consideração em que falamos, é sol tão particular e tão parcial, que não só no mundo tem diferentes hemisférios, mas até na mesma casa tem antípodas.

Não assim aquela luz que hoje nasce, que para todos e para todo o tempo, e para todo lugar é sempre luz. Viram os anjos nascer hoje aquela formosa luz, e admirados de sua beleza disseram assim: "Quem é esta que nasce e aparece no mundo, diligente como a aurora, formosa como a lua, escolhida como o sol?" (Ct 6,9). — A aurora, à lua e ao sol compararam os anjos esta senhora, e parece que dizem menos em três comparações do que diriam em uma. Se disseram só que era semelhante ao sol, diriam mais, porque de sol à lua é minguar, de sol à aurora é descer. Pois por que razão, que não podia ser sem grande razão, uns espíritos tão bem entendidos como os anjos ajustam umas semelhanças tão desiguais, e comparam a Senhora quando nasce à aurora, à lua, e ao sol juntamente? Deu no mistério advertidamente o papa Inocêncio Terceiro. Compararam os anjos a Maria, quando nasce, juntamente ao sol, à lua e à aurora, para mostrar que aquela Senhora é luz de todos os tempos. Todos os tempos ou são dia ou são noite, ou são aquela hora de luz duvidosa que há entre a noite e o dia. Ao dia alumia o sol, à noite alumia a lua, à hora entre noite e dia, alumia a aurora. Pois por isso chamam os anjos juntamente à Senhora aurora, lua e sol, para mostrarem que é luz que alumia em todos os tempos. Luz que alumia de dia, como sol; luz que alumia de noite, como lua; luz que alumia quando não é noite nem dia, como aurora. E que são ou que significam estes três tempos? Ouvi agora a Inocêncio: "A lua brilha na noite, a aurora ao romper do dia, o sol no dia. A noite é pois a culpa, o romper do dia a penitência, o dia a graça"[13]. A lua alumia de noite, e a noite é a culpa; a aurora alumia de madrugada, e a madrugada é a penitência; o sol alumia de dia, e o dia é a graça. — E para todos estes tempos, e para todos estes estados é Maria luz universal. Luz para os justos, que estão em graça; luz para os pecadores, que estão na culpa; e luz para os penitentes, que querem passar da culpa à graça: "Aquele que jaz na noite do pecado olhe para a lua e invoque Maria. Aquele que se levanta para a madrugada da penitência olhe para a aurora e invoque Maria. Aquele que vive no dia da graça olhe para o sol e invoque Maria". Pelo que, conclui exortando o grande pontífice, se sois pecador, se estais na noite do pecado, olhai para a lua, fazei oração a Maria para que vos alumie e vos tire da noite do pecado, para a madrugada da penitência. Se sois penitente e estais na madrugada do arrependimento, ponde os olhos na aurora, fazei oração a Maria, para que vos alumie e vos passe da madrugada da penitência ao dia da graça. Se sois justo, se estais no dia da graça, ponde os olhos no sol, fazei oração a Maria, para que vos sustente e vos aumente nesse dia, porque desse dia ditoso não há para onde passar. Assim alumia aquela soberana luz universalmente a todos, sem exceção de tempo nem de estado. O sol de justiça alumia só aos que o temem: "Aos que temem o meu nome"; mas a Luz de misericórdia alumia aos que o temem, porque o temem, e aos que o não temem, para que o temam, e a todos alumia. O Sol de justiça nasce só para os justos, mas a luz de misericórdia nasce para os justos e mais para os pecadores. E por este modo é mais universal para todos a luz que hoje nasce do que o mesmo sol que dela nasceu: "Da qual nasceu Jesus".

§ VI

O quarto e último título por que se deve mais festejar este dia é por ser a luz mais apressada para nosso bem. Ser mais apressada a luz que o sol, é verdade que veem os olhos. Parte o sol do oriente e chega ao ocidente em doze horas. Aparece no oriente a luz, e em um instante fere o ocidente oposto, e se dilata e se estende por todos os horizontes, alumiando em um momento o mundo. O sol, como dizem os astrólogos, corre em cada hora trezentas e oitenta mil léguas. Grande correr! Mas toda esta pressa e ligeireza do sol, em comparação da luz, são vagares. O sol faz seu curso em horas, em dias, em anos, em séculos: a luz sempre em um instante. O sol, no inverno, parece que anda mais tarde no amanhecer, e no verão mais diligente; mas nunca se levanta tão cedo o sol, que não madrugue a luz muito diante dele. Ó luz divina, como vos pareceis nesta diligência à luz natural!

    Foram convidados a umas bodas a luz e o sol: Cristo e Maria. Faltou no meio do convite aquele licor que noutra mesa, depois de o sol posto e antes de o sol se pôr, deu matéria a tão grandes mistérios. Quis a piedosa Mãe acudir à falta, falou ao Filho, mas respondeu o Senhor tão secamente como se negara sê-lo: "Que há entre mim e ti, mulher? Ainda não chegou a minha hora" (Jo 2,4). — Aqui reparo. Esta hora não era de fazer bem? Não era de encobrir e acudir a uma falta? Não era de remediar uma necessidade? Pois como responde Cristo que não era chegada a sua hora? E se não era chegada a sua hora, como trata a Senhora do remédio? Era chegada a hora de Maria, e não era chegada a hora de Cristo? Sim: que Maria é luz, e Cristo é sol, e a hora do sol sempre vem depois da hora da luz: "Ainda não chegou a minha hora". Ainda não era vinda a hora do sol, e a hora da luz já tinha chegado. Por isso disse Cristo à sua Mãe com grande energia: "Que há entre mim e ti?" Como se dissera: Reparai Senhora na diferença que há de mim a vós na matéria de socorrer aos homens, como agora quereis que eu faça. Vós os socorreis, e eu os socorro; vós lhes acudis, e eu lhes acudo; vós os remediais, e eu os remedeio, mas vós primeiro, e eu depois; vós logo, e eu mais devagar; vós na vossa hora, que é antes da minha, e eu na minha, que é depois da vossa: "Ainda não chegou a minha hora". É aquela gloriosa diferença que Santo Anselmo[14] se atreveu a dizer uma vez, e todos depois dele a repetiram tantas: "Às vezes é mais rápido um meio de salvação pela lembrança do nome de Maria do que pela invocação do nome de Jesus". Que algumas vezes é mais apressado o remédio, nomeado o nome de Maria que invocado o de Jesus. — Algumas vezes, disse o santo, e quisera eu que dissera sempre, ou quase sempre. Vede se tenho razão. Todos os caminhos de Cristo e os de Maria foram para remédio do homem; mas tenho eu notado que são mui diferentes as carroças que este rei e Rainha do céu escolheram para correr à posta em nosso remédio. Cristo escolheu por carroça o sol, e Maria escolheu a luz. O primeiro viu-o Davi: "Pôs a sua tenda no sol" (Sl 18,6). O segundo viu-o S. João: "E a lua debaixo de seus pés" (Ap 12,1). Cá nas cortes da Terra vemos o rei e a rainha, quando saem, passearem juntos na mesma carroça; o rei e a Rainha do céu, por que o não fariam assim? Por que razão não aparece a Rainha do céu na mesma carroça do sol, como seu Filho? Por que divide carroça e escolheu para si a da lua? Eu o direi. A lua é muito mais ligeira que o sol em correr o mundo. O sol corre o mundo pelos signos do zodíaco em um ano; a lua em menos de trinta dias. O sol corre o mundo em um ano, uma só vez; a lua doze vezes, e ainda lhe sobejam dias e horas. E como as manchadas pias que rodam a carroça da lua são muito mais ligeiras que os cavalos fogosos que tiram pelo carro do sol, por isso Cristo aparece no carro do sol, e Maria no da lua. Não é consideração minha, senão verdade profética, confirmada com o testemunho de uma e outra visão, e com os efeitos de ambas. Tomou Cristo para si o carro do sol, e que se seguiu? "Exultou como um gigante a percorrer o seu caminho, diz Davi" (Sl 18,6). Largou o sol as rédeas ao carro, e correu Cristo com passos de gigante. — Tomou Maria para si a carroça da lua, e que se seguiu? "À mulher foram dadas duas asas de grande águia para voar" (Ap 12,14), diz S. João: Estando com a lua debaixo dos pés, deram-se a Maria duas asas de águia, para que voasse. — De sorte que Cristo no carro do sol corre com passos de gigante, e Maria na carroça da lua voa com asas de águia. E quanto vai das águias aos gigantes, e das asas aos pés, e do voar ao correr, tanto excede a ligeireza velocíssima com que nos socorre Maria à presteza, posto que grande, com que nos socorre Cristo. Não vos acode primeiro nas vossas causas o advogado que o juiz? Pois Cristo é o juiz, e Maria a advogada.

Mas não deixemos passar sem ponderação aquela advertência do evangelista: "De águia grande". Que as asas com que viu a Senhora não só eram de águia, senão de águia grande. De maneira que Cristo, para correr em nosso remédio com passos mais que de homem, tomou pés de gigante: "Exultou como um gigante"; e a Senhora, para correr em nosso remédio com passos mais que de gigante, tomou asas de águia: "Foram dadas à mulher duas asas de águia". Mas essas asas não foram de qualquer águia, senão de "águia grande", para que a competência ou a vantagem fosse de gigante a gigante. Que coisa é uma águia grande, senão um gigante das aves? Cristo correndo como gigante, mas como gigante dos homens; a Senhora correndo como gigante, mas como gigante das aves. Cristo, como gigante com pés; a Senhora, como gigante com asas. Cristo, como gigante que corre; a Senhora, como gigante que voa. Cristo, como gigante da terra; a Senhora, como gigante do ar. Mas assim havia de ser para fazer a Senhora em nosso remédio os encarecimentos, verdades. O maior encarecimento de acudir com a maior presteza é acudir pelo ar. Assim o faz a piedosa Virgem. Cristo com passos de gigante acode aos homens a toda a pressa; mas a Senhora com asas de águia acode-lhes pelo ar. Isto mesmo é ser luz, que pelo ar nos vem toda.

E para que de uma vez vejamos a diferença com que esta soberana luz é avantajada ao divino sol na diligência de acudir a nosso remédio, consideremo-los juntos e comparemo-los divididos. E que acharemos? Coisa maravilhosa! Acharemos que quando o nosso remédio mais se apressa, é por diligência da luz; e quando alguma vez se dilata, é por tardanças do sol. Veste-se de carne o Verbo nas entranhas da Virgem Maria; e diz o evangelista que logo, com muita pressa se partiu a Senhora com seu Filho a livrar o menino Batista do pecado original: "Maria se levantou e foi às pressas às montanhas" (Lc 1,39). Nasce enfim Cristo, cresce, vive, morre, ressuscita, e do mesmo dia da Encarnação a trinta e quatro anos institui o Sacramento do Batismo: "Batizando-os em nome do Pai e do Filho e do Espírito Santo" (Mt 28,19). O batismo, já sabeis que é o remédio do pecado original; que foi o que Cristo principalmente veio remediar ao mundo, como restaurador das ruínas de Adão. Pois se Cristo veio ao mundo principalmente a remediar o pecado original, e se em chegando ao mundo o foi remediar logo no menino Batista, como agora dilata tantos anos o remédio do mesmo pecado? Então parte no mesmo instante, e depois dilata-se tanto tempo? Sim. Porque então estava Cristo dentro em sua Mãe: "Levantou-se Maria"; e agora estava fora, e apartado dela. E para remediar os males do gênero humano é mui diferentemente apressado Cristo em si mesmo, ou Cristo em sua Mãe. Cristo em sua Mãe, obra por ela; e ela como luz obra em instante. Cristo fora de sua Mãe, obra por si mesmo, e ele como sol obra em tempo, e em muito tempo. Vede se mostra a experiência o que eu dizia, que quando o nosso remédio mais se apressa, é por diligências daquela divina luz, e da mesma maneira, quando se dilata, ou quando se perde, bem que por culpa nossa, é com tardanças do sol.

Das dez virgens do evangelho, com desgraça não imaginada, perderam-se cinco, e posto que a causa de sua perdição foi a sua imprudência, a ocasião que teve essa causa foi a tardança dos desposados. Se os desposados não tardaram até a meia-noite, não se apagaram as alâmpadas, e se as alâmpadas se não apagaram, não ficaram excluídas as cinco virgens. Agora pergunto. E qual dos desposados foi o que tardou? O esposo nesta parábola é Cristo; a esposa é Maria. Qual foi logo dos dois o que tardou, se acaso não foram ambos? Foi o esposo ou a esposa? Foi Cristo ou sua Mãe? Não é necessário que busquemos a resposta nos comentadores; o mesmo texto o diz: "Tardando o esposo, cochilaram todas e adormeceram" (Mt 25,5). — De modo que o que tardou foi o esposo. É verdade que o esposo e a esposa estavam juntos; mas o que tardou, ou o que foi causa da tardança, não foi a esposa, senão o esposo: "Tardando o esposo". Atemos agora esta desgraça das virgens com a ventura do Batista. No Batista conseguiu-se o remédio por diligências: mas cujas foram as diligências? Estavam juntos Maria e Cristo, mas as diligências foram de Maria: "Maria se levantou e foi às pressas às montanhas". Nas virgens perdeu-se o remédio, como sempre se perde, por tardanças; mas cujas foram as tardanças? Estavam juntos o esposo e a esposa, mas a tardança foi do esposo: "Tardando o esposo". O divino esposo de nossas almas, é certo que nunca falta nem tarda; nós somos os que lhe faltamos e lhe tardamos. As suas diligências e as de sua Santíssima Mãe, todas nascem da mesma fonte, que é o excessivo amor de nosso remédio; mas é a Senhora, por mais agradar e mais se conformar com o desejo do mesmo Cristo, tão solícita, tão cuidadosa, tão diligente em acudir, em socorrer, em remediar aos homens, que talvez, como aconteceu neste caso, as diligências de seu Filho, comparadas com as suas, parecem tardanças. Tudo é ser ele sol e ela luz. O sol nunca tarda, ainda quando sai mais tarde, porque quem vem a seu tempo não tarda. Assim o disse o profeta Habacuc falando à letra, não de outrem, senão do mesmo Cristo: "Se demorar, espera por ele, porque virá e não tardará" (Hab 2,3). — Como não tardará, se já tem tardado e ainda está tardando: "Se demorar, não tardará"? São tardanças de sol, que ainda quando parece que tarda, não tarda, porque vem quando deve vir. Mas esse mesmo sol que, regulado com suas obrigações, nunca tarda, comparado com as diligências da luz, nunca deixa de tardar. Sempre a luz vem diante, sempre a luz sai primeiro, sempre a luz madruga e se antecipa ao sol.

Ó divina luz Maria, ditoso aquele que merecer os lumes de vosso favor! Ditoso aquele que entrar no número dos vossos favorecidos, ou dos vossos alumiados! Tendo-vos de uma parte a vós e da outra a vosso Filho, dizia aquele grande servo e amante de ambos: "Posto no meio para onde me voltarei? Não sei"[15]. Posto em meio dos dois, não sabe Agostinho para que parte se há de voltar. — E quando Agostinho confessa que não sabe, sofrível é em qualquer homem, qualquer ignorância. "Como ignorante digo" (2Cor 11,23). Virgem Santíssima, perdoe-me vosso Filho, ou não me perdoe, que eu me quero voltar antes a vós. Já ele alguma hora deixou a seu pai por sua Mãe; não estranhará que eu faça o mesmo. Tenha a prerrogativa de Esaú quem quiser, que eu quero antes a dita de Jacó. Esaú era mais amado e mais favorecido de seu pai; Jacó era mais favorecido e mais amado de sua Mãe; mas a bênção levou-a Jacó. E por que levou Jacó a bênção? Pelo que temos dito até agora: porque as diligências da Mãe foram mais apressadas que as do pai. "Como pudeste achar tão cedo", disse Isaac, o que eu mandei prevenir para lançar a bênção ao meu primogênito (Gn 27,20)? — E que respondeu Jacó? Sendo que tudo tinham sido prevenções e diligências de sua mãe, respondeu que fora vontade de Deus: "Foi vontade de Deus" (ibid.). E assim é. A mãe de Jacó representava neste passo a Mãe Santíssima, e quem tem de sua parte as diligências desta mãe sempre tem de sua parte a vontade de Deus. Esaú teve de sua parte as diligências do pai; mas quando chegou, chegou tarde, porque, por mais diligências que faça o sol, sempre as da luz chegam mais cedo: "Como tão cedo?" As diligências da mãe já tinham chegado, e as do pai ainda haviam de chegar. Assim como hoje: a luz já tem nascido, e o sol ainda há de nascer. "Da qual nasceu Jesus".

§ VII

Ora, cristãos, suposto que aquela soberana luz é tão apressada e diligente para nosso remédio, suposto que é tão universal para todos e para tudo, suposto que é tão piedosa e benigna para nos querer fazer bem, suposto que é tão privilegiada e favorecida por graça e benignidade do mesmo sol, metamo-nos todos hoje debaixo das asas desta soberana protetora para que nos faça sombra e nos dê Luz; para que nos faça sombra e nos defenda dos raios do sol de justiça, que tão merecidos temos por nossos pecados; e para que nos dê luz para sair deles, pois é Senhora da Luz. Aquela mulher prodigiosa do Apocalipse, que S. João viu com as asas estendidas, toda a Igreja reconhece que era a Virgem Maria. E nós podemos acrescentar que era a Virgem Maria debaixo do nome e invocação de Senhora da Luz. A mesma luz o dizia e o mostrava, que da peanha até a coroa toda era luzes: a peanha lua, o vestido sol, a coroa estrelas; toda luzes e toda luz. E pois a Senhora da luz está com as asas abertas; metamo-nos debaixo delas, e muito dentro delas, para que sejamos filhos da luz. "Enquanto tendes a luz, crede na luz para vos tornardes filhos da luz" (Jo 12,36), diz Cristo. Sabeis, cristãos, por que não acabamos de ser filhos da luz? É porque não acabamos de crer na luz. Creiamos na luz, e creiamos que não há maior bem no mundo que a luz, e ajudem-nos a esta fé os nossos mesmos sentidos.

Por que estimam os homens o ouro e a prata, mais que os outros metais? Porque têm alguma coisa de luz. Por que estimam os diamantes e as pedras preciosas mais que as outras pedras? Por que têm alguma coisa de luz. Por que estimam mais as sedas que as lãs? Por que têm alguma coisa de luz. Pela luz avaliam os homens a estimação das coisas, e avaliam bem; porque quanto mais têm de luz, mais têm de perfeição. Vede o que notou Santo Tomás. Neste mundo visível, umas coisas são imperfeitas, outras perfeitas, outras perfeitíssimas; e nota ele com sutileza e advertência angélica, que as perfeitíssimas têm luz, e dão luz; as perfeitas não têm luz, mas recebem luz; as imperfeitas nem têm luz, nem a recebem. Os planetas, as estrelas e o elemento do fogo, que são criaturas sublimes e perfeitíssimas, têm luz e dão luz; o elemento do ar e o da água, que são criaturas diáfanas e perfeitas, não têm luz, mas recebem luz; a terra e todos os corpos terrestres, que são criaturas imperfeitas e grosseiras, nem têm luz, nem recebem luz, antes a rebatem e deitam de si.

Ora, não sejamos terrestres, já que Deus nos deu uma alma celestial: recebamos a luz, amemos a luz, busquemos a luz, e conheçamos que nem temos, nem podemos, nem Deus nos pode dar bem nenhum que seja verdadeiro bem, sem luz. Ouvi umas palavras admiráveis do apóstolo S. Tiago na sua epístola: "Toda dádiva boa, e todo dom perfeito descende do Pai das luzes" (Tg 1,17). Notável dizer! De maneira que quando Deus nos dá um bem que seja verdadeiramente bom, quando Deus nos dá um bem que seja verdadeiramente perfeito, não se chama Deus pai das misericórdias, nem fonte das liberalidades: chama-se pai dos lumes e fonte da luz, porque no lume e na luz, que Deus nos dá com os bens, consiste a bondade e a perfeição deles. Muitos dos que nós chamamos bens de Deus, sem luz são verdadeiramente males, e muitos dos que nós chamamos males, com luz são verdadeiros bens. Os favores sem luz são castigos, e os castigos com luz são favores; as felicidades sem luz são desgraças, e as desgraças com luz são felicidades; as riquezas sem luz são pobreza, e a pobreza com luz são as maiores riquezas; a saúde sem luz é doença, e a doença com luz é saúde. Enfim na luz ou falta de luz consiste todo o bem ou mal desta vida, e todo o da outra. Por que cuidais que foram santos os santos, senão porque tiveram a luz que a nós nos falta? Eles desprezaram o que nós estimamos, eles fugiram do que nós buscamos, eles meteram debaixo dos pés o que nós trazemos sobre a cabeça, porque viam as coisas com diferente luz do que nós as vemos. Por isso Davi, em todos os salmos, por isso os profetas, em todas suas orações, e a Igreja nas suas, não cessam de pedir a Deus luz e mais luz.

Esse é o dia, cristãos, de despachar estas petições. Peçamos hoje luz para nossas trevas; peçamos luz para nossas escuridades; peçamos luz para nossas cegueiras, luz com que conheçamos a Deus; luz com que conheçamos o mundo; e luz com que nos conheçamos a nós. Abramos as portas à luz, para que alumie nossas casas; abramos os olhos à luz, para que alumie nossos corações; abramos os corações à luz, para que more perpetuamente neles. Venhamos, venhamos a buscar luz a esta fonte de luz, e levemos daqui cheias de luz nossas almas. Com esta luz saberemos por onde havemos de ir; com esta luz conheceremos donde nos havemos de guardar; com esta luz, enfim, chegaremos àquela luz onde mora Deus, a que o apóstolo chamou luz inacessível: "Aquele que habita em luz inacessível" (1Tm 6,16), que só por meio da luz que hoje nasce se pode chegar à vista do sol que dela nasceu. "Da qual nasceu Jesus".

SERMÃO DA

Terceira Quarta-Feira da Quaresma

Na Capela Real.
Ano 1669.

~

"Não sabeis o que pedis."
(Mt 20,22)

Em junho de 1668, após quatro anos de ser condenado à prisão pela Inquisição, Vieira é libertado. Novamente confessor do regente, tem o direito de pregar, embora com limitações. Na Capela Real, toma como tema os males de todas as cortes e os seus remédios: são as mercês, as ambições, as valias, os requerimentos etc. Suma de todos: o desengano dos mal despachados. Descarta logo os que sem razão se queixam: aqueles que hoje são mais do que eram. Mas os beneméritos mal despachados têm razões para se consolar, razões que o entendimento e a vida apresentam. E têm também as razões divinas do Evangelho com as quais não podem deixar de se consolar tanto os que têm fé como ainda os que não a têm. De fato não sabemos conciliar o pedir com o receber. Na ciência de Deus e na nossa ignorância temos os dois polos em que se devem fundar a indiferença de nossas petições e a resignação de nossos despachos. Particularmente numerosas são as referências das escrituras sagradas e profanas, e de sua própria experiência que aparecem em comprovação de sua pregação.

§ I

Dois lugares e dois pretendentes; um memorial e uma intercessora; um príncipe e um despacho, são a representação política e a história cristã deste evangelho. Nos lugares temos as mercês; nos pretendentes, as ambições; na intercessora, as valias; no memorial, os requerimentos; no príncipe, o poder e a justiça; no despacho, o desengano e o exemplo. Este último há de ser a veia que hoje havemos de sangrar. Queira Deus que a acertemos, que é muito funda. A enfermidade mais geral de que adoecem as cortes, e a dor e o achaque de que todos comumente se queixam, é de mal despachados. Em alguns se queixa o merecimento; em outros a necessidade; em muitos a própria estimação; e em todos o costume. O benemérito chama-lhe sem-razão, o necessitado diz que é crueldade; o presumido toma-o por agravo; e o mais modesto dá-lhe nome de desgraça e pouca ventura. E que não houvesse até agora no púlpito quem tomasse por assunto a consolação desta queixa, o alívio desta melancolia, o antídoto deste veneno, e a cura desta enfermidade? Muitos dos enfermos bem haviam mister um hospital. Mas à obrigação desta cadeira, que é de medicina das almas, só lhe toca disputar a doença e receitar o remédio. E se este for provado e pouco custoso, será fácil de aplicar. Ora, eu, movido da obrigação e da piedade, e parecendo-me esta matéria uma das mais importantes para todas as cortes do mundo, e a mais necessária para a nossa no tempo presente, determino pregar hoje a consolação dos mal despachados. Nem com a ambição dos Zebedeus hei de condenar os pretendentes; nem com a negociação da mãe hei de arguir os intercessores; nem com a resolução de Cristo hei de abonar os príncipes e os ministros; só com o desengano do requerimento: "Não sabeis o que pedis", pretendo consolar eficazmente a todos os que se queixam dos seus despachos, ou se sentem dos alheios. Consolar um mal despachado é o assunto do sermão. Se com a graça divina se conseguir o intento, sairão hoje daqui os pretendentes comedidos, os ministros aliviados, os bem despachados confusos e os mal despachados contentes. Ajude Deus o zelo com que ele sabe que fiz eleição deste ponto.

§ II

"Não sabeis o que pedis."
Havendo pois de consolar hoje os mal despachados, aquela gente muita e não vulgar, de quem se pode dizer: "Não há quem a console" (Lm 1,17), para que procedamos distintamente e falemos só com quem devemos falar, é necessário excluir primeiro desta honrada lista os que importunamente e sem razão se querem meter nela. E quem são estes? São aqueles que, sendo hoje tanto mais do que eram, e tendo tanto mais do que tinham, e estando tanto mais levantados do que estavam, ainda se queixam e se chamam mal despachados.

Adão, antes de Deus o formar, não era nada; formado, era uma estátua de barro lançada naquele chão; bafejou-o Deus, pôs-se Adão em pés, começou a ser homem, e foi com tão extraordinária fortuna, que tinha, diz o texto, ele só três presidências: a presidência da terra sobre todos os animais; a presidência do ar sobre todas as aves; a presidência do mar sobre todos os peixes. Estava bem despachado Adão? Parece que não podia ser mais, nem melhor. Contudo nem ele, nem sua mulher ficaram contentes: ainda pretendiam. E quê? Não mais que ser como Deus: "Sereis como uns deuses" (Gn 3,5). Há tal ambição de subir? Há tal desatino de crescer? Anteontem nada, ontem barro, hoje homem, amanhã Deus? Não se lembrará Adão do que era ontem, e muito mais do que era anteontem? Quem ontem era barro não se contentará com ser hoje homem, e o primeiro homem? Quem anteontem era nada não se contentará com ser hoje tudo, e mandar tudo? Não: porque já então era Adão como hoje são muitos de seus filhos, que saem como ele ao barro e ao nada de que foram criados. Malcriados, e maus criados. Por isso descontentes e ingratos, quando deveram estar muito contentes e mui agradecidos. E a razão desta sem-razão é porque dos sentidos perderam a vista, e das potências a memória; nem olham para o que são, nem se lembram do que foram.

Mas do que éreis e do que sois, passemos ao que tínheis e ao que tendes. Entronizado José no governo e império do Egito, soube el-rei Faraó que tinha pai e irmãos na terra de Canaã, e mandou-os logo chamar para que viessem ser companheiros da fortuna de seu irmão. O recado foi notável, e dizia assim: "Vinde logo, e não deixeis coisa alguma das vossas alfaias, porque todas as riquezas do Egito serão vossas" (Gn 45,20). Este porquê, não entendo. Antes, porque todas as riquezas do Egito haviam de ser suas, não era necessário que trouxessem coisa alguma do que tinham em Canaã. Pois por que lhes manda Faraó que tragam todas as suas alfaias? Por isso mesmo: para que cotejando as alfaias da fortuna presente com as da fortuna passada conhecessem melhor a mercê que o rei lhes fizera. Eram os irmãos de José uns pobres lavradores e pastores; saíam de cabanas e telhados de colmo, para virem morar em palácios dourados debaixo das pirâmides e obeliscos do Egito. Pois tragam as suas peles, as suas mantas, os seus pelotes de pano da serra; tragam as suas samarras, as suas alparcas, as suas gualteiras; tragam as suas escudelas de pão e os seus tarros de cortiça, para que quando se virem com as paredes ricamente entapizadas, a prata rodar pelas mesas, a seda e ouro das galas, as pérolas e os diamantes das joias, os criados, os cavalos, as carroças, conheçam quanto vai de tempo a tempo, e de fortuna a fortuna, e deem muitas graças a Faraó. Quer cada um conhecer e ver e apalpar a muita mercê que o rei lhe tem feito? Coteje as suas alfaias: as de casa e as da rua, as suas e as dos seus. A comparação deste muito com aquele pouco, oh! quanto serviria para o agradecimento e para a modéstia, e ainda para fazer lastro a mesma fortuna!

Visto já o que éreis e o que sois, o que tínheis e o que tendes, resta a combinação dos lugares onde estáveis e onde estais. No segundo livro dos Reis, cap. sétimo, estão registradas as mercês que Deus tinha feito a Davi, e diz assim o registro: "Eu te tirei das pastagens, onde guardavas ovelhas, para que fosses o chefe sobre o meu povo" (2Rs 7,8). Eu, diz Deus, tirei a Davi de entre pastores, onde guardava as ovelhas de seu pai, e o fiz capitão e governador sobre todo o meu povo. Não só diz Deus o lugar onde o pôs, senão também o lugar donde o tirou: o onde e mais o donde. Pois, Senhor meu, que tão grandioso sois, se quereis que fiquem registadas em vossos livros as mercês que fizestes a Davi, por que mandais que se registe também neles o exercício de que vivia, e o lugar humilde de que o levantastes? Para que à vista deste lugar conheça melhor Davi a grande mercê que lhe tenho feito. Quando se vir com o bastão na mão, lembre-se que na mesma mão trazia o cajado. Se algum dia, que tudo se pode temer dos homens, lhe parecerem pequenas a Davi as mercês que lhe fiz, lembrar-se-á do lugar que tinha antes, e do que tem agora; lembrar-se-á donde o tirei e onde o pus, e logo lhe parecerão grandes. Estes ondes e estes dondes não se costumam registar nos livros das mercês. Seria bem que ao menos se registasse nas memórias dos que as recebem. Já que tivestes tanta estrela, ponde-lhe uma estrelinha à margem. Lembre-se o descontente com Davi onde estava e onde está; lembre-se com os irmãos de José do que tinha e do que tem; lembre-se com Adão do que era e do que é, e logo verá qual deve ser o queixoso, se o despacho, ou o despachado?

Não despachou Cristo hoje os nossos pretendentes, mas eu noto que nenhum deles se queixou. Pediram as duas supremas cadeiras do reino; pediram que Cristo os despachasse logo com três letras: "*Dic* [Dize]: Dize, que estes meus dois filhos se assentem…" (Mt 20,21s). E foram respondidos logo com outras três: "Não: Não me pertence o dar-vos isso" (ibid.). E sendo este *não* tão claro, tão seco, tão desenfeitado, queixou-se porventura a intercessora? Queixaram-se os pretendentes? Nem uma palavra disseram. E por quê? Porque eram gente que sabia tomar as medidas à sua fortuna. Compararam o que tinham sido com o que eram, e o que eram com o que pretendiam ser. Na comparação do que tinham sido com o que eram, viam a melhoria do seu estado; na comparação do que eram com o que pretendiam ser, reconheciam o excesso da sua ambição. E estas duas comparações lhes taparam a boca de maneira que não teve por onde brotar a queixa. Ontem remando a barca e remendando as redes, hoje despachados cada um de nós com uma das doze cadeiras do reino de Cristo. E que ainda não estejamos contentes e nos atrevamos a pretender os dois lugares supremos? Mais razão tem logo nosso Mestre de negar, do que nossa mãe e nós de pedir. Ele negou como justo, nós pedimos como demasiados e néscios: "Não sabeis o que pedis".

§ III

Excluídos já os queixosos e descontentes sem causa, e que porventura são a causa de haver tantos descontentes, ouçam agora os beneméritos mal despachados a muita razão que têm de se consolar. A do Evangelho, como logo mostrarei, é a mais forte de todas. Mas sem recorrer a motivos da fé, se eu fora um dos beneméritos, em mim mesmo e no meu próprio merecimento, achara tão grandes razões de me consolar, que sem outra mercê nem despacho me dera por mui contente e satisfeito. Discorrei um pouco comigo.

Ou mereceis os prêmios que vos faltam, e com que vos faltam, ou não; se os não mereceis, não tendes de que vos queixar; se os mereceis, muito menos. Ainda não sabíeis que não há virtude nem merecimento sem prêmio? Assim como o vício é o castigo, assim a virtude é o prêmio de si mesma. O maior prêmio das ações heroicas é fazê-las. Com melhores palavras o disse Sêneca, porque falava em melhor língua: "Se me perguntas que hás de conseguir pelo que fizeste ou forte ou generosamente, respondo-te que tê-lo feito"[1]. "O prêmio das ações honradas, elas o têm em si", e o levam logo consigo; nem tarda, nem espera requerimentos, nem depende de outrem: são satisfação de si mesmas. No dia em que as fizestes, vos satisfizestes.

E se fora de vós mesmo esperáveis outro prêmio, contentai-vos com o da opinião e da honra. Se vossos serviços são mal premiados, baste-vos saber que são bem conhecidos. Este prêmio mental assentado no juízo das gentes, ninguém vo-lo pode tirar nem diminuir. Que importa que subais malconsultado dos ministros, se estais bem julgado da fama? Que importa que saísseis escusado do tribunal, se o tribunal fica acusado? Passai pela chancelaria este despacho, deixai-o por brasão a vossos descendentes, e sereis duas vezes glorioso. Só vos dou licença que vos arrependais de ter pretendido. Pouco fez ou baixamente avalia suas ações quem cuida que lhas podiam pagar os homens.

Se servistes à pátria que vos foi ingrata, vós fizestes o que devíeis, ela o que costuma. Mas que paga maior para um coração honrado que ter feito o que devia? Quando fizestes o que devíeis, então vos pagastes. Ouvi ao Mestre divino que tudo nos ensinou. Dizia Cristo a seus soldados, a quem encarregou não menos que a conquista do mundo, em que todos deram a vida. "Quando fizerdes tudo, dizei: somos servos inúteis" (Lc 17,10). Notável sentença! O servo inútil é aquele que não faz nada; mas o que faz muito, e muito mais o que faz tudo, há de cuidar e dizer que é servo inútil? Sim. Ninguém entendeu melhor este texto que o Venerável Beda[2]. Não fala Cristo da utilidade que recebe o Senhor, senão da utilidade que não recebe o servo. O servo não recebe utilidade do seu serviço, porque é obrigado a servir: e assim há de servir quem serve generosamente. O mesmo Cristo se declarou, e deu a razão muito como sua: "O que devíamos fazer, fizemos" (Lc 17,10). Quem fez o que devia, devia o que fez, e ninguém espera paga de pagar o que deve. Se servi, se pelejei, se trabalhei, se venci, fiz o que devia ao rei, fiz o que devia à pátria, fiz o que me devia a mim mesmo; e quem se desempenhou de tamanhas dívidas não há de esperar outra paga. Alguns há tão desvanecidos que cuidam que fizeram mais do que deviam. Enganam-se. Quem mais é e mais pode, mais deve. O sol e as estrelas servem sem cessar, e sempre com grande utilidade, mas essa toda é do universo, e nada sua. Prezai-vos lá de filhos do sol, e tão ilustres como as Estrelas, e abastei-vos a mendigar outra paga.

Eu não pretendo com isto escusar os que vós acusais. Porque vós sois benemérito, não devem eles ser injustos, antes aprender da vossa generosidade a ser generosos e liberais. Que dão ou que podem dar, a quem deu por eles o sangue? Mas porque ainda com o pouco que podem faltam ao agradecimento, quero eu que vos não falte a consolação. Se vossos feitos foram romanos, consolai-vos com Catão, que não teve estátua no Capitólio. Vinham os estrangeiros a Roma, viam as estátuas daqueles varões famosos, e perguntavam pela de Catão. Esta pergunta era a maior estátua de todas. Aos outros pôs-lhes estátua o Senado; a Catão o mundo. Deixai perguntar ao mundo e admirar-se de vos não ver premiado. Essa pergunta e essa admiração é o maior e melhor de todos os prêmios. O que vos deu a virtude, não vo-lo pode tirar a inveja; o que vos deu a fama, não vo-lo pode tirar a ingratidão. Deixai-os ser ingratos, para que vós sejais mais glorioso. Um grande merecimento sobre uma grande ingratidão fica muito mais subido. Se não houvesse ingratidões, como haveria finezas? Não deis logo queixas ao desagradecimento: dai-lhe graças.

Dir-me-eis que vedes diferentemente premiados os que fizeram menos, ou não fizeram nada. Dor verdadeiramente grande! Já disse uma rainha de Castela[3] que os seus serviam como vassalos, os nossos como filhos. E não pode deixar de ser grande escândalo do amor e grande monstruosidade da natureza que fossem uns os filhos, e sejam outros os herdeiros. Mas essa mesma injustiça vos deve servir de consolação. Se o mundo e o tempo fora tão justo que distribuíra os prêmios pela medida do merecimento, então tínheis muita razão de queixa, porque vos faltava o testemunho da virtude para que os mesmos prêmios foram instituídos. Mas quando as mercês não são prova de ser homem, senão de ter homem, e quando não significam valor senão valia, pouca injúria se faz a quem se não fazem. Dizia com verdadeiro juízo Marco Túlio que as mercês feitas a indignos não honram os homens, afrontam as honras[4]. E assim é. As comendas em semelhantes peitos não são cruz, são aspa; e quando se veem tantos ensambenitados da honra, bem vos podeis honrar de não ser um deles. Sejam esses embora exemplos da fortuna, sede-o vós da virtude: "De mim é a virtude, dos outros a boa sorte".[5]

Finalmente se os homens vos são ingratos, não sejais vós ingratos a Deus. Se os reis vos não dão o que podem, contentai-vos com que vos deu Deus, o que não podem dar os reis. Os reis podem dar títulos, rendas, estados; mas ânimo, valor, fortaleza, constância, desprezo da vida, e outras virtudes de que se compõe a verdadeira honra, não podem. Se Deus vos fez estas mercês, fazei pouco caso das outras, que nenhuma vale o que custa. Sobretudo lembre-se o capitão e soldado famoso de quantos companheiros perdeu e morreram nas mesmas batalhas, e não se queixam. Os que morreram fizeram a maior fineza, porque deram a vida por quem lha não pode dar. E quem por mercê de Deus ficou vitorioso e vivo, como se queixará de mal despachado? Se não beijastes a mão real pelas mercês que vos não fez, beijai a mão da vossa espada que vos fez digno delas. Olhe o rei para vós como para um perpétuo credor, e gloriai-vos de que se não possa negar de devedor vosso o que é senhor de tudo. Se tivestes ânimo para dar o sangue e arriscar a vida, mostrai que também vos não falta para o sofrimento. Então batalhastes com os inimigos; agora é tempo de vos vencer a vós. Se o soldado se vê despido, folgue de descobrir as feridas e de envergonhar com elas a pátria por quem as recebeu. Se depois de tantas cavalerias se vê a pé, tenha esta pela mais ilustre carroça de seus triunfos. E se assim se vê morrer à fome, deixe-se morrer e vingue-se. Perdê-lo-á quem o não sustenta, e perderá outros muitos com esse desengano. Não faltará quem diga por ele: "Quantos jornaleiros têm pão em abundância, e eu aqui pereço de fome" (Lc 15, 17)! E este ingrato e escandaloso epitáfio será para sua memória muito maior e mais honrada comenda de quantas podem dar os que as dão em uma e muitas vidas.

§ IV

Estes são os motivos gloriosos com que eu não só me consolara, mas ainda me desvanecera, se fora um dos mais beneméritos. Mas, porque "Nem todos compreendem esta palavra" (Mt 19,11), vamos à razão divina do Evangelho, com que se não podem deixar de consolar e conformar todos os que têm fé e ainda os que a não têm. Ouvi-me ao princípio como homens, e depois como cristãos.

"Não sabeis o que pedis". Nenhum homem há neste mundo, falando do céu abaixo, que saiba o que deseja, nem o que pede. Fundemos esta verdade na experiência, para que as consequências dela sejam de maior e mais segura consolação. E porque a petição do Evangelho foi de uma mãe e dois filhos, ponhamos também o exemplo em dois filhos e uma mãe.

A mais encarecida, a mais empenhada e a mais importuna e impaciente petição que fez mulher neste mundo foi a de Raquel a seu marido Jacó: "Dai-me filhos, senão hei de morrer" (Gn 30,1). Respondeu-lhe Jacó que os filhos só Deus os dá, e só ele os pode dar. E com ser esta razão tão certa e tão experimentada não se conformava com ela Raquel. Instava: "Dai-me filhos". Dizia-lhe que advertisse como estava na primavera de seus anos, e que ainda lhe restavam muitos em que podia ter naturalmente o que tanto desejava. Mas esta mesma esperança a inquietava mais: "Dai-me filhos". Animava-a com o exemplo de sua avó Sara, que depois de tão comprida esterilidade houvera a Isac, seu pai. Mas Raquel sempre mais impaciente: "Dai-me filhos". Ajuntava Jacó a estas razões as da lisonja, mais poderosa muitas vezes com a fraqueza e presunção daquele sexo; dizia-lhe que olhasse para si, e se consolasse com a rosa a qual, sendo a beleza dos prados e a rainha das flores, é flor que não dá fruto. Mas nem a lisonja, nem a razão, nem o exemplo, nem a esperança bastava a lhe moderar as ânsias, nem as vozes: "Dai-me filhos". "Dai-me filhos". Esta era a petição, este o aperto, estas as instâncias. Mas qual foi o despacho e o sucesso? Caso verdadeiramente admirável! O despacho foi assim como Raquel pedia, e o sucesso em tudo contrário ao que pedia. O que pedia Raquel não só era filho, senão filhos: "Dai-me filhos", e assim lho concedeu Deus, porque a fez mãe de José e de Benjamin. Mas o sucesso foi em tudo contrário ao que pedia, porque parindo felizmente o primeiro filho, morreu de parto, e no mesmo parto do segundo. Lembrai-vos agora dos termos com que Raquel pedia os filhos: "Dai-me filhos", dizia, "senão hei de morrer". E quando cuidava que havia de morrer se não tivesse filhos, porque teve filhos, e no mesmo ponto em que os teve, morreu. Cuidava que pedia a vida, e pedia a morte; cuidava que pedia a alegria sua e de sua casa, e pedia a tristeza, o luto, a orfandade dela, e os que lhe haviam de trocar a mesma casa em sepultura. Tão errados são os pensamentos e desejos humanos, e tão certo é que no que pedimos com maiores ânsias não sabemos o que pedimos: "Não sabeis o que pedis!".

Confirmado o desengano da mãe dos Zebedeus com o exemplo desta mãe, confirmemos o de seus dois filhos com o exemplo de outros dois, posto que filhos de diferentes pais. Sabida é a história de Sansão, e sabida a do pródigo, ambos famosos por seus excessos. Deixados pois os princípios e progressos de uma e outra tragédia, ponhamo-nos ao fim de ambas, e vejamos o estado de extrema miséria a que os passos de cada um os levaram por tão diversos caminhos. Vedes aquele homem robusto e agigantado que com aspecto ferozmente triste, tosquiados os cabelos, cavados os olhos e correndo sangue, atado dentro em um cárcere a duas fortes cadeias, anda morrendo em uma atafona? Pois aquele é Sansão. Vedes aquele mancebo macilento e pensativo, que roto e quase despido, com uma corneta pendente do ombro, arrimado sobre um cajado, está guardando um rebanho vil do gado mais asqueroso? Pois aquele é o pródigo. Quem haverá que se não admire de uma tal volta de fortuna em dois sujeitos tão notáveis, um tão valente, outro tão altivo! É possível que nisto pararam as façanhas e vitórias de Sansão? É possível que nisto pararam as riquezas e bizarrias do pródigo? Nisto pararam ou, para melhor dizer, não pararam só nisto, porque o pródigo, perecendo à fome no meio do montado, não tinha licença para se sustentar das bolotas com que apascentava o seu gado; e Sansão, tirado em público para ludíbrio do povo, foi tratado com tais escárnios e indecências que, de corrido e afrontado, com suas próprias mãos se tirou a vida. Mas qual seria a causa destes sucessos, e de duas mudanças tão estranhas? Agora não vos peço admiração, senão pasmo. Ambas estas mudanças de fortuna não tiveram outra causa que o bom despacho de suas petições, em que Sansão e o pródigo se empenharam. Pediu Sansão a seus pais que lhe dessem por mulher uma filisteia: "Rogo-vos que ma deis por esposa" (Jz 14,2). Concederam-lhe os pais o que pedia; e esta filisteia foi a causa das guerras que Sansão teve com os filisteus, e dos enganos e traições de Dalila, e da sua prisão, e do seu cativeiro, e da sua cegueira, e das suas afrontas, e do fim lastimoso e trágico de seu valor. Da mesma maneira pediu o pródigo a seu pai lhe desse em vida a herança que lhe havia de caber por sua morte: "Dai-me a parte da herança que me cabe" (Lc 15,12). Concedeu-lhe o pai o que pedia; e esta herança, consumida em larguezas e vícios da mocidade, foi causa da sua pobreza, da sua vileza, da sua miséria, da sua fome, da sua servidão, da sua desonra, que só tiveram de desconto o pesar e arrependimento. Torne agora Raquel, e perguntemos àquela mãe e a estes dois filhos se pediriam, depois de tão pesadas e contrárias experiências, o que antes delas pediram. Pediria Raquel filhos, se soubesse que o ter filhos lhe havia de custar a vida? Pediria Sansão a filisteia, se soubesse que lhe havia de ser a causa de sua afronta, de sua morte, e de perder os olhos com que a vira? Pediria o pródigo a herança antecipada, se soubera que com ela havia de comprar a miséria, a servidão, a desonra? Claro está que não. Pois se agora não haviam de pedir nada do que pediram, senão antes o contrário, por que o pediram então? Já sabeis a resposta. Pediram-no porque não sabiam o que pediam; pediram-no porque ninguém sabe o que pede, e pediram-no porque foram aquela mãe e aqueles dois filhos, como a mãe e os dois filhos do nosso Evangelho: "Não sabeis o que pedis".

Suposto este princípio certo e infalível, que ninguém sabe o que pede, tirem agora a consequência os que se têm por mal despachados. Se vós soubésseis que vos estava bem o que pedistes, então tínheis razão de estar contentes se vo-lo concederam, ou descontentes se vo-lo negaram. Mas quando ignorais igualmente se vos estava bem ou mal o que pretendíeis, por que vos desconsolais? Se me desconsolo, porque cuido que me podia estar bem, por que me não consolo considerando que me podia estar mal, e mais quando nas coisas deste mundo o mal é o mais certo? Consolai-vos com a desgraça de Raquel, consolai-vos com a tragédia de Sansão, consolai-vos com o arrependimento do Pródigo. E se estes exemplos vos movem menos por serem de longe, consolai-vos com os de mais perto, e com os que vistes e vedes com vossos olhos. Quantos vistes que cuidavam que estava o seu remédio onde acharam a sua perdição? Quantos vistes que cuidavam que estava a sua honra donde tiraram o seu descrédito? Quantos vistes que cuidavam que estava o seu aumento onde experimentaram a sua ruína? Quantos finalmente vistes que os esperava a morte onde eles esperavam os maiores interesses e felicidades desta vida? Alcançaram o que pediram, aceitaram muito contentes o parabém do despacho, mas o despacho não era para bem. "Pedes o castigo em vez da mercê", disse o sol a Faetonte, quando lhe pediu o governo do seu carro[6]. Olha filho que cuidas que pedes mercê e pedes castigo. O autor é fabuloso, mas a sentença verdadeira. E se não perguntai aos nossos Faetontes, aos do oriente na Ásia, aos do meio-dia na África, aos do ocidente na América. O mesmo carro que pediram foi o seu precipício, e o mesmo excesso dos raios, o seu incêndio. Se lhes buscardes os ossos fulminados, como se buscaram os de Faetonte, uns achareis nas ondas, outros nas areias, outros nos hospitais, outros nos cárceres e nos desterros, e poucos nas mesmas terras que perderam, que fora mais honrada sepultura. Estes são os vossos bem despachados. Quando partiram, levavam após si as invejas; quando tornaram, ou não tornaram, trouxeram as lágrimas. E se eles se enganaram com o seu desejo e com a sua fortuna, porque não souberam o que pediram, vós que também o não sabeis, por que vos haveis de enganar? Desenganai-vos com o seu engano e consolai-vos com o seu erro, pois nem eles nem vós sabeis o que pedis: "Não sabeis o que pedis".

§ V

Oh! se soubéssemos o que pedimos! Oh! se soubéssemos o que nos está bem ou mal! Como nos havíamos de dar muitas vezes por bem despachados com aquele mesmo que chamamos mau despacho! O que nos está bem ou mal, só Deus o sabe; todos os mais o ignoramos. E esta ciência de Deus, e esta ignorância nossa, são os dois polos em que há de estribar toda a indiferença de nossas petições, e também a resignação nos despachos. As petições, havemo-las de fazer como quem não sabe o que pede, e os despachos, havemo-los de aceitar como de quem só sabe o que dá. Cuidamos que os homens são os que nos despacham, e por isso murmuramos e nos queixamos deles, e não advertimos que em todos os conselhos assiste invisivelmente Deus como presidente supremo, e que ele é o que nos dá ou nega o que pedimos, como quem só sabe o que nos está bem ou mal. As sortes, diz Salomão, não dependem da mão do homem que as tira, senão da mão de Deus, que as governa: "A sorte se lança no regaço, mas do Senhor é a decisão" (Pr 16,33). Se vos saiu a sorte em branco, se vos não responderam como pedíeis, consolai-vos e aceitai este despacho como da mão de Deus, que só sabe o que vos convém. Os homens só fazem mercê quando dão; Deus não só faz mercê quando dá, senão também quando nega.

"Pedi e recebereis" (Lc 11,9). E para maior confirmação desta promessa acrescenta: "Porque todo o que pede recebe". A proposição não pode ser mais universal nem mais clara, mas tem a réplica e a instância muito à flor da terra; e apenas haverá neste mesmo auditório quem não possa testemunhar nela com a própria experiência. Quantos senhores de ricas e grandes casas pediram a Deus um herdeiro, e não o alcançaram? Quantos pobres carregados de filhos pediram para eles o sustento, e não têm com que lhes matar a fome? Quantos na enfermidade fizeram votos pela saúde, e morreram sem remédio? Quantos na tempestade, bradando ao céu, foram comidos das ondas? Quantos no cativeiro, orando continuamente pela liberdade, acabaram a miserável vida nos ferros e nas masmorras? E para que não vamos mais longe, no mesmo caso do nosso texto temos a mãe dos filhos de Zebedeu pedindo, e pedindo de joelhos: "Adorando e fazendo-lhe um pedido" (Mt 20,20). E a resposta da sua petição, sendo o mesmo Cristo a quem pediam, foi um não muito desenganado e muito liso: "Não me pertence dar-vos". Pois se é verdade certa e evangélica, experimentada, ordinária e manifesta que muitos pedem a Deus e não alcançam o que pedem, como diz Cristo: Pedi e recebereis? E como afirma absoluta e universalmente que todos os que pedem recebem? A dúvida não pode ser mais apertada, mas é da casta daquelas que se fundam na falta de inteligência, ou errada apreensão do texto. Ponderai e reparai bem no que dizem as palavras, e no que não dizem: "Pedi e recebereis: pois todo aquele que pede, recebe" (Lc 11,9-10). Não diz Cristo: Pedi e recebereis o que pedis, senão: Pedi e recebereis. Nem diz: Todo o que pede recebe o que pede, senão: Todo o que pede recebe. E que é o que recebe? O que Deus sabe que lhe está melhor. Se pedis o que vos convém, recebeis o que pedis; mas se pedis o que vos não convém, recebeis o não se vos dar o que pedíeis. Deste modo, todo o que pede recebe: "Todo aquele que pede, recebe", porque ou recebe o que pede, ou recebe o que havia de pedir, se soubera o que pedia. Quando um homem pede o que lhe não convém, se soubera o que pedia, havia de pedir que lho negassem; e porque só Deus sabe o que nos convém, supre com a sua ciência a nossa ignorância, e por isso nos responde, como aos Zebedeus, com um não, e nos nega o que pedimos.

O mesmo Cristo declarou a sua proposição e a fez evidente com três exemplos familiares e caseiros, que se eu os trouxera havíeis de dizer que eram baixos, tão altiva é a nossa rudeza, e tão humana a sabedoria divina: "E qual dentre vós é o homem que, pedindo-lhe pão o seu filho, lhe dará uma pedra? E, pedindo-lhe peixe, lhe dará uma serpente? Ou se lhe pedir um ovo, lhe dará um escorpião?" (Lc 11,11-12). Pois esta é a razão por que Deus, que nos trata como filhos, nos diz muitas vezes de não, e nos nega o que pedimos, porque pedimos pedras, porque pedimos serpentes, porque pedimos escorpiões. Cuidamos que pedimos o necessário, e pedimos o inútil; cuidamos que pedimos o proveitoso, e pedimos o nocivo: e isto é pedir pedras. Cuidamos que pedimos sustento, e pedimos veneno; cuidamos que pedimos o que havemos de comer, e pedimos o que nos há de comer; cuidamos que pedimos com que viver, e pedimos o que nos há de matar: e isto é pedir serpentes e escorpiões. Quando somos tão néscios ou tão meninos que não distinguimos o escorpião do ovo, nem a serpente do peixe, nem o pão da pedra, Deus que é pai, e tão bom pai, por que nos não há de negar o que tão ignorante e tão perigosamente pedimos? Oh! ditosos aqueles a quem Deus assim despacha, porque sabe que não sabem o que pedem: "Não sabeis o que pedis".

E porque vos consoleis dobradamente, não tendo nenhumas invejas aos que o mundo chama bem despachados; sabei e saibam eles que Deus, assim como tem um não para as mercês, também tem um sim para os castigos. Entre os homens, o melhor despacho das petições é: como pede. No tribunal de Deus muitas vezes é o contrário. Deus nos livre de um: como pede, de Deus, quando os homens não sabem o que pedem. Caminhavam pelo deserto os filhos de Israel, e enfastiados do maná, e lembrados das olhas do Egito, pediram carne. Levou Moisés a Deus a petição, não porque ele a aprovasse, mas importunado do povo. E que responderia Deus? Pedem carne? Sou muito contente: faça-se assim como pedem. Não só lhes darei carne, senão muita, e muito regalada. No mesmo ponto, à maneira de chuva, começaram a cair sobre os arraiais infinitas aves de pena, que assim fala o texto: "E choveu sobre eles carne como poeira, e aves de asas como a areia do mar" (Sl 77,27). Ora, grande é a paciência e liberalidade de Deus! A uns homens tão ingratos, desprezadores do maná do céu, assim lhes concede o que pedem? A um apetite tão desordenado, tanto favor? A uma petição tão descomedida, tanta mercê? Esperai um pouco pelo fim, e logo vereis. Muito contente o povo com a chuva nunca vista das aves de pena, começam a matar, a depenar, a guisar de vários modos; assentam-se às mesas com grande festa. E que sucedeu? "Ainda lhes estava a comida na boca, quando a ira de Deus desceu sobre eles" (Sl 77,30s). — Comiam das aves, e como se foram serpentes ou escorpiões, cada bocado era outro tanto veneno, e caíam mortos. Eis aqui o fim do como pedem. Parecia favor, e era castigo; parecia mercê de Deus, e era ira de Deus: "E a ira de Deus desceu sobre eles". Por este e outros exemplos, disse altamente Santo Agostinho: "Deus, irado, concede muitas coisas, as quais havia de negar se estivera propício"[7]. Se Deus estivera propício ao povo, havia-lhe de negar o que pedia; concedeu-lho, porque estava irado contra ele. Cuidais que esse despacho tão venturoso e tão invejado é mercê? Esperai-lhe pelo fim, e vereis que é castigo.

E se Deus concede por pecados, para que os bem despachados se não desvaneçam, também nega por merecimentos, para que os mal despachados se consolem. Ouvi um grande reparo sobre o nosso Evangelho. Pedem os Zebedeus as cadeiras; não lhas quer Cristo conceder, porque não sabiam o que pediam, como pouco há dissemos; mas antes de lhas negar, pergunta-lhes se se atreviam a beber o cálice, isto é, se se atreviam a morrer por ele, e como ele. "Podeis beber o cálice que hei de beber?". Responderam ambos animosamente que sim. E porque o testemunho deste valor e serviço não ficasse só na fé dos pretendentes, o mesmo Cristo o qualificou e justificou, e lhes deu certidão autêntica de que assim era ou havia de ser: "Haveis de beber o meu cálice" (Mt 20,22s). E depois destas provações tão miúdas e tão exatas, então lhes respondeu: "Não me pertence dar-vos". Pois se o Senhor lhes havia de negar o que pediam, para que lhes pede serviços? Para que lhes examina merecimentos? Para que lhes prova o valor? Para que lhes certifica a morte e o sangue do cálix? Se todas estas diligências foram feitas para sobre elas lhes fazer a mercê, bem estava; mas para negar o que pediam? Sim. Porque também o negar é mercê. E porque mercês, e mais se são grandes, se não devem fazer senão por grandes serviços, e muito justificados, por isso Cristo lhes pediu primeiro os serviços, e os justificou por verdadeiros, para lhes fazer a mercê de lhes negar o que pediam. De maneira que aos filhos de Israel concedeu-lhes Deus a sua petição por pecados, e aos filhos de Zebedeu negou-lhes Cristo a sua por merecimentos; porque no primeiro caso o conceder era castigo, e no segundo o negar foi mercê. E como o despacho dos que se têm por bem despachados pode ser castigo, e grande castigo, e pelo contrário, o dos que se têm por mal despachados pode ser mercê, e grande mercê, tão pouca razão têm uns de se desvanecer, como outros de se desconsolar, pois uns e outros não sabem o que lhes deram, assim como não sabem o que pedem: "Não sabeis o que pedis".

§ VI

*E*stou vendo, senhores, que já me haveis desempenhado do que ao princípio prometi, entendendo que na primeira parte deste discurso vos preguei como a homens, e na segunda como a cristãos. Não é assim, posto que nesta segunda parte falei tantas vezes em Deus, atribuindo à sua justiça e providência os vossos bons ou maus despachos. Até os gentios falaram deste modo, e conheceram isto mesmo só pelo lume da razão e por serem homens, posto que sem fé. Sócrates, aquele grande filósofo da Grécia, dizia que nenhuma coisa em particular se havia de pedir aos deuses, senão em geral o que estivesse bem a cada um, porque isto só eles o sabem; e os homens ordinariamente apetecemos o que nos fora melhor não alcançar. "Julgava-se que nada se devia pedir aos deuses imortais senão que concedessem o que fosse bom, porque eles seguramente saberiam o que seria útil a cada um, e nós quase sempre suplicamos aquilo que seria melhor não conseguir", diz Valério Máximo, falando de Sócrates[8]. E Platão, para ensinar o método com que havíamos de pedir a Deus, compôs esta oração: "Júpiter, dai-me o bem, ainda que vo-lo não peça, e livrai-me do mal, ainda que vo-lo peça". — Não conheciam a Deus aqueles filósofos, mas sabiam o que se deve pedir e como se deve pedir a Deus. Pedir-lhe que nos dê o bem, ainda que lho não peçamos, e que nos livre do mal, ainda que lho peçamos, porque muitas vezes pedimos o mal cuidando que é bem, e não pedimos o bem, cuidando que é mal, e só Deus, que sabe o que nos está bem ou mal, nos pode dar o que nos convém. Assim que até agora somente preguei como a homens, e por isso todos os bens ou males de que falei foram do céu abaixo; agora subamos mais acima, e dai-me atenção, como cristãos, ao que brevemente me resta por dizer, que é o que sobre tudo importa.

"Não sabeis o que pedis". São tão néscias, cristãos, as nossas petições, são tão arriscadas e tão perigosas muitas vezes, que cuidando que pedimos os bens temporais, pedimos os males eternos; cuidando que pedimos nossas conveniências, pedimos a nossa condenação. Não é consequência ou consideração minha, senão doutrina e conclusão expressa do mesmo Cristo. "Mas o assentar-se à minha direita ou à esquerda, não me pertence dar-vos, mas é para aqueles para quem meu Pai o tem preparado" (Mt 20,23). Notável e profunda resposta! Os dois discípulos e sua mãe pediam as duas primeiras cadeiras do Reino temporal de Cristo, entendendo erradamente que o Senhor havia de reinar temporalmente neste mundo, assim como Davi, Salomão, e outros reis seus primogenitores. Este era o seu pensamento, e esta a sua petição, conforme a esperança vulgar a que todos estavam persuadidos, ainda depois da ressurreição de Cristo, quando perguntaram: "Senhor, é porventura agora que restituirás o reino a Israel?" (At 1,6). Pois se pediam lugares e dignidades temporais, como lhes responde Cristo, quando lhas nega, com os decretos da predestinação do Pai: "Mas para aqueles para os quais meu Pai o tem preparado"? Porque os despachos das nossas petições, ainda que sejam de coisas temporais, são efeitos muitas vezes da predestinação eterna. Muitas vezes sai despachado o pretendente porque é precito, e não sai despachado porque é predestinado. Pediu o demônio a Deus que lhe desse poder sobre os bens e pessoa de Jó, e concedeu Deus ao demônio o que pedia o demônio. Pediu S. Paulo a Deus, e pediu-lhe três vezes, que o livrasse de uma tentação, e negou Deus a S. Paulo o que pedia S. Paulo. Pois a Paulo se nega o que pede, e ao demônio se concede? Sim, diz Santo Agostinho. Ao demônio, para maior confusão, a Paulo, para maior glória; a Paulo, como o predestinado, ao demônio como a precito[9]. Quantos precitos estão hoje no inferno arrenegando dos seus despachos! E quantos predestinados estão no céu dando eternas graças a Deus porque os não despacharam! Dois destes predestinados, não despachados, eram os dois apóstolos do nosso Evangelho, que por isso lhes disse Cristo que não sabiam o que pediam. Cuidavam que pediam dignidades e honras do mundo, e pediam, sem saber o que pediam, a sua condenação: "Um à direita, e um à esquerda". A mão direita de Cristo, como se verá no dia do juízo, é o lugar dos que se hão de salvar; a mão esquerda é o lugar dos que se hão de condenar. E como cada um dos dois apóstolos pedia indiferentemente a mão direita ou esquerda, ambos se expunham e se ofereciam, sem o saberem, ao lugar da condenação. S. João Crisóstomo: "Eu vos escolhi para a direita, e vós, por vontade vossa, correis para a esquerda"[10]. Eu, diz Cristo, escolhi-vos para a mão direita, e vós, por vosso juízo, e por vossa vontade, sem saber o que pedis, pedis e fazeis instâncias pela mão esquerda. — Oh! quantos requerentes da mão esquerda! Oh! quantos pretendentes da condenação andam hoje em todas as cortes da cristandade, sem saberem o que pedem e o que requerem! Andam requerendo e solicitando, e contendendo sobre quem há de levar o inferno. E os que o alcançam ficam muito contentes, e os que o não conseguem, muito tristes.

Então tudo é queixar e infamar os ministros, e talvez com tanto excesso e atrevimento, que ainda sobem as queixas mais acima. Eu não tenho tanta opinião dos nossos tribunais na justiça distributiva, como noutras espécies desta virtude; mas para o fim da predestinação e salvação, que é o último despacho, e o que só importa, tanto se serve Deus de ministros justos, como de injustos, e tanto da sua justiça, se a observam, como da sua injustiça. Quis Deus salvar o gênero humano naquele dia fatal em que deu a vida por ele; e de que ministros se serviu sua providência? Caso estupendo! Serviu-se de Judas, de Anás, de Caifás, de Pilatos, de Herodes; e por meio da injustiça e impiedade de homens tão abomináveis se conseguiu a salvação de todos os predestinados. Se esperais ser um deles, não vos queixeis. E se me dizeis que foram injustos os ministros convosco, também vo-lo concedo, posto que o não creio. Mas que importa que ou neste conselho fossem Judas, ou naquele Anases e Caifases, ou noutro Herodes e Pilatos, se por meio da sua injustiça tinha Deus predestinado a vossa salvação? Eles irão ao inferno pela injustiça que vos fizeram, e vós, por ocasião da mesma injustiça, ireis ao céu.

Notai, neste mesmo dia, dois concursos dignos de toda a ponderação, para que vos não queixeis de ver preferidos os que concorreram convosco. O primeiro concurso foi de Cristo com Barrabás; e ambos foram julgados com suma injustiça, porque Barrabás, ladrão, adúltero, homicida e traidor, saiu absolto; e Cristo, sumamente inocente e sumamente benemérito, condenado. O segundo concurso foi de Dimas e Gestas, o bom e o mau ladrão, e ambos foram condenados com igual justiça, porque ambos como ladrões mereciam a forca. E que tirou Deus destes dois concursos e destes dois juízos tão encontrados? O primeiro foi por ambas as partes injusto; o segundo, por ambas as partes justo, e de ambos tirou Deus igualmente a condenação dos precitos e a salvação dos predestinados. Do primeiro tirou a condenação de Barrabás e a glória de Cristo; do segundo tirou a glória do bom ladrão e o inferno do mau; porque para salvar ou não salvar, tanto se serve Deus da justiça dos homens como da sua injustiça. Concedo-vos que podeis ser consultado, julgado, e despachado, ou injustamente, como vós dizeis, ou justamente, como não confessais; mas nem da justiça nem da injustiça dos ministros vos deveis queixar, se tendes fé, porque tanto pode pender dessa justiça a vossa condenação, saindo bem despachados para o inferno, como depender dessa injustiça a vossa salvação, saindo mal despachados para o céu.

E se não tendes razão para vos queixar dos ministros, muito menos a tem a vossa temeridade para subirem talvez as queixas até o sagrado, onde se decretam as resoluções. E por quê? Porque ainda que os reis são homens, Deus é o que tem na sua mão os corações dos reis. "O coração do rei está na mão do Senhor, que a tudo quanto quer o inclina" (Pr 21,1). O coração do rei, diz Salomão, está na mão de Deus, e a mão de Deus é a que o move e inclina a uma ou outra parte, segundo a disposição de sua providência. — Como o coração do rei está na mão de Deus, se Deus abre e alarga a mão, alarga-se também o coração do rei, e faz-vos mercê com grande liberalidade; e se Deus aperta e estreita a mão, estreita-se do mesmo modo o coração do rei, e, ou vos dá muito menos, ou nada do que pedíeis. De maneira que ainda que o rei é o senhor que dá, ou não dá, tem sobre si outro Senhor maior, que é o que lhe alarga ou estreita o coração, para que dê ou não dê. rei era Ciro e rei era Faraó: Ciro dominava os hebreus no cativeiro da Babilônia, e Faraó dominava os mesmos Hebreus no cativeiro do Egito; mas a causa superior de serem tão diferentemente tratados não foi Ciro, nem Faraó, senão Deus. Como Deus tinha na mão o coração daqueles reis, alargou a mão ao coração de Ciro, e deu Ciro liberdade aos hebreus, e estreitou a mão ao coração de Faraó, e não só os não libertou Faraó, antes lhes apertou mais o cativeiro. Adverti porém, para consolação vossa, que este mesmo aperto e esta mesma estreiteza e dureza do coração de Faraó foi a última disposição que Deus traçava para levar os hebreus, como levou, à Terra de Promissão. Se o coração do rei, tão largo, e tão liberal com outros, é para convosco estreito e ainda duro, alargai vós o vosso coração, e consolai-vos, e entendei que por esse meio vos quer Deus levar à Terra de Promissão do céu, para que vos tem predestinado. Pode haver maior consolação que esta? Não pode.

Agora acabaremos de entender a providência que está escondida em uma desigualdade que cada dia experimentamos e não sei se advertimos bem nela. Requer um pretendente, solicita, negocia, insta, e talvez peita e suborna, e sai despachado. O outro seu competidor, que não tem tanta valia, nem tanto do que vale, encomenda o seu negócio a Deus, mete a sua petição na mão de Santo Antônio, manda dizer missas a Nossa Senhora do Bom Despacho, e sai escusado. Pois este é o fruto de negociar com Deus? Estes são os poderes da oração? Esta é a valia e a intercessão dos santos? Sim: esta é. Porque eles intercederam por vós, por isto não saístes despachado. Um santo que pregou neste mesmo púlpito nos há de dar a prova. Havia na Índia um fidalgo mui devoto de S. Francisco Xavier: tinha suas pretensões com o Senhor rei D. João o III. Pediu uma carta de favor ao santo para seu companheiro, o Padre Mestre Simão, que era mestre do príncipe, e muito bem visto de el-rei. Escreveu S. Francisco Xavier, e dizia assim o capítulo da carta. Dom fulano é muito amigo da Companhia; tem requerimentos com S. Alteza. Peço a Vossa Reverência, pelas obrigações que devemos a este fidalgo, que procure desviar os seus despachos quanto for possível, porque todo o que vem despachado para a Índia vai bem despachado para o inferno. Eis aqui as intercessões dos santos. Sabeis por que saiu o outro despachado e vós não? Porque ele teve a valia dos homens, e vós a intercessão dos Santos. Esperáveis que vos despachassem bem para o inferno, quanto tínheis encomendado o vosso requerimento à Senhora do Bom Despacho? Dai graças a Deus e à sua Mãe, e ouvi tudo o que tenho dito, e tudo o que se pode dizer nesta matéria, em um texto estupendo de S. Paulo.

"Nós não sabemos o que havemos de pedir como convém, mas o mesmo Espírito intercede por nós com gemidos inexprimíveis" (Rm 8,26). Nós não sabemos o que pedimos: "Não sabeis o que pedis". Nós não sabemos pedir o que nos convém: "O que havemos de pedir como convém não sabemos". E que faz Deus, autor de nossa predestinação e salvação, quando pedimos o que é contrário a ela? "Mas o mesmo Espírito intercede por nós gemidos inexprimíveis". O mesmo Espírito Santo, diz S. Paulo, por sua infinita bondade e misericórdia, troca, emenda, e ordena as nossas petições, e ele mesmo pede por nós a si mesmo, com gemidos que se não podem declarar: "Com gemidos inexprimíveis". — De sorte que quando pretendemos o que encontra a nossa salvação, nós pedimos na terra, e o Espírito Santo geme no céu; nós fazemos instâncias, e ele dá ais. Ai, homem cego, que não sabes o perigo em que te metes! Ai, que se quer perder aquela pobre alma! Ai, que anda solicitando sua condenação! Ai, que pretende aquele ofício! Ai, que pretende aquela judicatura! Ai, que pretende aquele concelho! Ai, que pretende aquele governo! Ai, que se alcança o que pretende se vai ao inferno! Pretende o Brasil: se vai ao Brasil, perde-se; pretende Angola: se vai à Angola, condena-se; pretende a Índia: se passa o Cabo de Boa Esperança, lá vai a esperança da sua salvação. Assim geme o Espírito Santo por nos desviar do que pretendemos com tantas ânsias, porque não sabemos o que pedimos: "O que havemos de pedir como convém não sabemos".

Pois que há de fazer um homem depois de servir tantos anos? Não há de pretender? Não há de requerer? Pode ser que esse fora o melhor conselho. Mas não digo tanto, porque não vejo tanto espírito. O que só digo é, pelo que cada um deve à sua salvação, que o nosso modo de requerer seja este. Ponde a petição na mão do ministro, e o despacho nas mãos de Deus. Senhor, eu não sei o que peço; o que mais convém à minha salvação só vós o sabeis; vós o encaminhai, vós o disponde, vós o resolvei. Com isto, ou saireis despachado ou não: se sairdes despachado, aceitai embora a vossa portaria ou a vossa provisão, e começai a temer e tremer, porque pode ser que aquela folha de papel seja uma carta de Urias (2Rs 17,15). Urias levava no seio a sua carta, cuidando que era um grande despacho, e era a sentença da sua morte. Cuidais que levais no vosso despacho o vosso remédio e o vosso aumento, e pode ser que leveis nele a sentença de vossa condenação. Não lhe fora melhor a Pilatos não ser julgador? Não lhe fora melhor a Caifás não ser pontífice? Não lhe fora melhor a Herodes não ser rei? Todos esses se condenaram pelo ofício, e mais com Cristo diante dos olhos. Mas se fordes tão venturosamente desgraçado que não consigais o despacho, consolai-vos com esses exemplos e com o de S. João e Santiago. Se Cristo não despacha a dois vassalos tão beneméritos, folgai de ser assim benemérito. Se Cristo não despacha a dois criados tão familiares de sua casa, folgai de ser assim da casa de Cristo. Se Cristo não despacha os dois discípulos tão amados, folgai de ser assim amado seu, e entendei que vos não despachou Deus, nem quis que vos despachassem, porque não sabíeis o que pedíeis e porque sois predestinado. Lá, na outra vida, haveis de viver mais que nesta; se aqui tiverdes trabalhos, lá tereis descanso; se aqui não tiverdes grandes lugares, lá tereis o lugar que só é grande; e se aqui vos faltar a graça dos homens, lá tereis a graça de Deus e o prêmio desta graça, que é a glória.

SERMÃO DE

S. Inácio

*Fundador da Companhia de Jesus**

*Em Lisboa, no Real Colégio de S. Antão.
Ano 1669.*

❦

"E sede vós semelhantes aos homens que esperam a seu Senhor."
(Lc 12,36)

Já perdoado e antes de partir para Roma com a intenção de anular as limitações impostas pela Inquisição, Vieira prega na festa do fundador de sua ordem no colégio dirigido por seus companheiros jesuítas. Conhece bem as licenças que o dia concede ao encarecimento dos louvores dos Santos, aos panegíricos. O assunto é dado pelo texto da liturgia: Inácio semelhante a homem e Inácio homem sem semelhante. Se tomado por partes era semelhante a tantos homens, se considerado todo não tinha semelhantes. O verdadeiro retrato de Santo Inácio é o livro que tem nas mãos. A alma retrata-se com a pena. Abre o livro e compara o Santo com os demais fundadores, desde Elias e Paulo até João de Deus e santa Teresa. Se as diferenças parecem vantagens não são mais que semelhanças. Santo Inácio veio depois deles, se não excede não iguala. Se não é mais que semelhante, não é semelhante.

§ I

Admirável é Deus em seus santos, mas no santo que hoje celebra a Igreja singularmente admirável. A todos os Santos manda Cristo neste Evangelho que sejam semelhantes a homens: "E vós semelhantes aos homens" (Lc 12,36). Mas assim como há grande diferença de homens a homens, assim vai muito de semelhanças a semelhanças. Aos outros santos manda Cristo que sejam semelhantes aos homens que servem aos senhores da terra: "Aos homens que esperam seu senhor"; a Santo Inácio manda-lhe Cristo que seja semelhante aos homens que serviram ao Senhor do céu. Quanto vai do céu à terra, tanto vai de semelhança a semelhança. Aos outros santos meteu-lhes Cristo na mão este Evangelho, e disse-lhes: Servi-me assim como os homens servem aos homens; a Santo Inácio, mete-lhe na mão um livro da vida de todos os santos, e diz-lhe: Serve-me assim como estes homens me serviram a mim. Foi o caso. Jazia Santo Inácio (não digo bem), jazia Dom Inácio de Loyola, malferido de uma bala francesa, no sítio de Pamplona, e picado, como valente, de ter perdido um castelo, fabricava no pensamento outros castelos maiores, pelas medidas de seus espíritos. Já lhe parecia pouca defensa Navarra, pouca muralha os Pireneus e pouca conquista França. Considerava-se capitão, e Espanhol, e rendido, e a dor lhe trazia à memória, como Roma em Cipião, e Cartago em Aníbal, foram despojos de Espanha. Os Cides, os Pelaios, os Viriatos, os Lusos, os Geriões, os Hércules, eram os homens com cujas semelhanças heroicas o animava e inquietava a fama, mais ferido da reputação da pátria que das suas próprias feridas. Cansado de lutar com pensamentos tão vastos, pediu um livro de cavalerias para passar o tempo. Mas, ó providência divina! Um livro que só se achou era das vidas dos santos. Bem pagou depois Santo Inácio em livros o que deveu a este. Mas vede quanto importa a lição de bons livros. Se o livro fora de cavalerias, sairia Inácio um grande cavaleiro: foi um livro de vidas de santos, saiu um grande santo. Se lera cavalerias, sairia Santo Inácio um cavaleiro da ardente espada; leu vidas de Santos, saiu um santo da ardente tocha: "E tochas ardentes em vossas mãos". Toma Inácio o livro nas mãos: lê-o ao princípio com dissabor, pouco depois sem fastio, ultimamente com gosto, e dali por diante com fome, com ânsia, com cuidado, com desengano, com devoção, com lágrimas.

Estava atônito Inácio do que lia, e de ver que havia no mundo outra milícia para ele tão nova e tão ignorada, porque os que seguem as leis do apetite, como se rendem sem batalha, não têm conhecimento da guerra. Já lhe pareciam maiores aqueles combates, mais fortes aquelas resistências, mais ilustres aquelas façanhas, mais gloriosas aquelas vitórias, e mais para apetecer aqueles triunfos. Resolve-se a trocar as armas, e alistar-se debaixo das bandeiras de Cristo; e a espada de que tanto se prezava foi o primeiro despojo que ofereceu a Deus e à sua Mãe nos altares de Monserrate. Aceitai, Senhora, essa espada que, como se hão de rebelar contra vós tantos inimigos, tempo virá em que seja bem necessária para defensa de vossos atributos. Lia Inácio as vidas dos confessores, e começando como eles, pelo desprezo da vaidade, tira o colete, despe as galas, e assim como se ia despindo o corpo, se ia armando o espírito. Lia as vidas dos anacoretas, e já suspirava pelos desertos, e por se ver metido em uma cova de Manresa, onde sepultado acabasse de morrer ao mundo, e começasse a viver ou a ressuscitar a si mesmo.

Lia as vidas dos doutores e pontífices, e, ainda que o não afeiçoaram as mitras nem as tiaras, delibera-se a aprender para ensinar e a começar os rudimentos da gramática entre os meninos, conhecendo que em trinta e três anos de corte e guerra ainda não começara a ser homem. Lia as vidas ou as mortes valorosas dos mártires, e com sede de derramar o sangue próprio, quem tinha derramado tanto alheio, sacrifica-se a ir buscar o martírio a Jerusalém, oferecendo as mãos desarmadas às algemas, os pés aos grilhões, o corpo às masmorras e o pescoço aos alfanjes turquescos. Lia finalmente as vidas e as peregrinações dos apóstolos, e soando-lhe melhor que tudo aos ouvidos as trombetas do Evangelho, toma por empresa a conquista de todo o mundo, para dilatar a fé, para o sujeitar à Igreja, e para levantar novo edifício sobre os alicerces e ruínas do que eles tinham fundado. Isto era o que Inácio ia lendo, e isto o que juntamente ia trasladando em si e imprimindo dentro na alma. Mas quem lhe dissera então ao novo soldado de Cristo que notasse naquele livro o dia de trinta e um de julho, que advertisse bem que aquele lugar estava vago, e que soubesse que a vida de santo que ali faltava havia de ser a sua, e que este dia feriado e sem nome havia de ser o dia de S. Inácio de Loyola, fundador e patriarca da Companhia de Jesus! Tais são os segredos da providência, tão grandes os poderes da graça, e tanta a capacidade da nossa natureza.

Para satisfazer às obrigações de tamanho dia, nem quero mais matéria que o caso que propus, nem mais livros que o mesmo livro, nem mais texto que as mesmas palavras: "E vós semelhantes aos homens". Veremos, em dois discursos, Inácio semelhante a homens e Inácio homem sem semelhante. Mais breve ainda: o semelhante sem semelhante. Este será o assunto. Peçamos a graça. *Ave Maria.*

§ II

Temos a S. Inácio com o seu livro nas mãos, com os exemplares de todos os santos diante dos olhos, e Deus dizendo-lhe ao ouvido: "E vós semelhantes aos homens". Tantos instrumentos juntos? Grande obra intenta Deus. Quando Deus quer converter homens e fazer santos, lavra um diamante com outro diamante, e faz um santo com outro. Santo foi Davi: converteu-o Deus com outro santo, o profeta Natã. Santo foi Cornélio Centurião: converteu-o Deus com outro santo, S. Pedro. Santo foi Dionísio Areopagita: converteu-o Deus com outro santo, S. Paulo. Santo foi S. Agostinho: converteu-o Deus com outro santo, S. Ambrósio. Santo foi S. Francisco Xavier: converteu-o Deus com outro santo, o mesmo S. Inácio. Pois, se para fazer um santo basta outro Santo, por que ajunta Deus os santos de todas as idades do mundo; por que ajunta os santos de todos os estados da Igreja; por que ajunta as vidas, as ações, as virtudes, os exemplos de todos os santos para fazer S. Inácio? Porque tanto era necessário para fazer um grande santo. Para fazer outros santos, basta um só santo; para fazer um S. Inácio, são necessários todos. Para ser Santo Enós, basta que seja semelhante a Set; para ser S. José, basta que seja semelhante a Jacó; para ser São Josué, basta que seja semelhante a Moisés; para ser Santo Tobias, basta que seja semelhante a Jó; para ser Santo Eliseu, basta que seja semelhante a Elias; para ser Santo Timóteo, basta que seja semelhante a Paulo; mas para Inácio ser Santo tão grande e tão singular como Deus o queria fazer, não basta ser semelhante a um santo, não basta ser semelhante a muitos santos: é necessário ser semelhante a todos. Por isso lhe mete Cristo nas mãos, em um livro, as vidas e ações heroicas de todos os santos, para que os imite e se forme à semelhança de todos: "E vós semelhantes aos homens".

Falando Deus de seu unigênito Filho por boca de Davi, diz que o gerou nos resplendores de todos os santos: "Eu te gerei nos esplendores dos santos" (Sl 109,3). Estas palavras, ou se podem entender da geração eterna do Verbo antes da Encarnação, ou da geração temporal do mesmo Verbo, enquanto encarnado. E neste segundo sentido as entendem S. Agostinho, Tertuliano, Hesíquio, S. Justino, S. Próspero, S. Isidoro e muitos outros. Diz pois o Pai Eterno, que quando mandou seu Filho ao mundo, o gerou nos resplendores de todos os santos, porque Cristo, como ensina a Teologia, não só foi a causa meritória de toda a graça e santidade, mas também a causa exemplar e protótipo de todos os santos, enquanto todos foram santos à semelhança de Cristo, imitando nele e dele todas as virtudes e graças com que resplandeceram; e isto quer dizer: "Nos esplendores dos santos". Assim como todos os astros recebem a luz do sol, e cada um deles é juntamente um espelho e retrato resplandecente do mesmo rei dos planetas, assim todos os santos recebem de Cristo a graça, e do mesmo Cristo retratam em si todos os dotes e resplendores da santidade com que se ilustram. Por isso o anjo, quando anunciou a Encarnação, não disse: "Aquele que nascerá de ti é Santo", senão: "O Santo que de ti há de nascer", porque Cristo não só foi santo, mas o Santo dos santos. O santo dos santos, como fonte de toda a santidade por origem, e o Santo dos santos como exemplar de toda a santidade para a imitação.

Este é o modo universal com que Cristo faz a todos os santos. Mas a S. Inácio, a quem quis fazer tão singular santo, fê-lo também por modo singular, podendo dizer dele em tão excelente sentido, como verdadeiro: "Eu te gerei nos esplendores dos santos". Cristo foi gerado nos resplendores de todos os santos, porque é o exemplar de todos os santos, e Inácio foi gerado nos resplendores de todos os santos, porque todos os santos foram o exemplar de S. Inácio. Cristo não só santo, mas Santo dos santos, porque de sua imitação receberam todos os santos a santidade; e Inácio não só santo, mas santo dos santos, porque todos os santos concorreram a formar a santidade de S. Inácio. Bem sei que é melhor exemplar Cristo só que todos os santos juntos; mas também sei que, para ser santo, basta imitar um só santo que imitou a Cristo. Assim dizia S. Paulo a todos os que vieram depois dos apóstolos: "Sede meus imitadores, como também eu de Cristo" (1Cor 11,1). Mas Cristo, para formar a Santo Inácio, ajuntou as imitações de todos os santos, para que o imitasse ele só como todos.

Houve-se Deus na formação de S. Inácio como Zêuxis na pintura de Juno, deusa das deusas. Fez vir diante de si aquele famoso pintor todas as formosuras que então havia mais celebradas em Agrigentina, e imitando de cada uma a parte mais excelente de que as dotara a natureza, venceu a mesma natureza com a arte; porque ajuntando o melhor de cada uma, saiu com uma imagem mais perfeita que todas[1]. Se assim sucedeu, foi caso e fortuna, mas não ciência, porque como a formosura consiste na proporção, ainda que cada uma das partes em si fosse de extremada beleza, todas juntas podiam compor um todo que não fosse formoso. Na formosura das virtudes é o contrário. Como todas as virtudes entre si são concordes e não podem deixar de fazer harmonia, de qualquer parte que sejam imitadas, sempre há de resultar delas um composto excelente e admirável, qual foi o que Deus quis formar em S. Inácio. E aqui entra com toda a sua propriedade a versão do mesmo texto: "Eu te gerei nos esplendores dos santos". Pôs Deus diante dos olhos a Inácio estampados naquele livro os mais famosos e os mais formosos originais da santidade, não de um reino ou de uma idade, senão de todas as idades e de toda a Igreja; e copiando Inácio em si mesmo, de um a humildade, de outro a penitência, de um a temperança, de outro a fortaleza; de um a paciência, de outro a caridade, e de todos e cada um aquela virtude e graça em que foram mais eminentes, saiu Inácio com quê? Com um S. Inácio; com uma imagem da mais heroica virtude; com uma imagem da mais consumada perfeição; com uma imagem da mais prodigiosa santidade; enfim, com um santo, não semelhante e parecido a um só santo, senão semelhante e parecido a todos: "E vós semelhantes aos homens".

Perguntou Cristo uma hora a seus discípulos: "Quem dizem os homens ser o filho do homem?" (Mt 16,13). Quem dizem os homens que sou eu? — E responderam os discípulos: "Senhor, uns dizem que sois o Batista, outros que sois Elias, outros que sois Jeremias, ou algum dos outros profetas e santos antigos". Notáveis pareceres dos homens, e mais notável o parecer de Cristo! Se Cristo se parecia com o Batista, como se parecia com Elias? Se se parecia com Elias, como se parecia com Jeremias? Se se parecia com Jeremias, como se parecia com o Batista? Nos outros santos e profetas antigos: "Ou um dos profetas", ainda é maior a admiração, porque era maior o número e a diferença. Pois se Cristo era um só homem, como se parecia com tantos homens? Porque não só no natural, senão também no moral, como logo veremos, era feito à semelhança de muitos: "Fazendo-se semelhante aos homens, e sendo reconhecido na condição como homem" (Fl 2,7). Onde nota S. Bernardo, que disse o apóstolo: "Dos homens não do homem"[2]. E se era feito à semelhança de muitos, que muito se parecesse com eles? Quem via a Cristo instituir o Batismo, dizia: Este é o Batista: "Alguns, João Batista". Quem via a Cristo jejuar quarenta dias em um deserto, dizia: Este é Elias: "Outros, Elias". Quem via a Cristo chorar sobre Jerusalém, dizia: Este é Jeremias: "Outros ainda, Jeremias". Do mesmo modo filosofavam os que diziam que era algum dos outros santos ou profetas antigos: "Ou um dos profetas". Quem via a sabedoria admirável de Cristo, não estudada, senão infusa, dizia: Este é Salomão. Quem o via publicar lei nova em um monte, dizia: Este é Moisés. Quem o via converter os homens com parábolas, dizia: Este é Natã. Quem o via admitir os obséquios de uma mulher pecadora, dizia: Este é Oseias. Quem o via passar as noites em oração, dizia: Este é Davi. Quem o via aplaudido do povo e perseguido dos grandes dizia: Este é Daniel. Quem o via sofrer as afrontas com tanta humildade dizia: Este é Miqueias. Quem o via sarar os enfermos, e ressuscitar os mortos, dizia: Este é Eliseu. De maneira que a multidão e maravilha das obras causava a diversidade das opiniões, e sendo Cristo na realidade um só homem, na opinião era muitos homens. Mas era muitos homens na opinião, sendo um só na realidade, porque verdadeiramente, ainda que era um, era feito à semelhança de muitos: "Fazendo-se semelhante aos homens".

Ah! glorioso patriarca meu! Se a vida de S. Inácio se escrevera sem nome, e se dele se excitara a questão: "Quem dizem os homens?". — não há dúvida que o mundo se houvera de dividir em opiniões, e que ninguém havia de atinar facilmente que santo era aquele. Eram tão contínuas as lágrimas que S. Inácio chorava pelos pecados da vida passada, que de puro chorar chegou a perder a vista; e havia de dizer o mundo: Este é S. Pedro. Oito dias inteiros esteve S. Inácio arrebatado em um êxtase em que Deus lhe revelou o instituto da religião que havia de fundar, e havia de dizer o mundo: Este é S. Paulo. Nenhum santo teve maiores inimigos, nem mais pertinazes. Mas como a vingança que S. Inácio tomava de seus inimigos, e a que deixou por instituto a seus filhos, era rogar por eles a Deus, havia de dizer o mundo: Este é S. Estêvão. Era tal o magistério espiritual de S. Inácio e as regras de perfeição que ensinou, tão fundadas e sólidas, que todos os santos, quantos depois canonizou a Igreja, ou foram discípulos do seu espírito, ou se conformaram com ele; e havia de dizer o mundo: Este é S. Basílio. Era tal o domínio que S. Inácio tinha sobre o inferno, que em ouvindo o seu nome os demônios, uns se prostravam de joelhos, outros começavam a tremer, outros saíam amortecidos, e todos saíam dos corpos: e havia de dizer o mundo: Este é Santo Antônio, o Grande. Quando os pecadores tinham repugnância de confessar seus pecados, contava-lhes S. Inácio os pecados da sua vida passada, confessando-se primeiro o confessor ao penitente, para que o penitente se confessasse ao confessor, e à vista destas confissões havia de dizer o mundo: Este é S. Agostinho. Não houve gênero de necessidade ou de miséria que a caridade de S. Inácio não remediasse: os pobres, os enfermos, os órfãos, as viúvas, as mulheres perdidas, e as que estavam a risco de se perder; e havia de dizer o mundo:

Este é S. Nicolau. Aquele grande varão doutíssimo e religiosíssimo, o Padre Frei Luís de Granada, dizia que uma das maiores maravilhas que Deus fez no mundo foi S. Inácio e o seu instituto. E como a esta religião, por tantos títulos grande, deu S. Inácio o nome não de sua, mas de mínima, havia de dizer o mundo: Este é S. Francisco de Paula.

Mas antes que vá por diante, se a alguém parecerem muitos estes pareceres do mundo, e grande o encontro e variedade de opiniões, para se juntarem todas em um homem, lembre-se da multidão dos exemplares a que Deus o mandou ser semelhante quando, com aquele livro nas mãos, lhe disse: "E vós semelhantes aos homens". Em cada página daquele livro se podia ler indecisamente uma nova opinião deste glorioso e numeroso problema. Não uma vez, senão muitas viu S. Inácio, quanto se pode ver nesta vida, a Essência, os Atributos, as Pessoas e Processões. Divinas. E quem não cuidaria e diria: Este é S. Bento? Foi tal a compreensão que das Escrituras Sagradas teve S. Inácio, ainda antes de estudar, que se as Escrituras, como no tempo de Esdras, se perdessem, se achariam na sua memória. E quem não cuidaria e diria: Este é S. Bernardo? Obedeciam ao império de S. Inácio os incêndios, as tempestades, a terra, o mar, o fogo, os ventos. E quem não cuidaria e diria: Este é S. Gregório Taumaturgo? No mesmo tempo esteve S. Inácio em Roma e em Colônia só para satisfazer à devoção de um seu filho, que muito o desejava ver. E quem não cuidaria, e diria: Este é S. Antônio de Pádua? Ressuscitou S. Inácio não menos que nove mortos. E quem não cuidaria e diria: Este é S. Patrício? Ele foi o Marte da Igreja e o martelo das heresias: e diriam com razão: Este é S. Atanásio. Ele foi o diamante da constância contra o poder dos vícios e contra a resistência dos poderosos; e diriam: Este é S. Crisóstomo. Ele foi o reformador do culto divino, e da frequência dos santos sacramentos; e diriam: Este é S. Silvestre. Ele foi o que instituiu seminários da fé em Roma e em toda a cristandade; e diriam: Este é S. Gregório. Ele foi o que abraçou a conquista de todas as gentilidades em ambos os mundos; e diriam e perguntariam de novo ambos os mundos: Que santo é este, ou que santos em um santo? Enfim que se o mundo não soubera que este grande santo era S. Inácio, não havia de haver santo insigne na Igreja que não tivesse opinião por si de que era ele. Mas eram todos parecidos a Inácio, porque era Inácio "semelhante a todos."

§ III

Mal pudera eu provar de uma vez tão grande discurso, se o céu, cujo é o assunto, não tomara por sua conta a prova. Vede se o provou evidente, elegante, e engenhosamente. Enfermo Inácio, e já nos últimos dias da vida, veio a visitá-lo seu grande devoto, o eminentíssimo cardeal Pacheco, e trouxe consigo um pintor insigne, o qual, de parte donde visse o santo e não fosse visto dele, a furto de sua humildade o retratasse. Põe-se encoberto o pintor, olha para S. Inácio, forma ideia, aplica os pincéis ao quadro e começa a delinear-lhe as feições do rosto. Torna a olhar (coisa maravilhosa!): o que agora viu já não era o mesmo homem, já não era o mesmo rosto, já não era a mesma figura, senão outra muito diferente da primeira. Admirado o pintor deixa o desenho que tinha começado, lança segundas linhas, começa segundo retrato e segundo rosto; olha terceira vez (nova maravilha!): o segundo original já tinha desaparecido, e S. Inácio estava outra vez transtornado com novo aspecto, com novas feições, com nova cor, com nova proporção, com nova figura. Já o pintor se pudera desenganar e cansar, mas a mesma maravilha o instigava a insistir. Insta repetidamente, olha e torna a olhar, desenha e torna a desenhar, mas sendo o objeto o mesmo, nunca pode tornar a ver o mesmo que tinha visto, porque quantas vezes aplicava e divertia os olhos tantos eram os rostos diversos e tantas as figuras novas em que o santo se lhe representava. Pasmou o pintor, e desistiu do retrato; pasmaram todos vendo a variedade dos desenhos que tinha começado, e eu também quero pasmar um pouco à vista deste prodígio.

Santo Inácio nunca teve dois rostos, quanto mais tantos. Foi cortesão, foi soldado, foi religioso, e nunca mudou de cores nem de semblante. Serviu em palácio a el-rei Dom Fernando, o Católico, e a sua maior gala era trajar sempre da mesma cor, e trazer o coração no rosto. Os amigos viam-lhe no rosto o amor, os inimigos a desafeição, o príncipe a verdade, e ninguém lisonja. Quando soldado, nunca entre as balas mudou as cores; na comédia e na batalha estava com o mesmo desenfado. Teve uma pendência com certo poderoso, e diz a história que contra uma rua de espadas, sem fazer um pé atrás, se sustentou só com a sua; o braço mudava os talhos e os reveses, mas o rosto não mudou as cores. Depois de religioso ficou fora da jurisdição da fortuna, mas nem por isso fora das variedades do mundo. Era porém tão igual a constância e serenidade de seu ânimo, que ninguém lhe divisou jamais perturbação, nem mudança no semblante; o mesmo nos sucessos prósperos, o mesmo nos adversos: nos prósperos sem sinal de alegria, nos adversos sem sombra de tristeza. Pois se Inácio teve sempre o mesmo rosto, cortesão, soldado, religioso, se teve sempre e conservou o mesmo semblante, como agora se transfigura em tantas formas? Como se transforma em tantas figuras, quando querem copiar o seu retrato? Por isso mesmo. Era Inácio um, mas semelhante a muitos, e quem era semelhante a muitos só se podia retratar em muitas figuras.

Antes de Cristo vir e aparecer no mundo, mandou diante o seu retrato, para que o conhecessem e amassem os homens. E qual foi o retrato de Cristo? Admirável caso ao nosso intento! O retrato de Cristo, como ensinam todos os Padres, foi um retrato composto de muitas figuras. Uma figura de Cristo foi Abel, outra figura de Cristo foi Noé; uma figura foi Abraão, outra figura foi Isac; uma figura José, outra figura Moisés; outra Sansão, outra Jó, outra Samuel, outra Davi, outra Salomão, e outros. Pois se o retratado era um só, e o retrato também um, como se retratou em tantas e tão diversas figuras? Porque as perfeições de Cristo, ainda em grau muito inferior, não se achavam nem se podiam achar juntas em um só homem; e como estavam divididas por muitos homens, por isso se retratou em muitas figuras. Era Cristo a mesma inocência; por isso se retratou em Abel. Era Cristo a mesma pureza; por isso se retratou em José. Era a mesma mansidão; por isso se retratou em Moisés. Era a mesma fortaleza; por isso se retratou em Sansão. Era a mesma caridade, a mesma obediência, a mesma paciência, a mesma constância, a mesma justiça, a mesma piedade, a mesma sabedoria; por isso se retratou em Abraão, em Isac, em Noé, em Jó, em Samuel, em Davi, em Salomão. De sorte que, sendo o retrato um só, estava dividido em muitas figuras, porque só em muitas figuras podiam caber as perfeições do retrato. Tal o retrato de S. Inácio como feito à semelhança de muitos: "E vós semelhantes aos homens". Mas não me detenho na acomodação, porque estou vendo que aconteceu a Ezequiel com o retrato de S. Inácio o mesmo que ao pintor de Roma.

Viu Ezequiel um carro misterioso que se movia sobre quatro rodas vivas, e tinha por nome o carro da glória de Deus. Tiravam por este carro quatro animais enigmáticos, cada um com quatro rostos: de homem, de águia, de leão, de boi, com que olhavam para as quatro partes do mundo. Em cima, sobre trono de safiras, aparecia um homem todo abrasado em fogo ou vestido de labaredas: "Desde os seus lombos, e daí para cima, e desde os seus lombos e daí para baixo vi algo com uma aparência de fogo resplandecente ao redor" (Ez 1,27). Que representasse este carro a religião da Companhia de Jesus, muitos autores o disseram. Chamava-se carro da glória de Deus, porque esta foi a empresa de S. Inácio: "Para a maior glória de Deus". Assentava sobre quatro rodas, porque essa é a diferença da Companhia. As outras religiões geralmente estribam em três rodas, isto é, em três votos essenciais; mas a Companhia, em quatro. Em voto de pobreza, em voto de castidade, em voto de obediência, como as demais, e em quarto voto de obediência particular ao Sumo Pontífice. Olhavam os animais juntamente para as quatro partes do mundo, porque este é o fim e instituto da Companhia: ir viver ou morrer em qualquer parte do mundo, onde se espera maior serviço de Deus e proveito das almas. Tinham rosto de homem, de águia, de leão, de boi; de homem pelo trato familiar com os próximos; de águia, pela ciência com que ensinam e escrevem; de leão, pela fortaleza com que resistem aos inimigos da fé; de boi, pelo trabalho com que cultivam a seara de Cristo, passando tantas vezes do arado ao sacrifício.

No povoado, homens; no campo, bois; no bosque, leões; nas nuvens, águias. E para que a explicação não fique à cortesia dos ouvintes, onde a Escritura, falando desses animais, diz: "Os teus animais" (Sl 67,11), leu Arias Montano: "Os varões da vossa Companhia, Senhor[3]. O homem abrasado em fogo que se via no alto do carro não tem necessidade de declaração: isso quer dizer Inácio, o fogoso, o abrasado, o ardente. Isto suposto.

Viu Ezequiel este homem de fogo, que ia triunfante no carro, e querendo descrever a semelhança que tinha: "E ao redor dele a semelhança de um fogo", escreveu estas sete letras: C. H. A. S. M. A. L. Assim estão no original hebreu, em cujo texto falo. E posto que estas letras juntas fazem *Chasmal,* palavra de duvidosa significação, e que só esta vez se acha nas Escrituras, os cabalistas, como refere Cornélio[4], querem que sejam letras simbólicas, de que se acham muitos exemplos e mistérios no texto sagrado. Nas letras que viu Baltasar e interpretou Daniel (Dn 5,5-30). Três palavras significavam três sentenças, e não estava escrito mais que o princípio de cada uma. Nas quatro letras do nome Adão, como notou S. Justino[5], e depois dele, em diversos lugares, S. Agostinho[6], significou Moisés as quatro partes do mundo, porque as quatro letras do nome Adão, conforme o texto grego, são as quatro primeiras com que se escreve oriente, poente, setentrião, e meio-dia. Do mesmo modo lemos no terceiro Livro dos Reis que Semei amaldiçoou a Davi "Com uma maldição péssima" (3Rs 2,8), e no hebreu, como declara S. Jerônimo[7], contém esta palavra cinco letras, cada uma das quais significa dicção inteira, e cada uma, uma maldição particular, que começa pela mesma letra. Finalmente, se havemos de dar fé a Corásio, este foi o mistério com que as sibilas escreveram aquelas quatro letras S. P. Q. R., as quais os romanos aplicaram às suas bandeiras, entendendo por elas: "O Senado, e o Povo Romano", sendo que a verdadeira significação era: "Salva o povo a quem remiste". Ao nosso ponto agora e às nossas letras. Seja o sentido alegórico ou acomodatício, como mais quiserem os doutos. Viu Ezequiel o homem de fogo que ia no alto do carro; quis escrever a semelhança que tinha: "E ao redor dele a semelhança de um fogo" (Ez 1,4), e o que fez foi deixar somente apontado naquelas letras misteriosas, não a semelhança que tinha, senão os princípios das semelhanças com que se lhe representara, como se sucedera a Ezequiel com Inácio o mesmo que ao pintor de Roma.

Pôs os olhos Ezequiel no homem de fogo, pôs os olhos em Inácio, e viu-o primeiro que tudo cercado de perseguições: perseguido dos naturais, e perseguido dos estranhos; perseguido dos hereges, e perseguido dos católicos; perseguido dos viciosos, e perseguido dos espirituais; perseguido em si, e perseguido em seus filhos; perseguido na vida, e perseguido depois da morte; perseguido na terra, e até no céu perseguido. E como os olhos proféticos penetram todos os tempos, pareceu-lhe que aquele santo tão perseguido era S. Clemente, e escreveu um C. Torna a olhar, para se firmar mais no que via, e já a representação era outra. Viu a Inácio em uma cova com uma cruz e uma caveira diante, lançado em terra, cingido de cilícios, chorando infinitas lágrimas, jejuando, vigiando, orando, disciplinando-se com cadeias de ferro, lutando fortemente contra as tentações, e ferindo os peitos nus com uma pedra dura: persuadiu-se Ezequiel que era S. Hierônimo, e já tinha escrito um H, quando Inácio, de repente transfigurado, se lhe mostrou em nova aparência. Era o santo naquele tempo tão leigo que não sabia mais que as letras do A. B. C., mas alumiado com um raio do céu, estava escrevendo um livro do mistério altíssimo da Santíssima Trindade, com a definição da essência, com o número e unidade dos atributos, com a igualdade das pessoas, com a distinção das relações, com a propriedade das noções, com a ordem das emanações e processões divinas, e tudo com umas inteligências tão claras e tão profundas, que se resolveu o profeta que devia ser Santo Atanásio, que estava compondo o símbolo. Pôs um A, mas apenas tinha formado a letra, quando já Inácio estava outra vez transformado. Representava-se vestido em ornamentos sacerdotais e com um Menino Jesus vivo nas mãos, caso que lhe sucedeu muitas vezes. Naquele passo da Missa, em que com maiores afetos de devoção havia de consumir a Sagrada hóstia, corria o Senhor a cortina dos acidentes, e para se mostrar mais amoroso a seu servo, era em forma de menino. Como Ezequiel o viu revestido de sacerdote, com o Menino Jesus nas mãos, entendeu que era o Santo Simeão, e escreveu um S. Porém, logo o desenganou o prodigioso original, porque já se tinha mudado em outra figura. Mostrava-se em hábito de soldado bizarro, Inácio trajado de galas e plumas; tinha junto a si um pobre mendigo: tirava o chapéu, tirava a capa e, despojando-se das próprias roupas, cobria com elas o pobre soldado, e despindo-se a si para cobrir o pobre: Este é S. Martinho, diz o profeta. Formou um M, se bem já com receio de alguma nova transformação, e de que se lhe variasse outra vez o objeto; e assim foi. Estava Inácio arrebatado no ar, com os braços caídos, com o rosto inflamado, com os olhos pregados no céu, acusando com suspiros a brevidade da noite, e dando queixas ao sol, de que havendo tão poucos momentos que lhe amanhecera no ocaso, já lhe anoitecia no oriente. Persuadido o profeta que o grande Inácio era o grande Antônio, escreveu o segundo A. Mas o divino Proteu não se descuidava. Viu subitamente um incêndio que chegava da terra ao céu, e no meio dele a Inácio abrasado em vivas chamas de fogo e zelo de amor de Deus, de fogo e zelo de amor do próximo. E ainda que Ezequiel, parecendo-lhe que seria S. Lourenço, formou um L, foram tantas as transfigurações, e tão diversas as figuras em que Inácio variou o rosto, o gesto, as ações, que acabaram de se desenganar os olhos do profeta, como se tinham desenganado os do pintor. Ali ficaram ambos os retratos suspensos e imperfeitos, e acabou de conhecer o céu e a terra que o retrato de Inácio se não podia reduzir a uma só figura, e que não podia ser copiado em uma só imagem, como os outros santos, quem era feito à semelhança de todos: "E vós semelhantes aos homens".

§ IV

Temos visto a Inácio semelhante a homem, resta ver a Inácio homem sem semelhante. Mas do mesmo que temos dito nasce a dificuldade e a dúvida do que temos para dizer. Se Inácio foi semelhante a tantos homens, como pode ser que Inácio fosse homem sem semelhante? Se era tão semelhante a tantos, como não tinha nem teve semelhante? Santo Tomás[8], dando a razão por que a Igreja aplica a muitos santos aquelas mesmas palavras que o Eclesiástico disse de Abraão: "Não foi encontrado outro semelhante a ele; guardou a lei do Excelso" (Eclo 44,20), diz que se verificam daquela graça ou prerrogativa particular em que Deus costuma singularizar a cada um dos santos, e fazê-lo respectivamente mais excelente que os outros. Mas esta razão não tem lugar em S. Inácio, porque já vimos que lhe deu Deus por exemplar a todos os santos, e que ele foi semelhante não a um, senão a todos, imitando a cada um naquela graça e perfeição em que foi mais excelente. Hugo cardeal[9] diz que se hão de entender as palavras: "Não foi encontrado outro semelhante a ele", daquela idade em que cada um dos santos floresceu; e assim vemos que tendo-se dado este elogio a Abraão se deu também a Jó: "Não há semelhante a ele na terra" (Jó 1,8), porque cada um na sua idade foi singular e não teve semelhante. Mas também esta razão não convém a S. Inácio, porque os santos que Deus lhe propôs naquela crônica universal, em cujo espelho ele compôs e retratou a sua vida, não foram os santos particulares de uma só idade, senão os de todas as idades e de todos os séculos. Pois se S. Inácio foi semelhante a tantos, como pode ser que não tivesse semelhante? Digo que muito facilmente, se distinguirmos as partes e o todo. Tomado Santo Inácio por partes, era semelhante: todo S. Inácio, não tinha semelhante. Vede se o provo.

Criado o céu e os elementos, no céu criou Deus os anjos, no ar as aves, no mar os peixes, na terra as plantas, os animais, e ultimamente o homem. Estando porém desta maneira o universo cheio, povoado e ornado de tanta imensidade e variedade de criaturas, diz o texto sagrado que em todas elas não se achava uma que fosse semelhante ao homem: "Não se encontrava para Adão adjutório semelhante a ele" (Gn 2,20). A mim parecia-me que antes se havia de dizer o contrário, porque demonstrativamente se convence que não se acha criatura alguma em todo o mundo que não tenha semelhança com o homem. Todas as criaturas deste mundo, não falando no homem, ou são viventes ou não viventes. Se não são viventes, são os céus, os elementos, as pedras. Se são viventes, ou vivem vida vegetativa, e são as plantas; ou vivem vida sensitiva, e são os animais; ou vivem vida racional, e são os anjos; e tudo isso se acha no homem, porque o homem, dos elementos tem o corpóreo, das plantas tem o vegetativo, dos animais tem o sensitivo, dos anjos tem o racional. Esta foi a razão e o sentido, como notou S. Agostinho[10], com que Cristo chamou ao homem toda criatura, quando disse aos apóstolos: "Pregai a toda criatura" (Mc 16,15), porque o homem é um compêndio universal de todas as criaturas, e todas as criaturas, cada uma segundo sua própria natureza, estão recompiladas e retratadas no homem. Pois se todas as criaturas, quantas Deus criou neste mundo, têm tanta semelhança com o homem, e o homem, por sua própria natureza, é semelhante, não a uma ou algumas, senão a todas as criaturas, como diz o texto sagrado que entre todas as criaturas não se achava semelhante ao homem: "Não se encontrava semelhante a ele"? Porque ainda que o homem, considerado por partes, era semelhante a todas as criaturas, considerado todo o homem, ou o homem todo, nenhuma outra criatura era semelhante a ele. As partes eram semelhantes; o todo não tinha semelhante. De maneira que a mesma semelhança que as criaturas tinham com Adão, dividida e por partes, era semelhança; unida e por junto, era diferença. Assim também S. Inácio em respeito dos outros santos, a quem eu sempre respeito. Santo Inácio, parte por parte, era semelhante; todo Santo Inácio, não tinha semelhante. Adão, semelhante sem semelhante entre todas as criaturas; Inácio, semelhante sem semelhante entre todos os santos.

No mesmo texto do Eclesiástico que se nos opunha, temos uma confirmação admirável desta dessemelhança composta e fundada em muitas semelhanças. Diz o texto que Abraão não teve semelhante: "Não foi encontrado outro semelhante a ele" (Eclo 44,20), e em prova deste elogio, e desta proposição tão singular, vai logo o mesmo texto contando as excelências e prerrogativas de Abraão. Mas é muito digno de notar que em todas as coisas que assim se dizem deste grande patriarca houve outros patriarcas que foram semelhantes a ele. Diz o texto que recebeu Abraão e observou o pacto da circuncisão: "Em sua carne ratificou a aliança" (Eclo 44,21), e isso mesmo fez Moisés. Diz que foi fiel em sacrificar a seu filho: "Na prova foi encontrado fiel" (Eclo 44,21), e isso mesmo fez Jefté. Diz que o fez crescer no mundo: "Ele se multiplicaria como pó da terra" (Eclo 44,22; Gn 49,22), e isso mesmo teve José. Diz que lhe deu Deus por herança de mar a mar, e do rio até os fins da terra: "Dar-lhe-ia por herança (o continente) de mar a mar e desde o rio (Eufrates) até as extremidades da terra" (Eclo 44,23; Sl 71,8), e isso mesmo se lê expressamente de Salomão. Diz que lhe deu Deus a bênção de todas as gentes: "Abençoou nele todas as nações" (Eclo 44,25; Gn 26,4), e essa mesma bênção, pelas mesmas palavras, deu o mesmo Deus a Isac. Pois se Moisés, Jefté, José, Salomão, Isac foram semelhantes a Abraão nas mesmas graças, nas mesmas excelências, nas mesmas prerrogativas, como diz o oráculo divino: "Não foi encontrado outro semelhante a ele": que nenhum se achou semelhante a Abraão? Porque vai muito de se acharem as prerrogativas divididas em muitos, ou estarem juntas em um só: "E estas qualidades que, embora divididas, *fazem os homens felizes,* tu as possuis reunidas"[11]. Abraão, dividido e por partes, teve muitos semelhantes: todo Abraão, e por junto, ninguém lhe foi semelhante. As semelhanças de Abraão, divididas, faziam a cada um semelhante a Abraão; as semelhanças de Abraão, unidas, faziam a Abraão dessemelhante a todos: "Não foi encontrado outro semelhante a ele". Ó Abraão, ó Inácio! Abraão semelhante a todos os patriarcas, mas entre todos os patriarcas sem semelhante; Inácio semelhante a todos os santos, mas entre todos os santos sem semelhante. E se não, vejamo-lo nos efeitos.

Para prova efetiva desta diferença tenho um testemunho muito legal e muito desapaixonado, por ser testemunho do maior inimigo. Em Germânia, tendo-se o demônio apoderado de um homem, estava tão forte e tão rebelde que a tudo resistia: aplicaram-se-lhe todos os remédios naturais e divinos; repetiram-se por muitas vezes os exorcismos, mas o demônio sem se render a nada. Resolveu-se o exorcista a invocar todo o exército do céu contra aquele soberbo espírito, e começou assim, pela ordem das ladainhas: "São Miguel, São Gabriel, todos os Santos Anjos e Arcanjos". O demônio zombando. "São João Batista, todos os Santos Patriarcas e Profetas". O demônio sem fazer caso. "São Pedro, São Paulo, todos os Santos Apóstolos e Evangelistas". Nenhum efeito. "Santo Estêvão, São Lourenço, todos os Santos Mártires." Cada vez mais rebelde. "São Gregório, Santo Ambrósio, todos os Santos Pontífices e Confessores, todos os Santos Doutores." Mais aferrado, mais pertinaz, mais furioso. "Santo Antão." Nada. "São Bento." Como dantes. "São Bernardo". Nenhum abalo. "São Domingos." A ter mão fortemente. "São Francisco." A mesma pertinácia. "Santo Inácio." Em soando o nome de Santo Inácio, desampara o demônio, deixa o homem, desaparece, e nunca mais tornou. Torna cá demônio, espera. Ainda que maligno e soberbo, tu não és racional? Não és entendido? Sim. Pois se resistes aos anjos que te lançaram do céu, se resistes aos apóstolos, a quem Cristo deu domínio sobre ti, se resistes aos patriarcas e profetas, aos confessores, aos pontífices, aos doutores, aos mártires, como te rendes só ao nome de Inácio? Se cuidas que hei de cuidar por isso que Santo Inácio é maior que os outros santos, enganas-te: nem eu cuido tal coisa, nem seria filho de Santo Inácio se o cuidara. Ser sem semelhante, que é o que eu digo, não significa maioria, significa somente diferença. E esta é a diferença que o demônio muito a seu pesar confessou com o efeito, não obedecendo à invocação dos outros santos, e rendendo-se só ao nome de Inácio, para que conhecesse o mundo por este testemunho público do inferno, ou verdadeiramente da providência e onipotência divina, que ainda no concurso de todos os santos é Inácio sem semelhante.

Aquela espada com que Davi matou ao gigante Golias, disse o mesmo Davi que não havia outra semelhante a ela: "Não há outra semelhante a ela" (1Rs 21,9). E que fez aquela espada para que se diga dela que não tinha semelhante? Fez, no desafio de Davi, o que neste caso fez Santo Inácio, que também em algum tempo foi espada do mesmo, a quem depois cortou a cabeça. Plantou-se armado no campo o soberbíssimo gigante, desafiou a todo o exército de Saul, a todas as doze tribos de Israel, e em todas não houve uma espada que se atrevesse contra tão poderoso, deliberado e belicoso inimigo. Entre os demônios também há gigantes, e tão valentes e belicosos, que contra o poder dos maiores santos se mostram invencíveis. Assim o experimentaram os apóstolos naquele terrível demônio de quem disseram a Cristo que o não puderam arrancar do posto: "Não pudemos expeli-lo" (Mc 9,27). O Golias destes gigantes do inferno era este soberbíssimo espírito a quem rendeu Santo Inácio. Provocou o exorcista contra ele a todo o exército dos bem-aventurados e todas as doze tribos do céu. Contai se foram doze. Provocou os anjos e os arcanjos, os patriarcas e os profetas; os apóstolos e os evangelistas; os confessores e os pontífices; os doutores e os mártires; os sacerdotes e os levitas. E houve algum neste caso que o rendesse, que o sujeitasse, que o vencesse? Nenhum. Só Inácio, sendo tão rebelde, o rendeu. Só Inácio, sendo tão obstinado, o sujeitou. Só Inácio, sendo tão invencível, o venceu. Confesse logo o demônio, confesse o inferno, e também o céu, que Inácio entre todos os santos é espada de Davi, e que a ele, como a ela, se deve o elogio e glória de não ter semelhante: "Não há outra semelhante a ela".

§ V

E para que esta diferença e dessemelhança se conheça com toda a evidência, e se veja com os olhos, olhemos para o verdadeiro retrato de S. Inácio. Ninguém pode retratar a S. Inácio, como vimos, mas só S. Inácio se retratou a si mesmo. E qual é o verdadeiro retrato? Qual é a vera efígie de S. Inácio? A vera efígie de S. Inácio é aquele livro de seu instituto que tem nas mãos. O melhor retrato de cada um é aquilo que escreve. O corpo retrata-se com o pincel, a alma com a pena. Quando Ovídio estava desterrado no Ponto, um seu amigo trazia-o retratado na pedra do anel; mas ele mandou-lhe os seus versos dizendo que aquele era o seu verdadeiro retrato. "A tua amizade é-me grata, mas a tua verdadeira imagem são os meus versos que te envio."[12] Sêneca, quando lia as cartas de Lucílio, diz que o via: "Eu te vejo, meu Lucílio, principalmente quando te ouço"[13]. E melhor autor que estes, S. Agostinho disse altamente que, enquanto não vemos Deus em sua própria face, o podemos ver como imagem nas suas Escrituras: "Como rosto de Deus, põe a escritura de Deus"[14]. A primeira imagem de Deus é o Verbo gerado; a segunda, o verbo escrito. O Verbo gerado é retrato de Deus "Interiormente"; o verbo escrito é retrato de Deus "Exteriormente". E, assim como Deus se retratou no livro das suas Escrituras, a si Inácio se retratou no livro das suas. Retratou-se Inácio por um livro em outro livro. O livro das vidas dos santos foi o original de que Santo Inácio é a cópia; o livro do Instituto da Companhia é a cópia de que S. Inácio é o original. Mas com isso ser assim é certo que o Instituto de S. Inácio é muito diferente e muito dessemelhante dos outros institutos. Pois se o patriarca foi feito à semelhança dos outros patriarcas, e o instituto à semelhança dos outros institutos, como saiu o patriarca tão diferente e o instituto tão dessemelhante? Porque S. Inácio, no que imitou dos outros patriarcas, e no que imitou dos outros institutos, ainda que tomou os gêneros, não tomou as diferenças: os gêneros eram alheios, as diferenças foram suas.

Fez-se Deus homem pelo mistério altíssimo da Encarnação, e notou profundamente Santo Tomás, como já o tinha notado S. João Damasceno, que, fazendo-se Deus homem, não só tomou e uniu a si a natureza humana, senão também todas as outras naturezas que tinha criado. Pela criação saíram de Deus todas as naturezas; pela Encarnação tornaram todas as naturezas a unir-se a Deus. Mas como se fez esta universal união? Como uniu Deus a si todas as naturezas? Santo Tomás: "Comunicou-se a Cristo homem, e consequentemente a todos os gêneros e particulares"[15]. Tomou Deus no homem, diz Santo Tomás, não só a natureza humana, senão também todas as naturezas; mas não tomou as diferenças delas, senão os gêneros. Tomou o gênero dos elementos no corpóreo; e ainda que pudera ser um elemento como o fogo da sarça, não tomou a diferença de elemento. Tomou o gênero das plantas no vegetativo; e ainda que pudera ser uma planta, como a árvore da vida, não tomou a diferença de planta. Tomou o gênero dos animais no sensitivo; e ainda que pudera ser um animal, como a pomba do Jordão, não tomou diferença de animal. Tomou o gênero dos anjos no racional; e ainda que pudera ser um anjo, como Gabriel, não tomou a diferença de anjo. De maneira que tomou Deus no homem todas as outras naturezas quanto aos gêneros, mas não quanto às diferenças, porque os gêneros eram das criaturas, as diferenças eram de Cristo. Assim o fez o grande imitador de Cristo, Inácio. Uniu em si todos os patriarcas; uniu no seu instituto todos os institutos: mas o que tomou foram os gêneros; o que acrescentou foram as diferenças; o que tomou foram os gêneros, e por isso é semelhante; o que acrescentou foram as diferenças, e por isso não tem semelhante.

Para glória universal de todos os patriarcas, e para glória singular do nosso patriarca, pois o dia é seu, vejamos em uma palavra os gêneros e estas diferenças. Falarei só dos patriarcas que têm religião em Portugal, e seguirei a ordem de antiguidade.

Do grande patriarca e pai de todos os patriarcas, Elias, tomou S. Inácio o zelo da honra de Deus. Ambos tinham espada de fogo; mas o fogo de Elias queimava, o fogo de Inácio acendia; o fogo de Elias abrasava, o fogo de Inácio derretia. Ambos, como dois raios artificiais, subiam direitos ao céu; mas o de Elias acabava em estrondo, o de Inácio em lágrimas. De S. Paulo, primeiro pai dos eremitas, tomou Santo Inácio a contemplação; mas Paulo no deserto para si, Inácio no povoado para todos. Ambos elegeram o meio mais alto e mais divino, mas com diferentes fins: Paulo para evitar a perseguição de Décio; Inácio para resistir aos Décios e às perseguições. Paulo recolheu-se ao sagrado da contemplação, para escapar à tirania; Inácio armou-se do peito forte da contemplação, para debelar os tiranos. Do patriarca e doutor máximo, S. Jerônimo, tomou S. Inácio a assistência inseparável da Sede Apostólica no serviço universal da Igreja. S. Jerônimo era a mão direita da Igreja, com que os pontífices escreviam; S. Inácio é o braço direito da Igreja, com que os pontífices se defendem. Assim o disse o Papa Clemente VIII à Companhia: "Vós sois o braço direito da Igreja de Deus". — Do único sol da Igreja, Santo Agostinho, porque os raios do entendimento não eram imitáveis, tomou Inácio as labaredas do coração. O amor de Agostinho chegou a dizer que, se ele fora Deus, deixara de o ser para que Deus o fosse; Inácio, com suposição menos impossível, dizia que, entre a certeza e a dúvida de ver a Deus, escolheria a dúvida de o ver pela certeza de o servir. Do patriarca, pai de tantos patriarcas, S. Bento, estendendo o Monte Cassino por todo o mundo, tomou S. Inácio as escolas e a criação dos moços. Para quê? Para que na prensa das letras se lhes imprimam os bons costumes, e estudando as humanas aprendam a ser homens. O senhor arcebispo último de Lisboa, tão grande português como prelado, e tão grande prelado como douto, dizia que todos os homens grandes que teve Portugal no século passado saíram do pátio de Santo Antão. Agora não o frequentam tanto seus netos; depois veremos se são tão grandes como seus avós. Do patriarca S. Bruno, aquele horror sagrado da natureza, que tomaria S. Inácio? Tomou o perpétuo cilício. Não o cuida assim o mundo, mas sabem-no as enfermarias e as sepulturas. O cilício que anda entre o corpo e o linho não é o que mais pica: o que cega o entendimento e nega a vontade, este é o que afoga a alma e tira a vida. Os outros cilícios mortificam, este mata. Do patriarca S. Bernardo, anjo em carne, e por isso irmão de leite de Cristo, tomou S. Inácio a angélica pureza. Em ambos foi favor especial da Mãe de Deus, mas em Santo Inácio tão singular, que desde o dia de sua conversão nunca mais, nem no corpo, nem na alma, sentiu pensamento contrário. E sendo os maiores inimigos da castidade os olhos, naqueles em quem punha os olhos S. Inácio infundia castidade. Dos gloriosos patriarcas S. João e S. Félix, a cuja religião deu o seu nome a mesma Trindade, tomou S. Inácio o ofício de redentor. E porque a esta trindade humana faltava a terceira pessoa, quis ele ser a terceira. Desta maneira, permiti-me que o explique assim, o Redentor do gênero humano, que tinha só uma subsistência divina, ficou como subsistindo em três subsistências humanas: redentor em João, redentor em Félix e redentor em Inácio; mas naqueles imediatamente redentor dos corpos; neste imediatamente redentor das almas. Do ilustríssimo patriarca S. Domingos, a quem com razão podemos chamar o grande pai das luzes, tomou S. Inácio a devoção da rainha dos anjos e a doutrina do Doutor Angélico. A primeira devoção que fazia S. Inácio todos os dias era rezar o Rosário; e o farol que quis seguissem na teologia as bandeiras da sua Companhia foi a doutrina de Santo Tomás. Mas concordou S. Inácio essa mesma doutrina e essa mesma devoção com tal preferência, que no caso em que uma se encontrasse com a outra, a devoção da Senhora prevalecesse à doutrina, e não a doutrina à devoção. Assim se começou a praticar nas primeiras conclusões públicas que em Roma defendeu a Companhia, e depois sustentou com tantos livros. Do serafim dos patriarcas, S. Francisco, tomou S. Inácio, por dentro, as chagas, por fora, a pobreza. E estimou tanto Inácio a estreiteza da pobreza seráfica que atou a pobreza com um voto, e a estreiteza com outro. Fazemos um voto de guardar a pobreza, e outro voto de a estreitar. Aos professos mandou S. Inácio que pedissem esmola; aos não professos, que lhes desse a esmola a religião, para que a não fossem buscar fora dela. Por isso têm rendas os colégios, e não as casas. Do patriarca S. Caetano, ilustre glória do estado clerical e quase contemporâneo de S. Inácio, ainda que em algumas partes da Europa quiseram honrar com o mesmo nome a seus filhos, não tomou S. Inácio o nome, porque o tinha dado a Jesus. O que tomou deste apostólico instituto foi a divina providência, e por que não fosse menos providência, nem menos divina, não só a tomou entre a caridade dos fiéis, senão entre a barbaria dos gentios. Finalmente, do nosso insigne Português, S. João de Deus, tomou S. Inácio a caridade pública dos próximos. Ambos se uniram na caridade, e a caridade se dividiu em ambos. Tomaram ambos por empresa o remédio do gênero humano enfermo: João de uma parte, curando o corpo; Inácio de outra parte, curando a alma; João, com o nome de Deus, que formou o barro; Inácio, com o nome de Jesus, que reformou o espírito. Não falo naquele grande prodígio da nossa idade, a Santa Madre Teresa de Jesus, porque veio ao mundo depois de S. Inácio. Mas assim como Deus, para dar semelhante a Adão, do lado do mesmo Adão formou a Eva, assim, para dar semelhante a S. Inácio, do lado do mesmo S. Inácio formou a Santa Teresa. O texto desta gloriosa verdade é a mesma santa. Assim o deixou escrito de sua própria mão, afirmando que do espírito de S. Inácio formou parte do seu espírito, e do instituto de S. Inácio parte do seu Instituto[16]. E este foi o modo maravilhoso com que o patriarca S. Inácio veio a sair semelhante sem semelhante. Semelhante, porque tomou os gêneros; sem semelhante, porque acrescentou as diferenças. Semelhante, porque imitou a semelhança de cada um; sem semelhante, porque uniu em si as semelhanças de todos. "E vós semelhante aos homens".

§ VI

Tenho acabado as duas partes do meu discurso, mas temo que não falte quem me argua de que nesta última excedi os limites dele, porque as diferenças que acrescentei às semelhanças parece que desfazem as mesmas semelhanças. Comparei Santo Inácio com os patriarcas santíssimos das outras religiões sagradas, e na mesma comparação parece que introduzi, ou distingui, alguma vantagem, mas isso é o que eu nego. Ainda que faço de meu santo patriarca a estimação que devo e sua santidade merece, e ainda que sei as licenças que concede o dia próprio ao encarecimento dos louvores dos santos, conheço porém, e reconheço, que nem eu podia pretender tal vantagem, nem desejar-lhe maior grandeza que a semelhança de tão esclarecidos exemplares, e isso é o que só fiz. Digo pois, e protesto, que as diferenças que ponderei, posto que pareçam vantagens, não são mais que semelhanças; antes acrescento que nenhuma delas fora semelhança se não tivera alguma coisa de vantagem, porque essa é a prerrogativa dos que vieram primeiro. S. Inácio veio depois, e muito depois daqueles gloriosíssimos patriarcas; e quem vem depois, se não excede, não iguala; se não é mais que semelhante, não é semelhante.

Nos capítulos 44 e 45 do Eclesiástico, faz o texto sagrado um elogio geral de todos os patriarcas antigos, começando desde Enoc. E chegando a Moisés diz assim: "O fez semelhante em glória aos santos" (Eclo 45,2). Fê-lo Deus semelhante aos outros santos na glória de suas obras. Este é o elogio de Moisés, que não só parece moderado e curto, senão muito inferior e quase indigno da fama e das ações de um herói tão singularmente grande. Se lermos as histórias dos antigos patriarcas, acharemos que as ações e as maravilhas de Moisés excederam quase incomparavelmente às de todos os passados. Não me detenho em o demonstrar, porque fora matéria muito dilatada, e me mortifico assaz em não fazer um paralelo de Moisés com S. Inácio. Um que falava com Deus "Face a face" (Gn 32,30); outro que a viu tantas vezes. Um, legislador famoso; outro, singularíssimo legislador. Um, conquistador da Terra de Promissão; outro, conquistador de novos mundos. Um, domador do Mar Vermelho; outro, do oceano e de tantos mares. Um que cedeu a glória de seus trabalhos a Josué; outro, a Jesus. Um que tirou do cativeiro seiscentas mil famílias; outro, famílias, cidades e reinos sem conta. Um, que pelo zelo das almas não duvidou em ser riscado dos livros de Deus; outro, que não ficou atrás em semelhante excesso. Pois se Moisés excedeu tanto as glórias dos outros patriarcas, como não diz a Escritura que lhes foi avantajado, senão somente semelhante: "O fez semelhante em glória aos santos"? Tudo isto não avançou mais que a fazer uma semelhança? Não. Porque os outros patriarcas foram primeiro, Moisés veio depois; e ainda que excedesse muito aos primeiros não chegou mais que a ser semelhante. Se não excedera, fora menor; porque excedeu, foi igual. O excesso fez a semelhança; a maioria, a igualdade. De todos os patriarcas das sagradas religiões, só um temos na Escritura, que é Elias. S. João Batista foi o maior dos nascidos, e essa maioria, comparada com Elias, onde o chegou? Não a ser maior que Elias, senão a ser como ele: "Veio João Batista no espírito e virtude de Elias" (Lc 1,17). Os que vêm depois, comparados com os que vieram antes, não se medem tanto por tanto, senão tanto por mais. Se fizestes mais, sois igual: se fizestes tanto, sois menos.

E qual é a razão deste modo de medir, que verdadeiramente parece desigual? O igual ficar menor, e o maior ficar igual, não é desigualdade? Não, quando a comparação se faz com os que foram primeiro, porque essa é a prerrogativa da prioridade. Os primeiros sempre têm a vantagem de ser primeiros, e esta primazia, ou prioridade, tem de si mesma tal excelência, que comparada entre igual e igual, sempre fica superior, e é necessário que a mesma igualdade se supra com algum excesso, para não ser, ou parecer, menos que igualdade. Não há, nem se pode conceber maior desigualdade, que a das Pessoas Divinas. Vede agora o que fez a Segunda Pessoa, não para ser, mas para provar que é igual à primeira: "Não julgou uma usurpação o ser igual a Deus, mas aniquilou-se a si mesmo tomando a forma de servo" (Fl 2,6s). Sendo o Verbo, diz S. Paulo, imagem substancial do Pai e igual a ele em tudo, para mostrar que esta desigualdade era sua, e não alheia; própria, e não roubada; natural, verdadeira, e não fingida, tomou a forma de servo: fez-se homem, padeceu e remiu o mundo. Esta consequência de S. Paulo tem dado muito que entender a todos os padres e expositores. Porque, para o Verbo mostrar a igualdade que tem com o pai, parece que se havia de deixar estar à sua destra no mesmo trono, e para mostrar que era imagem e vera efígie sua, como leu Tertuliano[17], parece que como espelho do mesmo Pai havia de retratar em si mesmo todas as suas ações somente, e nenhuma outra. Se o Pai criou o mundo, crie-o também, como criou, o Filho; se governa, governe; se decreta, decrete; se manda, mande. E se o Pai se não fez homem, nem remiu o mundo, não seja ele também homem, nem Redentor, porque tomar o Filho outra forma, isto é, a forma humana, que o Pai não tomou, e fazer o que ele não fez, parece que era desigualar a igualdade, e desfazer a proporção, e mudar a semelhança de verdadeira e perfeita imagem. Pois se o Verbo se quer mostrar igual, por que se desiguala? Se se quer mostrar semelhante, por que se desassemelha, e por que faz o que o Pai não fez? Porque o Pai era a primeira pessoa, e o Filho a segunda, e para se mostrar igual e semelhante, havia de fazer mais. No Pai não há prioridade de tempo nem de natureza, mas há prioridade de origem: o pai é a primeira fonte da divindade, de quem o Filho a recebeu; o pai é o primeiro exemplar de quem o Filho é imagem; enfim, o Pai é a primeira pessoa e o Filho a segunda: e é tal a prerrogativa da prioridade, qualquer que seja, ainda que não seja, nem possa ser maioria, que para o Verbo mostrar ao mundo a inteireza da sua igualdade e a perfeição da sua semelhança, foi conveniente que fizesse mais do que o Pai fizera. Desta maneira, a nosso modo de entender, supriu o Verbo com o excesso das ações a prioridade da origem, e proporcionou a prerrogativa do exemplar com os novos resplendores da semelhança. E se isto foi decente e conveniente na igualdade de Deus entre a segunda pessoa e a primeira, bem se vê quão necessário será na desigualdade dos homens. Excedeu o Batista a Elias para lhe ser igual; excedeu Moisés aos outros patriarcas para lhes ser semelhante. Logo, ainda que Santo Inácio pareça que excedeu aos exemplares santíssimos que imitou, necessariamente havia de ser assim, sendo eles primeiro, para que no excesso ficasse proporcionada a igualdade, e na diferença a semelhança: "E vós semelhantes aos homens".

§ VII

Acabemos com o fim. O fim para que Deus ajuntou em S. Inácio as semelhanças e perfeições de todos os santos, foi para que neste grande santo achássemos juntos o que nos outros santos se acha dividido. Santo Inácio, se bem se consideram os princípios e fins de sua vida, foi o fruto do *Flos Sanctorum*[18]. O *Flos Sanctorum* era a Flor, S. Inácio foi o fruto. Se de todas as flores se compusesse uma só flor, esta flor havia de ter o cheiro de todas as flores; e se desta flor nascesse um fruto, este fruto havia de ter os sabores de todos os frutos. E esta maravilha fez Deus em Santo Inácio. O livro foi a flor, ele o fruto; um fruto que contém em si todos os sabores; um santo que sabe a tudo o que cada um deseja e há mister. O maná era semelhante sem semelhante: semelhante, porque tinha o sabor de todos os manjares; sem semelhante, porque nenhum manjar sabia a tudo como ele. Por isso se chamou *maná*, ou *manhu* (Ex 16,15), que quer dizer: "Que é isto?" E a esta pergunta se respondia: é tudo o que quiserdes. O mesmo digo eu de Santo Inácio. Tudo o que quiserdes, tudo o que desejardes, tudo o que houverdes mister, achareis neste santo, ou neste compêndio de todos os santos. Essa foi a razão por que ordenou a Providência divina que concorressem e se ajuntassem neste grande exemplar tanta diversidade de estados, de exercícios, de fortunas. Nasceu fidalgo, foi cortesão, foi soldado, foi mendigo, foi peregrino, foi preso, foi estudante, foi graduado, foi escritor, foi religioso, foi pregador, foi súdito, foi prelado, foi legislador, foi mestre de espírito, e até pecador foi em sua mocidade; depois, arrependido, penitente e santo. Para quê? Para que todos achem tudo em Santo Inácio: "Fiz-me tudo para todos" (1Cor 9,22). O fidalgo achará em Santo Inácio uma ideia da verdadeira nobreza; o cortesão, os primores da verdadeira polícia; o soldado, os timbres do verdadeiro valor. O pobre achará em Santo Inácio que o não desejar é mais certa riqueza; o peregrino, que todo o mundo é pátria; o perseguido, que a perseguição é o caráter dos escolhidos; o preso, que a verdadeira liberdade é a inocência. O estudante achará em Santo Inácio o cuidado sem negligência; o letrado, a ciência sem ambição; o pregador, a verdade sem respeito; o escritor, a utilidade sem afeite. O religioso achará em Santo Inácio a perfeição mais alta; o súdito, a obediência mais cega; o prelado, a prudência mais advertida; o legislador, as leis mais justas. O mestre de espírito achará em Santo Inácio muito que aprender, muito que exercitar, muito que ensinar, e muito para onde crescer. Finalmente o pecador, por mais metido que se veja no mundo e nos enganos de suas vaidades, achará em Santo Inácio o verdadeiro norte de sua salvação: achará o exemplo mais raro da conversão e mudança de vida; achará o espelho mais vivo da resoluta e constante penitência e achará o motivo mais eficaz da confiança em Deus e na sua misericórdia, para pretender, para conseguir, para perseverar e para subir ao mais alto cume da santidade e graça, com a qual se mede a glória.

SERMÃO DA
Terceira Dominga da Quaresma

*Na Capela Real.
Ano 1655.*

∾

"Depois de ter expulsado o demônio, o mudo falou,
e se admiraram as gentes."
(Lc 11,14)

---

*Em 1655, depois de pregar na mesma Capela Real, o Sermão da Sexagésima e antes de
regressar ao Maranhão com plenos poderes para resolver a questão dos aldeamentos dos índios,
Vieira se propõe pregar uma antiguidade: a Confissão, mas de maneira nova, a saber a confissão
das confissões. E começa com um exame particular de consciência, acomodado ao auditório:
o exame de um ministro cristão. E para facilitar o discurso e a memória utiliza os clássicos tópicos:
Quem? O quê? Onde? Com que meios? etc. Aí se apresentam os ministros universais
que acumulam ofícios; os onipotentes que criam e predestinam sem maiores considerações;
ministros enviados para longe que hão de ser sujeitos de maior confiança e de maiores virtudes;
ministros que se servem de certidões, informações, decretos etc. Falsificadas, danosas, enfeitadas,
apagadas. Por quê? Por dinheiro que tudo pode e tudo vence. Por amizades, recomendações,
respeito etc. Como? Por que modos? É o labirinto mais intricado das consciências.
Esaú e Jacó nos ensinam muito a esse respeito. Quando? Quando fazem os ministros o que fazem?
E quando fazem o que devem fazer? A dilação sem despacho causa três males:
o do dinheiro, que se gasta; o do tempo que se perde, e o dos passos que multiplicam.*

---

§ I

Quando ou as cortes eram mais cristãs, ou os pregadores menos de corte; quando se fazia menos caso da graça dos ouvintes, para que eles só fizessem caso da graça de Deus; quando a doutrina que se tirava do Evangelho eram verdades sólidas e evangélicas, e não discursos vãos e inúteis; quando finalmente as vozes dos precursores de Cristo chamavam os pecadores ao Jordão e os levavam às fontes dos sacramentos, o argumento comum deste Evangelho e a matéria utilíssima deste dia era a confissão. Esta antiguidade determino desenterrar hoje; esta velhice determino pregar; e só me pesa que há de ser, ainda que eu não queira, com grande novidade.

O pior estado desta vida, e o mais infeliz de todos, é o do pecado. Mas se neste extremo de mal pode haver ainda outro mal maior, é o de pecado, e mudo. O mais desventurado homem, de que Cristo nos quis deixar um temeroso exemplo, foi aquele da parábola das bodas, a quem o rei, atado de pés e mãos, mandou lançar para sempre no cárcere das trevas. O rei era Deus, o cárcere o inferno, e o homem foi o mais desventurado de todos os homens, porque no dia e no lugar em que todos se salvaram, só ele se condenou. E em que esteve a sua desgraça? Só em pecar? Não, porque muitos depois de pecar se salvaram. Pois em que esteve? Em emudecer depois de pecar. Estranhou-lhe o rei o descomedimento de se assentar à sua mesa, e em tal dia, com vestido indecente; e ele, em vez de solicitar o perdão da sua culpa confessando-a, confirmou a sua condenação emudecendo. "E ele emudeceu" (Mt 22,12). E ele, diz o evangelista, emudeceu. — Aqui esteve o remate da desgraça. Mais mofino em emudecer que em pecar, porque, cometido o pecado, tinha ainda o remédio da confissão; mas emudecida a confissão, nenhum remédio lhe ficava ao pecado. Pecar é enfermar mortalmente; pecar é emudecer, é cair na enfermidade e renunciar o remédio. Pecar é fazer naufrágio o navegante; pecar e emudecer é ir-se com o peso ao fundo, e não lançar mão da tábua em que se pode salvar. Pecar é apagarem-se as alâmpadas às virgens néscias; pecar e emudecer é apagar-se-lhes as alâmpadas e fechar-se-lhes a porta. O pecado tem muitas portas para entrar e uma só para sair, que é a confissão. Pecar é abrir as portas ao demônio para que entre à alma; pecar e emudecer é abrir-lhe as portas para que entre, e cerrar-lhe a porta para que não possa sair. Isto é o que em alegoria comum temos hoje no Evangelho. Um homem endemoninhado e mudo. Endemoninhado, porque abriu o homem as portas ao pecado; mudo, porque fechou o demônio a porta à confissão.

E que fez Cristo neste caso? Maior caso ainda! "Estava expelindo o demônio" (Lc 11,14). Não diz o evangelista que lançou Cristo o demônio fora, senão que o estava lançando. Achava Cristo repugnância; achava força, achava resistência, porque não há coisa que resista a Deus neste mundo, senão um pecador mudo. Tantas vozes de Deus aos ouvidos, e o pecador mudo? Tantos raios e tantas luzes aos olhos, e o pecador mudo? Tantas razões ao entendimento, tantos motivos à vontade, tantos exemplos e tão desastrados e tão repetidos à memória, e o pecador mudo? Que fez alfim Cristo? Aplicou a virtude de seu poder eficaz: bateu à porta; porque não bastou bater à porta, insistiu, apertou, venceu; saiu rendido o demônio e falou o mudo: "Depois de ter expulsado o demônio, o mudo falou". — Este foi o fim da batalha, glorioso para Cristo, venturoso para o homem, afrontoso para o demônio, maravilhoso para os circunstantes, e só para o nosso intento parece que menos próprio e menos airoso. Diz que primeiro saiu o demônio, e depois falou o mudo: "Depois de ter expulsado o demônio, o mudo falou". E nesta circunstância parece que se encontra a ordem do milagre com a essência do mistério. Na confissão, primeiro fala o mudo, e depois sai o demônio; primeiro se confessa o pecador, e depois se absolve o pecado. Logo, se neste milagre se representa mistério da confissão, primeiro havia de falar o mudo, e depois havia de sair o demônio. Antes não, e por isso mesmo: porque aqui não só se representa a confissão, senão a confissão perfeita; e a confissão perfeita não é aquela em que primeiro se confessa o pecado e depois se perdoa, senão aquela em que primeiro se perdoa, e depois se confessa.

Resolveu-se o pródigo a tornar para casa do pai e confessar sua culpa; e como bom penitente dispôs e ordenou primeiro a sua confissão: "Irei ao meu pai e lhe direi: pai, pequei contra o céu e diante de ti" (Lc 15,18). Feita esta primeira diligência, pôs-se a caminho; e estando "ainda muito longe", eis que subitamente se acha entre os braços do pai, apertando-o estreitamente neles, e chegando-o ao rosto com as maiores carícias: "E correndo, lançou-se-lhe ao pescoço e o beijou". — Então se lançou o pródigo a seus pés e fez a sua confissão como a trazia prevenida: "E o filho lhe disse: Pai, pequei contra o céu e diante de ti". — Pois agora, filho pródigo? Não era isso o que vós tínheis ensaiado. Enfim temos a comédia turbada. O pai saiu cedo, o filho falou tarde. Perderam as figuras as deixas, erraram a história, trocaram o mistério. Esta história do pródigo não é a comédia, ou o ato sacramental da confissão? Sim. Logo, primeiro havia o pródigo de lançar-se aos pés do pai e fazer o papel da sua confissão, como a trazia estudada, e depois havia o pai de lançar-lhe os braços, e restituí-lo à sua graça. Pois por que se troca toda a ordem, e primeiro lhe lança os braços o pai, e depois se confessa o filho? Porque representavam ambos não só o ato sacramental da confissão, senão da confissão perfeitíssima. Na confissão menos perfeita, primeiro se confessa o pecado, e depois se recebe a graça; na confissão perfeitíssima primeiro se recebe a graça, e depois se confessa o pecado. A confissão menos perfeita começa pelos pés de Deus e acaba pelos braços; a confissão perfeitíssima começa pelos braços e acaba pelos pés, como aconteceu ao pródigo. A razão é clara, porque a confissão perfeitíssima é aquela em que o pecador vai aos pés de Deus verdadeiramente contrito e arrependido de seus pecados. Vai verdadeiramente contrito e arrependido? Logo já vai em graça, já vai perdoado, já vai absolto. E esta é a confissão que hoje temos no milagre do Evangelho. Confissão em que primeiro se recebe a graça e depois se confessa o pecado; confissão em que primeiro sai o demônio e depois fala o mudo: "Depois de ter expulsado o demônio, o mudo falou".

Se não houvera no mundo mais modos de confissões que estes dois que tenho dito, não me ficava a mim para fazer hoje mais que seguir, como dizia, as pisadas dos nossos pregadores antepassados, e exortar à frequência deste sacramento e à confissão e arrependimento dos pecados. Mas se me não engano, ainda há outro modo de confissão, e mui própria da corte. Deve ser como os trajos: confissão à la moda. Dissemos que havia confissão em que primeiro sai o demônio e depois fala o mudo, e confissão em que primeiro fala o mudo e depois sai o demônio. Ainda há mais confissão. E qual é?

confissão em que o mudo fala e o demônio não sai; confissão em que o mudo fala e o demônio fica. Judas quer dizer "confissão". E, assim como no apostolado de Cristo houve um Judas traidor e outro Judas santo, assim há hoje na Igreja confissões santas e confissões traidoras. Judas, o traidor, não foi traidor mudo; antes a boca e a língua foi o principal instrumento de sua traição. "Salve, mestre. E lhe deu um beijo" (Mt 26,49). Desta sorte são muitas das confissões que hoje vemos no mundo, e por isso eu há muito que me temo muito mais das confissões que dos pecados. É de fé que toda a verdadeira confissão causa graça na alma: nunca houve tanta frequência de confissões como hoje; contudo vemos muito poucos efeitos da graça. Qual será a causa disto: tanta confissão e tão pouca graça? Eu não sei a causa que é, mas sei a causa que só pode ser. A causa que só pode ser é que são confissões em que falam os mudos, mas não saem os demônios. A confissão bem-feita é sacramento, a malfeita é sacrilégio; a confissão bem-feita tira todos os pecados, a malfeita acrescenta mais um pecado; a confissão bem-feita lança o demônio fora, a malfeita mete-o mais dentro. E se cada dia vos vemos mais entrados e mais penetrados do demônio, que fé quereis que tenhamos nas vossas confissões? Ora, eu hoje hei de tratar da confissão como prometi. Mas, porque o remédio se deve aplicar conforme a chaga, não hei de tratar da confissão dos pecados, senão da confissão das confissões. Eis aqui a velhice e a novidade do assunto que trago hoje. Não vos hei de exortar a que confesseis os pecados, senão a que confesseis as confissões. Os escrúpulos que a isto me movem irei discorrendo em um exame particular. Eu farei o exame, para que vós façais a confissão; eu serei o escrupuloso, para que vós sejais os confessados.

Mas como a matéria é tanto das portas adentro da alma, e poderia parecer temeridade e querê-la julgar de fora, direi primeiro qual é a minha tenção em tudo o que disser. Este milagre do diabo mudo fez diferentes efeitos nos ânimos dos presentes. Houve quem louvou, houve quem condenou e houve quem admirou. Uma mulher devota louvou: "Bem-aventurado o ventre que te trouxe" (Lc 11,27). Os escribas e fariseus condenaram: "Ele expele os demônios em virtude de Belzebu, príncipe dos demônios" (Lc 11,15). As turbas, a gente do povo admirou: "E se admiraram as gentes". A estes últimos me hei de acostar hoje. Não hei de ser dos que louvam, nem hei de ser dos que condenam; só hei de ser dos que admiram. As vossas confissões, vistas a uma luz, parece que têm que louvar; vistas a outra luz, parece que têm que condenar: eu nem as louvarei, nem as condenarei; somente me admirarei delas. Estas minhas admirações são as que haveis de ouvir. Não será o sermão admirável, mas será admirativo: "E se admiraram as gentes".

§ II

"Depois de ter expulsado o demônio, o mudo falou, e se admiraram as gentes". Hão-se de confessar as confissões, como dizíamos, e as confissões que se hão de confessar são aquelas em que o mudo fala e o demônio fica. Mas como pode ser, falando em termos de confissão, que o demônio fique, se o mudo fala? No material das palavras temos a resposta: "Falou o mudo". Se ele falou, como lhe chamam mudo? Porque na confissão há homens que ainda depois de falar são mudos. Falam pelo que dizem, e são mudos pelo que calam; falam pelo que declaram, e são mudos pelo que dissimulam;

falam pelo que confessam, e são mudos pelo que negam. Fez o Batista aquela sua famosa confissão, posto que confissão em outro gênero, e diz o evangelista: "Confessou, e não negou, e confessou" (Jo 1,20). — Notável duplicação de termos! Se tinha dito que confessou, por que acrescenta que não negou: "Confessou, e não negou"? E depois de dizer que confessou e não negou por que torna a repetir que confessou: "Confessou, e não negou, e confessou"? Não bastava dizer que confessou? Não: porque nem todo o confessar é confessar. Quem confessa e nega não confessa; só confessa quem confessa sem negar. E porque João confessou e não negou, por isso diz o evangelista que confessou: "Confessou, e não negou, e confessou". Ah! quantas confissões negadas! Ah! quantas confissões não confessadas se absolvem sem absolvição neste sacramento! Virá o dia do Juízo. Virá o dia daquele grande cadafalso do mundo: quantos se verão ali confessos e negativos; confessos e diminutos; confessos e não confessos, e por isso condenados?

Admirável coisa é ver muitos pecados como se fazem, e ouvir como se confessam! Vistos fora da confissão, e em si mesmos, são pecados e graves pecados; ouvidos na confissão, e com as cores de que ali se revestem, ou não parecem pecados, ou parecem virtudes. Seja exemplo, para que nos acomodemos ao lugar, o pecado e a confissão de um grande ministro.

Trataram os hebreus de ter um Deus, ou um ídolo, que em lugar de Moisés os guiasse pelo deserto. Vão se ter com Arão, e dizem-lhe: "Fazei-nos deuses, que nos precedam" (Ex 32,1): Arão, fazei-nos um deus, ou uns deuses, que vão diante de nós. — Arão neste tempo era supremo ministro eclesiástico e secular, porque em ausência de Moisés ficara com o governo do povo, e como cabeça espiritual e temporal tinha dobrada obrigação de não consentir com os intentos ímpios dos idólatras, e de os repreender e castigar como um atrevimento tão sacrílego merecia; e de defender e sustentar a fé, a religião, o culto divino; e quando mais não pudesse dar a vida, e mil vidas, em sua defesa. Isto é o que Arão tinha obrigação em consciência de fazer. Mas que é o que fez? Ide advertindo as palavras, porque todas importam muito para o caso. Respondeu Arão, em consequência da proposta daquela gente, que fossem às suas casas, que tirassem as arrecadas das orelhas a suas mulheres, a suas filhas e a seus filhos, conforme o uso da Ásia, e que lhas trouxessem todas: "Arrancai os brincos de ouro das orelhas de vossas esposas, filhos e filhas, e trazei-mos". Trazidas as arrecadas, tomou-as Arão, derreteu o ouro, e feitas suas formas segundo a arte fundiu e fez um bezerro: "Ele as tomou e formou o ouro com um buril e fez dele um bezerro de fundição". — Tanto que apareceu acabada a nova imagem, aclamaram logo todos em presença de Arão, que aquele era o Deus que os tinha livrado do cativeiro do Egito. E por se não mostrar menos religioso, o sacerdote supremo: "Edificou um altar diante dele e exclamou: amanhã haverá festa ao Senhor". Edificou Arão um altar, pôs sobre ele o ídolo, e mandou lançar pregão por todos os arraiais, que no dia seguinte se celebrava a festa do Senhor, chamando Senhor ao bezerro. Há ainda mais blasfêmias e mais indignidades? Ainda. "No dia seguinte madrugaram, e ofereceram holocaustos e ofertas pacíficas, e o povo assentou-se a comer, depois levantaram para divertir-se". Amanheceu o dia soleníssimo, fizeram os sacerdotes muitos sacrifícios, seguiram-se aos sacrifícios banquetes e aos banquetes, festas e danças: tudo em honra e louvor do novo deus. Até aqui, ao pé da letra, a primeira parte da história.

Pergunto agora: E se Arão houvesse de confessar este pecado, parece-vos que tinha bem que confessar? Pois assim aconteceu. Houve de confessar o seu pecado Arão; confessou-o, mas vede como o confessou, que é muito para ver e para aprender. Desceu Moisés do monte no mesmo ponto em que se estavam fazendo as festas; vê o ídolo, acende-se em zelo, abomina o caso, argui a Arão de tudo o sucedido: "Que te fez este pobre povo, para o fazeres réu diante de Deus do maior de todos os crimes?". — Confessou Arão a sua culpa, e confessou-a por estes termos: "Vós, Senhor, sabeis que este povo é inclinado ao mal." "Disseram-me: faze-nos deuses que nos precedam". — Agora vai a confissão. Ide-vos lembrando de tudo o que temos dito. — "Perguntei quem tinha ouro. Foram buscá-lo e trouxeram-me e eu o lancei no fogo e saiu este bezerro". — Há tal confissão? Há tal verdade? Há tal caso no mundo? Vinde cá, Arão: estai a contas comigo diante de Deus. Vós não mandastes a todos estes homens (mandado lhe chama o texto: "O povo fez o que mandara"). Vós não mandastes a todos estes homens que fossem buscar as arrecadas de ouro de suas mulheres, de suas filhas e de seus filhos, e que lhas tirassem das orelhas, e vo-las trouxessem? Pois como agora na confissão dizeis que perguntastes somente quem tinha ouro: "Perguntei quem tinha ouro". Mais. Vós não tomastes o ouro, não o derretestes, não o fundistes, não o formastes e fizestes o bezerro: "Formou o ouro com um buril e fez dele um bezerro de fundição"? Pois como dizeis agora na confissão que lançastes o ouro no fogo, e que o ídolo se fez a si mesmo, e não vós a ele: "Lancei-o no fogo e saiu este bezerro"? Mais ainda. Vós não fabricastes o altar? Não pusestes nele o ídolo? Não lhe dedicastes dia santo? Não lhe chamastes Senhor? Não lhe fizestes, ou mandastes fazer, sacrifícios, holocaustos, banquetes, jogos, festas? Pois como na confissão agora calais tudo isto, e não se vos ouve nem uma só palavra em matérias de tanto peso? Eis aqui como dizem os pecados com as confissões, e as confissões com os pecados! E assim confessou os seus o maior ministro eclesiástico e secular do povo de Deus.

Falou Arão no que disse, e foi mudo no que calou: "O mudo falou". Mas notai que, se fez grande injúria à pureza da confissão no que calou, muito maior injúria lhe fez no que disse, pelo modo com que o disse: porque, no que calou, calou pecados; no que disse, fez de pecados virtudes. Que é que calou Arão? Calou o altar, que levantara ao ídolo; a adoração que lhe dera; o nome do Senhor com que o honrara; os pregões, o dia solene, as ofertas, os sacrifícios, as festas; e sobretudo abrir a primeira porta e dar princípio às idolatrias do povo de Israel, que duraram com infinitos castigos por mais de dois mil anos. São boas venialidades estas, para se calarem na confissão? Pois isto é o que calou Arão. E que é o que confessou, ou como o confessou? O que confessou foi o seu pecado; mas o modo com que o confessou foi tão diverso que, sendo o maior pecado, parecia a maior virtude. De maneira que, se Deus não tivesse revelado a Moisés o que passava, pudera Moisés por esta confissão de Arão pô-lo no mesmo altar que ele tinha edificado. O que Arão disse a Moisés foram estas palavras formais: "Pediram-me que lhes fizesse um ídolo; perguntei-lhes se tinham ouro. Trouxeram-mo, e eu arremessei-o no fogo". — Olhai como referiu a história! Olhai como despintou a ação! Olhai como enfeitou o pecado! Pedir o ouro para fazer o ídolo, e derretê-lo, e fundi-lo, e formá-lo, e expô-lo para ser adorado, isso não era só concorrer para a idolatria, mas ser autor e dogmatista dela. E isto é o que fez Arão. Pelo contrário, pedir o ouro de que o povo cego queria se formasse o ídolo, e arremessá-lo no fogo, era pôr o fogo à idolatria; era abrasá-la, era queimá-la, era fazê-la em pó e em cinza. E isto é o que Arão confessou que fizera. Julgai agora se têm muito que confessar semelhantes confissões? E se são boas para lançar o demônio fora da alma, ou para o meter mais dentro. Falo da confissão de Arão: cada um examine as suas. Se as vossas confissões são como a de Arão, têm muito que condenar; se são como as do Batista, têm muito que louvar. Mas eu nem louvo com Marcela[1], nem condeno com os fariseus; admiro-me somente com as turbas: "E se admiraram as gentes".

§ III

Suposto pois que há confissões que merecem ser confessadas, bem será que desçamos com a nossa admiração a fazer um exame particular delas, para que cada um conheça melhor os defeitos das suas. E para que o exame se acomode ao auditório não será das consciências de todos os estados, senão só dos que têm o estado à sua conta. Será um confessionário geral de um ministro cristão. Os teólogos morais reduzem ordinariamente este modo de exame a sete títulos: "Quem? O quê? Onde? Com que meios? Por quê? Por que modo? Quando?" A mesma ordem seguiremos: eu para maior clareza do discurso; vós para maior firmeza de memória. Deus nos ajude.

"Quem?" Quem sou eu? Isto se deve perguntar a si mesmo um ministro, ou seja Arão secular, ou seja Arão eclesiástico. Eu sou um desembargador da casa da suplicação, dos agravos, do paço. Sou um procurador da coroa. Sou um chanceler-mor. Sou um regedor da justiça. Sou um conselheiro de Estado, de guerra, do ultramar, dos três estados. Sou um vedor da fazenda. Sou um presidente da câmara, do paço, da mesa da consciência. Sou um secretário de Estado, das mercês, do expediente. Sou um inquisidor. Sou um deputado. Sou um bispo. Sou um governador de um bispado, etc. Bem está: já temos o ofício, mas o meu escrúpulo, ou a minha admiração, não está no ofício, senão no um. Tendes um só destes ofícios, ou tendes muitos? Há sujeitos na nossa corte que têm lugar em três e quatro tribunais: que têm quatro, que têm seis, que têm oito, que têm dez ofícios. Este ministro universal não pergunto como vive, nem quando vive? Não pergunto: como acode a suas obrigações, nem: quando acode a elas? Só pergunto: como se confessa? Quando Deus deu forma ao governo do mundo, pôs no céu aqueles dois grandes planetas, o sol e a lua, e deu a cada um deles uma presidência: ao sol, a presidência do dia: "Luzeiro maior que presidisse ao dia" (Gn 1,16), e à lua a presidência da noite: "Luzeiro menor que presidisse à noite". E por que fez Deus esta repartição? Porventura por que se não queixasse a lua e as estrelas? Não: porque com o sol ninguém tinha competência, nem podia ter justa queixa. Pois, se o sol tão conhecidamente excedia a tudo quanto havia no céu, por que não proveu Deus nele ambas as presidências? Por que lhe não deu ambos os ofícios? Porque ninguém pode fazer bem dois ofícios, ainda que seja o mesmo sol. O mesmo sol, quando alumia um hemisfério, deixa o outro às escuras. E que haja de haver homem com dez hemisférios, e que cuide, ou se cuide, que em todos pode alumiar? Não vos admiro a capacidade do talento; a da consciência sim.

Dir-me-eis, como doutos que deveis ser, que no mesmo tempo em que Deus deu uma só presidência e um só hemisfério ao sol, deu três presidências e três hemisférios a Adão. Uma presidência no mar, para que governasse os peixes; outra presidência no ar, para que governasse as aves; outra presidência na terra, para que governasse os outros animais: "Para que presidisse aos peixes do mar, e às aves do céu, e aos animais e a toda a terra" (Gn 1,26). E o mesmo é governar a animais que governar a homens? E o mesmo é o estado da inocência, em que então estava Adão, e o estado da natureza corrupta e corruptíssima em que estamos hoje? Mas, quando tudo fora igual, o exemplo nem faz por vós, nem contra mim. Por vós não, porque naquele tempo não havia mais que um homem no mundo, e era força que ele tivesse muitos ofícios. Contra mim não, antes muito por mim, porque Adão com esses ofícios, bem se vê a boa conta que deles deu (Gn 3,23)[2]. Não eram passadas vinte quatro horas em que Adão servia os três ofícios, quando já tinha perdido os ofícios, e perdido o mundo, e perdido a si, e perdido a nós. Se isto aconteceu a um homem que saía flamante das mãos de Deus, com justiça original e com ciência infusa, que será aos que não são tão justos, nem tão cientes, e aos que têm outros originais e outras infusões? Não era cristão Platão, e mandava na sua república que nenhum oficial pudesse aprender duas artes[3]. E a razão que dava era: porque nenhum homem pode fazer bem dois ofícios. Se a capacidade humana é tão limitada que para fazer este barrete são necessários oito homens de artes e ofícios diferentes: um que crie a lã, outro que a tosquie, outro que a carde, outro que a fie, outro que a teça, outro que a tinja, outro que a tose, e outro que a corte e a cosa; se nas cidades bem ordenadas o oficial que molda o ouro não pode lavrar a prata; se o que lavra a prata não pode bater o ferro; se o que bate o ferro não pode fundir o cobre; se o que funde o cobre não pode moldar o chumbo nem tornear o estanho no governo dos homens, que são metais com uso de razão, no governo dos homens, que é a arte das artes, como se hão de ajuntar em um só homem, ou se hão de confundir nele, tantos ofícios? Se um mestre com carta de examinação dá má conta de um ofício mecânico, um homem, que muitas vezes não chegou a ser obreiro, como há de dar boa conta de tantos ofícios políticos? E que não faça disto consciência este homem? Que se confesse pela quaresma, e que continue a servir os mesmos ofícios, ou a servir-se deles depois da Páscoa? Isto me admira!

Em semelhantes obrigações se viu metida uma hora a Alma Santa: mas vede como ela confessou a sua insuficiência, e depôs o seu escrúpulo: "Puseram-me por guarda das vinhas, e não guardei a minha vinha" (Ct 1,6). Pois ao menos, Alma Santa, a vossa vinha, por vossa, por que a não guardastes? Porque a quem entregam muitas vinhas não pode guardar nenhuma. Assim o confessa uma alma que se quer salvar. Confessou a sua insuficiência, e confessa a sua culpa. Se alguém parece que pudera ter desculpa em tal caso, era essa alma, pelo que ela mesma diz: "Puseram-me". — Ainda quando vos pusessem nesses ofícios, tínheis obrigação de depor os ofícios e confessar os erros. E que será quando vós sois o que vos pusestes neles, o que os pretendestes, o que buscastes, o que os subornastes, e o que porventura os tirastes a outrem para os pôr em vós? Moisés, aquele grão-ministro de Deus e da sua república, metendo-lhe o mesmo Deus na mão a vara, e mandando-o que fosse libertar o povo, respondeu: "Quem sou eu para que vá ao faraó?" (Ex 3,11). E quem sou eu, Senhor, ou que capacidade há em mim para esta comissão? — "Mandai a quem haveis de enviar" (Ex 4,14). Mandai a quem vos possa servir como convém. — Oh! ministro verdadeiramente de Deus! Antes de aceitar o cargo, representou a insuficiência; e para que se visse que esta representação era consciência e não cortesia, repugnou uma e outra vez, e não aceitou senão depois que Deus lhe deu Arão por adjunto. Tinha já Moisés muitos anos de governo do povo, muitas más e muita experiência; tornou a fazer outra proposta a Deus, e quero referir os termos do memorial, para que se veja quão apertados foram: "Não posso sustentar todo esse povo" (Nm 11,14). Eu, Senhor, não posso só com o peso do governo deste povo. — "Se te parece o contrário, peço-vos: matai-me e encontrarei graça aos teus olhos". E quando vossa divina majestade não for servido de me aliviar, peço e protesto a vossa divina majestade me tire a vida, e receberei nisso muito grande mercê. — Não pediu o ofício para toda a vida, nem para muitas vidas; senão que lhe tirasse a vida só para não ter o ofício, e com muita razão, porque melhor é perder o ofício e a vida que reter o ofício e perder a consciência. E que fez Deus neste caso? Mandou a Moisés que escolhesse setenta anciãos dos mais prudentes e autorizados do povo; e diz o texto que tirou Deus do espírito de Moisés, e repartiu dele por todos os setenta: "E tirando do espírito que estava em Moisés o pôs sobre setenta anciãos" (Nm 11,25). Eis aqui quem era aquele homem que se escusou do ofício. De maneira que um homem que vale por setenta homens não se atreve a servir um só ofício? E vós, que vos fará Deus muita mercê, que sejais um homem, atreveis-vos a servir setenta ofícios? Não louvo, nem condeno: admiro-me com as turbas: "E se admiraram as gentes".

§ IV

O quê? Depois de o ministro examinar que ministro ou que ministros é, segue-se ver o que faz. Um dia do juízo inteiro era necessário para este exame. "O quê?" Que sentenças? Que despachos? Que votos? Que consultas? Que eleições? Mas pararemos nesta última palavra, que é a de maiores escrúpulos e a que envolve comumente todo "O quê?".

Não me atrevo a falar nesta matéria senão por uma parábola, e ainda esta não há de ser minha, senão do profeta Isaías. Foi um homem ao mato, diz Isaías, ou fosse escultor de ofício, ou imaginário de devoção. Levava o seu machado ou a sua acha às costas, e o seu intento era ir buscar um madeiro para fazer um ídolo. Olhou para os cedros, para as faias, para os pinhos, para os ciprestes; cortou donde lhe pareceu um tronco, e trouxe-o para casa. Partido o tronco em duas partes, ou em dois cepos, a um destes cepos meteu-lhe o machado e a cunha; fendeu-o em achas, fez fogo com elas, e aquentou-se, e cozinhou o que havia de comer. O outro cepo pôs-lhe a regra, lançou-lhe as linhas, desbastou-o, e tomando já o maço e o escopro, já a goiva e o buril, foi-o afeiçoando em forma humana. Alisou-lhe uma testa, rasgou-lhe uns olhos, afilou-lhe um nariz, abriu-lhe uma boca, ondeou-lhe uns cabelos ao rosto, foi-lhe seguindo os ombros, os braços, as mãos, o peito e o resto do corpo até os pés. E feito em tudo uma figura de homem, pô-lo sobre o altar e adorou-o. Pasma Isaías da cegueira deste escultor, e eu também me admiro dos que fazem o que ele fez. Um cepo, conhecido por cepo, feito homem e posto em lugar onde há de ser adorado? "Metade queimei e faria eu do resto um ídolo?" (Is 44,19). Duas metades do mesmo tronco, uma ao fogo, outra ao altar? Se são dois cepos, por que os não haveis de tratar ambos como cepos? Mas que um cepo haja de ter a fortuna de cepo, e vá em achas ao fogo, e que o outro cepo, tão madeiro, tão tronco, tão informe e tão cepo como o outro, o haveis de fazer à força homem, e lhe haveis de dar autoridade, respeito, adoração, divindade? Dir-me-eis que este segundo cepo, que está muito feito e que tem partes. Sim, tem, mas as que vós fizestes nele. Tem boca, porque vós lhe fizestes boca; tem olhos, porque vós lhe fizestes olhos; tem mãos e pés, porque vós lhe fizestes pés e mãos. E se não, dizei-lhe que ande com esses pés, ou que obre com essas mãos, ou que fale com essa boca, ou que veja com esses olhos. Pois se tão cepo é agora como era dantes, por que não vai também este para o fogo? Ou por que não vem também o outro para o altar? Há quem leve à confissão estas desigualdades? Há quem se confesse dos que fez e dos que desfez? A um queimastes, a outro fizestes, e de ambos deveis restituição igualmente. Ao que queimastes, deveis restituição do mal que lhe fizestes; ao que fizestes, deveis restituição dos males que ele fizer. Fizestes-lhe olhos, não sendo capaz de ver: restituireis os danos das suas cegueiras. Fizestes-lhe boca, não sendo capaz de falar: restituireis os danos das suas palavras. Fizestes-lhe mãos, não sendo capaz de obrar: restituireis os danos das suas omissões. Fizestes-lhe cabeça, não sendo capaz de juízo: restituireis os danos de seus desgovernos. Eis aqui o encargo de ter feituras. Então prezai-vos de poder fazer e desfazer homens? Quanto melhor fora fazer consciência dos que fizestes e dos que desfizestes!

Deus tem duas ações que reservou só para si: criar e predestinar. A ação de criar já os poderosos a têm tomado a Deus, fazendo criaturas de nada; a de predestinar, também lha vejo tomada neste caso: um para o fogo e outro para o altar. Basta que também haveis de ter precitos e predestinados! Se fostes precito, não sei de quê, fostes mofino: haveis de arder; se fostes seu predestinado, fostes ditoso: haveis de reinar.

E haverá algum destes onipotentes que se tenha acusado alguma hora deste pecado de predestinação? Acusado, não: escusado, sim. E por galante modo. Saiu fulano com tal despacho, saiu fulano com tal mercê. E o que fez a mercê, e o que fez o despacho, e o que fez fulano é o mesmo que isto diz. Se vós o fizestes, para que dizeis que saiu? O nosso Arão ao pé da letra. Que fez Arão, e que disse no caso do outro ídolo? O que Arão fez foi que fundiu e forjou, e formou o bezerro? "Formou, e fez dele um bezerro de fundição" (Ex 32,4). E o que o mesmo Arão disse foi que o bezerro saíra: "E saiu este bezerro". Saiu. — Pois se vós o fizestes, e se vós o fundistes, e se vós o forjastes, e vós o limastes, se é certo que vós pedistes o ouro das arrecadas, ou arrecadastes o ouro que não pedistes, por que dizeis que saiu: "Saiu?" Porque assim dizem os que fazem bezerros. São tais as vossas feituras que vos afrontais de dizer que vós as fizestes. Mas, já que as negais aos olhos dos homens, por que as não confessastes aos pés de Deus? Pois crede-me que o bezerro de ouro tem muito mais que confessar que ouro e bezerro. E que tem mais que confessar? Os danos particulares e públicos que dali se seguiram. Seguiu-se deste pecado quebrar Moisés as tábuas da lei escrita pela mão de Deus: "Arrojou da sua mão as tábuas, e as quebrou" (Ex 32,19). Seguiu-se ficar o povo pobre e despojado das suas joias, que eram o preço de quatrocentos anos de serviço seu e de seus antepassados no Egito: "Pois Arão o tinha despojado e o tinha deixado nu" (Ex 32,25). Seguiu-se morrerem naquele dia à espada a mãos de Moisés e dos levitas vinte e três mil homens: "E foram quase vinte e três mil homens os que caíram mortos" (Ex 32,28). Seguiu-se deixar Deus o povo e não o querer acompanhar nem assistir com sua presença, como até ali fizera: "Não subirei contigo, porque sois um povo de cerviz dura" (Ex 33,3). Seguiu-se querer Deus acabar para sempre o mesmo povo, como sem dúvida fizera se as orações de Moisés não aplacaram sua justa ira: "Deixa-me que o meu furor se acenda contra eles, e os consuma" (Ex 32,10). Seguiu-se finalmente e seguiram-se todos os outros castigos que Deus então lhes ameaçou e reservou para seu tempo, de que em muitas centenas de anos e de horrendas calamidades se não viram livres os hebreus: "Pois eu no dia da satisfação, visitarei neles o seu pecado" (Ex 32,34). Que vos parecem as consequências daquele pecado? Cuidais que não há mais que fazer um bezerro? Cuidais que não há mais que entronizar um bruto, ou seja cepo de pau ou cepo de ouro? As mesmas consequências se seguem dos indignos que vós fazeis e pondes nos lugares supremos. E se não, olhai para elas. As leis divinas e humanas quebradas; os povos despojados e empobrecidos; as mortes de homens a milhares, uns na guerra por falta de governo, outros na paz por falta de justiça, outros nos hospitais por falta de cuidado; sobretudo a ira de Deus provocada; a assistência de sua proteção desmerecida; as províncias, o reino, e a mesma nação inteira arriscada a uma extrema ruína, que se não fora pelas orações de alguns justos já estivera acabada; mas não estão ainda acabados os castigos. E sobre quem carrega o peso de todas estas consequências? Sobre aqueles que fazem e que sustentam os autores e causadores delas. "Eu vos criei, e eu vos sustentarei" (Is 46,4). Vós o fizestes, vós o pagareis. E que com esta carga às costas andem tão leves como andam? Que lhes não pese este peso na consciência? Que os não morda este escrúpulo na alma? Que os não inquiete, que os não assombre, que os não traga fora de si esta conta que hão de dar a Deus? E que sejam cristãos? E que se confessem? Mas não condeno, nem louvo: admiro-me com as turbas. "E se admiraram as gentes".

§ V

Onde? Esta circunstância: onde, tem muito que reparar em toda a parte, mas no Reino de Portugal muito mais, porque, ainda que os seus "ondes", dentro em si podem compreender-se facilmente, os que tem fora de si são os mais diversos, os mais distantes e os mais dilatados de todas as monarquias do mundo. Tantos reinos, tantas nações, tantas províncias, tantas cidades, tantas fortalezas, tantas igrejas catedrais, tantas particulares na África, na Ásia, na América, onde põe Portugal vice-reis, onde põe governadores, onde põe generais, onde põe capitães, onde põe justiças, onde põe bispos e arcebispos, onde põe todos os outros ministros da fé, da doutrina, das almas. E quanto juízo, quanta verdade, quanta inteireza, quanta consciência é necessária para distribuir bem estes ondes, e para ver onde se põe cada um? Se pondes o cobiçoso onde há ocasião de roubar, e o fraco onde há ocasião de defender, e o infiel onde há ocasião de renegar, e o pobre onde há ocasião de desempobrecer, que há de ser das conquistas e dos que com tanto e tão honrado sangue as ganharam? Oh! que os sujeitos que se põem nestes lugares são pessoas de grande qualidade e de grande autoridade: fidalgos, senhores, títulos! Por isso mais. Os mesmos ecos de uns nomes tão grandes em Portugal parece que estão dizendo onde se hão de pôr. Um conde? Onde? Onde obre proezas dignas de seus antepassados; onde despenda liberalmente o seu com os soldados e beneméritos; onde peleje; onde defenda, onde vença, onde conquiste, onde faça justiça; onde adiante a fé e a cristandade; onde se honre a si, e à pátria, e ao príncipe que fez eleição de sua pessoa. E não onde se aproveite e nos arruíne; onde se enriqueça a si e deixe pobre o Estado; onde perca as vitórias e venha carregado dos despojos. Este há de ser o onde: "Onde?"

E quanto este onde for mais longe, tanto hão de ser os sujeitos de maior confiança e de maiores virtudes. Quem há de governar e mandar três e quatro mil léguas longe do rei, onde em três anos não pode haver recurso de seus procedimentos nem ainda notícias, que verdade, que justiça, que fé, que zelo deve ser o seu! Na parábola dos talentos, diz Cristo que os repartiu o rei: "A cada um conforme a sua virtude" (Mt 25,15), e que se partiu para outra região, dali muito longe, a tomar posse de um reino: "E partiu para região longínqua a tomar posse de um reino" (Lc 19,12). Se isto fora história, pudera ter sucedido assim, mas se não era história senão parábola por que não introduz Cristo ao rei e aos criados dos talentos na mesma terra, senão ao rei em uma região muito longe, e aos criados dos talentos em outra? Porque os criados dos talentos ao longe do rei é que melhor se experimentam, e ao longe do rei é que são mais necessários. Nos Brasis, nas Angolas, nas Goas, nas Malacas, nos Macaus, onde o rei se conhece só por fama e se obedece só por nome, aí são necessários os criados de maior fé e os talentos de maiores virtudes. Se em Portugal, se em Lisboa, onde os olhos do rei se veem e os brados do rei se ouvem, faltam à sua obrigação homens de grandes obrigações, que será "para uma região longínqua"? Que será naquelas regiões remotíssimas, onde o rei, onde as leis, onde a justiça, onde a verdade, onde a razão e onde até o mesmo Deus parece que está longe?

Este é o escrúpulo dos que assinalam o onde; e qual será o dos que o aceitam? Que me mandem onde não convém, culpa será, ou desgraça, de quem me manda; mas que eu não repare aonde vou! Ou eu sei aonde vou, ou o não sei. Se o não sei, como vou onde não sei? E se o sei, como vou onde não posso fazer o que devo! Tudo temos em um profeta, não em profecia, senão em história. Ia o profeta Habacuc com uma cesta de pão no braço, em que levava de comer para os seus segadores, quando lhe sai ao caminho um anjo e diz-lhe que leve aquele comer a Babilônia, e que o dê a Daniel, que estava no lago dos leões. Que vos parece que responderia o profeta neste caso? "Senhor eu nunca vi Babilônia, e desconheço o lago" (Dn 14,35), — como hei de levar de comer a Daniel ao lago de Babilônia? Eu digo que o profeta respondeu prudente; vós direis que não respondeu bizarro, e segundo os vossos brios assim é. Se os segadores andaram aqui nas lezírias, e o recado se vos dera a vós, como havíeis de aceitar sem réplica! Como vos havíeis de arrojar ao lago, à Babilônia e aos leões? Avisam-vos para a armada, para capitão de mar e guerra, para almirante, para general; e sendo o lagozinho o mar oceano, na costa onde ele é mais soberbo e mais indômito, ver como vos arrojais ao lago! Acenam-vos com o governo do Brasil, de Angola, da Índia; com a embaixada de Roma, de Paris, de Inglaterra, de Holanda; e sendo estas as Babilônias das quatro partes do mundo, ver como vos arrojais a Babilônia! Há de se prover a gineta, a bengala, o bastão para as fronteiras mais empenhadas do reino; e sendo a guerra contra os leões de Espanha, tanto valor, tanta ciência, tanto exercício, ver como vos arremessais aos leões! Se vós não vistes o mar mais que no Tejo; se não vistes o mundo mais que no mapa; se não vistes a guerra mais que nos Panos de Tunes[4], como vos arrojais ao governo da guerra, do mar, do mundo?

Mas não é ainda este o mais escandaloso reparo. Habacuc levava no braço a sua cesta de pão, mas ele não reparou no pão nem na cesta: reparou somente na Babilônia e no lago; vós às avessas, na Babilônia e no lago, nenhum reparo; no pão e na cesta, aí está toda a dúvida, toda a dificuldade, toda a demanda. Babilônia, Daniel, lago, leões, tudo isso é mui conforme ao meu espírito, ao meu talento, ao meu valor. Eu irei a Babilônia; eu libertarei a Daniel; eu desqueixarei os leões, se for necessário; não é essa a dificuldade, mas há de ser com as conveniências de minha casa. Não está a dúvida na Babilônia; está a dúvida, e a Babilônia, na cesta. O pão desta cesta é para os meus segadores; ir e vir a Babilônia, e sustentar a Daniel à custa do meu pão, não é possível nem justo. Os meus segadores estão no campo, a minha casa fica sem mim; Babilônia está daqui tantos centos de léguas; tudo isso se há de compor primeiro: hão-me de dar pão para os segadores, e pão para a minha casa, e pão para a ida, e pão para a volta, e para se acaso lá me comer um leão, que só neste caso se supõe o caso, e por se acaso eu morrer na jornada, esse pão há-me de ficar de juro, e quando menos em três ou quatro vidas. Não é isto assim? O ponto está em encher a cesta e segurar o pão. E o de mais? Suceda o que suceder, confunda-se Babilônia, pereça Daniel, fartem-se os leões e leve o pecado tudo. Por isso leva tudo o pecado. E quantos pecados vos parece que vão envoltos nesta envolta, de que nem vós, nem outros fazem escrúpulo? Mas, dir-me-eis, se acaso vos quereis salvar: Pois, padre, como me hei de haver neste caso? — Como se houve o profeta. Primeiro escusar, como se ele escusou, e se não valer a escusa ir como ele foi. E como foi Habacuc? Tomou-o o anjo pelos cabelos, e pô-lo em Babilônia. Se vos não aproveitar uma e outra escusa, ide, mas com anjo, e pelos cabelos: com anjo que vos guie, que vos encaminhe, que vos alumie, que vos guarde, que vos ensine, que vos tenha mão, e ainda assim muito contra vossa vontade: pelos cabelos. Mas que seria se em vez de ir pelos cabelos fôsseis por muito gosto, por muito desejo, e por muita negociação? E em vez de vos levar da mão um anjo, vos levassem da mão dois diabos, um da ambição, outro da cobiça? Se estes dois espíritos infernais são os que vos levam a toda a parte onde ides, como não quereis que vos levem ao inferno? E que nestes mesmos caminhos seja uma das alfaias deles o confessor! E que vos confesseis quando ides assim, e quando estais assim, e quando tornais assim! Não quero condenar, nem louvar, porque o prometi; mas não posso deixar de me admirar com as turbas: "e se admiraram as gentes".

§ VI

"Com que meios?". E com que meios se fazem e se conseguem todas estas coisas que temos dito? Com um papel e com muitos papéis: com certidões, com informações, com decretos, com consultas, com despachos, com portarias, com provisões. Não há coisa mais escrupulosa no mundo que papel e pena. Três dedos com uma pena na mão é o ofício mais arriscado que tem o governo humano. Aquela escritura fatal que apareceu a el-rei Baltasar na parede, diz o texto que a formaram uns dedos como de mão de homem: "Apareceram dedos, como de mão de homem" (Dn 5,5). — E estes dedos, quem os movia? Dizem todos os intérpretes, com S. Jerônimo, que os movia um anjo. De maneira que quem escrevia era um anjo, e não tinha de homem mais que três dedos. Tão puro como isto há de ser quem escreve. Três dedos com uma pena podem ter muita mão, por isso não há de ser mais que dedos. Com estes dedos não há de haver mão, não há de haver braço, não há de haver ouvidos, não há de haver boca, não há de haver olhos, não há de haver coração, não há de haver homem: "Como de mão de homem". — Não há de haver mão para a dádiva, nem braço para o poder, nem ouvidos para a lisonja, nem olhos para o respeito, nem boca para a promessa, nem coração para o afeto, nem finalmente há de haver homem, porque não há de haver carne nem sangue. A razão disto é porque, se os dedos não forem muito seguros, com qualquer jeito da pena podem fazer grandes danos.

Quis Faraó destruir e acabar os filhos de Israel no Egito, e que meio tomou para isto? Mandou chamar as parteiras egipcianas, e encomendou-lhes que quando assistissem ao parto das hebreias, se fosse homem o que nascesse, que lhe torcessem o pescoço e o matassem, sem que ninguém o entendesse. Eis aqui quão ocasionado ofício é o daqueles em cujas mãos nascem os negócios. O parto dos negócios são as resoluções, e aqueles em cujas mãos nascem estes partos, ou seja escrevendo ao tribunal, ou seja escrevendo ao príncipe, são os ministros da pena. E é tal o poder, a ocasião e a sutileza deste ofício, que com um jeito de mão e com um torcer de pena podem dar vida e tirar vida. Com um jeito podemos dar com que vivais, e com outro jeito podemos tirar o com que viveis. Vede se é necessário que tenham muito escrupulosas consciências estas egipcianas quando tanto depende delas a *buena dicha* dos homens, e não pelas riscas da vossa mão, senão pelos riscos das suas? "Ainda que vos deiteis nos redis, sereis como as asas de uma pomba, cobertas de prata" (Sl 67,14). Se estais duvidoso da vossa sorte, penas prateadas, diz Davi. O sentido deste texto ainda se não sabe ao certo, mas tomado pelo que soa, terrível coisa é que a boa ou má sorte de uns dependa das penas de outros! E muito mais terrível ainda se essas penas, por algum reflexo, se puderem pratear ou dourar: "As penas prateadas da pomba e suas plumagens do lombo de ouro escuro". Estas penas são as que escrevem as sortes; estas as que as tiram e as que as dão, e talvez a boa aos maus e a má aos bons. Quantos delitos se enfeitam com uma penada! Quantos merecimentos se apagam com uma risca! Quantas famas se escurecem com um borrão! Para que vejam os que escrevem de quantos danos podem ser causa se a mão não for muito certa, se a pena não for muito aparada, se a tinta não for muito fina, se a regra não for muito direita, se o papel não for muito limpo!

Eu não sei como não treme a mão a todos os ministros de pena, e muito mais àqueles que sobre um joelho, aos pés do rei, recebem os seus oráculos, e os interpretam e estendem. Eles são os que, com um advérbio, podem limitar ou ampliar as fortunas; eles os que, com uma cifra, podem adiantar direitos e atrasar preferências; eles os que, com uma palavra, podem dar ou tirar peso à balança da justiça; eles os que, com uma cláusula equívoca ou menos clara, podem deixar duvidoso e em questão o que havia de ser certo e efetivo; eles os que, com meter ou não meter um papel, podem chegar e introduzir a quem quiserem, e desviar e excluir a quem não quiserem; eles, finalmente, os que dão a última forma às resoluções soberanas, de que depende o ser ou não ser de tudo. Todas as penas, como as ervas, têm a sua virtude; mas as que estão mais chegadas à fonte do poder são as que prevalecem sempre a todas as outras. São, por ofício ou artifício, como as penas da águia, das quais dizem os naturais que, postas entre as penas das outras aves, a todas comem e desfazem. Ouçam estas penas pelo que têm de reais o que delas diz o Espírito Santo: "O poder da terra está na mão de Deus, e ela a seu tempo suscitará um governador útil. A prosperidade do homem está na mão de Deus, e é ele que põe o sinal da sua majestade sobre a fronte do escriba" (Eclo 10,4). Escriba, neste lugar, como notam os expositores[5], significa o ofício daqueles que junto à pessoa do rei escrevem e distribuem os seus decretos. Assim se chama na Escritura Saraias, escriba do rei Davi, e Sobna, escriba do rei Ezequias. Diz pois o Espírito Santo: o poder e império dos reis está na mão de Deus, porém a honra de Deus pô-la o mesmo Deus na mão dos que escrevem aos reis: "Sobre a fonte do escriba põe o sinal da sua majestade". Pode haver ofício mais para gloriar por uma parte, e mais para tremer por outra? Grande crédito e grande confiança argui, que nestas mãos e nestas penas ponham os reis a sua honra, mas muito maior crédito e muito maior confiança é que diga o mesmo Deus que põe nelas a sua. Quantas empresas de grande honra de Deus puderam estar muito adiantadas, se estas penas, sem as quais se não pode dar passo, as zelaram e assistiram como era justo! E quantas, pelo contrário, se perdem e se sepultam, ou porque falta o zelo e diligência, ou porque sobeja o esquecimento e o descuido, quando não seja talvez a oposição!

Do rei, que logo direi, falava o profeta Malaquias debaixo do nome de sol da justiça, quando disse que nas suas penas estava a saúde do mundo: "Nascerá o sol da justiça, estará a salvação nas suas penas" (Ml 4,2). Chama penas aos raios do sol, porque assim como o sol, por meio de seus raios, alumia, aquenta e vivifica a todas as partes da terra; assim o rei, que não pode sair do seu zodíaco, por meio das penas que tem junto a si, dá luz, dá calor e dá vida a todas as partes da monarquia, ainda que ela se estenda fora de ambos os trópicos, como a do sol e a nossa: "E a salvação nas suas penas". — Se as suas penas forem sãs, e tão puras como os raios do sol, delas nascerá todo o bem e felicidade pública. Mas se em vez de serem sãs forem corruptas, e não como raios do sol, senão como raios, elas serão a causa de todas as ruínas e de todas as calamidades. Se perguntardes aos gramáticos donde se deriva este nome calamidade: responder-vos-ão que de *"calamo"*. E que quer dizer *"calamo"*? Quer dizer cana e pena, porque as penas antigamente faziam-se de certas canas delgadas. Por sinal que diz Plínio que as melhores do mundo eram as da nossa Lusitânia[6]. Esta derivação ainda é mais certa na política que na gramática. Se as penas de que se serve o rei não forem sãs, destes cálamos se derivarão todas as calamidades públicas, e serão o veneno e enfermidade mortal da monarquia, em vez de serem a saúde dela: "E a salvação nas suas penas".

O rei de que fala neste lugar Malaquias é o Rei dos Reis, Cristo, e as penas com que ele deu saúde ao mundo, todos sabemos que são as dos quatro evangelistas, e essas assistidas do Espírito Santo. Para que advirtam os evangelistas dos príncipes a verdade, a pureza, a inteireza que devem imitar as suas penas, e como em tudo se hão de mover pelo impulso soberano, e em nada por afeto próprio. Se as suas escrituras as pomos sobre a cabeça como sagradas, seja cada uma delas um evangelho humano.

Porém se sucedesse alguma vez não ser assim, ou por desatenção das penas maiores, ou por corrupção das inferiores, de que elas se ajudam, julguem as consciências, sobre que carregam estes escrúpulos, se têm muito que examinar, e muito que confessar, e muito que restituir em negócios e matérias tantas e de tanto peso! Que possa isto suceder, e que tenha já sucedido, o profeta Jeremias o afirma: "Verdadeiramente a 'pena' mentirosa dos escribas gravou a mentira" (Jr 8,8). Ou como lê o caldaico: "O escriba fez a pena da mentira para falsificar as escrituras". E suposto que isto não só é possível, mas já foi praticado e visto naquele tempo, bem é que saiba o nosso, quanto bastará para falsificar uma escritura. Bastará mudar um nome? Bastará mudar uma palavra? Bastará mudar uma cifra? Digo que muito menos basta. Não é necessário para falsificar uma escritura mudar nomes, nem palavras, nem cifras, nem ainda letras: basta mudar um ponto ou uma vírgula.

Perguntam os controversistas se assim como nas Sagradas Escrituras são de fé as palavras, serão também de fé os pontos e vírgulas? E respondem que sim, porque os pontos e vírgulas determinam o sentido das palavras, e variados os pontos e vírgulas, também o sentido se varia. Por isso antigamente havia um conselho chamado dos *Massoretas*, cujo ofício era conservar incorruptamente em sua pureza a pontuação da Escritura.

Esta é a galantaria misteriosa daquele texto dos Cânticos: "Faremos colares dourados esmaltados de prata" (Ct 1,10). Diz o esposo divino que fará à sua esposa umas arrecadas de ouro, esmaltadas de prata; e o esmalte, segundo se tira da raiz hebraica, era de pontos e vírgulas, porque, em lugar de "esmaltadas", leem outros: pontilhadas, listradas de prata". Mas se as arrecadas eram de ouro por que eram os esmaltes de prata, e formados de pontos e vírgulas? Porque as arrecadas são ornamento das orelhas, onde está o sentido da fé: "A fé pelo ouvido" (Rm 10,17), e nas palavras de fé, ainda que os pontos e vírgulas pareçam de menos consideração, assim como a prata é de menos preço que o ouro, também pertencem à fé tanto como as mesmas palavras. As palavras, porque formam o significado; os pontos e vírgulas, porque distinguem e determinam o sentido. Exemplo: "Ressuscitou, não está aqui" (Mc 16,6). — Com estas palavras diz o evangelista que Cristo ressuscitou, e com as mesmas palavras, se se mudar a pontuação, pode dizer um herege que Cristo não ressuscitou. "Ressuscitou? Não. Está aqui". — De maneira que só com trocar pontos e vírgulas, com as mesmas palavras se diz que Cristo ressuscitou, e é fé; e com as mesmas se diz que Cristo não ressuscitou, e é heresia. Vede quão arriscado ofício o de uma pena na mão. Ofício que, com mudar um ponto ou uma vírgula, da heresia pode fazer fé, e da fé pode fazer heresia. Oh! que escrupuloso ofício!

E se a mudança de um ponto e de uma vírgula pode fazer tantos erros e tantos danos, que seria se se mudassem palavras? Que seria se se diminuíssem palavras? Que seria se se acrescentassem palavras? Torno a dizer: se a mudança de um ponto e de uma vírgula pode ser causa de tantos danos, que seria se se calassem regras? Que seria se se faltassem capítulos? Que seria se sepultassem papéis e informações inteiras? E que seria se, em vez de se presentarem a quem havia de pôr o remédio, se entregassem a quem havia de executar a vingança? Tudo isto pode caber em uma pena, e eu não sei como pode caber em uma confissão. Pois é certo que se confessam, e muitas vezes, os que isso fazem, e que não falta quem absolva estas confissões, ou quem se queira condenar pelas absolver. Mas eu nem absolvo os confessados, nem condeno os confessores, porque só me admiro com as turbas: "E se admiraram as gentes".

§ VII

"Por quê?" Esta matéria dos porquês era bem larga, mas vai-nos faltando o tempo, ou vou eu sobejando a ele, e assim neste ponto e nos seguintes usarei mais cortesmente da paciência com que ouvis: mas não há confissão sem penitência. "Por quê?" De todas estas sem-razões que temos referido ou admirado, quais são as causas? Quais são os motivos? Quais são os porquês? Não há coisa no mundo por que um homem deva ir ao inferno, contudo ninguém vai ao inferno sem seu porquê. Que porquês são logo estes que tanto cegam, que tanto arrastam, que tanto precipitam aos maiores homens do mundo? Já vejo que a primeira coisa que ocorre a todos é o dinheiro. "Por quê?" Por dinheiro, que tudo pode; por dinheiro, que tudo vence; por dinheiro, que tudo acaba. Não nego ao dinheiro os seus poderes, nem quero tirar ao dinheiro os seus escrúpulos; mas o meu não é tão vulgar nem tão grosseiro como este. Não me temo tanto do que se furta, como do que se não furta. Muitos ministros há no mundo, e em Portugal mais que muitos, que por nenhum caso os peitareis com dinheiro. Mas estes mesmos deixam-se peitar da amizade, deixam-se peitar da recomendação, deixam-se peitar da independência, deixam-se peitar do respeito. E não sendo nada disto ouro nem prata, são os porquês de toda a injustiça do mundo. A maior sem-justiça que se cometeu no mundo foi a que fez Pilatos a Cristo, condenando à morte a mesma inocência. E qual foi o porquê desta grande injustiça? Peitaram-no? Deram-lhe grandes somas de dinheiro os príncipes dos sacerdotes? Não. Um respeito, uma dependência foi a que condenou a Cristo. "Se não condenais a este, não sois amigo de César" (Jo 19,12). — E por não arriscar a amizade e graça do César, perdeu a graça e amizade de Deus, não reparando em lhe tirar a vida. Isto fez por este respeito Pilatos, e no mesmo tempo: "Pediu água, e lavou as mãos". — Que importa que as mãos de Pilatos estejam lavadas, se a consciência não está limpa? Que importa que o ministro seja limpo de mãos, se não é limpo de respeitos? A maior peita de todas é o respeito.

Se se puser em questão qual tem perdido mais consciências e condenado mais almas, se o respeito, se o dinheiro, eu sempre dissera que o respeito, por duas razões: Primeira, porque as tentações do respeito são mais e maiores que as do dinheiro. São mais, porque o dinheiro é pouco, e os respeitos muitos. São maiores, porque em ânimos generosos mais fácil é desprezar muito dinheiro que cortar por um pequeno respeito. Segunda e principal, porque o que se fez por respeito tem muito mais dificultosa restituição que o que se fez por dinheiro. Na injustiça que se fez ou se vendeu por dinheiro, como dinheiro é coisa que se vê e que se apalpa, o mesmo dinheiro chama pelo escrúpulo, o mesmo dinheiro intercede pela restituição.

A luz do diamante dá-vos nos olhos; a cadeia tira por vós; o contador lembra-vos a conta; a lâmina e o quadro peregrino, ainda que sejam figuras mudas, dá brados à consciência; mas no que se fez por respeito, por amizade, por dependência, como estas apreensões são coisas que se não veem, como são coisas que vos não armam a casa, nem se penduram pelas paredes, não tem o escrúpulo tantos despertadores que façam lembrança à alma. Sobretudo, se eu vendi a justiça por dinheiro, quando quero restituir, se quero, dou o que me deram, pago o que recebi, desembolso o que embolsei, que não é tão dificultoso. Mas se eu vendi a justiça, ou a dei de graça pelo respeito, haver de restituir sem ter adquirido, haver de pagar sem ter recebido, haver de desembolsar sem ter embolsado, oh! que dificuldade tão terrível! Quem restitui o dinheiro, paga com o alheio; quem restitui o respeito, há de pagar com o próprio; e para o tirar de minha casa, para o arrancar de meus filhos, para o sangrar de minhas veias, oh! quanto valor, oh! quanta resolução, oh! quanto poder da graça divina é necessário! Os juízes de Samaria, por respeito de Jesabel, condenaram inocente a Nabot, e foi-lhe confiscada a vinha para Acab, que a desejava (3Rs 21,11). Assim Acab, como os juízes, deviam restituição da vinha, porque assim ele, como eles, a tinham roubada. E a quem era mais fácil esta restituição? A Acab era muito fácil, e aos juízes muito dificultosa, porque Acab restituía a vinha, tendo recebido a vinha, e os juízes haviam de restituir a vinha, não a tendo recebido. Acab restituía tanto por tanto, porque pagava a vinha pela vinha; os juízes restituíam tudo por nada, porque haviam de pagar a vinha por um respeito. Quase estou para vos dizer que, se houverdes de vender a alma, seja antes por dinheiro que por respeitos, porque ainda que o dinheiro se restitui poucas vezes, os respeitos nunca se restituem. Torne Pilatos.

Entregou Pilatos a Cristo, e Judas também o entregou. Pilatos: "Entregou-o à vontade deles" (Lc 23,25). Judas: "Que me quereis vós dar, e eu vo-lo entregarei" (Mt 26,15). Conheceu Pilatos e confessou a inocência de Cristo, e Judas também a conheceu e confessou. Pilatos: "Sou inocente do sangue deste justo" (Mt 27,24). Judas: "Pequei, entregando sangue inocente" (Mt 27,4). Fez mais alguma coisa Pilatos? Fez mais alguma coisa Judas? Judas sim, Pilatos não. Judas restituiu o dinheiro, lançando-o no Templo; Pilatos não fez restituição alguma. Pois, por que restitui Judas, e por que não restitui Pilatos? Porque Judas entregou a Cristo por dinheiro; Pilatos entregou-o por respeitos. As restituições do dinheiro alguma vez se fazem, as dos respeitos nenhuma. E se não dizei-o vós. Fazem-se nesta corte muitas coisas por respeitos? Não perguntei bem. Faz-se alguma coisa nesta corte que não seja por respeitos? Ou nenhuma, ou muito poucas. E há alguém na vida ou na morte que faça restituição disto que fez por respeitos? Nem o vemos, nem o ouvimos. Pois como se confessam disto os que o fazem, ou como os absolvem os que os confessam? Se eu estivera no confessionário, eu vos prometo que eu os não houvera de absolver, senão condenar; mas, como estou no púlpito, não absolvo nem condeno: admiro-me com as turbas. "E se admiraram as gentes".

§ VIII

"Como?". Por que modo ou por que modos? Somos entrados no labirinto mais intrincado das consciências, que são os modos, as traças, as artes, as invenções de negociar, de entremeter, de insinuar, de persuadir, de negar, de anular, de provar, de desviar, de encontrar, de preferir, de prevalecer, finalmente de conseguir para si ou alcançar para outrem tudo quanto deixamos dito. Para eu me admirar, e nos assombrarmos todos do artifício e sutileza do engenho ou do engano com que estes modos se fiam, com que estes teares se armam, com que estes enredos se tramam, com que estas negociações se tecem, não nos serão necessárias as teias de Penélope nem as fábulas de Ariadne, porque nas Histórias Sagradas temos uma tal tecedeira, que na casa de um pastor honrado nos mostrará quanto disto se tece na corte mais corte do mundo.

O maior morgado que houve no mundo foi o de Jacó, em que sucedeu Cristo: "Reinará na casa de Jacó" (Lc 1,33). Sobre este morgado pleitearam, desde o ventre da mãe, os dois irmãos, Jacó e Esaú. Esaú tinha por si todo o direito; tinha por si a natureza e a idade; tinha por si o talento e o merecimento; tinha por si o favor, o amor, a vontade e o decreto, e a promessa do pai que lhe havia de dar a bênção ou a investidura. De maneira que de irmão a irmão, de homem a homem e de favorecido a favorecido, tudo estava da parte de Esaú e contra Jacó. Tinha da sua parte Esaú a idade e a natureza, porque ainda que eram gêmeos e batalharam no ventre da mãe sobre o lugar, Esaú nasceu primeiro. Tinha mais da sua parte Esaú o talento e o valor, porque era forte, robusto, valente, animoso, inclinado ao campo e às armas, e que com a aljava pendente do ombro, e o arco e setas na mão, se fazia temer do leão no monte, do urso e javali no bosque. Pelo contrário, Jacó: "Habitava em tendas" (Gn 25,27). nunca saía do estrado da mãe; mais para a almofada que para a lança; mais para as bainhas que para a espada. Finalmente Esaú tinha da sua parte o favor, o amor e o agrado, porque era as delícias da velhice de Isac, seu pai, a quem ele sabia mui bem merecer a vontade, porque, quando vinha do campo ou da montaria, com a caça miúda lhe fazia o prato, e da maior enramada lhe dedicava os despojos. Este era Esaú, este era o competidor de Jacó, este era o seu direito, estes eram os seus serviços, este era o seu merecimento, estas eram as vantagens com que a natureza e a graça o tinham feito herdeiro sem controvérsia da Casa de Isac. E contudo — quem tal cuidara? — Jacó foi o que venceu a demanda, Jacó o que levou a bênção, Jacó o que ficou com o morgado. Pois, se o morgado por lei da natureza se deve ao primogênito, e Esaú nasceu primeiro; se o primeiro lugar, por lei da razão, se deve ao de melhor talento, e o talento e valor de Esaú era tão avantajado; se a vantagem e a maioria do prêmio, por lei de justiça, se deve ao maior merecimento, e os serviços de Esaú eram tão conhecidamente maiores e sem competência; se finalmente a bênção e a investidura do morgado dependia do pai, e o pai era tão afeiçoado a Esaú e lho tinha prometido, e com efeito lho queria dar, como foi possível que prevalecesse Jacó sem direito, Jacó sem talento, Jacó sem serviços, Jacó sem favor? Porque tudo isto pode a traça, a arte, a manha, o engano, o enredo, a negociação.

Naquele mesmo dia tinha determinado Isac dar a bênção a Esaú; e porque esta solenidade havia de ser sobremesa, quis o bom velho, para mais sazonar o gosto, que se lhe fizesse um guisado do que matasse na caça o mesmo filho. Parte ao campo alegre e alvoroçado Esaú, porém Rebeca, que queria o morgado para Jacó, a quem mais amava, aproveitando-se da ausência do irmão e da cegueira do pai, já sabeis o que traçou. Manda a Jacó ao rebanho; vêm cabritos em vez de lebres; da carne faz o guisado; das peles guisa o engano, e vestido Jacó das roupas de Esaú, e calçado, que é mais, de mãos também de Esaú, aparece em presença do cego pai, e põe-lhe o prato diante. Perguntou Isac quem era? E respondeu mui bem ensaiado Jacó, que era seu primogênito, Esaú. Admirou-se de que tão depressa pudesse ter achado a caça, e respondeu com singeleza tanta, que fora vontade de Deus. E com estas duas respostas, depois de lhe tentar as mãos, lhe lançou Isac a bênção, e ficou o bendito Jacó com o morgado e casa de seu pai, e Esaú com o que tivesse no cinto. Há tal engano? Há tal fingimento? Há tal crueldade? Pois estes são os modos de negociar e vencer. Sete enganos fingiu Rebeca para tirar a casa a cuja era. Fingiu o nome a Jacó, porque disse que era Esaú. Fingiu-lhe a idade, porque disse que era o primogênito. Fingiu-lhe os vestidos, porque eram os do irmão. Fingiu-lhe as mãos, porque a pele e o pelo era das luvas. Fingiu-lhe o guisado, porque era do rebanho, e não do mato. Fingiu a diligência, porque Jacó não tinha ido à caça. E para que nem a suma verdade ficasse fora do fingimento, fingiu que fora vontade de Deus, sendo duas vontades de Rebeca: uma, com que queria a Jacó; e outra, com que desqueria a Esaú. E com nome fingido, com idade fingida, com vestidos fingidos, com mãos fingidas, com obras e serviços fingidos, e até com Deus fingido, se tirou o direito, a justiça, a fazenda, a honra, a sucessão a quem a tinha dado o nascimento uma vez, e o merecimento muitas.

Parece-vos grande sem-razão esta? Tendes muita razão. Mas esta tragédia que uma vez se ensaiou em Hebron, quantas vezes se representa na nossa corte? Quantas vezes com nomes supostos, com merecimentos fingidos, e com abonações falsificadas, se roubam os prêmios ao benemérito, e triunfa com eles o indigno! Quantas vezes rende mais a Jacó a sua Rebeca, que a Esaú o seu arco? Quantas vezes alcança mais Jacó com as luvas calçadas, que Esaú com as armas nas mãos? Se no ócio da paz se medra mais que nos trabalhos da guerra, quem não há de trocar os sóis da campanha pela sombra destas paredes? Não o experimentou assim Davi, e mais, servia a um rei injusto e inimigo. Davi serviu em palácio e serviu na guerra: em palácio, com a harpa, na guerra, com a funda. E onde lhe foi melhor? Em palácio medrou tão pouco, que da harpa tornou ao cajado; na guerra montou tanto, que da funda subiu à coroa. Se se visse que Davi crescia mais à sombra das paredes de palácio que com o sol da campanha; se se visse que medrava mais lisonjeando as orelhas com a harpa que defendendo e honrando o rei com a funda; se se visse que merecia mais galanteando a Micol que servindo a Saul, não seria uma grande injustiça e um escândalo mais que grande? Pois isto é o que padecem os Esaús nas preferências dos Jacós.

Mas eu não me queixo tanto de Jacó e de Rebeca, que fizeram o engano, quanto de Isac, que o não desfez depois de conhecido. Que Esaú padeça, Jacó possua, Rebeca triunfe, e que Isac dissimule! Que esteja tão poderosa a arte de furtar bênçãos, que tire Jacó a bênção da algibeira de Esaú, não só depois de prometida e decretada, senão depois de firmada e passada pelas chancelarias! E que haja tanta paciência em Isac, que lhe não troque a bênção em maldição? O mesmo Jacó o temeu assim. Quando a Mãe o quis meter nestes enredos, disse ele que temia que seu pai descobrisse o engano, e que em lugar da bênção lhe deitaria alguma maldição: "Temo não cuide ele que eu o quis enganar, e não chame eu sobre mim a sua maldição em lugar de bênção" (Gn 27,12). Mas

Rebeca não fez caso deste reparo porque conhecia bem a Isac, e sabia que não tinha o velho cólera para tanto. Se Isac tivera outro valor, a bênção se restituíra a Esaú, e Rebeca sentira o fingimento, e Jacó amargara o engano. Mas nem Isac era pai para aquele Jacó, nem marido para aquela Rebeca. E que Esaú fique privado do seu morgado para sempre, e que nem Rebeca, que lho tira, nem Jacó, que lho possui, nem Isac, que lho consente, façam escrúpulo deste caso! Doutores há que condenam tudo isto, e outros há que o escusam. Eu não escuso nem condeno; admiro-me com as turbas: "E se admiraram as gentes".

§ IX

Quando? Esta é a última circunstância do nosso exame. E quando acabaria eu se houvera de seguir até o cabo este *quando*? Quando fazem os ministros o que fazem? E quando fazem o que devem fazer? Quando respondem? Quando deferem? Quando despacham? Quando ouvem? Que até para uma audiência são necessários muitos quandos. Se fazer-se hoje o que se pudera fazer ontem; se fazer-se amanhã o que se devera fazer hoje, é matéria em um reino de tantos escrúpulos, e de danos muitas vezes irremediáveis; aqueles quandos tão dilatados, aqueles quandos tão desatendidos, aqueles quandos tão eternos, quanto devem inquietar a consciência de quem tiver consciência?

Antigamente, na república hebreia, e em muitas outras, os tribunais e os ministros estavam às portas das cidades. Isso quer dizer nos Provérbios: "Seu marido será ilustre na assembleia dos juízes, quando estiver assentado com os senadores da terra" (Pr 31,23). Para qualificar a nobreza do marido da mulher forte, diz que tinha assento nas portas com os senadores e conselheiros da terra. A isto aludiu também Cristo quando disse da Igreja que fundava em S. Pedro: "Que as portas do inferno não prevalecerão contra ela". Que as portas do inferno não prevaleceriam contra ela — entendendo por portas do inferno os conselhos do inferno, porque os conselhos, os ministros, os tribunais, tudo costumava estar às portas das cidades. Mas que razão tiveram aqueles legisladores para situarem este lugar aos tribunais, e para porem às portas das cidades os seus ministros? Várias razões apontam os historiadores e políticos; mas a principal, em que todos convêm, era a brevidade do despacho. Vinha o lavrador, vinha o soldado, vinha o estrangeiro com a sua demanda, com a sua pretensão, com o seu requerimento; e sem entrar na cidade, voltava respondido no mesmo dia para sua casa. De sorte que estavam tão prontos aqueles ministros, que nem ainda dentro na cidade estavam, para que os requerentes não tivessem o trabalho, nem a despesa, nem a dilação de entrarem dentro. Não saibam os requerentes a diferença daquela era à nossa, para que se não lastimem mais. Antigamente estavam os ministros às portas das cidades; agora estão as cidades às portas dos ministros. Tanto coche, tanta liteira, tanto cavalo, que os de a pé não fazem conto, nem deles se faz conta. As portas, os pátios, as ruas rebentando de gente, e o ministro encantado, sem se saber se está em casa, ou se o há no mundo, sendo necessária muita valia só para alcançar de um criado a revelação deste mistério. Uns batem, outros não se atrevem a bater; todos a esperar, e todos a desesperar. Sai finalmente o ministro quatro horas depois do sol, aparece e desaparece de corrida; olham os requerentes para o céu, e uns para os outros;

aparta-se desconsolada a cidade que esperava junta. E quando haverá outro quando? E que vivam e obrem com esta inumanidade homens que se confessam, quando procediam com tanta razão homens sem fé nem sacramentos? Aqueles ministros, ainda quando despachavam mal os seus requerentes, faziam-lhes três mercês: poupavam-lhes o tempo, poupavam-lhes o dinheiro, poupavam-lhes as passadas. Os nossos ministros, ainda quando vos despacham bem, fazem-vos os mesmos três danos: o do dinheiro, porque o gastais; o do tempo, porque o perdeis; o das passadas, porque as multiplicais. E estas passadas, e este tempo, e este dinheiro, quem o há de restituir? Quem há de restituir o dinheiro, a quem gasta o dinheiro que não tem? Quem há de restituir as passadas, a quem dá as passadas que não pode? Quem há de restituir o tempo, a quem perde o tempo que havia mister? Oh! tempo tão precioso e tão perdido! Dilata o julgador oito meses a demanda que se pudera concluir em oito dias; dilata o ministro oito anos o requerimento que se devera acabar em oito horas. E o sangue do soldado, as lágrimas do órfão, a pobreza da viúva, a aflição, a confusão, a desesperação de tantos miseráveis? Cristo disse que o que se faz a estes se faz a ele. E em ninguém melhor que nele se podem ver os efeitos terríveis de uma dilação.

Três horas requereu Cristo no horto. Nestas três horas fez três petições sobre a mesma proposta: a nenhuma delas foi respondido. E como o sentiu, ou que lhe sucedeu? Foi tal a sua dor, a sua aflição, a sua agonia, que chegou a suar sangue por todas as veias: "E veio-lhe um suor, como de gotas de sangue, que corria sobre a terra" (Lc 22,44). Toda a vida de Cristo em trinta e três anos foi um contínuo exercício de heroica paciência, mas nenhum trabalho lhe fez suar gotas de sangue,

senão este de requerer uma, outra e três vezes, sem ser respondido. Se três horas de requerimento sem resposta fazem suar sangue a um Homem–Deus, tantos anos de requerimentos e de repulsas, que efeitos causarão em um homem-homem, e tanto mais quanto for mais homem? O requerimento de Cristo: "Pai, se é possível" (Mt 26,39), suposto o decreto do Pai e a presciência do mesmo Cristo, era de matéria não possível. E se não ser respondido a um impossível custa tanto, não ser respondido no que talvez se faz a todos, quanto lastimará? O que mais se deve sentir nestas desatenções dos que têm ofício de responder, são os danos públicos que delas se seguem. Não estivera melhor a república que o sangue, que se sua no requerimento, se derramara na campanha? Pois isso mesmo sucedeu neste caso. Se Cristo não suara sangue no Horto, havia de derramar mais sangue no Calvário, porque havia de derramar o sangue que derramou, e mais o que tinha suado. Se no requerimento se esgotarem as veias, a quem há de ficar sangue para a batalha? Nem fica sangue, nem fica brio, nem fica gosto, nem fica vontade: tudo aqui se perde. Começou Cristo a orar ou a requerer no Horto, e começou juntamente a quê? A enfastiar-se, a temer, a entristecer-se: "Começou a ter pavor, entristecer-se e angustiar-se" (Mt 26,37); (Mc 14, 33). O mesmo acontece na corte ao mais valoroso capitão, ao mais brioso soldado. Vai um soldado servir na guerra, e leva três coisas: leva vontade, leva ânimo, leva alegria. Torna da guerra a requerer, e todas estas três coisas se lhe trocam. A vontade troca-se em fastio; o ânimo troca-se em temor; a alegria troca-se em tristeza. E quem tem a culpa de toda esta mudança, tão danosa ao bem público? As dilações, as suspensões, as irresoluções, o hoje, o amanhã, o outro dia, o nunca dos vossos quandos. E faz consciência destes danos algum dos causadores deles? Pois saibam, ainda que o não queiram saber, e desenganem-se, ainda que se queiram enganar, que a restituição que devem não é só uma, senão dobrada. Uma restituição ao particular e outra restituição à república. Ao particular, porque serviu; à república, porque não terá quem a sirva. Dir-me-eis que não há com que despachar e com que premiar a tantos. Por esta escusa esperava. Primeiramente eles dizem que há para quem quereis, e não há para quem não quereis. Eu não digo isso porque o não creio; mas, se não há com que, por que lhe não dizeis que não há? Por que os trazeis suspensos? Por que os trazeis enganados? Por que os trazeis consumidos, e consumindo-se? Esta pergunta não tem resposta, porque, ainda que pareça meio de não desconsolar os pretendentes, muito mais os desconsola a dilação e a suspensão do que os havia de desconsolar o desengano. No mesmo passo o temos.

Estando Cristo na maior aflição do seu requerimento, desceu um anjo do céu a confortá-lo: "Apareceu-lhe o anjo do céu confortando-o" (Lc 22,43). E em que consistiu o conforto, se a resposta foi que bebesse o cálix, contra o que Cristo pedia? Nisso mesmo esteve o conforto, porque ainda que lhe não respondesse com o despacho, responderam-lhe com o desengano. Vede quanto melhor é desenganar aos homens que dilatá-los e suspendê-los. A dilação e a suspensão para Cristo era agonia; o desengano foi alento. A dilação sem despacho são dois males; o desengano sem dilação é um mal temperado com um bem, porque, se me não dais o que peço, ao menos livrais-me do que padeço. Livrai-me da suspensão; livrai-me do cuidado; livrai-me do engano; livrai-me da ausência de minha casa; livrai-me da corte e das despesas dela; livrai-me do nome e das indignidades de requerente; livrai-me do vosso tribunal; livrai-me das vossas escadas; livrai-me dos vossos criados; enfim, livrai-me de vós. E é pouco? Pois se com um desengano dado a tempo os homens ficam menos queixosos, o governo mais reputado, o rei mais amado e o reino mais bem servido, por que se há de entreter, por que se há de dilatar, por que se não há de desenganar o pobre pretendente, que tanto mais o empobreceis quanto mais o dilatais? Se não há cabedal de fazenda para o despacho, não haverá um não de três letras para o desengano? Será melhor que ele se desengane depois de perdido? E que seja o vosso engano a causa de se perder? Quereis que se cuide que o sustentais na falsa esperança, porque são mais rendosos os que esperam que os desenganados? Se lhe não podeis dar o que lhe negais, quem lhe há de restituir o que lhe perdeis? Oh! restituições! Oh! consciências! Oh! almas! Oh! exames! Oh! confissões! Seja a última admiração esta, pois não louvo nem condeno, e só me admiro com as turbas: "E se admiraram as gentes".

§ X

De todo este discurso se colhe, se eu me não engano, com evidência, que há muitos escrúpulos no mundo de que se faz pouco escrúpulo; que há confissões em que fala o mudo e não sai o demônio; e que, suposta a obrigação de se confessarem todos os pecados, se devem também confessar estas confissões. Grande mal é não sarar com os remédios; mas adoecer dos remédios ainda é mal maior. E quando se adoece dos remédios, que remédio? O remédio é curar-se um homem dos remédios, assim como se cura das enfermidades. Este é o caso em que estamos. O remédio do pecado é a confissão; mas se as minhas confissões, em lugar de me tirarem os pecados, por minha desgraça mos acrescentam mais, não há outro remédio senão dobrar o remédio sobre si mesmo e confessar as confissões, assim como se confessam os pecados. Daqueles que tornam a recair nos pecados passados, dizia Tertuliano, que faziam penitência da penitência e que se arrependiam do arrependimento. Se os maus se arrependem dos arrependimentos, os que devem e querem ser bons, por que se não confessarão das confissões? Uns o devem fazer pela certeza, outros o deverão fazer pela dúvida, e todos é bem que o façam pela maior segurança.

Para que esta confissão das confissões saia tal que não seja necessário tornar a ser confessada, devemos seguir em tudo o exemplo presente de Cristo na expulsão deste diabo mudo. Primeiramente: "Estava expulsando" (Lc 11,14). Todos os outros milagres fazia-os Cristo em um instante: este de lançar fora o demônio, não o fez em instante nem com essa pressa, senão devagar e em tempo. É necessário primeiro que tudo, a quem houver de reconfessar as suas confissões tomar tempo competente, livre e desembargado de todos os outros cuidados, para o ocupar só neste, pois é o maior de todos. "Quando tiver tempo, julgarei as justiças" (Sl 74,3). — Se Deus, para examinar e julgar as consciências dos que governam, diz que há de tomar tempo, como poderão os mesmos que governam julgar as suas consciências e examinar os seus exames, se não tomarem tempo para isto? Dirá algum que é tão ocupado que não tem este tempo. E há tempo para o jogo? E há tempo para a quinta? E há tempo para a conversação? E há tempo, e tantos tempos, para outros divertimentos de tão pouca importância, e só para a confissão não há tempo? Se não houver outro tempo, tome-se o do ofício, tome-se o do tribunal, tome-se o do conselho. O tempo que se toma para fazer melhor o ofício não se tira do ofício. Mas para acurtar de razões, pergunto: Se agora vos dera a febre maligna, como pode dar, havíeis de cortar por tudo para acudir à vossa alma, para tratar de vossa consciência? Sim. Pois o que havia de fazer a febre, por que o não fará a razão? O que havia de fazer o medo e a falsa contrição na enfermidade, por que o não fará a verdadeira resolução na saúde?

Tomado o tempo, e tomado a qualquer força e qualquer preço, segue-se a eleição do confessor. Quem aqui obrou o milagre foi Cristo: "Estava Jesus expulsando o demônio" (Lc 11,14). O confessor está em lugar de Cristo, e quem há de estar em lugar de Deus-homem, é necessário que seja muito homem e que tenha muito de Deus. "Não te envergonhes de confessar os teus pecados, mas não te submetas a ninguém para pecar" (Eclo 4,31). — Se a saúde do corpo, que alfim é mortal e há de acabar, a não fiais de qualquer médico, a saúde da alma, de que depende a eternidade, por que a haveis de fiar de qualquer confessor? Indouto, claro está que não deve ser; mas não basta só que seja douto, senão douto e timorato. Confessor que saiba guiar a vossa alma e que tema perder a sua. Confessou Judas o seu pecado aos príncipes dos sacerdotes: "Pequei entregando sangue justo" (Mt 27,4). E eles, que lhe responderam? "E a nós que se nos dá disto? Lá te avém". — Vede que sacerdotes, que nem se lhes dava da sua consciência, nem da do penitente que se lhes ia confessar! Haveis de escolher confessor que se lhe dê tanto da vossa consciência como da sua. E basta que seja douto e timorato? Não basta. Há de ser douto e timorato, e de valor. É tal a fraqueza humana, que até no tribunal de Cristo se olha para os grandes como grandes, e se lhes guardam respeitos, quando se lhes não faça lisonja. Andando Filipe II à caça, foi-lhe necessário sangrar-se logo, e chamaram o sangrador de uma aldeia, porque não havia outro. Perguntou-lhe o rei se sabia a quem havia de sangrar? Respondeu: Sim, a um homem. Estimou o grande rei este homem como merecia, e serviu-se dele dali em diante. Com semelhantes homens se hão de curar no corpo e na alma os grandes homens. Com homens que sangrem a um rei como a um homem.

Posto aos pés deste homem, e nele aos pés de Deus, fale o mudo com tal verdade, com tal inteireza e com tal distinção do que confessou ou não confessou, dos propósitos que teve ou não teve, da satisfação que fez ou deixou de fazer, que de uma vez, e por uma vez acabe de sair o demônio fora. E seja com tão viva detestação de todos os pecados passados, com tão firme resolução da emenda de todos eles e com tão verdadeira e íntima dor de haver ofendido a um Deus infinitamente amável e sobre todas as coisas amado, que não só saia o demônio para sempre, e para nunca mais tornar, mas que já esteja lançado da alma quando falar o mudo: "Depois de ter expulsado o demônio, o mudo falou".

SERMÃO DO
SSmo. Sacramento

Exposto na Igreja de S. Lourenço, em Damaso, nos dias do carnaval.
Em Roma. Ano de 1674*.

Traduzido do italiano.

∼

"O Senhor vosso Deus vos tenta,
para fazer manifesto se o amais ou não."
(Dt 13,3)

Desde 1669 Vieira está em Roma. Em breve obterá a absolvição pontifícia das penas impostas pela Inquisição Portuguesa. Prega em italiano quando não está na Igreja de Santo Antônio dos Portugueses. É início da Quaresma, dias do carnaval. Se, em outros tempos, o tema das tentações se referia ao mundo, ao diabo e à carne, hoje o tentador é outro. É Deus que tenta. Para quê? Para provar quem são os seus amigos. E em que consiste a tentação? Consiste em que não vemos no Sacramento (o Sacramento está exposto) senão acidentes brancos. Entretanto, amar sem ver é amor. Por isso, se nestes dias vence o riso, todos estamos tentados por Deus. Deixamos o Sacramento só, e buscamos o corso e os teatros. Portanto, se não ver a Deus que temos presente é a tentação, não vê-lo e acompanhá-lo, assisti-lo, é a prova manifesta do nosso amor.

§ I

Maior espetáculo, ó Tibre, vês estes dias tu nas margens soberbamente habitadas de tuas ribeiras daquele que viu antigamente o Jordão nas soledades do seu deserto, quando o demônio tentou a Cristo. Ali se viu Deus tentado, aqui se vê Deus tentador: "O Senhor vosso Deus vos tenta". Maior espetáculo, ó Roma, vês estes dias tu nas tuas praças, palácios e templos, daquele que viste antigamente no teu bárbaro anfiteatro, quando os novos professores do cristianismo eram deitados às feras. Ali com tormentos e mortes se provava a fé; aqui entre jogos e passatempos se prova o amor: "Para se fazer manifesto se o amais ou não".

Terríveis dias são estes, e terrível concurso de tempo, senhores meus. Nos outros tempos, e por toda a roda do ano, os tentadores dos homens são três: nestes dias são quatro, e o quarto, maior e mais poderoso que todos. Nos outros tempos tenta o mundo, tenta o diabo, tenta a carne, nestes dias não só tenta a carne, o diabo, o mundo, e mais fortemente que nunca, mas Deus também nos tenta: "O Senhor vosso Deus vos tenta". Por que cuidais que sai Deus de seus sacrários? Por que cuidais que se põe Deus em público nestes dias, senão para tentar também ele publicamente no tempo das tentações públicas? Os três tentadores universais sempre tentam como inimigos, mas não sempre como inimigos descobertos; porém nestes dias, quando os homens com tão estranhos disfarces se cobrem a cara, o mundo, o diabo, a carne tentam à cara descoberta. Por isso, no mesmo tempo se descobre Deus para tentar ele também descobertamente. Mas a que fim? Não a fim de ajudar, tentando, a nossos inimigos, mas a fim de provar, e descobrir, tentando, quais são os seus amigos:

"Para se fazer manifesto se o amais ou não". Esta é a propriedade natural das palavras que propus, e esta será a matéria não menos própria do meu discurso: Deus tentador, Roma tentada, os que amam ou não amam a Deus publicamente conhecidos. Os pontos são três, mas eu por brevidade os reduzirei a um só. E comecemos.

§ II

"O Senhor vosso Deus vos tenta". Deus nos tenta? Deus tentador? Estupenda e temerosa palavra, e, ao parecer, indigna e indecente! Mas não é ainda esta a minha maior admiração. Deus tentador, e tentador no Sacramento? Aqui está a dificuldade, aqui o assombro. O Santíssimo Sacramento do altar não é o peito forte com que Deus nos arma contra todas as tentações? Aquela hóstia consagrada não é o escudo dobrado, humano e divino juntamente, com que se defende a Igreja? E que nos atrevamos a dizer, sem escândalo da piedade, que o toma Deus por instrumento de nos tentar: "O Senhor vosso Deus vos tenta"! Nestes dias, sim.

Tumultuou o povo no deserto contra Moisés, e foi o tumulto de carnaval. "Oxalá fôssemos mortos no Egito, quando nos assentávamos junto às panelas das carnes" (Ex 16,3). Egito, memórias da gentilidade, gosto e apetite depravado, intemperanças de gula, enfim carne. E que fez Deus então para apagar a rebelião e moderar a desordem deste apetite bruto? "Disse o Senhor a Moisés: Farei chover para vós pães do céu" (Ex 16,4). Moisés, não é bem que o meu povo se lembre do Egito e daquilo que tinha e o deleitava quando vivia entre gentios; eu lhe darei pão do céu. De maneira que a primeira origem do maná e a primeira instituição do sacramento em figura foi para apartar e descarnar os homens dos apetites e costumes que chamais carnavalescos, e para desarraigar do seu povo as memórias e relíquias da gentilidade, quais são as que ainda se conservam entre os cristãos nestes dias. Bem. E teve mais algum outro fim Deus em dar o maná ao povo? Sim: o que eu digo. Não só lhe deu o maná para o tirar daquele vício, senão também para o tentar. Ouvi o que ajuntou Deus às palavras referidas. "Eu farei chover para vós pães do céu; saia o povo e o recolha a fim de que eu o tente se obedece à minha lei ou não" (Ex 16,4). Eu darei o maná ao povo; ele sairá a recolher, e eu com isto o tentarei, se obedece à minha lei ou não. — Este foi o segundo fim por que deu Deus o maná. O primeiro, para remédio, o segundo, para tentação; o primeiro, para apartar o povo dos costumes profanos do Egito; o segundo, para tentar e provar o mesmo povo se obedecia e amava a Deus ou não: "Para que eu o tente se obedece à minha lei ou não", que é em próprios termos o fim e sentido das nossas palavras: "O Senhor vosso Deus vos tenta, para se fazer manifesto se o amais ou não".

Já temos a Deus tentador, e tentador no carnaval, e tentador com o sacramento, e que o fim de nos tentar neste tempo e com este mistério é para provar nosso amor. Mas em que consiste a energia desta tentação, o exame desta dúvida, e a averiguação desta prova? Consiste em se conhecer e constar publicamente se pode mais em nós a fé que a vista, e se deixamos o gosto do que se vê pelo amor do que se não vê. Tornemos ao deserto, e prossigamos a mesma história.

Depois de alguns dias, que não foram muitos, tornou aquele povo mal-acostumado e rebelde a cair na mesma tentação. Lembravam-se, como dantes, dos comeres profanos do Egito e das grosserias vis que lá tinham por regalo, e diziam com grande aborrecimento que o maná os enfastiava: "A nossa alma já se enfastia desta comida" (Nm 21,5). Este é um dos lugares da Escritura mais dificultosos de entender, porque o maná, como consta do mesmo texto sagrado, continha em si os sabores de todos os manjares: "Acomodando-se à vontade de cada um" (Sb 16,21), diz a sabedoria. E Davi: "A alma deles abominou toda a comida" (Sl 106,18). Pois se o maná continha todos os sabores, como podia causar fastio? Aquele fastio não era por demasiada fartura, nem por falta de fome, ou vontade de comer, porque no mesmo tempo suspiravam pelas olhas do Egito. Logo, se o maná, não só de prato a prato, mas de bocado a bocado, podia variar os sabores, e os hebreus, quando comiam, se assentavam sempre a uma mesa mais abundante e esquisitamente provida que a do seu Faraó, e tinham nela juntos os sabores de quanto nada no mar, voa no ar, e pasce ou nasce na terra, como não tiravam o fastio de um sabor com a mudança e variedade do outro? E se alguém me disser que a delicadeza de manjares tão preciosos não era para o paladar grosseiro e servil de uma gente pouco antes escrava, donde vinha dizerem eles: "Vêm-nos à memória os pepinos, os melões, as verduras, as cebolas e os alhos" (Nm 11,5); os sabores destas verduras rústicas e de quaisquer outras baixezas vilãs e grosseiras também se continham no mesmo maná. Como logo lhes causava nem podia causar fastio? Os doutos terão lido muitas soluções desta grande dúvida, mas eu cuido que vos hei de dar a literal e verdadeira. Digo que o fastio do maná não estava no gosto: estava nos olhos. O que gostavam os hebreus era tudo quanto queriam, mas o que viam era somente maná. Maná ao jantar, maná à ceia, maná hoje, maná amanhã, sempre maná. E como toda a variedade era para o gosto, e para os olhos não havia variedade nem diferença, os olhos eram os que se enfastiavam. Não é exposição minha, senão confissão sua. Eles o dizem no mesmo texto: "Os nossos olhos não veem outra coisa senão o maná" (Nm 11,6). — E como não viam mais que maná, por isso o não podiam ver, por isso se enfastiavam dele, e tornavam com os desejos ao Egito.

Oh! Divino maná e verdadeiro pão do céu! Cremos e confessamos que estão encerrados debaixo desses acidentes todos os gostos e delícias da alma; mas "A nossa alma já se enfastia desta comida", porque "Os nossos olhos não veem outra coisa senão o maná". Esta foi a tentação antigamente com que Deus tentou o povo israelítico no maná: "Para que o tente". Esta é hoje a tentação com que tenta o povo católico no sacramento: "O Senhor vosso Deus vos tenta". Os hebreus, exceto um Moisés e os poucos que o seguiam, os cristãos, exceto outro Moisés[1] e os poucos que o seguem, todos vemos rendidos à tentação, porque todos gostam mais das mesas profanas e abomináveis do Egito que daquele pão do céu. A razão desta sem-razão tão grande em uns e outros é a mesma: nos hebreus porque não viam mais que maná; nos cristãos, porque não vemos mais que aqueles acidentes brancos: "Os nossos olhos não veem outra coisa senão o maná". Oh! fraqueza da fé, oh! cegueira e tirania dos olhos humanos! Tenta Deus nestes dias, e tenta o mundo, e uma e outra tentação põem o laço nos olhos; mas a de Deus nos olhos fechados, a do mundo nos olhos abertos. Deus tenta com a sua presença encoberta; o mundo tenta com as suas representações públicas. E como aquelas representações se veem, e esta presença não se pode ver, em vez de triunfar a fortaleza da fé contra os apetites e enganos da vista, triunfa a tirania da vista contra as obrigações da fé. Se Cristo como está presente corresse aquela cortina que o encobre, subitamente se veria nesta Igreja a transfiguração do Tabor, e toda a cidade de Pedro diria com o mesmo Pedro: "É bom estarmos aqui" (Mt 17,4; Lc 9,33). Mas Cristo não quer vencer o mundo com armas iguais. Põe-se em campo contra ele, invisível a nossos olhos, porque vem a fazer prova de nossa fé e do nosso amor: "Para se fazer manifesto se o amais ou não".

§ III

Notável caso é que, quando S. Pedro disse: "É bom estarmos aqui", digam os evangelistas que estava fora de si: "Não sabendo o que dizia" (Lc 9,33). Quer estar sempre com Cristo, e está fora de si? Antes dissera eu que nunca esteve mais em si que quando quis estar sempre com Cristo. Pois por que mereceu uma tal censura o fervor e amor de Pedro? Porque disse que queria estar com Cristo quando viu descobertos os resplendores de sua glória, sendo que isso havia de dizer quando depois se lhe encobriram com a nuvem que sobreveio. No teatro do Tabor representaram-se sucessivamente duas cenas muito diversas. Na primeira apareceu a majestade de Cristo como sol resplandecente, descoberto e coroado de raios: "E o seu rosto ficou refulgente como o sol" (Mt 17,2). Na segunda, desceu e atravessou-se uma nuvem que eclipsou toda aquela glória, e a encobriu aos olhos dos apóstolos: "Uma nuvem os cobriu". E que disse agora Pedro? Nada. Pois agora é que ele havia de dizer: "É bom estarmos aqui", porque querer estar com Cristo quando se mostra e deixa ver com toda a sua glória e majestade, nem é fé, nem é amor, nem é pensamento digno da cabeça da Igreja. Por isso a mesma nuvem que lhe tolheu o sentido da vista lhe abriu e espertou logo o sentido da fé: "E eis que saiu uma voz da nuvem, que dizia: Ouvi-o" (Mt 17,5). A prova da verdadeira fé e a fineza do verdadeiro amor não é seguir ao sol quando ele se deixa ver claro e formoso com toda a pompa de seus raios, senão quando se nega aos olhos, escondido e encoberto de nuvens. Vede-o no espelho da natureza.

Aquela flor, a que o giro do sol deu o nome, chamada dos gregos heliotrópio, imóvel e com perpétuo movimento, jamais deixa de seguir e acompanhar a seu amado planeta. Quando o sol nasce, se lhe inclina e o saúda; quando sobe, se levanta com ele: quando está no zênite, o contempla direita; quando desce, se torna a dobrar; e quando finalmente chega ao ocaso, com nova e profunda inclinação se despede dele. Grande milagre da natureza. Grande fineza de amor! Mas onde está o mais fino desta fineza? Descobriu-o e ponderou-o Plínio com uma reflexão tão admirável como a da mesma flor: "Muitas vezes falamos do milagre do girassol, quando ele gira ao redor do sol mesmo quando o dia está com nuvens, tão grande é o amor do sol"². Maravilha é, e fineza prodigiosa que aquela flor amante do sol, sem se poder mover de um lugar, o siga sempre em roda, acompanhando seu curso; mas o mais maravilhoso desta maravilha, e o mais fino desta fineza, diz Plínio, é que não só segue e acompanha o sol quando se lhe mostra claro e resplandecente, senão quando se esconde e se cobre de nuvens. "Mesmo quando o dia está com nuvens, tão grande é o amor do sol". Mas passemos da escola da natureza à da graça, e vejamos se há nela alguma flor semelhante. Desejou Moisés ver a Deus, e pediu-lhe que lhe mostrasse seu rosto: "Mostra-me a tua face" (Ex 33,13). Foi-lhe respondido que não era possível nesta vida: "Nenhum homem me verá, e depois viverá" (Ex 33,20). E que vos parece que faria Moisés com este desengano? Não o disse ele na sua história, mas disse-o por ele S. Paulo com altíssima ponderação. "Porque esteve firme, como se visse o invisível" (Hb 11,27). Desenganado Moisés de poder ver a Deus, foi tal a sua fineza, que fazia não o vendo o que havia de fazer se o vira. Que havia de fazer Moisés se vira a Deus? Havia de estar sempre com os olhos fixos nele, sem jamais se apartar de sua vista e de sua presença. Pois isto que havia de fazer se o vira, isso mesmo fazia não o vendo: "Porque esteve firme, como se visse o invisível".

Assim provou Moisés o seu amor, e assim prova Deus nestes dias, e quer que provemos o nosso: "Para se fazer manifesto se o amais"? Mostra-se-nos o sol divino encoberto com aquela nuvem, que o faz invisível, para provar se pode tanto em nós a fé como a vista, e se o assistimos e acompanhamos não o vendo, como se o víramos. Os que assim o fizeram, bem podem tomar por divisa de seu amor a fineza natural do heliotrópio e a sobrenatural de Moisés. E será o corpo e a alma da empresa igualmente discreta: o corpo, um heliotrópio voltado ao sol coberto de nuvens; e a alma, a letra de S. Paulo: "Como se visse o invisível". Não cuide que ama a Cristo quem não antepõe sua presença invisível a tudo quanto se vê e pode ver no mundo. Lá vos chamam a ver, aqui a não ver, porque a prova do verdadeiro amor não está em amar vendo, senão em amar sem ver. Amar e ver, é bem-aventurança; amar sem ver, é amor. O mesmo mundo o contesta. Toda a gala do amor, qual é? Vós o pintais nu como a verdade, e assim há de ser se é amor. Qual é logo a sua gala? Toda a gala do amor é a sua venda. Vendado e despido, porque quando não tem uso dos olhos, então se descobre o amor. "Para se fazer manifesto se o amais".

Dai-me agora licença para que examine um passo vulgar de Isaías, o qual cada dia aparece nos púlpitos, mas para mim ainda é oculto e novo. Viu Isaías aqueles serafins que todos sabem; e o que eu não sei entender é como os ditos serafins assistiam a Deus e não viam a Deus. Assistiam a Deus, porque estavam diante do trono de Deus: "Os serafins estavam sobre ele". Não viam a Deus, porque com a interposição das asas cobriam os olhos próprios e a face do mesmo Deus: "Cobriam a sua face" (Is 6,2). Aqui está o ponto da minha dificuldade. E folgara que me disseram os doutos que serafins são aqueles que assistem a Deus e não veem a Deus. É certo e de fé, que todos os espíritos angélicos estão sempre vendo a face de Deus: "Os seus anjos sempre veem a face do Pai, que está nos céus" (Mt 18,10). Os serafins não só são anjos, senão os supremos anjos da suprema jerarquia: logo também é certo que todos os serafins veem sempre a Deus, e com visão mais alta e mais imediata que todos os outros anjos. Que serafins são logo estes que assistem a Deus e não veem a Deus? Senhores meus, estes serafins não veem a Deus, mas eu vejo estes serafins. Dizei-me. Todos os que concorreis a esta Igreja a adorar e acompanhar a Cristo sacramentado naquele trono, assistis a Deus? Sim. Vedes a Deus? Não. Pois estes são os serafins que assistem a Deus e não veem a Deus. Não são serafins do céu, são serafins da terra; não são serafins anjos, são serafins homens. E porque estes serafins vêm a assistir e vêm a não ver, por isso as mesmas asas que os trazem os param e os cegam juntamente: "Voavam, paravam e cobriam". Neste sentido interpretam a visão de Isaías, dos Padres gregos, S. Cirilo[3], e dos latinos, S. Jerônimo[4]. Mas eu não quero outro expositor que o mesmo texto. Digo que a visão não era no céu, senão na terra. Assim diz o texto: "Cheia está toda a terra da sua glória" (Is 6,3). Digo que o lugar da terra era a Igreja. Assim diz o texto: "E as coisas que estavam debaixo dele enchiam o templo" (Is 6,1). Digo que nessa Igreja estava impedida a vista e o uso dos olhos. Assim diz o texto: "E a casa se encheu de fumo" (Is 6,4).

Mas se os chamados serafins que assistiam nessa terra, nessa Igreja e nessa invisibilidade de Deus são os homens, por que lhes não chama Isaías homens, nem anjos, nem arcanjos, nem querubins, senão serafins? Por isso mesmo. Porque assistem a Deus sem o ver. Os serafins são aqueles espíritos ardentes a quem o amor a Deus deu o nome, porque entre todas as jerarquias, e sobre todas amam a Deus mais que todos. E porque a circunstância de amar e assistir a Deus sem o ver é a maior prova, a maior fineza e o grau mais alto e mais sublime a que pode subir ou voar o amor, por isso lhes chama o profeta serafins, mas serafins com os olhos vendados.

Perdoai-me serafins do céu. Vós tendes lá o nome, e cá está o amor. Vós lá assistis e amais, mas vedes. Cá assistimos e amamos, e não vemos. Esta única glória é própria da terra e própria de Deus. Própria da terra: "Cheia está toda a terra", porque amar sem ver a Deus é glória que não há nem houve, nem haverá nunca no céu. E própria de Deus: "Da sua glória", porque Deus no céu dá glória; aqui, recebe-a. Esta é a força daquele "da sua". No céu dá Deus a glória aos bem-aventurados; na terra vós, que o assistis, dais a glória a Deus. Deus no céu dá a glória aos bem-aventurados, porque deixando-se ver e amar faz aos bem-aventurados gloriosos. Vós na terra dais a glória a Deus, porque amando-o sem o ver vós o glorificais. No céu Deus é o glorificador, e os bem-aventurados os glorificados; na terra vós sois os glorificadores, e Deus o glorificado e glorioso: "Cheia está toda a terra da sua glória". Tanto vai de amar vendo a amar sem ver.

E porque o intento de Cristo nestes dias é tentar e provar o nosso amor: "Tenta-vos se o amais ou não". — por isso se apresenta à nossa fé, e não a nossos olhos; não vestido de majestade e glória, senão armado de invisibilidade. Aquele grande guerreiro, Davi, aconselhava a Deus, se queria render e trazer tudo a si, que se armasse de sua formosura, e que a beleza de seu rosto fosse a sua espada: "Cinge a tua espada ao teu lado, ó poderosíssimo. Com a tua beleza e com a tua formosura, entesa o arco, vai adiante felizmente e reina" (Sl 44,4s). Mas, assim como Davi não aceitou as armas de Saul, assim Cristo não aceita estas armas de Davi. E quando o mundo, para nos levar após si, faz público e pomposo teatro aos olhos de tudo o que o engenho e novidade pode inventar agradável e deleitoso, ele pelo contrário, debaixo daqueles disfarces, esconde todos os tesouros de sua formosura, confiado de nossa fé e de nosso amor, que invisível será adorado, que não visto será assistido, e que escondido e encoberto será descobertamente amado: "Para se fazer manifesto se o amais".

§ IV

Esta é, senhores, a tentação com que Deus nos tenta, digna da generosidade e grandeza, e do coração amoroso de tão soberano tentador: "O Senhor vosso Deus vos tenta". Agora toca a nós, ou resistir e vencer a tentação, ou cair; ou ser da multidão vulgar dos que por suma fraqueza e indignidade seguem o mundo, ou ser do mundo generoso e verdadeiramente cristão dos que, deixando ao mundo as suas loucuras, seguem e assistem a Cristo e professam publicamente nestes dias ser do partido dos que o amam: "Para se fazer manifesto se o amais ou não". Toda a tentação e toda a vitória está entre um sim e um não. Ou ver ou não ver; ou amar ou não amar. Até agora "Para se fazer manifesto se o amais ou não", é problema. Vós o haveis de resolver, e os vossos olhos. De boa vontade o disputara eu largamente por uma e outra parte. Mas porque a brevidade do tempo mo não permite, eu vo-lo proporei já disputado e resoluto na Escritura, e prodigiosamente representado. Tornemos às ribeiras do Jordão.

Entrou no Jordão a Arca do Testamento, e subitamente as águas do rio se dividiram em duas partes ou em duas parcialidades. A parte superior, como estática e atônita à presença da Arca, tornou atrás e parou, e assim esteve imóvel. A parte inferior, deixando-se levar da inclinação natural e ímpeto da corrente, não parou, e correu ao mar. Esta é a famosa história que todos os anos nestes dias se representa em Roma. A Arca do Testamento, na qual se encerrava toda a grandeza e majestade de Deus, é o digníssimo Sacramento; o Jordão, que se dividiu, não é o Tibre, mas a cidade do Tibre, que também tem suas correntes e suas divisões. A parte superior, que reverente parou à presença da Arca, são aqueles que assistem e acompanham a este Senhor. A parte inferior, que se retirou e correu ao mar, são os que o deixam e desacompanham, e se vão com a corrente onde os chama o mundo.

À vista desta diferença tão notável, fala Davi com o rio, e diz assim: "Que tiveste tu, ó mar, que fugiste? E tu, Jordão, para retrocederes?" (Sl 113,5). Jordão parado, Jordão fugitivo, que divisão é esta, e que resolução tão diversa? Tu que paras, por que paras? E tu que foges, de quem foges? Se a causa é a mesma, o rio o mesmo, e a natureza de uma e de outra parte a mesma, por que são os movimentos tão contrários? Responde Davi pela parte do Jordão superior e parado, e diz que parou cortês e obsequioso porque reconheceu e reverenciou na Arca a presença do Deus de Jacó: "Perante o Senhor, perante o Deus de Jacó" (Sl 113,7). Chamava-se a Arca face de Deus pela particular assistência com que Deus invisivelmente residia nela. E daqui se segue também que todo o verso de Davi se há de entender, como nós o entendemos, da passagem do Jordão, porque na passagem do Mar Vermelho ainda não havia arca. Mas se bastava dizer que parou o Jordão "Perante Deus", por que acrescentou nomeadamente o profeta que esse Deus era Deus de Jacó: "Perante o Deus de Jacó?" Seria porventura para diferenciar o Deus verdadeiro, qual era o de Jacó, dos deuses falsos e fabulosos, que em diversas figuras adoravam naquele tempo os gentios? Verdadeiramente, senhores, que quem não para aqui a reverenciar e assistir àquela divina Arca, ou não crê que está ali o verdadeiro Deus, ou tem outros deuses falsos e torpes, a quem mais ama e adora. Mas não é este só o mistério, nem foi esta só a fineza do Jordão. Nota neste passo a Glosa que não disse o profeta: "Perante o Deus de Israel", senão: "Perante o Deus de Jacó". Este patriarca tinha dois nomes: o de Jacó, que lhe puseram os homens, e o de Israel, que lhe deu Deus. Pois por que se não chama Deus neste caso Deus de Israel, senão Deus de Jacó?

Com grande mistério. Jacó quer dizer: "o Lutador"; Israel quer dizer "o que vê a Deus". E como Deus estava invisivelmente na Arca, e o Jordão parou a Deus invisível, por isso Deus se não chama aqui Deus do que vê a Deus: "Deus de Israel", porque sou Deus reverenciado, e não visto. Chama-se, porém, com segundo mistério e com maior energia: "Deus de Jacó". Deus do Lutador, porque o Jordão, resistindo ao peso das águas e refreando o ímpeto da corrente, lutou fortemente contra a inclinação precipitosa da própria natureza, e a venceu gloriosamente. De maneira que se ajustaram neste milagre do Jordão as duas circunstâncias que necessariamente concorrem nos que assistem a Cristo sacramentado nestes dias. A primeira, lutar, como Jacó, e vencer o ímpeto da inclinação natural que os leva a seguir a corrente. A segunda, parar e assistir aqui, imovelmente, a Deus, mas não a Deus visto, como Deus de Israel, senão a Deus invisível, como Deus de Jacó.

Assim respondeu Davi pela parte superior do Jordão que parou e reverenciou a Arca. Mas pela parte inferior, que correu ao mar e lhe voltou as costas, como foi ação tão irracional, tão precipitada e tão feia, condenou-a, e afrontou-a o profeta com a admiração da sua mesma indignidade, perguntando-lhe por que fugia de Deus. "Que tiveste tu, ó mar, que fugiste?". Mas se era rio, por que lhe chama mar? E se era o Jordão, por que lhe não chama Jordão? O nome que lhe tirou e o que lhe deu, ambos foram declaração da censura que merecia. O rio que corre ao mar seguindo a própria natureza vai buscar sua perdição: ali perde o nome e o ser, porque já não é rio, é mar. Assim foi buscar o seu naufrágio e o seu castigo aquela indigna parte do Jordão que voltou as costas à Arca. E posto que esta razão bastava para lhe negar o profeta o nome de Jordão, ainda o fez com maior mistério e mais claro documento e repreensão dos que nestes dias o imitam. "Do Jordão" quer dizer "o rio do juízo". E como podia ser digno de tal nome uma parte do mesmo rio tão precipitada, tão furiosa e sem juízo, que por seguir o ímpeto e costume da natureza deixou de assistir à Arca de Deus, e fugiu de sua presença? Prezem-se agora de entendidos e discretos os que se apartam ou fogem da mesma presença para ver e autorizar, como a sua, as loucuras do mundo nos dias em que ele mais que nunca perde o siso. E se quereis ver quão alheia de juízo é semelhante resolução, ponderai-a comigo debaixo da alegoria do mesmo rio, e ouvi-me falar com ele com as mesmas palavras do profeta.

"Que tiveste tu, ó mar, que fugiste?". Rio precipitado e infeliz, que te deixaste arrebatar da fúria da corrente e fugiste da presença da Arca de Deus, dize-me de que foges tu, e por quê? Que mal te tem feito aquele Senhor, para fugir dele? De um Deus que te busca, de um Deus que vem em pessoa a santificar-te, de um Deus que, sendo tu dos amorreus, te quer fazer seu, de um Deus que te quer livrar da servidão da gentilidade, de um Deus que se mete todo dentro de ti mesmo, deste Deus tão amoroso foges tu? Dize-me, assim eu te veja tornar atrás: "Que tiveste tu?". Que fruto, que proveito, que interesse tens em deixar e te apartar de Deus? Se te move o costume inveterado da tua corrente, não vês tu que é melhor e mais são conselho emendar os costumes maus antes de chegar ao mar morto, onde tu caminhas? Se te leva o ímpeto e inclinação natural, não vês que a outra parte de ti mesmo, sendo da mesma natureza, "voltou-se para trás?" Se ele não seguiu o teu exemplo, por que não imitarás tu o seu? Se o não fazes por virtude; ao menos o deves fazer por reputação e por honra. Não vês que aquele Jordão que teve mão em si e parou à presença da Arca, quanto mais está parado, tanto mais cresce e se exalta? Não vês que ele é o milagroso, o admirado, o reverenciado, o louvado, o chamado santo? Que é logo o que te leva? Que é o que vais buscar aonde tão arrebatadamente caminhas: "Que tiveste tu, ó mar, que fugiste?".

§ V

Naquela palavra *mar* temos todo o *porquê*, ou todo o porquê da admiração do profeta; e isso mesmo tanto para admirar e estranhar que apenas se pode dizer sem indecência. Mas não é muito que se diga, pois se vê. Aquele mar, aonde foi parar a parte do Jordão que não parou, é o que nós hoje chamamos Mar Morto, e naquele tempo se chamava "Vale do Sal", porque sendo estéril de pescado e de toda a coisa vivente, só se tirava dele sal. Pois para correr ao Vale do Sal, se há de deixar a presença e reverência da Arca? Para correr ao Vale do Sal se há de fugir de Deus? Assim é. Para correr ao Vale do Sal, e do sal que algumas vezes é assaz mordaz e picante. Tudo o que vai ver e ouvir o passatempo e gosto vão destes dias, que outras coisas são senão aquelas que a antiga Roma chamava "sales", e a moderna "sali". Graças, chistes, motes, facécias, bufonerias, metamorfoses de trajos, equívocos de pessoas, transfigurações dos sexos e da espécie, máquinas jocosas, invenções ridículas; enfim quanto sabe excogitar o engenho, a sutileza e a ociosidade para mover a riso. Que diria a severidade do vosso Catão se tal visse? Para isto se veem cheias as praças, as ruas, os balcões, os teatros: todos a rir, e tudo para rir. E que sendo em suma tão leve e tão ridícula a tentação, triunfe contudo o mundo de nós, e pareça que triunfa do mesmo Deus! Senhor, Senhor, quase estava para vos representar a minha dor, que seria maior decência de vossa divina autoridade retirar-vos ao *Sancta Sanctorum* de vossos sacrários que aparecer em público nestes dias. Seja riso aquele riso, mas não seja irrisão vossa. Riam-se os homens do que veem e do que fazem, mas não pareça que se riem de vós, pois fazem tão pouca conta de vossa presença. Saibam porém os que assim deixam a Deus e o trocam ou vendem por tão vil preço que Deus, como pregou S. Paulo, "De Deus não se zomba" (Gl 6,7), e que lá está guardado um "Ai de vós" da divina justiça para este riso: "Ai de vós que rides, porque chorareis" (Lc 6,25)!

Esta é, senhores, a representação que vos prometi do vosso problema: "Se o amais ou não", disputado na história do Jordão, e resoluto diversamente por ambas as partes: uma, que parou reverente à presença da Arca; outra, que voltou as costas e correu ao mar. Veja agora cada um qual destas partes ou partidos se resolve a seguir. E porque toda a tentação de amar ou não amar a Deus nestes dias se vem a resumir no que se resume a religião ou vaidade deles, que é sacrificar ou não sacrificar o riso, disponhamo-nos animosamente para o sacrifício, e tomemos por exemplar dele um vencedor famoso de semelhante tentação, e tentação também de Deus, como a nossa.

Tentou Deus a Abraão para provar seu amor. São os termos com que fala a Escritura: "Tentou Deus a Abraão" (Gn 22,1). A tentação foi que lhe sacrificasse Isac, o seu amado. E diz S. Paulo que esta tentação de Abraão e sacrifício de Isac foi parábola de Deus: "Por onde ele o recobrou em parábola" (Hb 11,19). Mas como foi parábola, se é história verdadeira? Não quer dizer o apóstolo que não fosse verdadeira história. Quer dizer que foi história e parábola juntamente: história pelo que era, parábola pelo que significava. Saibamos agora. E que significa Isac e o seu sacrifício? Isac significa riso. E ainda que pareça matéria de riso, este riso, na significação de Deus, é a matéria de toda a tentação; e este riso é o que Deus nos manda sacrificar. S. Bernardo: "Sabeis", diz Bernardo, "o que Deus manda que lhe sacrifiquemos quando manda sacrificar Isac? Manda que lhe sacrifiquemos o riso"[5]. Quando mandou a Abraão que sacrificasse o seu Isac, mandou-lhe que sacrificasse o seu filho, e esta foi a história. Quando nos manda que sacrifiquemos o nosso Isac, manda-nos que sacrifiquemos o nosso riso, e esta foi a parábola: "O recobrou em parábola".

Todos estamos tentados por Deus, como Abraão: "O Senhor vosso Deus vos tenta". Todos estamos tentados, como ele, para fazer prova do nosso amor: "Para se fazer manifesto se o amais ou não". Se há quem se atreva a sacrificar o seu Isac, suba com Abraão ao monte para o imitar. E note bem a gentileza daquele grande coração e daquele braço. "Ó formidável espetáculo! Disputam em juízo o amor do filho e o amor de Deus, e Abraão é o juiz armado com uma espada que com ela pronuncia a sentença". Ó formidável espetáculo! — diz S. Basílio de Selêucia. — Litigavam no coração de Abraão dois amores, ambos grandes, ambos fortes, ambos dificultosos de vencer: o amor de Deus e o amor de Isac. Por parte de Deus advogava a fé; por parte de Isac contradizia toda a natureza. E Abraão, posto no meio destes dois afetos, era o juiz que com a espada havia de pronunciar a sentença. — Tal é a controvérsia, ó cristão, que tu hás de decidir neste ponto: "Se o amais ou não". Se amas verdadeiramente a Deus, há de morrer Isac; se Isac vive, não amas a Deus. O céu por parte de Deus, a terra por parte do mundo, esperam suspensos a tua resolução. Tu és o juiz: dá a sentença. Que dizes? Sim ou não? Oh! como me parece, fiéis amadores de Cristo, estar vendo em cada um de vós outro Abraão com o braço e com a espada levantada, para cortar a cabeça a este Isac, não inocente, mas réu; não legítimo, mas adulterino; não digno de viver, mas de morrer de uma vez e acabar para sempre. Morra, morra Isac; viva, viva Cristo, viva o Diviníssimo Sacramento. Mas que é o que vejo? Não um anjo do céu, como o de Abraão, mas um anjo do inferno, que da parte do mundo e do apetite vos brada, vos tem mão no braço e vos faz cair a espada. Tal é a fraqueza de nossa fé, tal a covardia de nossos corações. Enfim este ano será como os demais, e se cumprirá a parábola inteiramente. Viverá Isac, e o sacrificado será o cordeiro. Vós, Senhor, sereis o deixado, e o mundo o buscado e o seguido. Vós estareis aqui quase só, e Roma no corso e nos teatros.

Notou o mesmo S. Basílio, como já o tinha escrito Josefo[6], que Abraão teve sempre o caso em segredo, e nem quando recebeu o mandamento de Deus, nem quando aparelhou e partiu ao sacrifício, deu conta ou notícia dele a Sara. E a razão foi, diz o Santo, porque ainda que Abraão venerava e tinha grande conceito da fé, da devoção e da piedade de Sara, considerou contudo o gênio feminil, e temeu que, como mulher e mãe, não tivesse valor para consentir no sacrifício: "Eu reverencio o seu ânimo, mas receio o gênio". Conheceu o ânimo, mas temeu o gênio. Esta é também a razão da minha desconfiança: reverencio, mas receio: "Reverencio, mas receio". Abraão era o pai dos crentes, e Sara a mãe. O pai dos crentes teve valor para fazer o sacrifício; a mãe dos crentes não. E quem é a mãe de todos os crentes, senão tu, ó Roma?

§ VI

Roma, eu não tenho autoridade, nem confiança, nem língua para te dizer neste caso o que sinto; mas ouve tu o que te diz com igual autoridade e eloquência o teu Doutor Máximo, Jerônimo[7]. No mesmo tempo em que S. Dâmaso edificava esta mesma Igreja em que estamos, escreveu S. Jerônimo a Roma, a qual então andava em grande parte enganada com as larguezas e delícias que aprovava o ímpio Joveniano, mais conformes aos idólatras de *Júpiter*, de quem ele tinha o nome, que aos adoradores de Cristo; e diz assim o grande Padre: "Urbe poderosa, urbe senhora do mundo, urbe louvada pela voz do apóstolo, interpreta o teu nome"[8]. Cidade potentíssima, cidade dominadora e senhora do mundo, cidade louvada, não por boca do teu Apolo, senão pelo oráculo de Paulo, "contigo falo", e não te digo outra coisa, senão que interpretes o teu nome: "Interpreta o teu nome. Roma, ou é um nome de fortaleza entre os gregos, ou de grandeza entre os hebreus. Guarda o que dizes: A virtude te faça grande, e o prazer não te faça pequena". O grego, quando diz Roma, quer dizer a forte; o hebreu, quando diz Roma, quer dizer a excelsa; o cristão, acrescentemos nós, quando diz Roma, quer dizer a santa. E será bem que Roma, a forte, não resista a uma tentação tão leve? Será bem que Roma, a excelsa, se abata a uma indecência tão ridícula? Será bem que Roma, a santa, deixe a fonte da santidade por seguir a corrente da vaidade? Rir-se-á e mofará o grego; rir-se-á e zombará o hebreu;

chorará e envergonhar-se-á o cristão. Pelo que, Roma minha, diz Jerônimo, "Guarda o que dizes". Se te chamas Roma, sê Roma, sê forte, sê excelsa, sê santa.

E vós, senhores romanos, generosos filhos desta águia "de grandes asas", lembrai-vos das palavras que a vós em primeiro lugar, e a todos os que reconhecem por mãe e cabeça esta Santa Cidade, disse em confiança de vossa piedade o Senhor que está presente: "Onde estiver o corpo, ali se reunirão as águias" (Mt 24,28). Aonde estiver meu Corpo, ali correrão as águias (Mt 24, 28). "O corpo no altar, vós sois águias", diz Santo Ambrósio. Não se tenha por águia, que tudo o mais de quem tenho falado até agora é vulgo, não se tenha por águia legítima e verdadeira, a que aqui não vier fazer prova da agudeza de sua vista e da fineza de seu amor. A águia natural prova os seus verdadeiros filhos aos raios do sol descoberto; a águia divina prova os seus nas sombras do sol escondido. Com esta nobilíssima circunstância, sacrifiquem os vossos olhos a Deus tudo o que nestes dias deixarem de ver. Se assim o fizerdes, como de vossa generosidade e piedade se deve esperar, será o vosso sacrifício por esta circunstância ainda mais precioso e mais grato a Deus que o de Abraão. Notai. Quando Deus mandou a Abraão que lhe sacrificasse o seu Isac, disse desta maneira: "Vai à terra da visão e aí oferecerás" (Gn 22,2). Vai à terra da visão, vai à terra onde me viste e onde me vês, e aí oferece o sacrifício. — Na diferença de *ibi* a *ibi* está a vantagem da fineza. Fazer sacrifício a Deus no lugar onde se vê Deus, não é maravilha; mas fazê-lo no lugar onde Deus não se vê, essa é a maravilha, essa a fineza, e esta será a glória do vosso sacrifício. Se o não ver a Deus que temos presente é a tentação com que ele vos tenta: "O Senhor vosso Deus vos tenta", não o ver, e amá-lo, não o ver, e assisti-lo, não o ver, e acompanhá-lo sempre, seja a prova manifesta e pública de vosso amor: "Para se fazer manifesto se o amais ou não".

SERMÃO DA
Quinta Quarta-Feira da Quaresma

Na Misericórdia de Lisboa.
Ano de 1669.

∽

"Viu um homem que era cego."
(Jo 9,1)

Antes de partir para Roma, ainda limitado pela Inquisição, em relação aos temas pelos quais fora condenado, Vieira retoma, na Santa Casa de Lisboa, o tema das Obras de Misericórdia, em particular: as cegueiras dos homens. Não a cegueira dos que não podem ver, mas a dos que têm olhos e não veem. Cristo veio para isso: para que os cegos vejam e os que têm olhos não vejam. Há cegos de olhos abertos: nós, os católicos, temos a verdadeira fé e não vemos. Quando acontece? Quando vemos e ao mesmo tempo não vemos. Sem advertência, sem atenção. Divertem-nos os pensamentos, os cuidados, os desejos etc. Em suma, vemos o mundano e não vemos o divino. Há cegos que veem uma coisa por outra. Veem uma mentira, um engano, um falso testemunho etc. como aparências de verdade. Por quê? Porque os olhos veem pelo coração. É a paixão que erra, que engana, que perturba. Há cegos que não veem nem conhecem a própria cegueira. Os fariseus. A soberba, a inveja, a cobiça, a ambição, a lisonja são cegueiras e não as conhecemos como tais. Somos cegos sobre cegos. Portanto, se vemos, remediemo-nos.

§ I

Um cego, e muitos cegos; um cego curado, e muitos cegos incuráveis; um cego que não tendo olhos viu, e muitos cegos que tendo olhos não viram, é a substância resumida de todo este largo Evangelho. Deu Cristo vista milagrosa em Jerusalém a um cego de seu nascimento; examinaram o caso os escribas e fariseus, como coisa nunca vista nem ouvida até aqueles tempos; convenceu-os o mesmo cego com argumentos, com razões, e muito mais com a evidência do milagre. E quando eles haviam de reconhecer e adorar ao obrador de tamanha maravilha por verdadeiro Filho de Deus e Messias prometido, como fez o cego, cegos de inveja, obstinados na perfídia, e rebeldes contra a mesma onipotência, negaram, blasfemaram e condenaram a Cristo. De maneira que a mesma luz manifesta da divindade a um homem deu olhos e aos outros deu nos olhos; para um foi luz, e para os outros foi raio; a um alumiou, aos outros feriu; a um sarou, aos outros adoeceu; ao cego fez ver e aos que tinham vista cegou. Não é a ponderação minha nem de alguma autoridade humana, senão toda do mesmo Cristo. Vendo o milagroso Senhor os efeitos tão encontrados daquela sua maravilha, concluiu assim: "Vim a este mundo, para que os cegos vejam e os que têm olhos sejam cegos" (Jo 9,39). Ora, o caso é, diz Cristo, que eu vim a este mundo, para que os cegos vejam e os que têm olhos ceguem. — Não porque este fosse o fim de sua vinda, senão porque estes foram os efeitos dela. Os cegos viram, porque o cego recebeu a vista, e os que tinham olhos cegaram, porque os escribas e fariseus ficaram cegos.

Supostas estas duas partes do Evangelho, deixando a primeira, tratarei só da segunda. O homem que não tinha olhos e viu, já está remediado; os que têm olhos e não veem, estes são os que hão mister o remédio, e com eles se empregará todo o meu discurso. "Viu um homem que era cego". Cristo viu um homem cego sem olhos; nós havemos de ver muitos homens cegos com olhos. Cristo viu um homem sem olhos que não via e logo viu; nós havemos de ver muitos homens com olhos que não veem e também poderão ver, se quiserem. Deus me é testemunha que fiz eleição deste assunto para ver se se pode curar hoje alguma cegueira. Bem conheço a fraqueza e a desproporção do instrumento, mas o mesmo com que Cristo obrou o milagre me anima a esta esperança. Inclinou-se o Senhor à terra, fez com a mão onipotente um pouco de lodo, aplicou-o aos olhos do cego, e quando parece que lhos havia de escurecer e cegar mais com o lodo, com o lodo lhos abriu e alumiou. Se Cristo com lodo dá vista, que cego haverá tão cego, e que instrumento tão fraco e inábil, que da eficácia e poderes de sua graça não possa esperar semelhantes efeitos? Prostremo-nos, como fez o cego, a seus divinos pés, e peçamos para nossos olhos um raio da mesma luz, por intercessão da Mãe de Misericórdia em cuja casa estamos. *Ave Maria*.

§ II

"Viu um homem que era cego". O cego que hoje viu Cristo padecia uma só cegueira; os cegos que nós havemos de ver, sendo as suas cegueiras muitas, não as padecem, antes as gozam e amam: delas vivem, delas se alimentam, por elas morrem e com elas. Estas cegueiras irá descobrindo o nosso discurso. Assim o ajude Deus, como ele é importante.

O maior desconcerto da natureza, ou a maior circunstância de malícia que Cristo ponderou na cegueira dos escribas e fariseus, que será o triste exemplar da nossa, foi ser cegueira de homens que tinham os olhos abertos: "Para que os que têm olhos sejam cegos". Os escribas e fariseus eram os sábios e letrados da lei, eram os que liam as escrituras, eram os que interpretavam os profetas, e por isso mesmo eram mais obrigados que todos a conhecer o Messias, e nunca tão obrigados como no caso presente. Isaías, no capítulo trinta e cinco, falando da divindade do Messias e de sua vinda ao mundo, diz assim (ouçam este texto os incrédulos): "Deus virá e vos salvará. Então os olhos dos cegos se abrirão" (Is 35,4s). Virá Deus em pessoa a salvar-vos. E em sinal de sua vinda, e prova de sua divindade, dará vista a cegos. — O mesmo tinha já dito no capítulo vinte e nove: "De entre as trevas e a escuridão verão os olhos dos cegos" (Is 29,18). E o mesmo tornou a dizer no capítulo quarenta e dois: "E e pus para ser a reconciliação do povo, para luz das gentes, para abrires os olhos dos cegos" (Is 42,6s). Por isso, quando o Batista mandou perguntar a Cristo se era ele o Messias: "Tu és o que hás de vir, ou é outro o que esperamos?" (Mt 11,3), querendo o Senhor antes responder com obras que com palavras, o primeiro milagre que obrou diante dos que trouxeram a embaixada foi dar vista a cegos. "Ide contar a João o que ouvistes e vistes: os cegos veem" (Mt 11,4s). Pois se o primeiro e mais evidente sinal da vinda do Messias; se a primeira e mais evidente prova de sua divindade e onipotência, era dar vista a cegos; e se entre todos os cegos a que Cristo deu vista nenhum era mais cego que este, e nenhuma vista mais milagrosa, por ser cego de seu nascimento, e a vista não restituída, senão criada de novo, como se alucinaram tanto os escribas e fariseus que, vendo o milagre, não viam nem conheciam o milagroso?

Aqui vereis qual era a cegueira destes homens. A cegueira que cega cerrando os olhos não é a maior cegueira; a que cega deixando os olhos abertos, essa é a mais cega de todas. E tal era a dos escribas e fariseus. Homens com olhos abertos, e cegos. Com olhos abertos, porque como letrados liam as Escrituras e entendiam os profetas; e cegos, porque vendo cumpridas as profecias, não viam nem conheciam o profetizado.

Um destes letrados cegos era Saulo, antes de ser Paulo; e vede como lhe mostrou o céu qual era a sua cegueira. Ia Saulo caminhando para Damasco armado de provisões e de ira contra os discípulos de Cristo, quando ao entrar já na cidade, eis que fulminado da mão do mesmo Senhor cai do cavalo em terra, assombrado, atônito, e subitamente cego. Mas qual foi o modo desta cegueira? "Com os olhos abertos", diz o texto, "nenhuma coisa via" (At 9,8). — A cidade, os muros, as torres, a estrada, os campos, os companheiros à vista, e Saulo com os olhos abertos sem ver nenhuma coisa destas nem se ver a si. Aqui esteve o maravilhoso da cegueira. Se o raio lhe tirara os olhos, ou lhos fechara, não era maravilha que não visse; mas não ver nada, estando com os olhos abertos: "Com os olhos abertos nenhuma coisa via". Tal era a cegueira de Saulo quando perseguia a Cristo; tal a dos escribas e fariseus quando o não criam; e tal a nossa, que é mais, depois de o crermos. Muito mais maravilhosa é esta nossa cegueira que a mesma vista do cego do Evangelho. Aquele cego, quando não tinha olhos, não via; nós temos olhos e não vemos. Naquele cego houve cegueira e vista, mas em diversos tempos; em nós, no mesmo tempo, está junta a vista com a cegueira, porque somos cegos com os olhos abertos, e por isso mais cegos que todos.

Se lançarmos os olhos por todo o mundo, acharemos que todo, ou quase todo, é habitado de gente cega. O gentio cego, o judeu cego, o herege cego, e o católico, que não devera ser, também cego. Mas de todos estes cegos quais vos parece que são os mais cegos? Não há dúvida que nós, os católicos. Porque os outros são cegos com olhos fechados, nós somos cegos com os olhos abertos. Que o gentio corra sem freio após os apetites da carne; que o gentio siga as leis depravadas da natureza corrupta, cegueira é, mas cegueira de olhos fechados; não lhe abriu a fé os olhos. Porém, o cristão, que tem fé, que conhece que há Deus, que há céu, que há inferno, que há eternidade, e que viva como gentio? É cegueira de olhos abertos, e por isso mais cego que o mesmo gentio. Que o judeu tenha por escândalo a cruz, e por não confessar que crucificou a Deus, não queira adorar a um Deus crucificado, cegueira é manifesta, mas cegueira de olhos fechados. Por isso, mordidos das serpentes no deserto, só saravam os que viam a serpente de Moisés exaltada, e os que não tinham olhos para a ver não saravam (Nm 21,8). Porém que o cristão, como chorava S. Paulo, seja inimigo da cruz (Fl 3,18), e que adorando as chagas do crucificado, não sare as suas, é cegueira de olhos abertos, e por isso mais cego que o mesmo judeu. Que o herege, sendo batizado, e chamando-se cristão, se não conforme com a lei de Cristo e despreze a observância de seus mandamentos, cegueira é, mas cegueira também de olhos fechados. Crê erradamente que basta para a salvação o sangue de Cristo, e que não são necessárias obras próprias. Porém o católico, que crê e conhece evidentemente pelo lume da fé, e da razão, que fé sem obras é morta, e que sem obrar e viver bem ninguém se pode salvar; que viva nos costumes como Lutero e Calvino? É cegueira de olhos abertos, e por isso mais cego que o mesmo herege. Logo nós somos mais cegos que todos os cegos.

E se a alguém parecer que me alargo muito em dizer que a nossa cegueira dos católicos é maior que a do herege, e a do judeu, e a do gentio, que seria se eu dissesse que entre todas as cegueiras só a nossa é a cegueira, e que entre todos esses cegos só nós somos os cegos? Pois assim o digo e assim é, para maior horror e confusão nossa. Ouvi o mesmo Deus por boca de Isaías: "Quem é o cego, senão o meu servo? Quem é o cego, senão o que foi vendido? E quem é o cego, senão o servo do Senhor?" (Is 42,19). Fala Deus com o povo de Israel, o qual naquele tempo, como nós hoje, era o que só tinha a verdadeira fé, e diz não uma, senão três vezes, que só ele entre todas as nações do mundo era o cego. Não reparo no cego, senão no só. Que fosse cego aquele povo no tempo de Isaías, ele e todos os outros profetas o lamentam, porque devendo servir e adorar ao verdadeiro Deus serviam e adoravam aos ídolos. Mas dessa mesma cegueira e dessa mesma idolatria se segue que não eram só os hebreus os cegos, senão também todas as nações daquele tempo e daquele mundo. Cegos e idólatras eram no mesmo tempo os assírios; cegos e idólatras, os babilônios; cegos e idólatras, os egípcios, os etíopes, os moabitas, os idumeus, os árabes, os tírios, contra os quais todos profetizou e denunciou castigos o mesmo Isaías, em pena de sua idolatria. Pois se a idolatria era a cegueira, e não só os hebreus, senão todas as nações de que estavam cercados, e também as mais remotas, eram idólatras, como diz Deus que só o povo de Israel é cego: "Quem é o cego, quem é o cego, quem é o cego, senão o servo do Senhor?" Todos os outros são cegos, e só o povo de Israel é cego? Sim. Porque todos os outros povos eram cegos com os olhos fechados; só o povo de Israel era cego com os olhos abertos. O mesmo profeta o disse: "Povo cego, e com olhos" (Is 43,8). — Os outros povos adoravam os ídolos e os deuses falsos, porque não tinham conhecimento do Deus verdadeiro, e isso mais era ignorância que cegueira. Porém o povo de Israel era o que só tinha fé e conhecimento do verdadeiro Deus: "Conhecido é Deus na Judeia" (Sl 75,1). Que um povo com fé e conhecimento do Deus verdadeiro adorasse os deuses falsos? Isso nele não era nem podia ser ignorância, senão mera cegueira, e por isso só ele o cego: "Quem é cego, senão o servo do Senhor?" Deixai-me agora fazer a mesma pergunta, ou as mesmas três perguntas, ao nosso mundo e ao nosso tempo. "Quem é hoje o cego?" O gentio? Não. "Quem é hoje o cego?" O judeu? Não. "Quem é hoje o cego?" O herege? Não. Pois quem é hoje este cego que só merece nome de cego? Triste e temerosa coisa é que se diga, mas é forçosa consequência dizer-se que somos nós os católicos. Porque o gentio, o judeu, o herege são cegos sem fé e com os olhos fechados, e só nós, os católicos, somos cegos com a verdadeira fé e com os olhos abertos: "Povo cego, e com olhos". Grande miséria e confusão para todos os que dentro do grêmio da Igreja professamos a única e verdadeira religião católica, e para nós os portugueses, se bem olharmos para nós, ainda maior.

No salmo cento e treze, zomba Davi dos ídolos da gentilidade, e uma das coisas de que principalmente os moteja é que têm olhos e não veem: "Têm olhos e não veem" (Sl 113,5). Bem pudera dizer que não tinham olhos, porque olhos abertos em pedra, ou fundidos em metal, ou coloridos em pintura, verdadeiramente não são olhos. Também pudera dizer, e mais brevemente, que eram cegos. Mas disse com maior ponderação e energia que tinham olhos e não viam, porque o encarecimento de uma grande cegueira não consiste em não ter olhos, ou em não ver, senão em não ver tendo olhos: "Têm olhos e não veem". Depois disto volta-se o profeta com a mesma galantaria contra os fabricadores e adoradores dos ditos ídolos, e a bênção que lhes deita, ou a maldição que lhes roga, é que "sejam semelhantes a eles os que os fazem". Porque assim como a maior bênção que se pode desejar aos que adoram ao verdadeiro Deus é serem semelhantes ao Deus que os fez, assim a maior praga e maldição que se pode rogar aos que adoram os deuses falsos é serem semelhantes aos deuses que eles fazem: "Sejam semelhantes a eles os que os fazem". Agora dizei-me. E não seria muito maior desgraça, não seria miséria e sem-razão nunca imaginada, se esta maldição caísse, não já sobre os adoradores dos ídolos, senão sobre os que creem e adoram o verdadeiro Deus? Pois isso é o que com efeito nos tem sucedido. Que coisa são pela maior parte hoje os cristãos, senão umas estátuas mortas do cristianismo e umas semelhanças vivas dos ídolos da gentilidade, com os olhos abertos e cegos: "Têm olhos e não veem?". Miséria é grande que sejam semelhantes aos ídolos os que os fazem, mas muito maior miséria é, e muito mais estranha, que sejam semelhantes aos ídolos os que os desfazem, e estes somos nós. Estes somos nós, torno a dizer, por cristãos, por católicos, e muito particularmente por portugueses. Para que fez Deus Portugal, e para que levantou no mundo esta monarquia, senão para desfazer ídolos, para converter idólatras, para desterrar idolatrias? Assim o fizemos e fazemos, com glória singular do nome cristão, nas Ásias, nas Áfricas, nas Américas. Mas como se os mesmos ídolos se vingaram de nós, derrubamos as suas estátuas, e eles pegaram-nos as suas cegueiras. Cegos, e com os olhos abertos, como ídolos: "Têm olhos e não veem"? Cegos, e com os olhos abertos, como o povo de Israel: "Povo cego, e com olhos". Cegos, e com olhos abertos, como Saulo: "Com os olhos abertos nenhuma coisa via". E cegos finalmente, e com os olhos abertos, como os escribas e fariseus: "Para que os que têm olhos sejam cegos".

§ III

Está dito em comum o que basta; agora, para maior distinção e clareza, desçamos ao particular. Esta mesma cegueira de olhos abertos divide-se em três espécies de cegueira, ou falando medicamente, em cegueira da primeira, da segunda e da terceira espécie. A primeira é de cegos que veem e não veem juntamente; a segunda, de cegos que veem uma coisa por outra; a terceira, de cegos que, vendo o demais, só a sua cegueira não veem. Todas estas cegueiras se acharam hoje nos escribas e fariseus, e todas, por igual, ou maior desgraça nossa, se acham também em nós. Vamos discorrendo por cada uma, e veremos no nosso ver muita coisa que não vemos.

Começando pela cegueira da primeira espécie, digo que os olhos abertos dos escribas e fariseus eram olhos que juntamente viam e não viam. E por quê? Não porque, vendo o milagre, não viam o milagroso, como já dissemos, mas porque, vendo o milagre, não viam o milagre, e vendo o milagroso, não viam o milagroso. O milagre, viam-no nos olhos do cego; o milagroso, viam-no em sua própria pessoa, e muito mais nas suas obras, que é o mais certo modo de ver, e contudo nem viam o milagre, nem viam o milagroso. O milagre, porque o não queriam ver; o milagroso porque o não podiam ver. Bem sei que ver e não ver implica contradição, mas a cegueira dos escribas e fariseus era tão grande que podiam caber nela ambas as partes desta contradição. Os filósofos dizem que uma contradição não cabe na esfera dos possíveis: eu digo que cabe na esfera dos olhos. Não me atrevera ao dizer se não fora proposição expressa da primeira e suma verdade. Assim o disse Cristo falando destes mesmos homens no capítulo quarto de S. Marcos: "Para que vendo, vejam e não vejam" (Mc 4,12). Agora esperáveis que eu saísse com grandes espantos. Se viam, como não viam! E se não viam, como viam! Dificultar sobre tal autoridade seria irreverência. Cristo o diz, e isso basta. Eu porém não me quero escusar por isso de dar a razão deste, que parece impossível. Mas antes que lá cheguemos, vejamos esta mesma implicação de ver e não ver praticada em dois casos famosos, ambos da História Sagrada.

Estando el-rei de Síria em campanha sobre o Reino de Israel, experimentou por muitas vezes que quanto deliberava no seu exército se sabia no do inimigo (4Rs 6,13). E imaginando ao princípio que devia de haver no seu conselho alguma espia comprada que fazia estes avisos, soube dos capitães e dos soldados mais práticos daquela terra, que o profeta Eliseu era o que revelava e descobria tudo ao seu rei. Oh! se os reis tiveram a seu lado profetas! Achava-se neste tempo Eliseu na cidade de Dotã; resolve o rei mandá-lo tomar dentro nela por uma empresa; e marchando a cavalaria secretamente em uma madrugada, eis que sai o mesmo Eliseu a encontrar-se com eles; diz-lhes que não era aquele o caminho de Dotã; leva-os à cidade fortíssima de Samaria, mete-os dentro dos muros, fecham-se as portas, e ficaram todos tomados e perdidos. É certo que estes soldados de el-rei de Síria conheciam muito bem a cidade de Dotã e a de Samaria, e as estradas que iam a uma e a outra, e muitos deles ao mesmo profeta Eliseu. Pois se conheciam tudo isto, e viam as cidades, e os caminhos, e ao mesmo profeta, como se deixaram levar onde não pretendiam ir? Como não prenderam a Eliseu quando se lhes veio meter nas mãos? E como consentiram que ele os metesse dentro dos muros e debaixo das espadas de seus inimigos? Diz o texto sagrado que toda esta comédia foi efeito da oração de Eliseu, o qual pediu a Deus que cegasse aquela gente: "Fere, eu te peço, este povo com a cegueira" (4Rs 6,18). E foi a cegueira tão nova, tão extraordinária e tão maravilhosa, que juntamente viam e não viam. Viam a Eliseu, e não viam a Eliseu; viam a Samaria, e não viam a Samaria; viam os caminhos, e não viam os caminhos; viam tudo, e nada viam. Pode haver cegueira mais implicada, e mais cega, e de homens com os olhos abertos? Tal foi, por vontade de Deus, a daqueles bárbaros, e tal é, contra a vontade de Deus, a nossa, sendo cristãos. Eliseu quer dizer: Saúde de Deus; Samaria quer dizer: Cárcere e Diamante. E que é a Saúde de Deus, senão a salvação? Que é o Cárcere de Diamante, senão o inferno? Pois assim como os assírios, indo buscar a Eliseu, se acharam em Samaria, assim nós, buscando a salvação, nos achamos no inferno. E se buscarmos a razão deste erro e desta cegueira é porque eles e nós vemos e não vemos. Não vês, cristão, que este é o caminho do inferno? Sim. Não vês que este outro é o caminho da salvação? Sim. Pois como vais buscar a salvação pelo caminho do inferno? Porque vemos os caminhos e não vemos os caminhos; vemos onde vão parar, e não vemos onde. Tanta é, com os olhos abertos, a nossa cegueira: "Fere este povo com a cegueira".

Segundo caso, e maior. Mandou Deus dois anjos à cidade de Sodoma para que salvassem a Ló e abrasassem a seus habitadores, e eram eles tão merecedores do fogo, que lhes foi necessário aos mesmos anjos defenderem a casa onde se tinham recolhido. Mas como a defenderam? Diz o texto sagrado que o modo que tomaram para defender a casa foi cegarem toda aquela gente, desde o maior até o mais pequeno: "Feriram aqueles com a cegueira desde o maior até o menor" (Gn 19,11). Quando eu li que os anjos cegaram a todos, cuidei que lhes fecharam os olhos e que ficaram totalmente cegos e sem vista. E que a razão de cegarem não só os homens, senão também os meninos, fora por que os meninos não pudessem guiar os homens. Mas não foi assim. Ficaram todos com os seus olhos abertos e inteiros como dantes. Viam a Cidade, viam as ruas, viam as casas; e só com a casa e com a porta de Ló, que era o que buscavam, nenhum deles atinava. Buscavam na cidade a rua de Ló: viam a rua, e não atinavam com a rua; buscavam na rua a casa de Ló: viam a casa e não atinavam com a casa; buscavam na casa a porta de Ló: viam a porta e não atinavam com a porta: "De sorte que não puderam mais encontrar a porta" (Gn 19,11). E para que cesse a admiração de um caso tão prodigioso, isto que fizeram naqueles olhos os anjos bons fazem nos nossos os anjos maus. Estamos na quaresma, tempo de rigor e penitência; e sendo que a penitência é a rua estreita por onde se vai para o céu: "Estreita é a via que conduz para a vida" (Mt 7,14), vemos a rua, e não atinamos com a rua. Entramos e frequentamos agora mais as Igrejas; pomos os pés por cima dessas sepulturas, e sendo que a sepultura é a casa onde havemos de morar para sempre: "Os seus sepulcros serão as suas casas para sempre" (Sl 48,12), vemos a casa, e não atinamos com a casa. Sobem os pregadores ao púlpito, põem-nos diante dos olhos tantas vezes a lei de Deus esquecida e desprezada, e sendo que a lei de Deus é a porta por onde só se pode entrar à bem-aventurança: "Esta é a porta do Senhor, os justos entrarão por ela" (Sl 117,20), vemos a porta, e não atinamos com a porta: "De sorte que não puderam mais encontrar a porta".

Paremos a esta porta ainda das telhas abaixo. Andam os homens cruzando as cortes, revolvendo os reinos, dando voltas ao mundo, cada um em demanda das suas pretensões, cada um para se introduzir ao fim dos seus desejos; todos aos encontrões uns sobre os outros; os olhos abertos, a porta à vista, e ninguém atina com a porta. Andais buscando a honra com olhos de Lince, e sendo que para a verdadeira honra não há mais que uma porta, que é a virtude, ninguém atina com a porta. Andai-vos desvelando pela riqueza, com mais olhos que um Argos, e sendo que a porta certa da riqueza não é acrescentar fazenda, senão diminuir cobiça, ninguém atina com a porta. Andai-vos matando por achar a boa vida, e, sendo que a porta direita, por onde se entra à boa vida, é fazer boa vida, ninguém atina com a porta. Andais vos cansando por achar o descanso, e sendo que não há nem pode haver outra porta para o verdadeiro e seguro descanso, senão acomodar com o estado presente e conformar com o que Deus é servido, não há quem atine com a porta. Há tal desatino! Há tal cegueira! Mas ninguém vê o mesmo que está vendo, porque todos, desde o maior ao menor, somos como aqueles cegos: "Feriram aqueles com a cegueira desde o maior até o menor".

Sobre estes dois exemplos tão notáveis, entre agora a razão por que estais esperando. Que seja possível ver e não ver juntamente, já o tendes visto. Direis que sim, mas por milagre. Eu digo que também sem milagre, e muito fácil e naturalmente[1]. Não vos tem acontecido alguma vez ter os olhos postos e fixos em uma parte, e porque no mesmo tempo estais com o pensamento divertido, ou na conversação ou em algum cuidado, não dar fé das mesmas coisas que estais vendo? Pois esse é o modo e a razão por que, naturalmente e sem milagre, podemos ver e não ver juntamente. Vemos as coisas porque as vemos, e não vemos essas mesmas coisas porque as vemos divertidos.

Iam para Emaús os dois discípulos praticando com grande tristeza na morte de seu Mestre (Lc 24), e foi coisa maravilhosa que, aparecendo-lhes o mesmo Cristo, e indo caminhando e conversando com eles, não o conhecessem. Alguns quiseram dizer que a razão deste engano, ou desta cegueira, foi porque o Senhor mudara as feições do rosto, e ainda a voz ou tom da fala. Mas esta exposição, como bem notou Santo Agostinho[2], é contra a propriedade do texto, o qual diz expressamente que o engano não foi da parte do objeto, senão da potência; não da parte do visto, senão da vista. "Os seus olhos estavam fechados, para não o conhecerem" (Lc 24,16). Como é possível logo que não conhecessem a quem tão bem conheciam, e que não vissem a quem estavam vendo? Na palavra "estavam fechados". está a solução da dúvida. Diz o evangelista que não conheceram os discípulos ao mesmo Senhor que estavam vendo, porque tinham os olhos presos. Isto quer dizer "estavam fechados". E da mesma frase usa o evangelista falando da prisão de Cristo: "Esse é que é: prendei-o. E o prenderam. Não me prendestes" (Mt 26,48.

50.55). Mas se os olhos estavam presos, como viam? E se viam, como estavam presos? Não estavam presos pela parte da vista; estavam presos pela parte da advertência. Iam os discípulos divertidos na sua prática, e muito mais divertidos na sua tristeza: "Que palavras são essas que trocais entre vós e por que estais tristes?" (Lc 24,17). E esta diversão do pensamento era a que lhes prendia a advertência dos olhos. Como tinham livre a vista, viam a Cristo; como tinham presa a advertência, não conheciam que era ele. E desta maneira, estando os olhos dos discípulos juntamente livres e presos, vinham a ser um composto de vista e de cegueira: de vista com que viam, e de cegueira com que não viam. Vede a força que tem o pensamento para a diversão da vista. Os olhos estavam no caminho com Cristo vivo; o pensamento estava na sepultura com Cristo morto; e pode tanto a força do pensamento que o mesmo Cristo ausente, em que cuidavam, os divertia do mesmo Cristo presente, que estavam vendo. Tanto vai de ver com atenção e advertência, ou ver com desatenção e divertimento.

Por isso Jeremias bradava: "Atendei e vede" (Lm 1,12). Não só pede o profeta vista, mas vista e atenção, e primeiro a atenção que a vista, porque ver sem atenção é ver e não ver. Ainda é mais próprio este ver e não ver do que o modo com que viam e não viam aqueles cegos tão cegos nos dois casos milagrosos que referimos. Eles não viam o que viam, porque lhes confundiu Deus as espécies. Nós, sem confusão nem variedade das espécies, não vemos o que vemos, só por desatenção e divertimento da vista. Agora entendereis a energia misteriosa e discreta com que o profeta Isaías nos manda olhar para ver: "Olhai para ver" (Is 41,18). Quem há que olhe senão para ver? E quem há que veja senão olhando? Por que diz logo o profeta, como se nos inculcara um documento particular: "Olhai para ver"? Porque assim como há muitos que olham para cegar, que são os que olham sem tento, assim há muitos que veem sem olhar, porque veem sem atenção. Não basta ver para ver; é necessário olhar para o que se vê. Não vemos as coisas que vemos porque não olhamos para elas. Vemo-las sem advertência e sem atenção, e a mesma desatenção é a cegueira da vista. Divertem-nos a atenção os pensamentos; suspendem-nos a atenção os cuidados; prendem-nos a atenção os desejos; roubam-nos a atenção os afetos; e por isto, vendo a vaidade do mundo, imos após ela, como se fora muito sólida; vendo o engano da esperança, confiamos nela, como se fora muito certa; vendo a fragilidade da vida, fundamos sobre ela castelos, como se fora muito firme; vendo a inconstância da fortuna, seguimos suas promessas, como se foram muito seguras; vendo a mentira de todas as coisas humanas, cremos nelas, como se foram muito verdadeiras. E que seria se os afetos que nos divertem a atenção da vista fossem da casta daqueles que tanto divertiram e perturbaram hoje os escribas e fariseus? Divertia-os o ódio, divertia-os a inveja, divertia-os a ambição, divertia-os o interesse, divertia-os a soberba, divertia-os a autoridade e ostentação própria: e como estava a atenção tão divertida, tão embaraçada, tão perturbada, tão presa, por isso não viam o que estavam vendo: "Para que os que têm olhos sejam cegos".

§ IV

A cegueira da segunda espécie, ou a segunda espécie da cegueira dos escribas e fariseus, era serem tais os seus olhos que não viam as coisas às direitas, senão às avessas; não viam as coisas como eram, senão como não eram. Viam os olhos milagrosos, e diziam que era engano; viam a virtude sobrenatural, e diziam que era pecado; viam uma obra que só podia ser dos braços de Deus, e diziam que não era de Deus, senão contra Deus: "Este homem não é de Deus" (Jo 9,16). De maneira que não só não viam as coisas como eram, mas viam-nas como não eram, e por isso muito mais cegos que se totalmente as não viram.

Na cidade de Betsaida curou Cristo outro cego, como este de Jerusalém, mas não o curou pelo mesmo modo, porque as mesmas enfermidades, quando os sujeitos não são os mesmos, muitas vezes requerem diversa cura. Pôs o Senhor a mão nos olhos a este cego, e perguntou-lhe se via. Olhou ele, e disse: "Senhor, vejo os homens como umas árvores que andam de uma parte para outra" (Mc 8,24). — Torna Cristo a aplicar-lhe outra vez a mão, e diz o texto que desta segunda vez começou o homem a ver: "Impôs-lhe as mãos de novo sobre os olhos, e começou a ver". Neste "começou a ver" reparo, e é muito para reparar. Este homem é certo que começou a ver da primeira vez que Cristo lhe pôs a mão nos olhos, porque até ali não via nada, e então começou a ver os homens como árvores. Pois se o cego da primeira vez começou a ver os homens como árvores, como diz o evangelista que não começou a ver senão da segunda vez: "Impôs-lhe as mãos de novo sobre os olhos, e começou a ver"? Porque da primeira vez via as coisas como não eram; da segunda vez já as via como eram; da primeira vez, via os homens como árvores; da segunda vez, via as árvores como árvores e os homens como homens. E ver as coisas como são, isso é ver; mas vê-las como não são, não é ver, é estar cego.

Sim. Mas este homem estava cego quando não via nada, e se estava também cego quando via as coisas como não eram, quando estava mais cego: quando as via ou quando as não via? Quando as via estava muito mais cego, porque quando não via nada tinha privação da vista; quando via as coisas às avessas, tinha erro na vista, e muito maior cegueira é o erro que a privação. A privação era um defeito inocente, que não mentia nem enganava; o erro era uma mentira com aparência de verdade; era um engano com representação de certeza; era um falso testemunho com assinado de vista. E se não, vamos ao caso. É filosofia bem fundada de Filo Hebreu[3] que os olhos não só veem a cor, senão a cor, a figura e o movimento, e em todas estas três coisas errou a primeira vista daquele homem, representando-lhe os homens como árvores. Errou na cor, porque as árvores são verdes e os homens, cada um é da cor de seu rosto e do seu vestido. Errou na figura, porque as árvores têm um pé, e os homens dois; os homens têm dois braços e as árvores muitos. Errou no movimento, porque os homens movem-se progressivamente e mudam lugares, e as árvores estão sempre firmes, e se se movem com o vento, não mudam de lugar. Eis aqui quantos erros, quantos enganos e quantas cegueiras se envolviam naquela primeira vista. Por isso o evangelista disse que, quando o cego via desta maneira, ainda não tinha começado a ver, porque ver umas coisas por outras não é vista, é cegueira, e mais que cegueira.

Os mais cegos homens que houve no mundo foram os primeiros homens. Disse-lhes Deus, não por terceira pessoa, senão por si mesmo, e não por enigmas ou metáforas, senão por palavras expressas, que aquela fruta da árvore, que lhes proíbia, era venenosa, e que no mesmo dia em que a comessem haviam de perder a imortalidade em que foram criados, não só para si, senão para todos seus filhos e descendentes; e contudo comeram. Há homem tão cego que coma o veneno conhecido como veneno para se matar? Há homem tão cego que dê o veneno conhecido como veneno a seus filhos para os ver morrer diante de seus olhos? Tal foi a cegueira dos primeiros homens, e não cegueira de olhos meio abertos, como a daquele cego, senão de olhos totalmente abertos, porque tudo isto viam muito mais clara e muito mais evidentemente do que nós o vemos e admiramos. Pois, como caíram em uma cegueira tão estranha; como foram, ou como puderam ser tão cegos? Não foram cegos porque não viram, que tudo viam; mas foram cegos porque viram uma coisa por outra. O mesmo texto o diz: "A mulher viu que aquela fruta era boa para comer" (Gn 3,6). — Mulher cega, e cega quando viste, e porque viste, vê o que vês, e não vejas o que não vês. Assim havia de ser. Mas Eva, com os olhos abertos, estava tão cega, que não via o que via e via o que não via. A fruta vedada era má para comer e boa para não comer. Má para comer, porque, comida, era veneno e morte; boa para não comer, porque, não comida, era vida e imortalidade. Pois se a fruta só para não comer era boa, e para comer não era boa, senão muito má, como viu Eva que era boa para comer: "Viu que era boa para comer"? Porque era tão cega a sua vista, ou tão errada a sua cegueira, que, olhando para a mesma fruta, não via o que era e via o que não era. Não via que era má para comer, sendo má; e via que era boa para comer, não sendo boa: "Viu que era boa".

Esta foi a cegueira de Eva, e esta é a dos Filhos de Eva. "Ai de vós os que ao mal chamais bem, e ao bem, mal" (Is 5,20). Andam equivocados dentro em nós o mal com o bem, e o bem com o mal, não por falta de olhos, mas por erro e engano da vista. No Paraíso havia uma só árvore vedada; no mundo há infinitas. Tudo o que veda a lei natural, a divina e as humanas, tudo o que proíbe a razão e condena a experiência, são árvores e frutas vedadas. E é tal o engano e ilusão da nossa vista, equivocada nas cores com que se disfarça o veneno, que em vez de vermos o mal certo, para o fugir, vemos o bem que não há, para o apetecer: "Viu que era boa". Daqui nasce, como da vista de Eva, a ruína original do mundo, não só nas consciências e almas particulares, mas muito mais no comum dos estados e das repúblicas. Caiu a mais florente e bem-fundada república que houve no mundo, qual era antigamente a dos hebreus, fundada, governada, assistida, defendida pelo mesmo Deus. E qual vos parece que foi a origem ou causa principal de sua ruína? Não foi outra senão a cegueira dos que tinham por ofício ser olhos da república. E não porque fossem olhos de tal maneira cegos que não vissem, mas porque viam trocadamente uma coisa por outra, e em vez de verem o que era, viam o que não era. Assim o lamentou o profeta Jeremias nas lágrimas que chorou em tempo do cativeiro de Babilônia sobre a destruição e ruína de Jerusalém: "Os teus profetas viram para ti coisas falsas" (Lm 2,14).

Os olhos daquela república, que não só tinham por ofício ver o presente, senão também o futuro, eram os profetas, que por isso se chamavam *videntes*. E diz Jeremias à enganada e já desenganada Jerusalém que os seus profetas lhe viam as coisas falsas: "Os teus profetas viram para ti coisas falsas". Notai muito a palavra "viram". Se dissera que profetizavam, ou pregavam, ou aconselhavam, ou finalmente diziam coisas falsas, bem estava:

mas dizer que as viam: "Viram para ti"! Se as coisas eram falsas, não eram; e se não eram como as viam? Porque essa era a cegueira dos olhos da triste república. Olhos que não viam o que era, e viam o que não era nem havia de ser. Os profetas verdadeiros viam o que era, os profetas falsos viam o que não era; e porque a cega república se deixou governar por estes olhos, por isso se perdeu. Jeremias, profeta verdadeiro, dizia que se sujeitassem a Nabucodonosor, porque se assim o não fizessem, havia de tornar segunda vez sobre Jerusalém e destruí-la de todo. Pelo contrário, Ananias, profeta falso, pregava e prometia que Nabuco não havia de tornar, antes havia de restituir os vasos sagrados do templo que tinha saqueado (Jr 28). E porque estes oráculos falsos, como mais plausíveis, foram os cridos, foi Jerusalém de todo destruída e assolada, e as relíquias de sua ruína levadas a Babilônia. Miqueias, profeta verdadeiro, consultado sobre a guerra de Ramot Galaad, disse que via o exército de Israel derramado pelos campos como ovelhas sem pastor (3Rs 22). Pelo contrário, Sedecias, com outros quatrocentos profetas falsos, persuadiam à guerra e asseguravam a vitória. E porque el-rei Acab quis antes seguir a falsidade lisonjeira de muitos que a verdade provada e conhecida de um, posto que entrou na batalha sem coroa e disfarçado, para não ser conhecido, um só tiro de uma seta perdida matou o rei, desbaratou o exército e sentenciou a vitória pelos inimigos. Assim viram Miqueias e Jeremias o que havia de ser, e os demais o que não foi, para que abram os olhos os príncipes e vejam quais são os olhos por cuja vista se guiam. Guiem-se pelos olhos dos poucos que veem as coisas como são, e não pelos dos muitos e cegos que veem uma coisa por outra: "Viram para ti coisas falsas".

Mas como pode ser, para que demos a razão desta segunda cegueira, como a demos da primeira, como pode ser que haja homens tão cegos, que com os olhos abertos não vejam as coisas como são? Dirá alguém que este engano de vista procede da ignorância. O rústico, porque é ignorante, vê que a lua é maior que as estrelas; mas o filósofo, porque é sábio e mede as quantidades pelas distâncias, vê que as estrelas são maiores que a lua. O rústico, porque é ignorante, vê que o céu é azul; mas o filósofo, porque é sábio e distingue o verdadeiro do aparente, vê que aquilo que parece céu azul nem é azul, nem é céu. O rústico, porque é ignorante, vê muita variedade de cores no que ele chama arco da velha; mas o filósofo, porque é sábio e conhece que até a luz engana, quando se dobra, vê que ali não há cores, senão enganos corados e ilusões da vista. E se a ignorância erra tanto olhando para o céu, que será se olhar para a terra? Eu não pretendo negar à ignorância os seus erros, mas os que do céu abaixo padecem comumente os olhos dos homens, e com que fazem padecer a muitos, digo que não são da ignorância, senão da paixão. A paixão é a que erra; a paixão a que os engana; a paixão a que lhes perturba e troca as espécies, para que vejam umas coisas por outras. E esta é a verdadeira razão, ou sem-razão, de uma tão notável cegueira. Os olhos veem pelo coração, e assim como quem vê por vidros de diversas cores todas as coisas lhe parecem daquela cor, assim as vistas se tingem dos mesmos humores de que estão bem ou mal afetos os corações.

Tinham os moabitas assentado os seus arraiais de fronte a fronte com os de Josafá e Jorão, reis de Israel e Judá, e vendo ao amanhecer que por entre eles corria uma ribeira, julgaram que a água, ferida dos raios do sol, era sangue, e persuadiram-se que os dois reis amigos, por alguma súbita discórdia, tinham voltado as armas um contra o outro: "Disseram: É sangue derramado pela espada; os reis pelejaram contra si, e de parte a parte se mataram" (4Rs 3,23). Caído da graça de del-rei Assuero seu grande valido Amã, e condenado à morte, lançou-se aos pés da rainha Ester no trono onde estava, pedindo perdão e misericórdia, e como Assuero o visse naquela postura, foi tal o juízo que formou, e tão alheio de sua própria honra, que não há palavras decentes com que se possa declarar: "Até estando eu presente quer oprimir a rainha" (Est 7,8). Corria fortuna a barca de S. Pedro no mar de Tiberíades, derrotada da fúria dos ventos e quase soçobrada do peso das ondas, quando apareceu sobre elas Cristo caminhando a grandes passos a socorrê-la. Viram-no os apóstolos, e então tiveram o naufrágio por certo, e se deram por totalmente perdidos, julgando, diz o texto, que era algum fantasma: "Julgaram ser um fantasma" (Mc 6,49). Voltemos agora sobre estes três casos tão notáveis, e saibamos a causa de tantos enganos da vista. Os apóstolos, Assuero, os moabitas, todos estavam com os olhos abertos, todos viram o que viam, e todos julgaram uma coisa por outra. Pois, se os apóstolos viam a Cristo, como julgavam que era fantasma? Se Assuero viu a Amã em ato de pedir misericórdia, como julgou que lhe fazia adultério? Se os moabitas viam a água da ribeira, como julgaram que era sangue? Porque assim confundem e trocam as espécies da vista os olhos perturbados com alguma paixão. Os apóstolos estavam perturbados com a paixão do temor; Assuero com a paixão da ira; os moabitas com a paixão do ódio e da vingança; e como os moabitas desejavam verter o sangue dos dois exércitos inimigos, a água lhes parecia sangue; como Assuero queria tirar a vida a Amã, a contrição lhe parecia pecado; como os apóstolos estavam medrosos com o perigo, o remédio, e o mesmo Cristo, lhes parecia fantasma. Fiai-vos lá de olhos que veem com paixão.

As paixões do coração humano, como as divide e enumera Aristóteles[4], são onze, mas todas elas se reduzem a duas capitais: amor e ódio. E estes dois afetos cegos são os dois polos em que se revolve o mundo, por isso tão mal governado. Eles são os que pesam os merecimentos; eles os que qualificam as ações; eles os que avaliam as prendas; eles os que repartem as fortunas. Eles são os que enfeitam, ou descompõem; eles os que fazem, ou aniquilam; eles os que pintam ou despintam os objetos, dando e tirando a seu arbítrio a cor, a figura, a medida, e ainda o mesmo ser e substância, sem outra distinção ou juízo que aborrecer ou amar. Se os olhos veem com amor, o corvo é branco; se com ódio, o cisne é negro; se com amor, o demônio é formoso; se com ódio, o anjo é feio; se com amor, o pigmeu é gigante; se com ódio, o gigante é pigmeu; se com amor, o que não é tem ser; se com ódio, o que tem ser e é bem que seja, não é nem será jamais. Por isso se veem, com perpétuo clamor da justiça, os indignos levantados e as dignidades abatidas; os talentos ociosos, e as incapacidades com mando; a ignorância graduada, e a ciência sem honra; a fraqueza com bastão, e o valor posto a um canto; o vício sobre os altares, e a virtude sem culto; os milagres acusados, e os milagrosos réus. Pode haver maior violência da razão? Pode haver maior escândalo da natureza? Pode haver maior perdição da república? Pois tudo isto é o que faz e desfaz a paixão dos olhos humanos: cegos quando se fecham e cegos quando se abrem; cegos quando amam, e cegos quando aborrecem; cegos quando aprovam, e cegos quando condenam; cegos quando não veem, e quando veem muito mais cegos: "Para que os que têm olhos sejam cegos".

§ V

Temos chegado, posto que tarde, à cegueira da terceira espécie, na qual estavam confirmados os escribas e fariseus, porque sendo tão cegos, como temos visto, não viam nem conheciam a sua própria cegueira. O cego que conhece a sua cegueira não é de todo cego, porque, quando menos, vê o que lhe falta; o último extremo da cegueira é padecê-la e não a conhecer. Tal era o estado mais que cego destes homens, dos quais disse agudamente Orígenes que chegaram a perder o sentido da cegueira: "Carentes do sentido da cegueira". A natureza, quando tira o sentido da vista, deixa o sentido da cegueira, para que o cego se ajude dos olhos alheios. Porém os escribas e fariseus estavam tão pagos dos seus, e tão rematadamente cegos, que não só tinham perdido o sentido da vista, senão também o sentido da cegueira: o da vista, porque não viam; o da cegueira, porque a não viam. Arguiu-os Cristo hoje tacitamente dela, e eles, que entenderam o remoque, responderam: "Porventura somos nós também cegos?" (Jo 9,40). — Como se disseram: os outros são os cegos, porém nós, que somos os olhos da república; nós, que somos as sentinelas da casa de Deus; nós, que temos por ofício vigiar sobre a observância da fé e da lei, só nós temos luz, só nós temos vista, só nós somos os que vemos. Mas por isso mesmo era maior a sua cegueira que todas as cegueiras, e eles mais cegos que todos os cegos, porque não pode haver maior cegueira, nem mais cega, que ser um homem cego e cuidar que o não é.

Introduz Cristo em uma parábola um cego que ia guiando a outro cego: "Se um cego guia a outro cego" (Mt 15,14). O que ia guiado era cego, o que ia guiando também era cego. Mas qual destes dois cegos vos parece que era mais cego: o guia ou o guiado? Muito mais cego era o guia. Porque o cego que se deixava guiar, via e conhecia que era cego; mas o que se fez guia do outro, tão fora estava de ver e conhecer que era cego, que cuidava que podia emprestar olhos. O primeiro era cego uma vez; o segundo duas vezes cego: uma vez porque o era, outra vez porque o não conhecia. São João no seu Apocalipse escreve uma carta de repreensão ao bispo de Laodiceia, e diz nela assim: "Não sabes que és miserável, e miserável, e cego?" (Ap 3,17). "No miserável, e miserável" reparo. Que lhe chame miserável porque era cego, bem clara está a miséria; mas por que lhe chama não só uma, senão duas vezes miserável. Chama-lhe duas vezes miserável porque era duas vezes cego: uma vez cego, porque o era, e outra vez cego, porque o não conhecia. O mesmo evangelista o disse: "Não sabes que és miserável, e miserável, e cego". Notai o "não sabes": era uma vez cego porque o era: "cego"; era outra vez cego porque o não conhecia: "Não sabes". E porque era duas vezes cego, era duas vezes miserável: "Miserável, e miserável". Ser cego era miséria, porque era cegueira; mas ser cego, e não o conhecer, era miséria dobrada, porque era cegueira dobrada. A primeira cegueira tirava-lhe a vista das outras coisas; a segunda cegueira tirava-lhe a vista da mesma cegueira, e por isso era cego sobre cego, e miserável sobre miserável: "Miserável, e miserável, e cego".

Oh! quantos miseráveis sobre miseráveis, e quantos cegos sobre cegos há, como este, no mundo! Refere Sêneca um caso notável, sucedido na sua família, e diz a seu discípulo Lucílio que lhe contará uma coisa incrível, mas verdadeira: "Narro-te uma coisa incrível, mas verdadeira"[5]. Tinha uma criada chamada Harpastes, a qual, sendo fátua de seu nascimento, perdeu subitamente a vista: "Ela sem juízo, de repente deixou de ver". E que vos parece que fazia Harpastes cega e sem juízo? Aqui entra a coisa incrível. "Era cega e não o sabia". "Quando o que tinha cuidado dela lhe dava a mão para a guiar, lançava-o de si". "Dizia que a casa estava às escuras", que abrissem as janelas; e as janelas que tinha fechadas não eram as da casa, eram as dos olhos. Pode haver cegueira mais fátua e mais digna de riso? Pois hás de saber, Lucílio, diz Sêneca, que desta maneira somos todos: cegos e fátuos. Cegos porque não vemos, e fátuos porque não conhecemos a nossa cegueira. "Isso que gracejamos nela, pode acontecer a todos nós e a ti". Não é cegueira a soberba? Não é cegueira a inveja? Não é cegueira a cobiça? Não é cegueira a ambição, a pompa, o luxo? Não é cegueira a lisonja e a mentira? Sim. Mas a nossa fatuidade é tanta como a de Harpastes, que sendo a cegueira e a escuridade nossa, atribuímo-la à casa, e dizemos que não se pode viver de outro modo neste mundo, e muito menos na corte: "Em Roma ninguém pode viver de outro modo". Se somos cegos, por que o não conhecemos? Isac era cego, mas conhecia a sua cegueira: por isto tocou as mãos de Jacó, para suprir a falta da vista com o tato. O mendigo de Jericó era cego, mas conhecia que o era; por isso a esmola que pediu a Cristo não foi outra senão a da vista: "Senhor, que eu veja" (Lc 18,41). Como havemos nós de suprir as nossas cegueiras, ou como lhes havemos de buscar remédio, se as não conhecemos?

Pois por certo que não nos faltam experiências muito claras, e muito caras, para as conhecer, se não fôramos cegos sobre cegos. Olhai para as vossas quedas, e vereis as vossas cegueiras. Quando Tobias ouviu que vinha chegando seu filho, de cuja vinda e vida já quase desesperava, foi tal o seu alvoroço, que, levantando-se, remeteu a correr para o ir encontrar e receber nos braços. Tende mão, velho enganado! Não vedes que sois cego? Não vedes que não podeis andar por vós mesmo, quanto mais correr? Não vedes que podeis cair, e que pode ser tal a queda, que funeste um dia tão alegre, e entristeça todo este prazer vosso e de vossa casa? Assim foi em parte, porque a poucos passos titubantes e mal seguros tropeçou Tobias e deu consigo em terra: "Levantando-se o pai cego começou a andar tropeçando com os pés e caiu em terra" (Tb 11,10), diz o texto grego. Levantado porém em braços alheios, deu a mão o cego, já menos cego, a um criado, e com este arrimo, sem novo risco, chegou a receber o filho: "E dada a mão ao criado foi ao encontro do seu filho". De maneira que o alvoroço, a alegria súbita e o amor cegaram de tal sorte a Tobias, que não viu, nem reparou na sua cegueira; porém, depois que caiu, a mesma queda o fez conhecer que era cego e que, como cego, se devia pôr nas mãos de quem o sustentasse e guiasse. Todas as coisas se veem com os olhos abertos, e só a própria cegueira se pode ver com eles fechados. Mas quando ela é tão cega que não se vê a si mesma, as quedas lhe abrem os olhos para que se veja. Caíram os primeiros pais tão cegamente, como vimos, e quando se lhes abriram os olhos para verem a sua cegueira? Depois que se viram caídos: "Se lhes abriram os olhos" (Gn 3,7). O apetite os cegou e a caída lhes abriu os olhos. Que filho há de Adão que não seja cego? E que cego que não tenha caído uma e muitas vezes? E que não bastem tantas caídas e recaídas para conhecermos a nossa cegueira? Se caís em tantos tropeços quantas são as vaidades e loucuras do mundo, por que não acabais de cair em que sois cego; e por que não buscais quem vos levante e vos guie? Só vos digo que, se derdes a mão para isso a algum criado, como fez Tobias, que seja tão seguro criado, e de tão boa vista, que saiba por onde põe os pés, e que vos possa guiar e suster. E quando ainda assim lhe derdes a mão, adverti que não seja tanta, que se cegue também ele com a vossa graça, e vos leve a maiores precipícios. Mas já é tempo que demos a razão desta última cegueira, como das demais.

Parece coisa incrível e impossível que um cego não conheça que é cego. Mas como já temos visto que há muitos cegos desta espécie, resta saber a causa de tão estranha e tão cega cegueira. Se algum cego pudera haver que se não conhecesse, era o nosso cego do Evangelho, porque era cego de seu nascimento; e quem não conhece a vista não é muito que não conhecesse a cegueira. Ele porém é certo que a conhecia, e nós falamos de cegos com os olhos abertos, que sabem o que é ver e não ver. Qual é logo, ou qual pode ser a causa por que estes cegos se ceguem tanto com a sua cegueira, e que a não conheçam? Outros darão outras causas, que para errar há muitas. A que eu tenho por certa e infalível é a muita presunção dos mesmos cegos. A causa da primeira cegueira, como vimos, é a desatenção; a da segunda, a paixão; e a desta terceira, e maior de todas, a presunção. Nos mesmos escribas e fariseus temos a prova. Deles disse Cristo noutra ocasião a seus discípulos: "Deixai-os: são cegos e guias de cegos" (Mt 15,14). Deixai-os, que são cegos e guias de cegos. — Mas por isso mesmo é bem que nós os não deixemos agora. Se eram cegos e não viam, como eram ou se faziam guias de cegos? Porque tanta como isto era a sua presunção. Para um cego guiar cegos, é necessário que tenha dois conhecimentos contrários: um com que conheça os outros por cegos; e outro com que conheça, ou tenha para si, que ele o não é. E tal era a presunção dos escribas e fariseus. Nos outros, conheciam que a cegueira era cegueira; em si, estimavam que a sua cegueira era vista. Por isso, sendo tão cegos como os outros cegos, em vez de buscarem guias para si, faziam-se guias dos outros e se vendiam por tais. Se víssemos que um cego andasse apregoando e vendendo olhos, não seria riso das gentes e da mesma natureza? Pois essa era a farsa que representava nos tribunais de Jerusalém a cegueira e presunção daqueles gravíssimos ministros, e esse era o altíssimo conceito que eles tinham dos seus olhos. Toupeiras com presunção de linces.

Ainda passou muito avante esta presunção no caso de hoje. O cego, depois que Cristo o alumiou, ficou um lince na vista, e as toupeiras queriam guiar o lince. Que um cego queira guiar outro cego, e uma toupeira outra toupeira, cegueira é muito presumida; mas que as toupeiras quisessem guiar o lince, e os cegos dar lições de ver a quem tinha olhos, e olhos milagrosos? Foi a mais louca presunção que podia caber em todas as cegueiras. Todo o intento hoje dos escribas e fariseus, e todas as diligências e instâncias com que perseguiam o cego alumiado, e com que o queriam persuadir que agora estava mais cego que dantes, eram a fim de o apartarem da luz e conhecimento de Cristo, e o tirarem e trazerem à sua errada opinião. Ele dizia: "Sabemos que Deus não ouve os pecadores" (Jo 9,31). Eles diziam: "Nós sabemos que esse homem é um pecador" (Jo 9,24). E sendo estas duas proposições tão encontradas, toda a diferença por que condenavam a ciência do cego, e canonizavam a sua, era serem eles os que diziam: "Nós sabemos". Aquele nós tão presumido, e tantas vezes inculcado nesta demanda, era todo o fundamento da sua censura. Nós o dizemos, e tudo o mais é ignorância e erro. Nós, como se não houvera nós cegos, e como se não fora certo o que eles já tinham inferido: "Porventura somos nós também cegos?" (Jo 9,40)? O homem dos olhos milagrosos confutava-os, confundia-os, e tomava-os às mãos; e eles, porque não sabiam responder aos argumentos, tornavam-se contra o argumentante e, fixados no seu nós, diziam mui inchados: "E quem és tu para nos ensinar a nós?". — Eu perguntara a estes grandes letrados: E quem sois vós para não aprender dele? Ele arrazoa vivamente: vós não dais razão; ele prova o que diz: vós falais e não provais; ele convence com o milagre que Cristo é santo: vós blasfemais que é pecador; ele demonstra com evidência quem é ele: vós buscais testemunhas falsas que digam que é outro; ele é uma águia que fita os olhos no sol; vós sois aves noturnas que cegais com a luz; ele, enfim, é lince, e vós toupeiras, e no cabo vós tão vãos e tão presumidos que cuidais que vedes mais com a vossa cegueira do que ele com os seus olhos. Viu-se jamais presunção tão cega? Só uma acho nas Escrituras semelhante, mas também em Jerusalém, que só em uma terra onde se crucifica a Cristo se podem criar e sofrer tais monstros.

Os soldados que guardavam o Calvário, tendo ordem que acabassem de matar aos crucificados, tanto que viram que Cristo estava já morto, passaram adiante: "Como viram que já estava morto, não lhe quebraram as pernas" (Jo 19,33). Isto fizeram os soldados que tinham olhos. E Longuinhos, que era cego, que fez? Deu-lhe a Cristo a lançada. Quem mete a lança na mão de um cego, quer que ele a meta no peito de Cristo. Pois, se os que tinham olhos viram que Cristo estava já morto, o cego, por que o quis ainda matar, como se estivera vivo? Porque, sendo cego, e tão cego, era tão presumido da vista, que cuidava que via melhor com os seus olhos fechados que os outros com os olhos abertos. Oh! quantos Longuinhos há destes no mundo, e tão longos, e tão estirados, e tão presumidos! Mas a culpa não é sua, senão dos generais. Se Longuinhos era cego, por que havia de comer praça de soldado? Se acaso tinha muitos anos de serviço, deem-lhe uma mercearia. Já que é cego, seja rezador. Mas sem olhos, e com a lança na mão? Sem vista, e com a praça aclarada? E como não havia de presumir muito dos seus olhos, se sendo cego o não reformavam? Ele foi muito presumido, mas tinha a presunção por si. Ouvi a Isaías, falando com a mesma república de Jerusalém: "As tuas sentinelas, ó Jerusalém, todas são cegas" (Is 56,10). A cidade muito fortificada, porque tinha três ordens de muros, mas as sentinelas todas tão mal providas, que em cada uma punham a vigiar um cego. E se o cego se via levantado sobre uma torre e posto numa guarita, como não havia de presumir muito da sua vista? Eles tinham a presunção por si, mas a presunção e o posto não lhes diminuía a cegueira. Os postos não costumam dar vista, antes a tiram a quem a tem, e tanto mais quanto mais altos. Por isso, aos escribas e fariseus se lhes foi o lume dos olhos. Cegos com a presunção do ofício, e porque era ofício de ver, muito mais cegos: "Para que os que têm olhos sejam cegos".

§ VI

Esta era a última e mais rematada cegueira dos escribas e fariseus. E a nossa, qual é? Eles eram cegos sobre cegos, porque não viam as suas cegueiras; e nós acaso vemos as nossas? Se as remediamos, confessamos que as vemos; mas se as não remediamos, é certo, e certíssimo, que as não vemos. Ver e não remediar não é ver. Apareceu Deus a Moisés naquele disfarce da sarça; disse-lhe quem era e a que vinha, e as palavras com que se declarou a divina majestade foram estas: "Vi a aflição do meu povo no Egito, e conhecendo o muito que padece venho a libertá-lo" (Ex 3,7s). — E essa aflição que há tantos anos padece o vosso povo, ainda agora a vistes, Senhor? Sei eu que antes de haver tal povo no mundo, revelastes vós ao avô de seu fundador que o mesmo povo havia de peregrinar quatrocentos anos em terras estranhas, e que nelas havia de ser cativo e afligido. Assim o disse ou predisse Deus a Abraão, muito antes do nascimento de Jacó, que foi o pai das doze tribos e de todo o povo hebreu cativo no Egito. "Sabe desde agora que a tua posteridade será peregrina numa terra estrangeira, e será reduzida à escravidão, e aflita por quatrocentos anos" (Gn 15,13). Pois se havia mais de quatrocentos anos que Deus tinha revelado este cativeiro, e se desde o primeiro dia em que começou, antes, desde toda a sua eternidade, o estava sempre vendo, como diz que agora viu a aflição do seu povo: "Vi a aflição do meu povo". Diz que agora a viu, porque agora a vinha remediar: "Vi e venho a libertá-lo". O que se vê e não se remedeia, ainda que se esteja vendo quatrocentos anos, ainda que se esteja vendo uma eternidade inteira, ou não se vê, ou se vê como se se não vira. Por isso Ana, mãe de Samuel, falando com o mesmo Deus, e pedindo-lhe remédio para outra aflição sua, disse: "Se vendo virdes a minha aflição" (1Rs 1,11). — E que quer dizer se vendo virdes? Quer dizer: se remediardes, porque ver sem remediar não é ver vendo, é ver sem ver[6]. Quem duvida que neste mesmo dia viu Cristo pelas ruas de Jerusalém muitos outros cegos, mancos e aleijados, que concorrem a pedir esmolas às cortes, mas não dizem os evangelistas que os viu, porque os não remediou. Só dizem que viu este cego, a quem remediou, e por isso dizem que o viu: "Viu um homem que era cego".

Oh! quem me dera ter agora neste auditório a todo o mundo! Quem me dera que me ouvira agora Espanha, que me ouvira França, que me ouvira Alemanha, que me ouvira a mesma Roma! Príncipes, reis, imperadores, monarcas do mundo: vedes a ruína dos vossos reinos, vedes as aflições e misérias de vossos vassalos, vedes as violências, vedes as opressões, vedes os tributos, vedes as pobrezas, vedes as fomes, vedes as guerras, vedes as mortes, vedes os cativeiros, vedes a assolação de tudo? Ou o vedes, ou o não vedes. Se o vedes, como o não remediais? E se o não remediais como o vedes? Estais cegos. Príncipes eclesiásticos, grandes, maiores, supremos, e vós, ó prelados que estais em seu lugar: vedes as calamidades universais e particulares da Igreja, vedes os destroços da fé, vedes o descaimento da religião, vedes o desprezo das leis divinas, vedes a irreverência dos lugares sagrados, vedes o abuso dos costumes, vedes os pecados públicos, vedes os escândalos, vedes as simonias, vedes os sacrilégios, vedes a falta da doutrina sã, vedes a condenação e perda de tantas almas, dentro e fora da cristandade? Ou o vedes, ou o não vedes. Se o vedes, como o não remediais? E se o não remediais, como o vedes? Estais cegos. Ministros da república, da justiça, da guerra, do estado, do mar, da terra: vedes as obrigações que se descarregam sobre o vosso cuidado, vedes o peso que carrega sobre vossas consciências, vedes as desatenções do governo, vedes as injustiças, vedes os roubos, vedes os descaminhos, vedes os enredos, vedes as dilações, vedes os subornos, vedes os respeitos, vedes as potências dos grandes e as vexações dos pequenos, vedes as lágrimas dos pobres, os clamores e gemidos de todos? Ou o vedes, ou o não vedes. Se o vedes, como o não remediais? E se o não remediais, como o vedes? Estais cegos. Pais de famílias, que tendes casa, mulher, filhos, criados: vedes o desconcerto e descaminho de vossas famílias, vedes a vaidade da mulher, vedes o pouco recolhimento das filhas, vedes a liberdade e más companhias dos filhos, vedes a soltura e descomedimento dos criados, vedes como vivem, vedes o que fazem e o que se atrevem a fazer, fiados muitas vezes na vossa dissimulação, no vosso consentimento, e na sombra do vosso poder? Ou o vedes, ou o não vedes. Se o vedes, como o não remediais? E se o não remediais, como o vedes? Estais cegos. Finalmente, homem cristão de qualquer estado e de qualquer condição que sejas: vês a fé e o caráter que recebeste no Batismo, vês a obrigação da lei que professas, vês o estado em que vives há tantos anos, vês os encargos de tua consciência, vês as restituições que deves, vês a ocasião de que te não apartas, vês o perigo de tua alma e de tua salvação, vês que estás atualmente em pecado mortal, vês que se te toma a morte nesse estado, que te condenas sem remédio, vês que se te condenas hás de arder no inferno enquanto Deus for Deus, e que hás de carecer do mesmo Deus por toda a eternidade? Ou vemos tudo isso, cristãos, ou não o vemos. Se o não vemos, como somos tão cegos? E se o vemos, como o não remediamos? Fazemos conta de o remediar alguma hora, ou não? Ninguém haverá tão ímpio, tão bárbaro, tão blasfemo, que diga que não. Pois se o havemos de remediar alguma hora, quando há de ser esta hora? Na hora da morte? Na última velhice? Essa é a conta que lhe fizeram todos os que estão no inferno e lá estão e estarão para sempre. E será bem que façamos nós também a mesma conta, e que nos vamos após eles? Não, não, não queiramos tanto mal a nossa alma. Pois se algum dia há de ser, se algum dia havemos de abrir os olhos, se algum dia nos havemos de resolver, por que não será neste dia?

Ah! Senhor, que não quero persuadir aos homens, nem a mim, pois somos tão cegos, a vós me quero tornar. Não olheis, Senhor, para nossas cegueiras; lembrai-vos dos vossos olhos, lembrai-vos do que eles fizeram hoje em Jerusalém. Ao menos um cego saia hoje daqui alumiado. Ponde em nós esses olhos piedosos, ponde em nós esses olhos misericordiosos, ponde em nós esses olhos onipotentes. Penetrai e abrandai com eles a dureza destes corações; rasgai e alumiai a cegueira destes olhos, para que vejam o estado miserável de suas almas, para que vejam quanto lhes merece essa cruz e essas chagas, e para que, lançando-nos todos a vossos pés, como hoje fez o cego, arrependidos, com uma firmíssima resolução, de nossos pecados, nos façamos dignos de ser alumiados com vossa graça, e de vos ver eternamente na glória.

SERMÃO DE

Nossa Senhora de Penha de França

*Na sua Igreja e Convento da Sagrada Religião de Santo Agostinho.
Em Lisboa, no primeiro dia do tríduo de sua festa,
com o Santíssimo Sacramento exposto.
Ano de 1652.*

❧

"Livro da Geração de Jesus Cristo,
filho de Davi, filho de Abraão."
(Mt 1,1)

Em 1652, Vieira encontra-se em Lisboa. Na Itália não tivera êxito em suas missões diplomáticas – Casamento de Teodósio e Revolta dos Napolitanos. Em Portugal continua seu ministério de pregador. Neste sermão, Vieira inicia o tríduo festivo com uma dúvida: como celebrar a história e os milagres da Nossa Senhora de Penha de França se não há livros a respeito? Se não há histórias nem milagres é porque não cabem em livros. E se não cabem em livros é porque não são sujeitos às leis do tempo. Há um livro, no entanto, o Livro da Geração de Mateus, que ajudará a celebrar a festa do dia. Se o lemos por fora é livro de gerações de pais e avós: Maria tem o sangue e a nobreza dos patriarcas. Se o lemos por dentro é livro de graças, de favores, de benefícios, de remédios. Todos os milagres que a história fixa estão todos escritos neste livro. São milagres desta casa. Basta abri-lo e lê-lo. Há um segundo livro: o Sacramento do Altar. Todas as propriedades de um livro o Sacramento os tem: é um mudo que fala, um surdo que responde, um cego que guia, um morto que vive. E ademais é o livro dos milagres da misericórdia de Deus. São os milagres que se obram nesta casa. A Casa de Penha de França é o Sacramento com as cortinas corridas. Portanto, que ninguém hoje se vá desta Igreja sem o seu milagre.

§ I

Com digno pensamento, Senhor, de vossa divina sabedoria, e com bem merecida correspondência de vosso amor, vemos juntos hoje, como antigamente os ajuntou Salomão (3Rs 2,19), os dois tronos de ambas as majestades: o de vossa santíssima Mãe, subido a esta penha, e o vosso, descido a ela. Sobre uma penha, diz Jó, que havia de fabricar seu ninho a águia que moraria nas rochas mais altas e inacessíveis e que dali contemplaria o corpo morto, para voar e se pôr com ele. "A águia fabrica o seu ninho nas montanhas, e reside nas penhas mais altas e inacessíveis: daí contempla o alimento, e onde quer que esteja o corpo morto, imediatamente se faz presente" (Jó 33,38). Que águia, que penha e que corpo morto é este, senão tudo o que estamos vendo? A águia, Maria Santíssima; a penha, Penha de França; o corpo morto, vosso corpo sacramentado, vivo, mas em forma de morto. Esta águia, como a viu Ezequiel, é a que vos tirou das entranhas do Pai eterno e vos trasladou às suas (Ezequiel 17,3). Ela é a que vestiu vossa divindade deste mesmo corpo, e ele o que reciprocamente, com sua real presença, vem honrar hoje e divinizar a celebridade de sua Mãe, e fazer maior este grande dia.

Para que eu, nos arcanos secretíssimos desse mistério, e nos que com igual secreto encerra o Evangelho, possa descobrir os motivos de nossa obrigação e agradecimento, e para que de algum modo alcance a ponderar as mercês tão prodigiosas e tão contínuas, que em todas as partes da terra, do mar e do mundo deve Portugal a este soberano propiciatório, debaixo do glorioso nome de Penha de França, por intercessão da mesma Senhora peço, e da mesma presença de vossa divina e humana majestade, espero aquelas assistências de graça que para tão imenso assunto me é necessária: *Ave Maria.*

§ II

"Livro da Geração de Jesus Cristo, filho de Davi, filho de Abraão" (Mt 1,1). A primeira palavra que diz o evangelista, e a primeira coisa que me oferece o tema, é a primeira e a única que me falta neste dia: O Livro. Quando esta Sagrada Religião me fez a honra de que subisse hoje a este lugar, quando me encomendou, ou mandou, que tomasse por minha conta este sermão, como a matéria para todos é tão grande, e para mim, sobre tão grande, era tão nova, para ter, mais que por fama, as notícias e documentos do que havia de dizer deste famosíssimo santuário, pedi o livro da sua história e dos seus milagres. E que vos parece que me responderiam? Esperava eu que me dissessem que eram tantos os volumes, que faziam uma livraria inteira. Responderam-me que não havia livro. Não há livro da história e milagres de Nossa Senhora de Penha de França? Pois seja esta a matéria do sermão, já que me não dão outra. Assim o disse, assim o venho cumprir. Os outros sermões, estudam-se pelos livros: este será sermão sem livro, mas não sem estudo.

Se este caso sucedera em outra parte, pudera parecer descuido. Mas na religião do pai dos patriarcas, Santo Agostinho, tão pontual, tão advertida, tão observante, tão ordenada, que ela foi a que deu ordem e regras a todas ou quase todas as religiões do mundo, claro está que não foi descuido. Se sucedera em outra parte, pudera parecer menos devoção. Mas na religião do serafim da terra, Agostinho, que deixou por herança a seus filhos o coração abrasado que traz na mão, e entre o amor de Jesus e Maria, aquela piedosa indiferença: "Não sei para que lado voltar-me"¹, claro está que não foi falta de devoção. Se sucedera em outra parte, pudera parecer menos suficiência. Mas na religião da Águia dos doutores, Agostinho, de cujas asas tirou a Igreja em todas as idades as mais bem cortadas penas, com que se ilustra, as mais delgadas, com que se apura, e as mais doutas e copiosas, com que se dilata, claro está que não é insuficiência. Pois se não é insuficiência, se não é indevoção, se não é descuido, por que razão não há livro da história e milagres de Penha de França, deste nome, deste templo, desta imagem, deste assombro do mundo, a que justamente podemos chamar o maior e mais público teatro da onipotência? Sabeis por quê? Porque do que não cabe em livros, não há livro.

Toma por empresa S. Mateus escrever a vida e ações de Cristo, e escreve o seu Evangelho. Segue o mesmo exemplo S. Marcos, e escreve o seu. Chegaram às mãos de S. Lucas estes dois Evangelhos, e outros que naquele tempo saíram, que a Igreja não admitiu, e parecendo-lhe a S. Lucas que todos diziam pouco, resolve-se a fazer terceiro Evangelho, e começa assim, falando com Teófilo, a quem o dedicou. "Porque foram muitos os que empreenderam pôr em ordem a narração das coisas que entre nós se viram cumpridas" (Lc 1,1). Como se dissera: Não vos espanteis, ó Teófilo, de que eu escreva Evangelho, de que eu escreva a história e maravilhas de Cristo, depois de o haverem feito quantos sabeis e tendes lido, porque todos esses que escreveram, ainda que tantos e tanto, não chegaram mais que a intentar: "Porque foram muitos os que empreenderam". Escreveu enfim o seu Evangelho S. Lucas. Chegam todos os três Evangelhos às mãos de S. João, e parecendo-lhe, como verdadeiramente era, que lhes faltava muito por dizer, resolve o discípulo amado a escrever quarto Evangelho. Assim o fez, e assentou a pena S. João, porque esta foi a última obra sua, ainda depois do Apocalipse. Mas que vos parece que lhe sucederia a S. João com o seu Evangelho? Leu-o depois de o haver escrito, e sucedeu-lhe com o seu o que tinha sucedido com os outros: pareceu-lhe que era muito pouco o que tinha dito, em comparação do infinito que lhe ficara por dizer. Torna a tomar a pena, e acrescenta no fim do seu Evangelho estas duas regras: "Existem ainda muitas outras coisas que Jesus fez. Se fossem escritas uma por uma, penso que nem o mundo inteiro poderia conter os livros que se deveriam escrever" (Jo 21,25). Saibam todos os que lerem este livro, que nele não estão escritas todas as obras e maravilhas de Cristo, nem a menor parte delas, porque se todas se houveram de escrever, nem em todo o mundo couberam todos os livros. — Pergunto agora: Em que disse mais S. João: nestas duas últimas regras, ou em todo o seu Evangelho? Parece a pergunta temerária. Ao menos nenhum expositor levantou até agora tal questão. Mas responde tácita e admiravelmente a ela aquele que entre todos os expositores, na minha opinião, é singular, o doutíssimo Maldonado: "Quando diz isso e se escusa, aumenta muito mais as coisas de Cristo do que se as escrevesse"². Muito mais disse S. João só nestas duas regras últimas, do que disse em todo o livro do seu Evangelho, e do que dissera em muitos outros seus, se os escrevera. Notável resolução! É possível que disse mais S. João nestas duas regras, que em todo o seu Evangelho e em um mundo inteiro de livros, quando os tivera escrito? Sim. Porque em todo esse Evangelho, e em todos esses livros, escrevera S. João as maravilhas de Cristo; nestas duas regras confessou que se não podiam escrever.

E muito maior louvor e encarecimento é das coisas grandes confessar que se não podem escrever, que escrevê-las. O que se escreve, ainda que seja muito, cabe na pena; o que se não pode escrever, é maior que tudo o que cabe nela. O que se escreve, tem número e fim; o que se não pode escrever, confessa-se por inumerável e infinito. Muito mais disse logo S. João no que não escreveu que no que escreveu. No que escreveu, disse muitas maravilhas de Cristo, mas não disse todas; no que não escreveu, disse todas, porque mostrou que eram tantas, que se não podiam escrever. No que escreveu, venceu aos três evangelistas, por que disse muito mais que todos eles; no que não escreveu, venceu-se a si mesmo, porque disse muito mais do que tinha escrito.

Daqui se entenderá uma dúvida do texto de Ezequiel, em que muitos têm reparado, mas a meu ver, ainda não está entendido. Viu Ezequiel aquele misterioso carro por que tiravam quatro animais: um homem, um leão, uma águia e um boi. Todos estes quatro animais tinham asas, mas a águia, diz o texto que voava "sobre todos os quatro" (Ez 1,4). Dificultosa proposição! Se dissera que a águia voava sobre todos os outros três animais, claro estava, e assim havia de ser naturalmente, porque as asas nos outros eram postiças, e a águia nascera com elas. Vede vós agora um boi com asas, como havia de voar? Mas porque muitas vezes a águia e o boi andam no mesmo jugo, por isso o carro faz tão pouco caminho. As asas no leão e no homem, ainda que vemos voar tanto a tantos homens, vêm a ser quase o mesmo. De maneira que voar a águia sobre os outros três animais, não é maravilha. Mas dizer o profeta que voava sobre todos quatro, sendo a águia um deles, como pode ser? A nossa razão nos descobriu este grande mistério. Estes animais, como dizem conformemente todos os Doutores, eram os quatro evangelistas; as asas eram as penas com que escreveram; a águia era S. João. E diz o profeta que a águia voava, não só sobre os outros três, senão: "sobre todos os quatro", porque assim foi. Quando S. João escreveu o seu Evangelho, voou sobre os três evangelistas, porque disse muito mais que eles; mas quando no fim do seu evangelho acrescentou aquelas duas regras em que disse que as maravilhas de Cristo não se podiam escrever, voou sobre todos quatro, porque voou sobre si mesmo, e disse muito mais do que tinha dito. De maneira que muito mais voou aquela águia quando encolheu as penas que quando as estendeu. Quando estendeu as penas para escrever as coisas de Cristo, voou sobre os três evangelistas; quando encolheu as penas confessando que se não podiam escrever, voou sobre todos quatro, porque voou sobre si mesmo: "sobre todos os quatro". Passemos agora de uma águia a outra águia, em sentido também literal, porque assim como S. João é a águia entre os evangelistas, assim Santo Agostinho é a águia entre os doutores.

Se as penas de Santo Agostinho se estenderam, se as penas de Santo Agostinho se aplicaram a escrever a História e Milagres de Penha de França, muito disseram, como elas costumam. Mas encolhendo-se essas penas, e confessando que as maravilhas deste prodígio do mundo são tão grandes que se não podem escrever, não há dúvida que dizem muito mais: "Quando se escusa, aumenta muito mais as coisas de Maria do que se as escrevesse". Nas matérias grandes, o atrever-se a escrever é engrandecer a pena; não se atrever a escrever é engrandecer a matéria. Se as penas da águia Agostinho se atreveram a uma empresa tão grande, como reduzir a escritura o número sem número das maravilhas desta Senhora, ficaram mui engrandecidas as penas; mas não se atrevendo a empreender tal assunto, e confessando-se desiguais para tão grande empresa, fica mais engrandecida a Senhora. Aquela mulher vestida do sol e coroada de estrelas, que viu S. João no Apocalipse, diz o texto que lhe deram as asas de uma águia grande para voar: "Foram dadas à mulher duas asas de águia grande para voar" (Ap 12,14). Que mulher é a vestida de sol e coroada de estrelas, senão a Virgem Santíssima? E que asas são as da grande águia, senão as penas, os escritos de Santo Agostinho? Nas outras ocasiões dão-se a esta Senhora as penas daquela águia para voar muito; nesta ocasião negam-se-lhe as penas para voar mais. E assim é: muito mais voa a grandeza desta Senhora encolhendo-se estas penas, e não se atrevendo a escrever suas maravilhas, que se todas se empregaram a escrever: "Do que se as escrevesse". Este foi o generoso pensamento e a discretíssima advertência com que se não escreveu Livro da História e Milagres de Penha de França, sendo mais eloquente, e mais elegante o silêncio do que a escritura em muitos livros.

§ III

A razão por que não é necessário que haja livro, direi agora; e é tão clara e manifesta, que ela por si mesma se está inculcando. O fim para que os homens inventaram os livros foi para conservar a memória das coisas passadas contra a tirania do tempo e contra o esquecimento dos homens, que ainda é maior tirania. Por isso Gilberto chamou aos livros reparadores da memória, e S. Máximo[3], medicina do esquecimento: "A escritura é reparadora da memória, e medicina do esquecimento". E como os livros foram inventados para conservadores das coisas passadas, por isso os milagres de Penha de França não hão mister livros, porque são milagres que não passam. Esta é uma excelência com que a Virgem Maria quis singularizar os privilégios desta sua casa, sobre todas as que tem milagrosas no mundo, e sobre todas as que tem nesta cidade. Deixemos as do mundo, porque fora discurso mui dilatado. Vamos às de Lisboa. Foi milagrosa em Lisboa a Casa de Nossa Senhora da Natividade, mas passaram os milagres da Natividade. Foi milagrosa a Casa de Nossa Senhora do Amparo, mas passaram os milagres do Amparo. Foi milagrosa a Casa de Nossa Senhora do Desterro, mas passaram os milagres do Desterro. Foi milagrosa a Casa da Senhora da Luz, mas passaram os milagres da Luz. Só a casa de Nossa Senhora de Penha de França foi milagrosa e há de ser milagrosa, porque os seus milagres nunca passam, e as coisas que não passam nem acabam, as coisas que permanecem sempre, não hão mister livros. Duas leis fez Deus neste mundo: uma foi a lei de Moisés, outra a de Cristo. A lei de Moisés escreveu-se, que por isso se chama a lei escrita; a lei de Cristo, não se escreveu. E por quê? A lei de Cristo não é lei mais pura, não é lei mais santa, não é lei mais estimada e amada de Deus que a lei de Moisés? Sim. Pois se se escreve a lei de Moisés, a lei de Cristo, por que se não escreve? Porque a lei de Moisés era lei que havia de passar; a lei de Cristo era lei que havia de permanecer para sempre, e as coisas que passam, essas são as que se escrevem; as que permanecem não hão mister que se escrevam. Escrevam-se os milagres da Natividade, escrevam-se os da Luz, escrevam-se os do Amparo e do Desterro, para que lhes não acabe o tempo as memórias, assim como os acabou a eles. Os milagres de Penha de França não hão mister a fé das escrituras, porque eles são a fé de si mesmos. Quem quiser saber os milagres de Penha de França, não é necessário que os vá ler no papel; venha-os ver com os olhos. Esta casa não é milagrosa por papéis; não é necessário que se passem certidões onde os milagres não passam. Os rios sempre estão a passar, e nunca passam. Assim são os milagres de Penha de França: um rio de milagres.

Quereis ver este rio e esta penha? Ponde-vos nos desertos do Egito com os filhos de Israel caminhando para a Terra de Promissão. Perecendo ali de sede aquele numeroso exército, mandou Deus a Moisés que dissesse a uma penha que desse água: "Falai à rocha" (Nm 20,8). Excedeu Moisés o mandamento, deu com a vara na penha, mas pagou o excesso tão rigorosamente, que o castigou Deus com que não entrasse na Terra de Promissão. Para a penha socorrer milagrosamente a necessidade do povo, basta dizer-lho: "Fala!". Não quer Deus que se cuide que o milagre é de vara; quer que se saiba que o milagre e o benefício é da penha. E assim foi. Saiu a água milagrosa com tanta abundância e com tal continuação, que diz S. Paulo: "Bebiam da penha que os ia seguindo" (1Cor 10,4). — E como os ia seguindo a Penha? Não os seguia movendo-se do lugar onde estava; mas seguia-os com um rio milagroso que dela manava, e ia acompanhando o povo, e o sarava de todas as enfermidades: "Não havia enfermo nas tribos deles" (Sl 104,37). Na penha brotava a fonte perene, e da fonte manava perenemente o rio que corria e socorria a todos. E acrescentou logo S. Paulo que tudo isto era figura do que depois havia de suceder, e bem o vemos. Naquele altar está a Penha transplantada de França a Castela, e de Castela a Portugal; daquela Penha sai a fonte, que é a imagem milagrosa da Virgem Maria, e daquela fonte nasce o rio de seus milagres e benefícios, que não parando nem podendo parar, corre perenemente e acode a todas as necessidades do mundo. Assim o disse S. João Damasceno falando desta Senhora: "Penha que a todos os que têm sede, dá vida". "Fonte que é medicina para todo o mundo". Fonte que é medicina universal para todas as enfermidades do mundo. A mesma Senhora o tinha já dito e prometido de si no capítulo oitavo dos Provérbios: "Aquele que me buscar, achar-me-á, e beberá a saúde do Senhor" (Pr 8,35). Aquele que me buscar, achar-me-á, e aquele que me achar, achará a vida, e beberá a saúde. Não diz que receberá a saúde, senão que a beberá, porque beberá do rio dos milagres e da fonte da saúde, que sai desta penha.

Mas vejo que me dizem os mais versados nas Escrituras, que os milagres daquela antiga penha, não só se escreveram em um livro, senão em muitos, e pelas três penas mais ilustres de ambos os Testamentos: Moisés, Davi, S. Paulo. Pois assim como a história e milagres da penha de Israel se escreveram em tão multiplicados livros, não seria justo também que se escrevesse a História e Milagres da Penha de França? Não. Pois que vai muito de penha a penha, de rio a rio, e de milagres a milagres. Ali a penha desfez-se, o rio secou-se e os milagres cessaram, e onde o tempo acaba as coisas, é bem que as perpetue a memória dos livros. Na nossa Penha de França, não passa assim. A penha é sempre a mesma, o rio sempre corre, os milagres nunca param. E milagres sobre que não tem jurisdição o tempo, não hão mister remédios contra o tempo: eles são a sua própria escritura, eles os anais, eles os diários de si mesmos.

Criou Deus, distinguiu e ornou esta formosa máquina do universo em espaço de sete dias. E é admirável a pontualidade e exação com que Moisés, dia por dia, escreveu as criaturas e obras de cada um: "E dividiu a luz das trevas, e se fez o dia primeiro. Faça-se o firmamento no meio das águas, e se fez o dia segundo. Produza a terra erva verde, e se fez o dia terceiro" (Gn 1,4.5.6.8.11.13). E assim dos mais. De maneira que fez Moisés um diário exatíssimo de todas as obras da criação. As obras de conservação, isto é, da providência, com que Deus conserva e governa o universo, em nada são inferiores às da criação, nem no poder, nem na sabedoria, nem na majestade e grandeza. Pois se Moisés escreveu as obras da criação, e compôs um diário tão diligente de todas elas, por que razão, nem ele, nem outro escritor sagrado escreveu as obras da conservação, havendo nestas tanto concurso de causas e tanta variedade de efeitos; tanta contrariedade com tanta harmonia; tanta mudança com tanta estabilidade; tanta confusão com tanta ordem; e tantas outras circunstâncias de sabedoria, de poder, de providência, tão novas e tão admiráveis? A razão é porque as obras da criação pararam e cessaram ao sétimo dia: "Descansou no sétimo dia de toda a obra que fizera" (Gn 2,3). Pelo contrário, as obras da conservação continuam sempre desde o princípio, continuam, e hão de continuar até o fim do mundo: "Meu Pai até agora não cessa de obrar, e eu obro também" (Jo 5,17). E as obras que passaram e pararam, era bem que se escrevesse história e ainda diário delas, porém as obras que não acabam, que perseveram, que continuam, e se vão sucedendo sempre, não necessitam de história, nem de memória, nem de escritura, porque elas são uma perpétua história e um continuado diário de si mesmas. Que bem o disse Davi! "Os céus publicam a glória de Deus, e o firmamento anuncia as obras das suas mãos. Um dia diz uma palavra a outro dia" (Sl 18,1s). Essa revolução dos céus, esse curso dos planetas, essa ordem do firmamento, que outra coisa fazem continuamente, senão anunciar ao mundo as obras maravilhosas de Deus? E que coisa são os mesmos dias que se vão sucedendo, senão uns historiadores mudos e uns cronistas diligentíssimos dessas mesmas obras, que não por anais, senão por diários perpétuos as estão publicando? "Um dia diz uma palavra a outro dia". Tais são as maravilhas de Penha de França. Se passaram e cessaram, e houvera algum sábado, como aquele da criação, em que constasse que tinham parado, então seria bem que se escrevessem; mas como não param, nem cessam, como aqui se vê e consta todos os sábados, em que se resumem os milagres daquela semana, não é necessário que se escrevam, nem se historiem, porque a sua história é a mesma continuação, e os seus diários os mesmos dias. "Um dia diz uma palavra a outro dia": os milagres de hoje são o instrumento autêntico dos milagres de ontem, e os milagres de amanhã dos milagres de hoje; e assim como se vão sucedendo os dias, se vão também testemunhando uns aos outros, lendo a vista, sem escritura, o que na escritura havia de crer a memória. Os gregos, em um dos seus hinos, com elogio singular chamaram à Virgem Maria diário da divina Onipotência: "Diário único do Senhor das criaturas". Mas em nenhum lugar, em nenhum trono de quantos esta Senhora tem no mundo, se pode insculpir com mais razão este título, que no pé daquela Penha. Diário, porque as suas maravilhas são de cada dia; único, porque só nelas não tem jurisdição o tempo.

Qual parece que é o maior milagre de Penha de França? É não ter jurisdição o tempo sobre os seus milagres. Não há poder maior no mundo que o do tempo: tudo sujeita, tudo muda, tudo acaba. Não só tem poder o tempo sobre a natureza, mas até sobre as coisas sobrenaturais tem poder, que é o que mais me admira. Os milagres são coisas sobrenaturais, e não lhes vale o ser superiores à natureza para não serem sujeitos ao tempo. Grandes milagres foram os da serpente do deserto: todos os enfermos, de qualquer enfermidade, que olhavam para ela, saravam logo. Andou o tempo, e acabaram os milagres e mais a serpente. Grandes milagres foram os da vara de Moisés: ela foi o instrumento com que se obraram todos os prodígios do Egito contra Faraó. Andou o tempo, e acabaram os milagres e mais a vara. Grandes foram os milagres da capa de Elias: em virtude dela, sustentava Eliseu os vivos, sarava os enfermos e ressuscitava os mortos. Andou o tempo, e acabaram os milagres e mais a capa. Grandes milagres foram os da Arca do Testamento: diante dela tornavam atrás os rios, caíam os muros, despedaçavam-se os ídolos e morriam subitamente os que se lhe atreviam. Andou o tempo, e acabaram os milagres e mais a arca. Finalmente, foram grandes, e maiores que grandes, os milagres da primitiva Igreja, em que todos os que se batizavam falavam todas as línguas, curavam de todas as enfermidades, lançavam os demônios, domavam as serpentes e bebiam sem lesão os venenos. Passou o tempo, cresceu a Igreja, e como já não eram necessários para fundar a fé, cessaram aqueles milagres. De sorte que sobre todos os milagres teve jurisdição o tempo. E que só sobre os milagres de Penha de França não tenha jurisdição? Grande milagre! Os outros acabam com o tempo; os milagres de Penha de França crescem com o tempo. O maior encarecimento do tempo, é que tem poder até sobre as penhas; o maior louvor daquela Penha é que tem poder até sobre o tempo. E se os livros são remédio contra o tempo, quem não é sujeito às leis do tempo não há mister livros.

§ IV

Estas as razões que se me ofereceram de não haver livro da história e milagres de Nossa Senhora de Penha de França, e de não ser necessário que o houvesse, suposta a resposta que me deram de que o não havia. Mas com licença vossa, e de todos, eu não o suponho nem o entendo assim, senão muito pelo contrário. Digo que não só há livro, senão livros da história e milagres desta casa. E qual é o livro, e quais são os livros? Agora o ouvireis: dai-me atenção. O primeiro livro de Penha de França é o Evangelho que ali se leu: "Livro da Geração de Jesus Cristo, filho de Davi, filho de Abraão" (Mt 1,1). Pois o livro da geração de Jesus Cristo, Filho de Davi e Filho de Abraão, é o livro da história e milagres de Penha de França? Sim. Todo este Evangelho de S. Mateus, desde a primeira até a última palavra, está cheio daquela variedade e multidão de nomes que ouvistes: Abraão, Isac, Jacó, Jessé, Davi, Salomão etc. Comentando estes nomes, diz S. João Crisóstomo estas palavras: "Todos aqueles nomes foram escritos neste Evangelho com grande causa e grande mistério, mas qual seja a causa e qual o mistério, só o sabem aqueles que os escreveram, e Deus, por cuja providência foram mandados escrever. Nós os interpretamos conforme o que podemos entender". — Isto diz S. João Crisóstomo, e o mesmo diz Santo Anselmo[4] e outros Padres. De maneira que cada nome deste Evangelho tem duas significações: uma historial e outra mística. A significação historial significa pessoas; a significação mística significa coisas. As pessoas que se significam na significação historial são os progenitores da Virgem

Maria; as coisas que se significam na significação mística, são as graças da mesma Senhora. Os progenitores dizem o que a Senhora recebeu dos homens, que é o sangue e nobreza dos patriarcas; as graças dizem o que os homens recebem da Senhora, que são os favores e benefícios com que enche a todo o gênero humano. De sorte que ditou o Espírito Santo este primeiro capítulo de S. Mateus com tal mistério e artifício, que lido por fora, quanto aos nomes, é livro de gerações de pais e avós: "Livro da Geração", construído por dentro, quanto às significações, é livro de graças, de favores, de benefícios, de remédios.

Admiravelmente o disse a mesma Senhora naquelas palavras do Eclesiástico que a Igreja lhe aplica: "Em mim se acha toda graça do caminho e da virtude; vinde a mim todos os que me desejais e enchei-vos de minhas gerações" (Eclo 24,26). Notáveis palavras, e muito mais notável a consequência delas! Em mim há todas as graças: vinde a mim, e encher-vos-ei de minhas gerações! Que consequência é esta? Muito grande à vista deste livro. Diz que se encham de suas gerações todos os que desejam suas graças, porque as suas graças estão depositadas dentro das suas gerações. As gerações da Senhora são todos os seus progenitores, que se contam neste livro: "Livro da Geração" (Mt 1,2). Abraão é uma geração: "Abraão gerou Isaac". Isaac é outra geração: "Isaac gerou Jacó", e assim dos mais. E como debaixo de cada geração destas, e de cada nome destes progenitores se contém uma particular graça e uma particular virtude com que a mesma Senhora nos socorre e remedeia, por isso diz altíssimamente que todos os que desejam suas graças se venham encher de suas gerações: "Em mim se acha toda graça; vinde a mim e enchei-vos de minhas gerações". A Glosa Interlineal[5] explicou o modo como isto é, com uma comparação de grande propriedade: "Este livro é uma farmácia de graças na qual toda alma encontrará tudo aquilo de que necessita". Sabeis como é este livro, diz a glosa; é como uma botica de remédios sobrenaturais, onde todos os homens acham tudo o de que têm necessidade para seus males. A comparação pudera ser mais levantada, mas não pode ser mais própria. Que é o que tem uma botica por fora e por dentro? Por fora não aparecem mais que uns títulos de nomes gregos e arábicos, e por dentro, debaixo deles, estão os remédios, com que se curam todas as enfermidades. O mesmo passa neste "Livro da Geração" de S. Mateus. Por fora não se vê mais que estes nomes de patriarcas, uns hebraicos, outros siríacos; mas por dentro, debaixo deles, está a sua significação, que contém os remédios miraculosos com que a Senhora acode a todos os males do gênero humano. Ora, ide comigo, e vereis toda a história e milagres de Penha de França escritos neste livro.

Caístes enfermo em uma cama, experimentastes os remédios da arte sem proveito, socorrestes vós à Virgem de Penha de França, fizestes-lhe um voto, e no mesmo ponto vos achastes com perfeita saúde? Que foi isto? Foi milagre daquela Senhora. Lede-o no livro de seus milagres: "Gerou Josias. Josias, isto é, saúde de Deus" (Mt 1,10). — Foi a enfermidade que padecestes mortal; desconfiaram-vos os médicos; recebestes os últimos sacramentos; não fizestes vós oração à Virgem de Penha de França, porque já não podíeis, mas fizeram-na os que vos assistiam e vos sustentavam a candeia na mão; subitamente melhorastes, tornastes da morte à vida, e pendurastes ali a vossa mortalha. Que foi isto? Foi milagre daquela Senhora. Lede-o escrito no livro dos seus milagres:

"Gerou Eliacim. Eliacim, isto é, ressurreição obrada por Deus" (Mt 1,13). — Estáveis todo entrevado, com os membros tolhidos e entorpecidos; não vos podíeis mover, nem dar um passo; mandastes-vos trazer em ombros alheios a esta casa. Pedistes com grande confiança à Virgem de Penha de França que usasse convosco de suas misericórdias: no mesmo ponto tornastes para vossa casa por vossos pés, e pendurastes em memória as vossas muletas. Que foi isto? Foi milagre daquela Senhora. Lede-o escrito no livro: "Gerou Ezequias. Ezequias, isto é, confortação do Senhor" (Mt 1,9). — Fez-vos Deus mercê de vos dar abundância de bens com que sustentar uma casa muito honrada, mas não vos deu filhos com que a perpetuar. Viestes a Nossa Senhora de Penha de França, fizestes uma novena, e acabados os nove dias de vossa devoção, não tardaram os nove meses que não tivésseis sucessor para vossa casa. Que foi isto? Foi milagre daquela Senhora. Lede-o escrito no livro: "Filhos de Abraão. Abraão, isto é, pai de muita descendência" (Mt 1,1). — Havendo muitos anos que sendo casada, vivíeis como viúva, e vossos filhos como órfãos, porque o pai fez uma viagem para as conquistas, e nunca mais houve novas dele. Tomastes por devoção vir aos sábados à Penha de França, ou rezar o rosário em vossa casa, que às vezes é a devoção mais segura, e quando menos o esperáveis, vedes entrar o pai dos vossos órfãos pela porta dentro. Que foi isto? Milagre daquela Senhora. Lede-o escrito no livro: "Gerou Abias. Abias, isto é, este é o Pai que veio" (Mt 1,7). — Caístes em pobreza, vistes-vos com trabalhos e misérias, e com a casa cheia de obrigações e de bocas a que matar a fome; não houve diligência que não fizésseis, não houve indústria que não experimentásseis, todas sem proveito. Acolhestes-vos por última esperança à sombra desta Casa, que cobre e sustenta a tantos pobres, e sem saber donde, nem por onde, achastes-vos com remédio e com descanso. Que foi isto? Milagre daquela Senhora. Lede-o escrito no livro: "Gerou Naasson. Naasson, refeição e descanso dado pelo Senhor" (Mt 1,4). — Fostes tão desgraçado que vos foi necessário pleitear para viver; quiseram-vos tirar a vossa fazenda com demandas, com calúnias, com falsos testemunhos e violências; andastes tantos anos arrastado por tribunais, cada vez a vossa justiça mais escura e vós mais desesperado; apelastes finalmente para o tribunal de Penha de França, e fez-vos Deus a justiça que nos homens não acháveis. Que foi isto? Foi milagre daquela Senhora. Lede-o escrito no livro: "Gerou Josafá. Josafá, isto é, Deus feito juiz por vós" (Mt 1,8). — Éreis um moço louco e cego; andáveis enredado nos labirintos do amor profano, que vos prendiam o alvedrio, que vos destruíam a vida e vos levavam ao inferno. Vivíeis sem lembrança da morte, nem da honra, nem da salvação. Oh! valha-me Deus! Quantos milagres eram necessários para vos arrancar daquele miserável estado? Era necessário apartar, porque a ocasião era próxima; era necessário esquecer, porque a lembrança era contínua; era necessário ver, porque os olhos estavam cegos; era necessário aborrecer, porque o apetite estava entregue; era necessário confessar, porque a consciência estava perdida; era necessário perseverar, porque a recaída não fosse mais arriscada. Todos estes milagres havíeis mister, que todos são necessários a quem vive em semelhante estado, e por isso saem dele tão poucos. Enfim, fizestes-vos devoto da Virgem de Penha de França, oferecestes-lhe um coração todo de cera e todo de mármore, que tal era o vosso: de mármore para com Deus, de cera para com o mundo. E quando vós mesmo cuidáveis que seria impossível haver nunca mudança em vós, achastes que o mármore se abrandou, que a cera se endureceu, e que o vosso coração se trocou totalmente. Que foi isto? Foram milagres daquela Senhora. Lede-os todos no livro de seus milagres. — Era necessário apartar? "Gerou Farés. Farés, isto é, apartamento". Era necessário esquecer? "Gerou Manassés. Manassés, isto é, esquecimento". Era necessário ver: "Gerou Obed, de Rute. Rute, isto é, o que vê". Era necessário aborrecer? "Gerou Judá, de Tamar. Tamar, isto é, aborrecimento". Era necessário confessar? "Gerou Judas. Judas, isto é, confissão". Era necessário perseverar? "Gerou Acaz. Acaz, isto é, firmeza dada por Deus".

Finalmente todos os milagres que a Senhora faz, que são todos os que pede a necessidade e o desejo, todos estão escritos naquele seu livro. Andáveis aflito e angustiado: acudistes à Virgem de Penha de França, e achastes refrigério e alívio? "Jessé: refrigério". Andáveis triste e desconsolado, pusestes o vosso coração nas mãos da Virgem de Penha de França, e tornastes com consolação e alegria? "Isaac: riso". Andáveis confuso, sem vos saber resolver; recorrestes à Virgem de Penha de França, e livrou-vos da confusão? "Zorobabel: alheio à confusão". Andáveis em guerra e dissensões, tomastes por medianeira a Virgem de Penha de França, e pôs-vos em paz? "Salomão: pacífico". Tínheis inimigos, e não sabíeis de quem vos havíeis de guardar; tomastes uma carta de seguro da devoção da Virgem de Penha de França, e prevenistes todos os perigos? "Esron: o que vê o dardo". Sois tentado, chamastes pela Virgem de Penha de França em vossas tentações, e deu-vos fortaleza para lutar animosamente contra o demônio? "Jacó: lutador". Sois soldado, pedistes socorro à Virgem de Penha de França no conflito, e deu-vos valor com que vencer ao inimigo? "Booz: força interior". Sois conselheiro, recorrestes à Virgem de Penha de França, e deu-vos luz e prudência para acertar? "Salmon: discernidor". Sois mercador, encomendastes as vossas encomendas à Virgem de Penha de França, e recebestes o retorno com grandes aumentos? "José: aumento". Sois mareante, chamastes pela Virgem de Penha de França nas tempestades, e reconheceram as ondas a virtude daquele sagrado nome? "Maria: senhora do mar". Enfim, que o primeiro livro da História e Milagres de Nossa Senhora de Penha de França é o nosso Evangelho: "Livro da geração".

§ V

O segundo livro desta história e milagres, qual vos parece que será? Também o não havemos de ir buscar fora de casa. É o Santíssimo Sacramento do altar. Bem dizia eu logo que os milagres desta casa não só têm livro, senão livros. Apareceu ao profeta Ezequiel um braço com um livro na mão, e disse-lhe uma voz: "Come este livro" (Ez 3,1). — Abriu a boca Ezequiel, comeu o livro, e sucedeu-lhe uma coisa notável. Porque quando o tomou na boca sentiu um sabor; depois que o levou para baixo, experimentou outro. Admirável livro! Admirável manjar, que nem parece manjar, nem livro! Livro não, porque os livros não se comem, e este comia-se. Manjar não, porque o manjar tem um só sabor, e este na boca; e este tinha dois sabores: um exterior, quando se tomou na boca, e outro interior, quando se passou ao peito. Pois manjar que tem dois sabores, manjar que se come com a boca e com o coração, manjar que sabe de uma maneira aos sentidos, e de outra ao interior da alma, que manjar é, nem pode ser este, senão o Santíssimo Sacramento? Por isso o profeta, quando lhe disseram que o comesse, não o comeu, comungou-o; não o tomou primeiro com a mão, como se faz ao que se come, mas abriu a boca com grande reverência, e recebeu-o. A cerimônia, o modo e os efeitos, tudo é de sacramento; não se pode negar. Mas a figura não o parece: "Come este livro" (Ez 3,1). Que tem que ver o livro com o Sacramento? Agora o vereis. O livro é a mais perfeita imagem de seu autor; tão perfeita que não se distingue dele, nem tem outro nome; o livro, visto por fora, não mostra nada; por dentro, está cheio de mistérios; o livro, se se imprimem muitos volumes, tanto tem um como todos, e não tem mais todos que um; o livro está juntamente em Roma, na Índia e em Lisboa, e é o mesmo; o livro, sendo o mesmo para todos, uns percebem dele muito, outros pouco, outros nada; cada um conforme a sua capacidade: o livro é um mudo que fala, um surdo que responde, um cego que guia, um morto que vive, e não tendo ação em si mesmo, move os ânimos e causa grandes efeitos. Quem há que não reconheça em todas estas propriedades o Santíssimo Sacramento do altar? Livro é, e livro com grande propriedade: "Come este livro" (Ez 3,1).

Mas de que matéria trata este livro? Disse o profeta Davi bem claramente: "Deixou memória das suas maravilhas o Senhor, que é misericordioso e compassivo. Deu sustento aos que o temem" (Sl 110,4s). Sabeis que o livro é este soberano manjar que Deus dá aos que o temem? É o livro das memórias dos milagres da misericórdia de Deus. E quais são os milagres da misericórdia de Deus, pergunto eu agora, senão os que se obram nesta casa? Que lugar há no mundo, onde Deus se mostre mais misericordioso, e onde sua misericórdia seja mais milagrosa que neste? Ali estão os milagres e as misericórdias fechadas; aqui estão os milagres e as misericórdias patentes. Que cuidais que é a Casa de Penha de França com as suas maravilhas? É o Sacramento com as cortinas corridas. Se Deus correra as cortinas àquele mistério, e nos abrira aquele livro divino, havíamos de ler ali o que aqui vemos. Ali estão os milagres de Penha de França encobertos; aqui estão os milagres do Sacramento desencerrados. Ali as paredes cobrem os milagres; aqui os milagres cobrem as paredes. Os milagres e inscrições de que estas paredes ordinariamente estão armadas, que imaginais que são? São as folhas daquele livro desencadernadas. Viu S. João no Apocalipse um livro, que não se achou nunca quem o pudesse abrir no mundo, até que o abriu Cristo (Ap 5,1). Assim esteve fechado tantos centos de anos aquele livro do Diviníssimo Sacramento, até que o abriu a Virgem de Penha de França. O que ali se lê é o que aqui se vê; o que ali cremos é o que aqui experimentamos. Nas outras igrejas, é o Sacramento mistério da fé: aqui é desengano dos sentidos. Se os sentidos aqui veem tantos milagres, que muito é que a fé creia ali tantos milagres? Cante-se nas outras Igrejas: "Supra a fé o defeito dos sentidos". Em Penha de França, cante-se ao contrário: "Supram os sentidos o defeito da fé", se porventura o houvesse. Se os sentidos veem os milagres, por que os há de duvidar a fé, e ainda a infidelidade?

O milagre em que mais tropeça e embaraça a infidelidade no Divino Sacramento é, sendo Cristo um, estar em tão diferentes lugares. E quantos olhos há no mundo que podem testemunhar de vista este milagre na Senhora de Penha de França? Vedes entrar por aquela porta um homem carregado de grilhões e de cadeias, e levá-las ao pé daquele altar, e se lhe perguntais a causa, diz que, estando nas masmorras de Argel ou Tetuão, lhe apareceu aquela mesma Senhora de Penha de França, a que se encomendava, e que em sinal da liberdade que lhe deu, lhe vem oferecer as mesmas cadeias. Vereis entrar por aquela porta o indiático, e oferecer ricos ornamentos a este templo, porque pelejando na Índia contra os aquéns, ou contra os rumes, invocou a Virgem de Penha de França, que sendo vista diante do nosso exército pelos mesmos inimigos, as suas balas nos caíam aos pés e as suas setas se convertiam contra eles. Vereis entrar por aquela porta uma procissão de homens descalços, com aspecto mais de ressuscitados que de vivos, e dir-vos-ão que se vêm prostrar por terra diante daquela Senhora, porque vendo-se comidos do mar, chamaram pela Virgem de Penha de França, e logo a viram no ar entre as suas antenas, e cessou num momento a tempestade. De maneira que a Senhora de Penha de França, como se debaixo dos acidentes deste glorioso nome se sacramentara também por amor de nós, sendo uma só, está em Lisboa, está em Argel, está na Índia, está em todas as partes do mar e da terra onde a invocamos. Vem-me ao pensamento neste passo que as palavras da invocação, ou têm ou participam a mesma virtude das palavras da consagração. A virtude das palavras da consagração é tão poderosa, que em se pronunciando as palavras, logo Cristo ali está presente. Tal é a virtude das palavras da invocação. Ouvi a Isaías: "Invocar-me-eis, e chamareis por mim, e no mesmo ponto serei presente". (Is 58,9). — Assim o faz a Virgem piedosíssima a todos os que a invocam em todas as partes do mundo. Cristo presente em toda a parte pelas palavras com que o Sacerdote consagra a hóstia; Maria presente em toda a parte pelas palavras com que o necessitado a invoca. S. Gregório Taumaturgo chamou a esta Senhora: "Oficina de todos os milagres". Oficina de todos os milagres. — E como estes dois livros de milagres foram impressos na mesma oficina, não é muito que sejam semelhantes nos mesmos caracteres. Só com esta diferença, por não dizer vantagem, que no Sacramento está a oficina e o livro cerrado; em Penha de França está a oficina e o livro aberto, excedendo nesta parte ao Livro Gerado, o "Livro da Geração".

§ VI

Ora, senhores, já que estamos na casa dos milagres, e no dia em que a Senhora de Penha de França deve estar mais liberal que nunca de seus favores e misericórdias, o que importa, e o que Deus e a mesma Senhora quer, é que nenhum de nós hoje se vá desta Igreja sem o seu milagre. Nenhum de nós há tão perfeitamente são que não tenha alguma enfermidade, e muitas de que sarar. Quantos estão hoje nesta igreja mancos e aleijados? Quantos cegos, quantos surdos, quantos entrevados, e o pior de tudo, quantos mortos? Quereis saber quem são os mancos? Ouvi a Elias. "Até quando mancarás para duas partes?" (3Rs 18,21). Até quando, povo errado, hás de manquejar para duas partes, adorando juntamente a Deus e mais a Baal. Quantos há debaixo do nome de cristãos que dobram um joelho a Deus e outro ao ídolo? Perguntai-o a vossas torpes adorações. Os que fazem isto são os mancos. Quereis saber quais são os cegos? Não são aqueles que não veem: são aqueles que vendo, e tendo os olhos abertos, obram como se não viram: "Obcega o coração deste povo, para que vendo não veja" (Is 6,10), diz Isaías. Vemos que todo este mundo é vaidade, que a vida é um sonho, que tudo passa, que tudo acaba, e que nós havemos de acabar primeiro que tudo, e vivemos como se fôramos imortais ou não houvera eternidade. Quereis saber quem são os surdos? São aqueles de quem disse Davi: "Terão ouvidos e não ouvirão" (Sl 113,6). Não ouvir por não ter ouvidos, não é grande miséria; mas ter ouvidos para não ouvir, é a maior enfermidade de todas. Nenhuma coisa me desconsola e está desconsolando tanto, como ver-me ouvir. O que vai ao entendimento, ouvi-lo com grande atenção e satisfação, e com maior aplauso do que merece; o que vai à vontade, e mais importa, ou não lhe dais ouvidos, ou vos não soa bem neles. Quanto temo que é evidente sinal da reprovação! "Por isso vós não as ouvis, porque não sois de Deus" (Jo 8,47). Estes são os surdos. Quereis finalmente saber quem são os mortos? São aqueles de quem disse S. João: "Tens o nome de que vives, e tu estás morto" (Ap 3,1); e aqueles de quem disse Cristo: "Deixa que os mortos sepultem os seus mortos" (Mt 8,22). Os mortos são todos aqueles que estão em pecado mortal. Haverá algum morto ou alguma morta nesta igreja? Ainda mal, porque tantos e tantas. Vede quanto pior morte é o pecado que a mesma morte. Os homens, temos três vidas: vida corporal, vida espiritual, vida eterna. A morte tira somente a vida corporal; o pecado tira a vida espiritual, tira a vida eterna e também tira a corporal, porque do pecado nasceu a morte: "Pelo pecado a morte" (Rm 5,12). Todas as mortes, quantas há, quantas houve e quantas há de haver, foram causadas de um só pecado de Adão, e não bastando todas para o pagar, foi necessário que o mesmo Deus morresse para satisfazer por ele. A morte mata o corpo, que é mortal; o pecado mata a alma, que é imortal; e morte que mata o imortal, vede que morte será! Os estragos que faz a morte no corpo, consome-os em poucos dias a terra; os estragos que faz o pecado na alma, não basta uma eternidade para os consumir no fogo. E sendo sobre todo o excesso de comparação tanto mais para temer a morte da alma que a morte do corpo, e tendo mais para amar e para estimar a vida espiritual e eterna que a vida temporal, em que fé, e em que juízo cabe, que pela vida e saúde do corpo se façam tão extraordinários extremos, e que da vida e saúde da alma se faça tão pouco caso?

Verdadeiramente, senhores, que quando considero no que aqui estamos vendo não há coisa para mim no mundo tão temerosa, como o mesmo concurso e devoção desta casa, e ainda os mesmos milagres dela. Oh! se ouvíramos os brados que nos estão dando à consciência estas paredes! Queixam-se de nós com Deus, e queixam-se de nós conosco; e cada voto, cada milagre dos que aqui se veem pendurados, é um brado, é um pregão do céu contra o nosso descuido. É possível (estão bradando estas paredes) é possível que faz tantos milagres Deus por nos dar a saúde e vida temporal, e que os homens não queiram fazer o que Deus lhes manda, sendo tão fácil, para alcançar a saúde espiritual e a vida eterna? É possível que esteja Deus empenhando toda a sua onipotência em vos dar a vida do corpo, e vós que estejais empregando todas as vossas potências em perder a vida da alma? Dizei-me em que empregais a vossa memória? Em que empregais o vosso entendimento? Em que empregais a vossa vontade, e todos os vossos sentidos, senão em coisas que vos apartam da salvação? É possível (tornam a bradar contra nós estas paredes, e a argumentar-nos a nós conosco mesmos), é possível que havemos de fazer tanto pela saúde e pela vida temporal, e que pela saúde da alma e pela vida eterna não queremos fazer coisa alguma? Se adoeceis, se estais em perigo, tanto acudir àqueles altares, tantos votos, tantas missas, tantas romarias, tantas novenas, tantas promessas, tantas ofertas: gaste-se o que se gastar, perca-se o que se perder, empenhe-se o que se empenhar; e pela saúde da alma, pela vida eterna, como se tal coisa não houvera, nem se crera? Vede o que diz Santo Agostinho[6]: "Se tanto se faz para viver um pouco mais, quanto mais se deve fazer para viver sempre?". Se tanto se faz para viver um pouco mais, quanto mais se deve fazer para viver sempre? Pois desenganai-vos, que por mais que não façais caso da outra vida, ela há de durar eternamente; e por mais que façais tanto caso desta vida, ela há de acabar e em mui poucos dias. Uma vez escapareis da morte, e pendurareis a mortalha em Penha de França; mas alfim, há de vir dia em que a morte vos não há de perdoar, e em que vós não pendurareis a mortalha, mas ela vos leve à sepultura. Lázaro ressuscitou uma vez; valeu-lhe Maria, mas depois morreu alfim como os demais.

O que importa é tratar daquela vida que há de durar para sempre, e procurar sarar a alma, se está enferma, e sobretudo, ressuscitá-la, se está morta. Cristo, para ressuscitar, escolheu uma sepultura aberta em uma penha: "Numa sepultura, que estava lavrada em uma pedra" (Mc 15,46), e ressuscitou ao terceiro dia. Tudo aqui temos: a penha, os três dias e o ressuscitador: "Eu sou a ressurreição e a vida" (Jo 11,25). Já que a alma está morta, sepulte-se naquela penha para que ressuscite. Ó alma infelizmente morta e felizmente sepultada: se ali sepultares de uma vez e para sempre tudo o que te mata! Tu ressuscitarás, e ressuscitarás, se quiseres, neste mesmo momento. Que felicidade a nossa, e que glória daquela Senhora e de seu sacramentado Filho, se todos os que hoje entraram em Penha de França mortos, saíssem ressuscitados! Não ama ao Filho, nem é verdadeiro devoto da Mãe, quem assim o não fizer. Não guardemos o ressuscitar para o terceiro dia, nem para o segundo, que não sabemos o dia nem a hora. Cristo ressuscitou ao terceiro dia, para provar a verdade da sua morte; os mortos que então ressuscitaram, ressuscitaram logo, e no primeiro momento dos três dias, para provar a eficácia da virtude de Cristo. Não é esta a matéria em que se hajam de perder momentos, porque pode ser que seja esta a última inspiração, e este aquele último momento de que pende a eternidade. Ouçam estas vozes do céu, os que hoje aqui vieram surdos; abram os olhos e vejam seu perigo, os que vieram cegos; tornem por outro caminho e com outros passos, os que vieram mancos, e todos levem vivas e ressuscitadas as almas que trouxeram mortas, deixando em Penha de França, por memória deste dia, cada um a sua mortalha. Estes são os mais gloriosos troféus com que se podem ornar estas miraculosas paredes. E este o "FIM"[7] de maior louvor de Deus e de sua Mãe com que devemos cerrar um e outro livro, pois é o fim que só nos há de levar à vida sem fim.

SERMÃO NO
Sábado Quarto da Quaresma

Em Lisboa.
Ano de 1652.

~

"Diziam pois isto os judeus,
tentando-o, para poderem acusá-lo."
(Jo 8,6)

Há doze anos Vieira está em Portugal. Chegara com 32 anos, agora tem 44. Além de pregador, desempenhou diversas missões diplomáticas. No final do ano voltará para o Maranhão. Desde 1648, começaram as denúncias junto à Inquisição, devidas à sua aproximação com os judeus. Neste sábado da Quaresma, Vieira assume, como de costume, o tema tradicional desse período litúrgico: as tentações e os tentadores, no relato evangélico da adúltera. Cristo foi tentado pelo demônio quando estava penitente no deserto. Tentado em quê? Com os ditos de Moisés na Escritura. Cristo responde também com a Escritura dizendo: não. Não só de pão. Não tentareis o Senhor. E com a mesma fala do demônio: temerás ao Senhor. Agora, diante dos homens, Cristo não usa a Escritura, mas a escrita. Põe-se a escrever na terra. Uma e outra vez. Afastam-se os acusadores, primeiro os mais idosos, e a mulher e Cristo ficaram frente a frente. Nesse breve tempo remediou não só o passado, como também o futuro: não te condenarei; não peques mais. Portanto, guardemo-nos dos homens, dos inimigos e dos amigos. Mas o maior tentador de todos somos nós, cada um de si mesmo, em seus desejos e paixões. Só de Cristo nada temos a temer.

§ I

Outra vez — quem tal imaginara? — outra vez temos tentado a Cristo. Não há que fiar em vitórias. A mais estabelecida paz é trégua. Quando cessam as batalhas, então se fabricam as máquinas. A máquina da tentação que hoje temos é admirável juntamente, e formidável, e não foi o maquinador nem o tentador o demônio: foram os homens. Destes tentadores e destas tentações hei de tratar. Ouçamos primeiro o caso.

Tal dia, ou tal noite, como a deste dia, diz S. João que foi Cristo orar no Monte Olivete. Sabia que havia de ser tentado; foi se armar para a batalha com a oração. Em Cristo foi exemplo, em nós é necessidade. Não tem armas a fraqueza humana, se as não pede a Deus. Até aqui não houve perigo. Do monte, e muito de madrugada, veio o senhor ao Templo a pregar, como costumava. E diz o evangelista concorreu todo o povo a ouvi-lo. "Todo povo veio até ele" (Jo 8,2). Tanto concurso, pregador divino? Já temo que vos hão de tentar. Veio o povo todo àquela hora, porque os que não são povo não madrugam tanto: põe-se-lhes o sol à meia-noite e amanhece-lhes ao meio-dia. Estava o Senhor ensinando, diz o texto, quando chegaram os escribas e fariseus a perguntar um caso. Traziam uma pobre mulher atada, e disseram assim: "Mestre, esta mulher nesta mesma hora foi achada em adultério" (Jo 8,4). Esta mulher? E o cúmplice? Foram dois os pecadores, e é uma só a culpada? Sempre a justiça é zelosa contra os que podem menos. Moisés, dizem, manda na lei que os que cometerem adultério sejam apedrejados; e vós Mestre, que dizeis? Os escribas e fariseus eram os doutores daquele tempo. Bem me parecia a mim, que quando os doutos e presumidos perguntam, não é para saber, senão para tentar. Assim o diz o evangelista nas palavras que propus: "Diziam isto, tentando-o". Em que consistiu a tentação, e onde estava armado o laço, diremos depois. E que respondeu o senhor? Levantou-se da cadeira sem falar palavra, e "inclinando-se": Alvíssaras, pecadora, enxuga as lágrimas. Cristo começa inclinando-se? Tu sairás perdoada porque a sua inclinação não é de condenar. Deus nos livre de juízes inclinados, se não são Deus. Aonde vai a inclinação, lá vai a sentença. Não quis o senhor responder por palavra, quiçá por que lhas não trocassem; respondeu por escrito. "Escrevia com o dedo na terra" (Jo 8,6). Não vos espanteis que no templo lajeado de mármores houvesse terra: literalmente, porque era muito o concurso e pouco o cuidado; moralmente, porque não há lugar tão santo e tão sagrado, ainda que seja a mesma Igreja, em que não haja terra. O que Cristo escrevesse, não se sabe de certo. Entendem comumente os Padres que foram os pecados dos acusadores. Que acuse o homicida ao homicida, o ladrão ao ladrão, o adúltero ao adúltero? Homem, acusa-te a ti; olha que quando acusas os pecados alheios, te condenas nos próprios. Assim sucedeu. Depois que o senhor escreveu o processo, não da acusada, senão dos acusadores, levantou-se e não lhes disse mais que estas palavras: "Aquele de vós que se achar sem pecado, seja o primeiro que atire a pedra" (Jo 8,7). — Aqui me lembram as de S. Jerônimo[1]. As pedras que traziam aparelhadas contra a delinquente converteu-as cada um contra o seu peito, e os que tinham entrado tão zelosos, começaram a se sair confusos. Saíram-se, porque entraram na própria consciência. E nota o evangelista, que os que saíram primeiro foram os mais velhos: "Começando pelos mais velhos" (Jo 8,9). Miserável condição da vida humana! Quantos mais anos, mais culpas. Todos se devem arrepender das suas, mas com mais razão, e mais depressa, os que estão mais perto da conta. Ficou só Cristo e a delinquente, isto é, a misericórdia e a miséria. Perguntou-lhe: Onde estão os que te acusam? Condenou-te alguém? "Ninguém, Senhor" (Jo 8,11). Pois se ninguém te condena, nem eu te condenarei; vai-te e não peques mais. — Este foi o fim da história, admirável na justiça, admirável na misericórdia, admirável na sabedoria, admirável na onipotência. A lei ficou em pé, os acusadores confusos, a delinquente perdoada, e Cristo livre dos que o vieram tentar. Esta tentação, como dizia, será a matéria do nosso discurso. Peçamos a graça a quem a dá tão facilmente, até aos que a não merecem. *Ave Maria*.

§ II

"*D*iziam pois isto os judeus, tentando-o". Que os homens sejam maiores inimigos que os demônios, é verdade que eu tenho muito averiguada. Busque cada um os exemplos em si, e achá-los-á: por agora, baste-nos a todos o de Cristo. Depois de trinta anos de retiro, houve Cristo de sair a tratar com os homens, ou a lidar com eles. E porque não basta ciência sem experiência, nem há vitória sem batalha, nem se peleja bem sem exercício, antes de entrar nesta tão perigosa campanha, quis se exercitar primeiro com outros inimigos. Parte-se o senhor, depois de batizado ao desterro, e diz S. Marcos que estava e vivia ali com as feras: "Estava com as feras" (Mc 1,13). Passados assim quarenta dias, seguiram-se as tentações do demônio: "E aproximando-se o tentador" (Mt 4,3); tentado Cristo no mesmo deserto, tentado no templo, tentado no monte. E depois destas duas experiências, então finalmente saiu e apareceu no mundo, e começou a tratar com os homens: "Daí começou a pregar" (Mt 4,17). Não sei se reparastes na ordem destes ensaios. Parece que primeiro se havia de exercitar o senhor com os homens, como racionais e humanos; depois com as feras, como irracionais e indômitas; e ultimamente com os demônios, como tão desumanos, tão cruéis e tão horrendos. Mas não foi assim, senão ao contrário. Primeiro com as feras, depois com o demônio, e ultimamente com os homens. E por quê? Porque o exercício e ensaio há de ser do menor inimigo para o maior, e os homens não só são inimigos mais feros que as feras, senão mais diabólicos que os mesmos demônios. Vede-o na experiência. Que aconteceu a Cristo com as feras, com o demônio e com os homens? As feras nem lhe quiseram fazer mal, nem lho fizeram; o demônio quis-lhe fazer mal, mas não lho fez; os homens quiseram-lhe fazer mal, e fizeram-lho. Olhai para aquela cruz. As feras não o comeram, o demônio não o despenhou; os que lhe tiraram a vida foram os homens. Julgai se são piores inimigos que o demônio? Do demônio defendei-vos com a cruz; os homens põem-vos nela.

De maneira que não há dúvida que os homens são piores inimigos que os demônios. A minha dúvida hoje é se são piores tentadores: "Diziam isto, tentando-o". Os demônios tentam, os homens tentam; o demônio tentou a Cristo, os homens tentaram a Cristo; quais são os maiores e piores tentadores: os homens ou os demônios? A questão é muito alta e muito útil; e para que não gastemos o tempo em esperar pela conclusão, digo que comparada (como se deve comparar) astúcia com astúcia, pertinácia com pertinácia, e tentação com tentação, piores tentadores são os homens que os demônios. Comecemos pelo evangelho, com o qual também havemos de continuar e acabar.

§ III

"*D*iziam isto, tentando-o". Vieram os escribas e fariseus, como dizíamos, ao Templo, que contra o ódio e a inveja humana não lhe vale sagrado à inocência. Apresentaram diante de Cristo a adúltera tomada em flagrante delito, e alegaram o texto, que é do capítulo vinte do Levítico, em que a lei mandava que fosse apedrejada: "Moisés nos mandou que fosse lapidada". Pois se a lei era expressa, e o delito notório, se no caso não havia dúvida de feito, nem de direito, por que não executam eles a lei? Se é delinquente, castiguem-na; se a pena é de morte, tirem-lhe a vida; se o gênero da pena são pedras, apedrejem-na, levem-na ao campo, e não ao Templo. E se aguardam a sentença, requeiram-na aos juízes, e não a Cristo. Isto era o que pedia a justiça, o zelo e a razão. Mas não o fizeram assim, diz o evangelista, porque o seu intento não era castigar a acusada, senão acusar a Cristo: "Para que pudessem acusá-lo". Traziam uma acusação, para levar outra. Vede a maldade mais que infernal, e a astúcia mais que diabólica. O demônio, no juízo universal é no particular, há-me de acusar a mim, para me condenar a mim, e há-vos de acusar a vós, para vos condenar a vós: porém estes tentadores não só acusavam um para condenar outro, mas acusavam a pecadora para condenar o justo; acusavam a delinquente para condenar o inocente.

Mas como havia isto de ser, ou como queriam que fosse? Como tinham urdido a trama? Onde estava armado o laço? Onde vinha escondida a tentação? Descobriu-a maravilhosamente Santo Agostinho[2]: Ou Cristo havia de dizer que fosse apedrejada a adúltera, ou não: "Se dizia que não fosse apedrejada, convenciam-no de injusto; se dizia que apedrejassem, parecia que não era misericordioso". E, ou faltasse à justiça, ou à misericórdia, concluíam que não era o Messias. Cristo, como Deus e humanado, era todo mansidão, todo benignidade, todo misericórdia; as suas entranhas e as suas ações, todas, eram de fazer bem, de remediar, de consolar e de perdoar, de livrar a todos, e por isso todos o amavam, todos o veneravam, todos o aclamavam, todos o seguiam, que era o que mais lhes doía aos escribas e fariseus. Acrescentava-se a isto o que o mesmo senhor dizia de si, de seu espírito, e das causas que o trouxeram ao mundo. Aos discípulos que queriam que descesse fogo do céu sobre os samaritanos, disse: "O filho do homem não veio para condenar as almas mas para salvá-las" (Lc 9,56). Que não tinha vindo a matar homens, senão a salvá-los. — Sobretudo naquele mesmo Templo, abrindo o Senhor a escritura, ensinou publicamente que dele se entendia o famoso lugar do capítulo sessenta e um de Isaías: "Enviou-me para anunciar a boa nova aos mansos, curar os corações contritos e anunciar aos cativos a indulgência, para consolar todos os que choram" (Is 61,1s). Quer dizer: Mandou-me Deus ao mundo, para curar corações, para remediar aflitos, para consolar os que choram e dar liberdade e perdão aos que estão presos. — Parece que tinha o profeta diante dos olhos tudo o que concorria no estado e fortuna desta pobre mulher. Assim a apresentaram diante de Cristo, presa, afligida, angustiada, chorando irremediavelmente sua miséria, e aqui, e mais na lei, vinha armada a tentação. Se diz que não seja apedrejada a adúltera, é transgressor da lei; se diz (o que não dirá) que a apedrejem, perde a opinião de misericordioso e a estimação do povo e, sobretudo, contradiz-se a si mesmo e às Escrituras do Messias, que interpreta de si.

Logo, ou diga que se execute a lei, ou que se não execute, ou que seja apedrejada a delinquente, ou que o não seja, sempre o temos colhido, porque não pode escapar de um laço sem cair no outro.

A este modo de arguir, que é fortíssimo e apertadíssimo, chamam os dialéticos dilema ou Argumento cornuto; porque vai nele uma contraditória com tal artifício, dividida em duas pontas, que se escapais de uma, necessariamente haveis de cair na outra. Assim investiram hoje a Cristo os escribas e fariseus com Moisés. De Moisés diz a escritura: "E não sabia que do seu rosto saíam uns raios" (Ex 34,29), e nesta forma o puseram no campo, como no corro, contra Cristo. "Moisés mandou-nos que fosse lapidada". Moisés, dizem, mandou-nos apedrejar a quem cometesse este delito. — E para que a lei se parecesse com a testa do legislador, ia disposta e dividida em duas pontas, tão bem armadas, que ou Cristo dissesse sim ou dissesse não, se escapasse de uma, levavam-no na outra. De maneira que as pedras de que vinham prevenidos os escribas e fariseus, não eram para apedrejar a adúltera, senão para que Cristo tropeçasse e caísse nelas e no laço que ali lhe tinham armado. Deste modo de laços armados em pedras faz elegante menção Isaías no capítulo oitavo: "E servirá de pedra de tropeço, e de pedra de escândalo, de laço de ruína. E tropeçarão, e cairão, e serão quebrantados, e enredados, e presos" (Is 8,14s). Alude o profeta ao uso dos caçadores daquele tempo, os quais armavam as suas redes e laços cercados de pedras, para que, tropeçando nelas, a caça caísse incautamente e ficasse enredada e presa. Tal era o laço que os escribas e fariseus traziam hoje armado debaixo das pedras da lei, ou da lei das pedras: "Moisés mandou-nos que fosse lapidada", para que, tropeçando Cristo nas pedras, caísse e o tomassem no laço.

Lembrados estareis que o demônio no deserto e no pináculo do Templo também armou o laço a Cristo com pedras. No deserto: "Dize que estas pedras se convertam em pães" (Mt 4,3). No pináculo do Templo: "Para que não suceda tropeçares em pedra com o teu pé" (Mt 4,6). Mas com os laços e as tentações parecerem tão semelhantes, vede quanto mais astutos tentadores foram os homens que o demônio. Da primeira tentação do diabo, livrou-se Cristo facilmente com um não: "Não só de pão vive o homem" (Mt 4,4). Da segunda tentação livrou-se com outro não: "Não tentarás ao Senhor teu Deus" (Mt 4,7). Porém da tentação que hoje lhe armaram os homens, não bastava dizer não, para se livrar, porque, ou dissesse não, ou dissesse sim, sempre ficava no laço. Ou Cristo havia de dizer: Sim, apedrejai; ou havia de dizer: Não, não apedrejeis. Se dizia não, ia contra a justiça; se dizia sim, ia contra a piedade. Se dizia não, ia contra a lei; se dizia sim, ia contra si mesmo. Se dizia não, ofendia o magistrado; se dizia sim, ofendia o povo. De sorte que lhe armaram os paus ou as pedras, em tal forma, que, ou quisesse observar a lei ou não quisesse, sempre ficava réu. Se se mostra rigoroso, falta à piedade; se se mostra piedoso, falta à justiça; e se falta ou à justiça ou à piedade, não é Messias.

Outra tentação semelhante urdiram os mesmos escribas e fariseus contra Cristo sobre o tributo de César, quando o senhor lhes disse: "Por que me tentais?" (Mt 22,18). Mandaram juntas duas escolas, a sua e a dos herodianos, e depois de uma longa prefação de louvores falsos, propuseram esta questão: "Mestre, é lícito dar o tributo a César, ou não?" (Mt 22,17). — Notai a apertura dos termos. O que pediam era um sim, ou um não: é lícito, ou não é lícito? E por que com tanta formalidade e com tanto aperto? O evangelista o disse: "Como o surpreenderiam no que falasse" (Mt 22,15). Porque com qualquer destas duas respostas, ou Cristo dissesse sim, ou dissesse não, sempre ficava encravado. Se dizia não, era contra a regalia do imperador; se dizia sim, era contra a liberdade e imunidade da nação; se dizia não, crucificava-o César: se dizia sim, apedrejava-o o povo. E de qualquer modo, diziam eles, se perde, e o temos apanhado e destruído. Isto é o que se maquinou e resolveu naquele conselho injusto, ímpio e tirânico: "Consultaram entre si como o surpreenderiam no que falasse" (Mt 22,15). Houve algum dia demônio que urdisse tal tentação e metesse um homem em tais talas? Nem houve tal demônio nunca, nem o pode haver, porque não há nem pode haver tentação nenhuma do demônio, da qual vos não possais livrar facilmente, ou com um sim, ou com um não. Ora vede.

O demônio sempre arma os seus laços ao pé dos Mandamentos: ali só põe a tentação, porque só ali pode haver o pecado: "A força do pecado é a lei" (1Cor 15,56). Os mandamentos todos, ou são positivos, ou negativos; e se o demônio me tenta nos mandamentos positivos, basta para me defender um sim; se me tenta nos mandamentos negativos, basta para me defender um não. Exemplo: os mandamentos positivos, como sabeis, são: Amarás a Deus, guardarás as festas, honrarás os pais. Os negativos são: Não jurarás, não matarás, não furtarás, não levantarás falso testemunho, e os demais. Agora ao posto. Se o diabo me tenta nos Mandamentos positivos, diz-me: Não ames a Deus, não guardes as festas, não honres a teu pai. E se eu digo sim, resolutamente, sim hei de amar, sim hei de guardar, sim hei de honrar, basta este sim para que a tentação fique desvanecida e o diabo frustrado. Do mesmo modo nos Mandamentos negativos. Diz o demônio que jure, que mate, que furte, que levante falso testemunho. E se eu digo não: não quero jurar, não quero matar, não quero furtar, basta este não para que o tentador e a tentação fiquem vencidos. De maneira que das tentações do demônio, basta um sim ou um não, para ficar livre; mas das tentações dos homens, como estas, nem basta o sim, nem basta o não para me livrar, porque vão armadas com tal astúcia, e maquinadas com tal arte, e tecidas e tramadas com tal enredo, que ou digais sim, ou digais não, sempre ficais no laço. Se dizeis que se apedreje a adúltera e que se pague o tributo, incorreis no ódio do povo, e hão-vos de apedrejar a vós; se dizeis que se não apedreje, nem se pague, incorreis no crime da lei e na indignação do César, e hão-vos de pôr em uma cruz. E ainda que o tentado seja Jesus Cristo, sempre os tentadores hão de ter um cabo por onde lhe possam pegar, e lha possam pegar: "Para poderem acusá-lo".

Vejo que me perguntais: E que remédio, padre, para escapar de tais tentadores e de tão terríveis tentações? "Dificultosa coisa pediste" (4Rs 2,10). Nenhum teólogo escolástico ou ascético lhe deu até agora remédio. Eu direi o que me ocorre. Digo que não há outro remédio, senão buscar um sim que seja juntamente sim e não, ou um não que seja juntamente não e sim. Não tenho menos autor para a prova que o príncipe dos apóstolos, S. Pedro. E notai que quando S. Pedro deu nesta sutileza, ainda estava em Jerusalém, e na Judeia, para que não cuide alguém que a fineza desta política fosse romana. Vieram ter com S. Pedro os cobradores de certo tributo imposto por Augusto, em que cada um por cabeça pagava duas dracmas, e fizeram-lhe esta pergunta: "O vosso mestre não paga o tributo?" (Mt 17,23). — Viu-se perplexo e atalhado S. Pedro, porque não sabia qual fosse a tentação de seu Mestre neste ponto de tanta consequência? E o que respondeu foi: "Sim." — Agora pergunto eu: E este "sim" de São Pedro, que significava? Significava sim e significava não. Construí-o com a pergunta, e vereis se tem correntemente ambos os sentidos. — Vosso mestre não paga o tributo? Sim: assim é; não paga. Vosso mestre não paga o tributo? Sim: sim, paga. — De sorte que o mesmo sim era sim e não. Entendido de um modo, era sim, porque significava: sim, paga; e entendido de outro modo, era não, porque significava: não paga. E com esta equivocação se escapou S. Pedro dos tributeiros, enquanto seu Mestre não resolvia, deixando a porta aberta e cerrada juntamente, e o sim aparelhado e indiferente, para ser sim ou ser não, conforme se resolvesse. Cristo tinha ensinado ao mesmo S. Pedro, e a todos seus discípulos, que o seu sim fosse sim, e o seu não fosse não: "Mas seja o vosso falar: Sim, sim; não, não" (Mt 5,37). Mas chegado Pedro a perguntas, e metido na tentação, foi-lhe necessário fazer um sim que fosse sim e não juntamente, para poder escapar dos homens.

Isto é o que fez S. Pedro naquela ocasião. E Cristo, que fez no nosso caso, que era muito mais apertado? Viu que os cordéis com que traziam presa a adúltera, eram laços com que o pretendiam atar; viu que as pedras da lei que alegavam vinham cheias de fogo por dentro, e que ao toque de qualquer resposta sua, não só haviam de brotar faíscas, mas um incêndio de calúnias; viu que, suposta a tenção e astúcia dos tentadores, tanto se condenava condenando, como absolvendo, e que um e outro perigo era inevitável: que conselho tomaria? Não dizer sim nem não, era forçoso, porque até a Sabedoria infinita, quando são tais as tentações dos homens, se não pode livrar delas respondendo em próprios termos. E como entre não e sim não há meio, que meio tomaria Cristo para se livrar de uma tal tentação? Agora o veremos.

§ IV

Levantou-se o divino Mestre da cadeira sem responder palavra. Não havia ali outro papel, senão a terra; inclina-se e começa a escrever nela: "Escrevia com o dedo na terra". Esta foi a única vez que sabemos da História Sagrada que Cristo escrevesse de seu punho. Mas enquanto Cristo escreve, e estes tentadores esperam, tornemos ao deserto e às tentações do demônio. Tentou o demônio a primeira vez a Cristo, e rebate o senhor a tentação com as palavras do capítulo oitavo do Deuteronômio: "O homem não vive só de pão" (Dt 8,3). Tentou a segunda vez, e foi rebatido com as palavras do capítulo sexto do mesmo livro: "Não tentarás ao senhor teu Deus" (Dt 6,16). Instou a terceira vez, e terceira vez o lançou Cristo de si com outras palavras do mesmo capítulo: "Temerás ao Senhor teu Deus, e só a ele servirás" (Dt 6,13). Quem haverá que não se admire à vista destas três tentações, e da que temos presente? Estes homens eram letrados de profissão, eram lidos e versados nas Escrituras, e atualmente estavam alegando textos da lei de Moisés. Pois se Cristo se defendeu das tentações do demônio com as Escrituras Sagradas e com os textos da mesma lei, por que se não defende também destes tentadores com as mesmas Escrituras? Mais. Resistindo ao demônio, defendeu-se Cristo de três tentações com um só livro da escritura, e só com dois capítulos dele. Nas

Escrituras que então havia, que são todas as do Testamento Velho, há trinta e nove livros com mais de mil capítulos. Pois se Cristo tinha tantas armas, tão fortes, tão diversas e tão prevenidas, por que se não defende com elas desta tentação? Aqui vereis quanto mais terríveis tentadores são os homens que o demônio. Para Cristo se defender de três tentações do demônio, bastou-lhe um só livro da Escritura; para se defender de uma tentação dos homens, não lhe bastaram todas quantas escrituras havia; foi-lhe necessário fazer escrituras de novo: "Escrevia com o dedo na terra". As Escrituras Sagradas, como notou S. Gregório[3], são os armazéns de Deus. Destas disse Salomão, comparando-as à torre de seu pai Davi: "Dela estão pendentes mil escudos, toda a armadura dos fortes" (Ct 4,4). E são tais, tão novas, tão esquisitas, e nunca imaginadas pelo demônio as astúcias e máquinas que os homens inventam para tentar, que em todos os armazéns de Deus se não acharam armas com que as resistir, e foi necessário que a Sabedoria encarnada forjasse outras de novo, e se pusesse a compor e a escrever contra estes tentadores: "Escrevia com o dedo na terra".

Mas qual foi o efeito desta escritura? Agora acabareis de entender quanto mais dura é a pertinácia dos homens, quando tentam, que a do demônio. Escreveu e escrevia a mão onipotente, e os tentadores, com a escritura diante dos olhos, nem se rendem, nem desistem, nem fazem caso dela, nem da mão que a escreve: ainda instam e apertam que responda à pergunta: "E como eles perseveravam em fazer-lhe perguntas" (Jo 8,7). Oh! escritura! Oh! Baltasar! Oh! Babilônia! Apareceram três dedos em uma parede, sem mão, sem braço, sem corpo: "Dedos como de mão de homem que escrevia" (Dn 5,5), e com três palavras que escreveram, sem saber o que significavam, começa Baltasar a tremer de pés e mãos, sem cor, sem coração, sem alento. Treme o mais poderoso rei do mundo, e quatro homens, sem mais poder que a sua malícia, não tremem. Viam os dedos, viam o braço que escrevia, sabiam e tinham obrigação de saber, pelas maravilhas que obrava, e de que eles tanto se doíam, que era homem e Deus juntamente, e à vista de uma escritura tão larga de sua mão, em que se viam processados a si mesmos, não tremem, nem se movem, antes perseveram obstinados a perguntar e tentar: "E como eles perseveravam". Digam agora os escribas e fariseus, se é o gentio Baltasar, ou eles? Mas o meu intento não é comparar homens com homens, senão homens com o demônio. Três circunstâncias particulares notou o evangelista nesta ação de Cristo. Notou que escrevia, e com que escrevia, e onde escrevia: "Escrevia com o dedo na terra". Escrevia Cristo, e escrevia com o dedo, e escrevia na terra. E em todas estas circunstâncias, venceram os homens ao demônio na pertinácia de tentadores.

Primeiramente: "Escrevia". E por que quis escrever? As mesmas coisas que Cristo escreveu podia dizer em voz, e mais facilmente. Pois, por que as não quis dizer em voz, senão por escrito? Porque as mesmas palavras divinas têm mais eficácia, para vencer as tentações, escritas que ditas. Na morte de Cristo tentou o demônio aos discípulos na fé da ressurreição, e todos, ou foram vencidos, ou fraquearam na tentação, como o mesmo senhor lhes tinha predito. E dando causa desta fraqueza, S. João diz que foi porque ignoravam as Escrituras da ressurreição: "Porque ainda não entendiam a Escritura, que diz que era necessário que ele ressuscitasse dentre os mortos" (Jo 20,9). Contra: Evangelista sagrado. Cristo tinha dito muitas vezes que havia de ressuscitar, e particularmente o disse ao mesmo S. João, e a S. Pedro e São Tiago no monte Tabor: "Não digais a pessoa alguma o que vistes, enquanto o filho do homem não ressurgir dos mortos" (Mt 17,9). Por que escusa logo o evangelista a fraqueza de não resistirem à tentação com a ignorância das Escrituras? Porque ainda que as palavras divinas, ou ditas ou escritas, tenham a mesma autoridade, escritas, movem mais e têm mais eficácia para resistir às tentações. Vede-o no modo com que Cristo resistiu ao demônio em todas as suas. Em todas as três tentações se defendeu Cristo do demônio com a palavra divina; mas não sei se tendes reparado que em todas e em cada uma advertiu que era palavra escrita. Na primeira tentação: "Está escrito: O homem não vive só de pão". Na segunda: "Está escrito: Não tentarás ao Senhor teu Deus". Na terceira: "Está escrito: Temerás ao Senhor teu Deus". Parece que para resistir à tentação, e rebater ao demônio, bastava referir as sentenças e palavras sagradas; por que acrescenta logo o senhor, e deita diante de cada uma delas a declaração de que eram escritas, repetindo uma, duas, e três vezes: "Está escrito, está escrito, está escrito"? Porque sendo palavras de Deus, e escritas, tinham não só a virtude e eficácia das palavras, senão também a das letras. Assim como o demônio, para encantar e render aos homens, põe a eficácia do encanto em certos caracteres diabólicos, assim Deus, para o encantar e ligar a ele, tem posto maior eficácia, não só nas palavras sagradas, senão também nos caracteres com que são escritas. Por isso Cristo, neste caso, vendo-se tão apertadamente tentado dos homens, não tardou de se defender deles dizendo, senão escrevendo: "Escrevia".

Mas se tanta é a força e eficácia de um "está escrito", e Cristo hoje "escrevia", e os seus tentadores o estavam vendo escrever, e viam, e liam a escritura, por que persistem ainda e perseveram na tentação: "E como eles perseveravam"? Não persiste o demônio, e persistem os homens? Sim, porque o demônio é demônio, e os homens são homens, e por isso mais teimosos e mais pertinazes tentadores. Onde muito se deve advertir a diferença desta escritura de Cristo às escrituras com que resistiu ao demônio. As escrituras que o senhor referiu ao demônio eram escrituras gerais, feitas a outro intento, e para outrem. As escrituras que hoje escreveu, eram particulares e escritas somente para os que o estavam tentando, e dirigidas ao coração e à consciência de cada um. O demônio podia responder que as Escrituras do Deuteronômio eram feitas para os homens e não para os demônios; mas bastou serem escrituras de Deus, para o demônio, ou as reverenciar, ou as temer, posto que não falassem com ele. Os homens, pelo contrário, falando com todos e com cada um deles a escritura de Cristo, nem a reverência os refreia, nem a força os quebranta, nem a consciência os intimida, nem a certeza com que se veem feridos os rende: continuam, instam e perseveram obstinados: "E como eles perseveravam"? Que mais?

"Com o dedo": Escrevia Cristo com o dedo. As Escrituras com que o senhor rebateu as tentações do demônio, não eram escritas com o dedo de Deus. Deus só escreveu com o dedo as duas Tábuas da lei: "Tábuas escritas com o dedo de Deus" (Dt 9,10). Os outros textos eram escritos por Moisés com mão humana. Mas bastou serem Escrituras Sagradas e canônicas, para que o demônio se não atrevesse a lhes resistir. Vede se se podia e devia esperar hoje que os tentadores de Cristo se rendessem às suas escrituras, pois eram escrituras não só de Deus, mas escritas com o seu dedo: "Escrevia com o dedo". Claro está que se haviam de render, se os tentadores fossem demônios; mas não se renderam, porque eram homens. Quando os magos de Faraó viram o que obrava a vara de Moisés, disseram: "O dedo de Deus está aqui" (Ex 8,19). Esta obra é do dedo de Deus — e logo se deram por vencidos. Mas como assim? A arte mágica não é arte diabólica? Os magos do Egito não eram ministros e instrumentos do demônio? Pois como cedem tão prontamente, e não se atrevem a resistir ao dedo de Deus? Por isso mesmo. Se as suas artes foram humanas, e eles obraram como homens, haviam de teimar e persistir; mas como as artes eram diabólicas, e eles obravam como ministros do demônio, nem eles, nem o demônio se atreveram a resistir à força do dedo de Deus. Hoje, porém, vê-se o dedo de Deus resistido, sendo dedo de Deus não invisível e encoberto em uma vara; mas visível, vivo e animado, porque as artes com que os escribas e fariseus vieram tentar e queriam derrubar a Cristo, não eram artes diabólicas, senão humanas; nem eles, demônios, mas homens. Dos demônios dizia Cristo: "Pelo dedo de Deus lanço os demônios" (Lc 11,20). Mas esse mesmo dedo de Deus, que lançava dos corpos os demônios, não lhe bastava agora para lançar de si os homens. Os demônios, ao menor impulso do dedo de Cristo, fugiam; os homens, contra tantos e tão repetidos impulsos do mesmo dedo, quantas eram as letras que escrevia, não faziam de si nenhum abalo. Os demônios deixavam os homens, os homens não deixavam a Cristo; os demônios não podiam parar, os homens persistiam firmes; os demônios desistiam, os homens perseveravam: "E como eles perseveravam". Que mais?

"Na terra". Nota finalmente o evangelista que escrevia Cristo na terra. E por que na terra? Para que os que, esquecidos da própria fragilidade, acusavam tão rigorosamente uma fraqueza no sexo mais fraco, considerassem e advertissem que ela era terra, e eles terra. É tão própria do caso e tão natural esta consideração, que daqui veio a ter para si Cartusiano que as palavras que Cristo escreveu foram estas: "A terra acusa a terra"[4]. — Se os acusadores foram céu, não era de estranhar que acusassem a terra; mas que a terra acuse a terra! Ainda faziam mais estes tentadores. A terra acusava a terra para condenar o céu, porque acusava a adúltera para condenar a Cristo. Pois se a terra muda, e por si mesma, estava dando brados contra estes acusadores formados da mesma terra, agora que já não é muda, com as palavras e vozes de Cristo, que tem escritas e estampadas em si, por que os não confunde, por que os não convence, por que os não rende? Já me canso de dizer: porque eram homens. E se não, tornemos a comparar esta tentação com a do demônio. Assim como o elemento do homem é a terra, assim o elemento do demônio é o ar. Neste ar habitam os demônios, neste ar andam, neste ar nos tentam, e por isso S. Paulo lhes chamou potestades do ar: "Segundo o príncipe das potestades deste ar" (Ef 2,2). As palavras com que Cristo se defendeu do demônio foram pronunciadas no ar, que é incapaz de escritura; as com que se quis defender destes homens, foram escritas e impressas na terra. As palavras pronunciadas passam, as escritas permanecem; as pronunciadas entram pelos ouvidos, as escritas pelos olhos. E sendo aquelas só pronunciadas, e estas escritas, aquelas sucessivas, e estas permanentes, aquelas ouvidas, e estas vistas, aquelas breves e poucas, e estas muitas e continuadas, que isso quer dizer "escrevia", aquelas formadas no ar bastaram para vencer potestades do ar; e estas impressas na terra bastaram para render os homens formados de terra: "Escrevia com o dedo na terra".

§ V

Assim resistido Cristo, e assim rebatida, por não dizer afrontada, a força de sua mão e da sua escritura, que novo meio buscaria a Sabedoria onipotente para se defender de tão pertinazes tentadores? Assim como eles perseveraram em tentar, assim ele perseverou em escrever, porque a pertinácia da tentação só se vence com a constância da resistência. E quando os remédios são proporcionados, mudá-los é perdê-los. Torna Cristo a inclinar-se, e a escrever outra vez: "Inclinando-se, outra vez, escrevia com o dedo na terra". E foi tal a eficácia desta segunda escritura, que alfim se renderam a ela os que tinham resistido à primeira. Então se foram retirando uns após outros, mas, se vencidos de Cristo na retirada, vencedores contudo do demônio na arte da pertinácia tentação. Ainda quando desistem, são piores tentadores os homens que o demônio. O demônio tentou a Cristo três vezes, mas notai que, respondendo o senhor a cada tentação com uma escritura, nunca o demônio esperou a segunda. Em o demônio ouvindo uma escritura, calava, desistia, não resistia, nem replicava; mudava logo de tentação e ainda de lugar. Vencido de Cristo, ainda presumia e esperava vencer a Cristo; refutado com uma escritura, nunca teve atrevimento para resistir nem esperar outra escritura. E os homens? Olhai para eles. Os homens, porém, mais pertinazes, mais impudentes, mais duros e mais feros tentadores que o mesmo demônio, veem uma vez escrever a Cristo, e não se movem; veem e entendem o que escreve, e não se rendem. É necessário que a Sabedoria divina multiplique Escrituras sobre Escrituras e que, tendo escrito uma vez, torne outra vez a escrever: "Outra vez escrevia", não já para persuadir os tentadores, mas para se defender e se livrar a si mesmo de suas tentações.

Na última e mais forte tentação que padeceram os discípulos de Cristo, que foi na véspera de sua morte, anunciou-lhes o divino Mestre que era chegado o tempo em que tinham necessidade de armas. E respondendo eles que tinham duas espadas: "Eis aqui duas espadas" (Lc 22,38). contentou-se o senhor com a prevenção, e disse-lhes que essas bastavam: "São suficientes". Todos os Padres e expositores entendem concordemente que falou Cristo neste passo alegórica e metaforicamente, e que as espadas com que os apóstolos se haviam de defender, eram as Escrituras Sagradas. O mesmo tinha declarado muito antes Davi, falando dos mesmos apóstolos e das mesmas espadas: "E espadas de dois fios nas suas mãos, para fazer vingança nas nações, castigos nos povos" (Sl 149,6s). Sendo pois este o sentido e intento das palavras de Cristo, é muito para reparar que destas duas espadas, naquele grande conflito, se não desembainhasse mais que uma, que foi a de S. Pedro, e que querendo os outros discípulos usar da segunda, quando disseram: "Feriremos à espada" (Lc 22,49), o senhor lho não permitisse. Pois se as espadas eram duas, e ambas aceitadas e aprovadas por Cristo como necessárias, por que proibiu o senhor a segunda, e não quis que se usasse mais que de uma nesta tentação? O mesmo Cristo o disse: "Esta é a vossa hora, e o poder das trevas" (Lc 22,53). Esta tentação, como aquela em que se empenhou e empregou todo o poder do inferno, era tentação do demônio, ainda que para ela concorreram também os homens, como ministros e instrumentos do mesmo demônio e do mesmo inferno; e para as tentações do demônio, por mais fortes e poderosas que sejam, basta uma só espada, isto é, uma só escritura; não são necessárias duas. Assim bastou uma só escritura contra a tentação do deserto, e uma só contra a tentação do Templo, e uma só contra a tentação do monte. E como então lhe não foi necessário a Cristo lançar mão da segunda espada, por isso também neste conflito não permitiu aos apóstolos que usassem dela, porque ainda que a tentação era tão forte e tão apertada, era alfim tentação do demônio: "Esta é a vossa hora, e o poder das trevas".

Logo, a segunda espada que o senhor não permitiu se desembainhasse, era escusada e inútil? Não: porque essa ficou reservada para as tentações dos homens. Assim o experimentou o mesmo senhor na tentação de hoje, em que não lhe bastando uma só escritura contra a pertinácia dos seus tentadores, foi forçado a se valer de segunda escritura, e escrever outra vez: "Outra vez escrevia". E porque esta segunda espada, assim como foi necessária, assim bastou para dar fim à batalha, por isso o senhor, com o mesmo mistério, quando os discípulos lhe disseram que tinham duas espadas, respondeu que essas bastavam: "São suficientes", porque ainda que contra os homens não bastasse uma só escritura, como basta e bastou contra o demônio, contudo bastariam duas, como finalmente bastaram. Ao passo que os segundos caracteres uns após outros se iam formando, os tentadores também uns após outros se iam saindo: "Saíam um a um" (Jo 8,9). O que não venceu uma escritura venceram duas Escrituras: "Outra vez escrevia".

Mas que direi eu neste passo, tirando os olhos dos ministros da Sinagoga, e pondo-os em muitos que se chamam cristãos? Já me não queixo dos escribas e fariseus, nem Cristo se podia queixar tanto, porque haviam de vir ao mundo tais homens, que com sua pertinácia os haviam de fazer menos duros, e com as suas tentações menos tentadores. Os escribas e fariseus não se renderam às primeiras escrituras do dedo de Cristo, mas renderam-se às segundas, e largaram as pedras. Os hereges com nome de cristãos, nem às primeiras, nem às segundas escrituras se rendem; antes, das mesmas escrituras adulteradas (que também trazem consigo a adúltera) fazem pedras com que atirar a Cristo. Santo Agostinho e Santo Ambrósio[5] dizem que escreveu Cristo duas vezes para mostrar que ele era o autor e legislador de ambas as Escrituras: das Escrituras do Velho Testamento e das Escrituras do Novo, e que as primeiras Escrituras foram escritas em pedra, porque haviam de ser estéreis; as segundas escritas na terra, porque haviam de ser fecundas, e haviam de dar fruto, como alfim deram hoje. Mas estou vendo, senhor meu, que esta terra em que escreveis e escrevestes, arada duas vezes pela vossa mão, e semeada duas vezes com a vossa palavra, em lugar de dar fruto, há de produzir espinhos. Esta foi a maldição que lançastes a Adão, que não só se cumpriu e estendeu, mas cresceu, e crescerá sempre em seus filhos. Os escribas e fariseus foram piores que o demônio. Virão homens que sejam piores que os escribas e fariseus. O diabo rendeu-se a uma escritura: os escribas e fariseus renderam-se a duas; virão homens que nem a duas Escrituras se rendam; e, pertinazes contra ambos os Testamentos, com ambos vos façam guerra. Dai-me licença para que vos repita a minha dor parte do que está antevendo vossa Sabedoria.

Escrevestes em ambos os Testamentos a verdade e fé de vossa divindade, tão expressa no Testamento Novo, e tão convencida por vós mesmo no Velho; e virá um Ébion, um Cerinto, um Paulo Samosateno, um Fotino, que impudentemente neguem que fostes e sois Deus. Escrevestes em ambos os Testamentos (e não era necessário que se escrevesse) a verdade de vossa humanidade, em tudo semelhante à nossa, e virá um Maniqueu, um Prisciliano, um Valentino, que, contra a evidência dos olhos e das mesmas mãos que a tocaram, digam que vossa carne não foi verdadeira, senão fantástica; celeste e não humana. Escrevestes em ambos os Testamentos a unidade de vossa pessoa, uma em duas naturezas, humana e divina, e virá um Nestório, que reconhecendo as duas naturezas, diga pertinazmente que também houve em vós duas pessoas, e um Eutiques, e um Dioscoro, que confessando a vossa humanidade e a vossa divindade, digam que de ambas se formou ou transformou uma só, convertendo-se uma na outra. Escrevestes em ambos os Testamentos a perfeição e inteireza de vosso ser humano, composto de corpo e alma, e virá um Arrio e um Apolinar, que digam que tivestes somente corpo de homem, e que a alma desse corpo era a divindade. Escrevestes em ambos os Testamentos, e demonstrastes contra os saduceus, a futura ressurreição nossa e de todos os mortais, e virá um Simão Mago, um Basilides, um Hemineu, um Fileto, que, merecedores de morrer para sempre, como os brutos, neguem a esperança e a fé da ressurreição. Escrevestes em ambos os Testamentos (bastando só a experiência) a verdade e absoluto domínio do livre alvedrio humano, e virá um Bardasanes, um Pedro Abailardo, e modernamente um Eculampádio e um Maleththon, que dizendo uma liberdade tão inaudita, neguem que há liberdade. Escrevestes em ambos os Testamentos, que sem graça não há mérito, e que do concurso de vossa graça e do nosso alvedrio procedem as obras dignas, e só elas

dignas, da vida eterna, e virá um Pelágio, um Celestino, um Juliano, que impotentemente concedam todo este poder ao alvedrio, acrescentando as forças do primeiro benefício, com que nos criastes, para vos negarem ingratissimamente o maior e segundo, com que nos justificais. Escrevestes em ambos os Testamentos a necessidade e merecimento das boas obras, e virá um Lutero, que não só negue serem necessárias as boas obras para a salvação, mas se atreva a dizer que todas as boas obras são pecado, e pudera acrescentar, pecado em que nunca pecou Lutero. Assim o ensinaram ele e Calvino, aqueles dois monstros mais que infernais do nosso século, para tirar do mundo a oração, o jejum, a esmola, a castidade, a penitência, os sufrágios, os sacramentos, pregando contra o que Cristo pregou, e escrevendo contra o que duas vezes escreveu, e formando novas tentações, contra o mesmo Cristo, das mesmas Escrituras com que ele se defendeu das tentações, para que se veja quanto se adiantaram os homens nas artes de tentar, e quanto atrás deixaram ao mesmo demônio.

O demônio, vendo na primeira tentação que Cristo se defendia com a escritura, para o tentar pelos mesmos fios, alegou na segunda tentação outra escritura. Mas, o que é muito para admirar e ainda para reverenciar, foi, que nem contra o primeiro, nem contra o segundo, nem contra o terceiro texto alegado por Cristo arguisse, nem instasse o demônio uma só palavra. O demônio é mais letrado, mais teólogo, mais filósofo, mais agudo e mais sutil que todos os homens. Pois, se os homens, e tantos homens, têm arguido tanto e por tantos modos contra umas e outras Escrituras de Cristo, antes se atreveram a lhe fazer guerra com elas, voltando as mesmas Escrituras contra o mesmo Cristo, e interpretando-as não só em sentido falso, mas totalmente contrário, por que não fez também isto o mesmo demônio? Porque era demônio, e não homem. Porque era demônio tentou como sábio; porque não era homem não tentou como néscio e impudente. Tentar e arguir, e teimar contra a verdade conhecida das Escrituras não é insolência que se ache na maldade do demônio; na do homem, sim. Agora entendereis a energia com que na parábola da cizânia respondeu o pai de famílias: "Foi o inimigo-homem que fez isso" (Mt 13,28). O trigo que ele tinha semeado, é a doutrina pura e sã das Escrituras Sagradas; a cizânia que se semeou sobre o trigo, são as falsas interpretações com que se perverte o verdadeiro sentido das mesmas Escrituras. E quem é ou foi o autor desta maldade e deste desengano tão pernicioso à seara de Cristo? "O inimigo-homem". Notai. Parece que bastava dizer o inimigo, mas acrescentou e declarou que esse inimigo era homem, para distinguir o inimigo-homem do inimigo-demônio. O demônio é inimigo, e grande inimigo; porém o inimigo-demônio nunca foi tão demônio, nem tão inimigo, que se atrevesse a voltar contra Cristo as Escrituras que ele alegava por si, como se viu em todas as três tentações; mas isto que nunca fez o inimigo-demônio, isto é o que fizeram e fazem os inimigos-homens: "O inimigo-homem". Bem sei que alguns santos por este "O inimigo-homem" entenderam o demônio. E quando esta inteligência seja verdadeira, aí vereis quem são os homens. Assim como nós, quando queremos encarecer a maldade de um homem, lhe chamamos demônio, assim Deus, quando quis encarecer a maldade do demônio, chamou-lhe homem: "O inimigo-homem". Ao menos eu, se houvera de escolher tentador, antes havia de querer ser tentado pelo demônio que pelos homens. Cristo, guiado pelo Espírito Santo, escolheu tentador: "Foi levado pelo Espírito para ser tentado". E que tentador escolheu? "Para ser tentado pelo diabo" (Mt 4,1): escolheu tentador-diabo, e não tentador-homem. O certo é que, quando o diabo tentou a Cristo, Cristo foi buscar o diabo; mas quando os homens hoje tentaram a Cristo, os homens o buscaram a ele: "Tentando-o para o poderem acusar" (Jo 8,6).

§ VI

Suposto isto, senhores, suposto que os homens são maiores e piores tentadores que o demônio, que havemos de fazer? Não é necessário gastar muito tempo em consultar a resolução, porque o mesmo Cristo a decidiu e no-la deixou expressa e mui recomendada como tão importante: "Guardai-vos dos homens" (Mt 10,17). — Se eu pregasse no deserto a anacoretas, dir-lhes-ia que se guardassem do diabo; mas como prego no povoado, e a cortesãos, digo-vos que vos guardeis uns dos outros. O diabo já não tenta no povoado, nem é necessário, porque os homens lhe tomaram o ofício, e o fazem muito melhor que ele. Cristo, como pouco há dizíamos, quis ser tentado do diabo, e foi — o buscar ao deserto. Senhor, se quereis ser tentado do demônio, por que o não ides buscar à cidade, à corte? Porque nas cidades e nas cortes já não há demônios. E não se saíram por força de exorcismos, senão porque o seu talento não tem exercício. Se à corte vêm alguns artífices estrangeiros mais insignes e de obra mais prima, os oficiais da terra ficam à pá, vão se fazer lavradores. Assim lhe aconteceu ao demônio. Ele era o que tinha por ofício ser tentador; mas como sobrevieram os homens, mais industriosos, mais astutos, mais sutis e mais primos na arte, ficou o diabo ocioso; se tenta por si mesmo, é lá a um ermitão solitário, onde não há homens; por isso se anda pelos desertos, onde Cristo o foi buscar. Não digo que vos não guardeis do demônio, que alguma vez dará cá um salto; o que vos digo é que vos guardeis muito mais dos homens, e vede se tenho razão.

Depois que a inveja entrou na alma de Saul (indigna mancha de um rei) entrou-lhe também o demônio no corpo. Fora causa da inveja a funda de Davi, e não havia outro remédio contra aquele demônio, senão a sua harpa. Vinha Davi, tocava a harpa em presença de Saul, e deixava-o o demônio. Fê-lo assim uma vez, e depois que o demônio se saiu, deita mão Saul a uma lança e fez tiro a Davi, diz o texto, para o pregar com ela a uma parede. Que um rei cometesse tal excesso de ingratidão contra um vassalo a quem devia a honra e a coroa, não me admira. Assim se pagam os serviços que são maiores que todo o prêmio. O que me admirou sempre, e o que pondera muito S. Basílio de Selêucia, é que não tentasse Saul esta aleivosia enquanto tinha o demônio no corpo, senão depois que se saiu dele. Quando Saul tem o demônio no corpo, modera a inveja, o ódio, a fúria; e depois que o demônio o deixa, agora comete uma traição e uma aleivosia tão enorme? Sim: agora. Porque agora está Saul em si; dantes estava o demônio nele, dantes obrava como endemoninhado; agora obrava como homem. Se Saul intentara esta infame ação enquanto estava possuído do demônio, havíamos de dizer que obrava o demônio nele; mas quis a providência do céu que o não fizesse Saul senão depois que esteve livre, para que soubéssemos que obrava como homem, e nos guardássemos dos homens mais ainda que do demônio. — "Ó novo e iníquo crime! — exclama Basílio. — O demônio é repelido, e o homem livre do demônio, armava-se. O demônio era vencido, e mais audaciosos se tornavam os hábitos dos homens". — Era pior Saul livre do demônio, que possuído dele, porque possuído, obrava pelos impulsos do demônio; livre, obrava pelos seus, pelos de homem: "E mais audaciosos se tornavam os hábitos do homem". — Por isso o demônio, vendo tão feiamente inclinado a Saul, se saiu fora, envergonhando-se que pudesse o mundo cuidar que aquela tentação era sua. Oh! que bem lhe estivera ao mundo que entrasse o demônio em alguns homens, para que fossem menos maus e menos tentadores! Compadeço-me de Davi, honrado, valoroso, fiel, mas enganado com o seu amor e com o seu príncipe. Se não sabes, ó Davi, a quem serves, vê ao teu rei no espelho da tua harpa: emudece-a, destempera-lhe as cordas, faze-a em pedaços. Enquanto Saul estiver endemoninhado, estarás seguro: se tornar em si, olha por ti. Não é Saul homem que queira junto a si tamanho homem.

Bem provado cuido que está, com o horror deste exemplo, que nos devemos guardar e recatar dos homens mais ainda que do diabo. Mas vejo que me dizeis que Saul era inimigo capitalíssimo de Davi, e que dos homens que são inimigos, bem é que nos guardemos com toda a cautela; porém dos amigos, parece que não. São eles homens? Pois ainda que sejam amigos, guardai-vos deles, e crede-me, porque os amigos também tentam, e de mais perto, e se vos tentarem, hão de fazer e poder mais que o diabo para vos derrubar. Nunca o diabo teve mais ampla jurisdição para tentar com todas suas artes, e com todo seu poder, que quando tentou a Jó. Tentou-o na fazenda, tirando-lha toda em um momento; tentou-o nos filhos, matando-lhos todos de um golpe; tentou-o na própria carne, cobrindo-o de lepra e câncer, e fazendo-o todo uma chaga viva. E que fez, ou que disse Jó? "O Senhor deu, o Senhor tirou: bendito seja o nome do Senhor" (Jó 1,21). Paciência, humildade, resignação na vontade divina, graças e mais graças a Deus, dando testemunho a mesma escritura, que em todas estas tentações não lhe pôde tirar da boca o demônio uma palavra que não fosse de um ânimo muito constante, muito reto, muito pio, muito timorato, muito santo: "Em todas as coisas não pecou Jó pelos seus lábios, nem falou coisa alguma indiscreta contra Deus" (Jó 1,22). Neste estado de tanta miséria e de tanta virtude, vieram os amigos de Jó a visitá-lo e consolá-lo. Eram estes amigos três, todos príncipes, todos sábios, e que todos professavam estreita amizade com Jó. Ao princípio estiveram mudos, por espaço de sete dias, depois falaram, e falaram muito. E que lhe sucedeu a Jó com estes amigos? O que não pôde o diabo com todas as suas tentações. Fizeram-lhe perder a constância, fizeram-lhe perder a paciência, fizeram-lhe perder a conformidade, e até a consciência lhe fizeram perder, porque se puseram a altercar contra ele, e o arguiram, e o caluniaram, e o apartaram de tal sorte, que Jó deixou de ser Jó. Não só amaldiçoou a sua vida e a sua fortuna, mas ainda, em respeito da justiça e da Providência divina, disse coisas muito indignas da sabedoria e muito alheias da piedade de um homem santo, pelas quais foi asperamente repreendido de Deus. O mesmo Jó as confessou depois, e se arrependeu, e fez penitência delas, coberto de cinza: "Tenho falado nesciamente; por isso me repreendo a mim mesmo, e faço penitência no pó e na cinza" (Jó 42,3.6). Eis aqui quão pouco lustroso saiu das mãos dos homens o espelho da paciência, tendo saído das tentações do demônio vencedor, glorioso, triunfante. O demônio era demônio e inimigo; os homens eram amigos, mas homens; e bastou que fossem homens, para que tentassem mais fortemente a Jó que o mesmo demônio. As tentações do demônio foram para ele coroa; e as consolações dos amigos, não só tentação, mas ruína. E se isto fazem amigos sábios, zelosos da honra de Deus e da alma de seu amigo, como aqueles eram, quando o vêm consolar em seus trabalhos, que farão amigos perdidos e loucos, que só se buscam a si, e não a vós, que estimam mais a vossa fortuna que a vossa alma, e que fazem dela tão pouco caso, como da sua?

Há mais algum homem de quem nos devamos guardar? Sim. O maior tentador de todos. E quem é este? Cada um de si mesmo. O homem de que mais nos devemos guardar, é eu de mim, e vós de vós. "Cada um é tentado pela sua própria concupiscência que o atrai e alicia" (Tg 1,14). Sabeis, diz São Tiago Apóstolo, quem vos tenta? Sabeis quem vos faz cair? Vós a vós: cada um a si: "Cada um é tentado". — Nós, como Filhos de Eva, tudo é dizer: "A serpente me enganou" (Gn 3,13). Tentou-me o diabo, enganou-me o diabo, e vós sois o que vos tentais e vos enganais, porque quereis enganar-vos. O vosso diabo sois vós: o vosso apetite, a vossa vaidade, a vossa ambição, o vosso esquecimento de Deus, do inferno, do céu, da alma. Guardai-vos de vós, se vos quereis guardado. Pôs Deus a Adão no Paraíso terreal, e cuidamos que o pôs naquele lugar tão ameno e deleitoso, só para que gozasse suas delícias, e todo se regalasse e banhasse nelas, sem nenhum outro cuidado. Mas vede o que diz o texto: "Colocou-o no paraíso de prazer para trabalhá-lo e guardá-lo" (Gn 2,15). — Nesta última palavra reparei sempre muito: "Para guardá-lo". De quem havia de guardar o Paraíso Adão? Dos animais? Não, porque todos lhe eram obedientes e sujeitos. Dos homens? Não, porque não havia homens. Pois se o não havia de guardar dos homens, nem dos animais, de quem o havia de guardar? De quem o não guardou: de si mesmo. Guarde-se Adão de Adão, e guardará o Paraíso. Sois homem? Guardai-vos desse homem: guardai-vos do seu entendimento, que vos há de enganar; guardai-vos da sua vontade, que vos há de trair; guardai-vos dos seus olhos e dos seus ouvidos, e de todos os seus sentidos, que vos hão de entregar. Guardou-se Davi de Saul, e caiu, porque se não guardou de Davi. Guardou-se Sansão dos filisteus, e perdeu-se, porque se não guardou de Sansão. Guarde-se Davi de Davi, guarde-se Sansão de Sansão, guarde-se cada um de si mesmo. De todos os homens nos havemos de guardar, porque todos tentam; mas deste homem mais que de todos, porque é o maior tentador. Por isso dizia Santo Agostinho[6], como santo, como douto e como experimentado: "Livre-te Deus de ti". — Cristo livrou-se hoje dos homens que o tentaram, mas eles não se livraram de si, porque quando vieram a tentar, já vinham tentados; quando vieram a derrubar, já vinham caídos. Para si e para Cristo, homens; e por isso, contra si e contra Cristo, tentadores: "Tentando-o".

§ VII

Ninguém me pode negar que é muito verdadeira e muito certa esta doutrina, mas parece que eu também não posso negar que é muito triste e mui desconsolada. O homem é animal sociável; nisso nos distinguimos dos brutos; e parece coisa dura que, havendo necessariamente um homem de tratar com homens, se haja de guardar de todos os homens. Não haverá um homem com quem outro homem possa tratar sem temor, sem cautela, e sem se guardar dele? Sim, há. E que homem é este? Aquele Homem a quem hoje vieram tentar os homens; aquele Homem que juntamente é Deus e Homem; aquele Homem em quem só achou refúgio e remédio aquela miserável mulher de quem não se compadeceram e a quem acusavam os homens. Arguiu sutilissimamente Santo Agostinho[7], que esta mulher, depois que se viu livre de seus acusadores, parece que devia fugir de Cristo. A razão é manifesta, porque Cristo tinha dito na sua sentença que quem não tivesse pecado lhe atirasse as pedras; logo, só de Cristo se podia temer, porque só Cristo não tinha pecado. Mas porque só ele não tinha pecado, por isso mesmo se não temeu de tal homem, e por isso mesmo só daquele homem, e naquele homem se devia fiar e confiar. Primeiramente, Cristo na sua sentença já se tinha excetuado a si: "Quem de vós não tem pecado" (Jo 8,7). Quem de vós não tem pecado, esse atire as pedras. Não disse *quem,* absolutamente, senão quem de vós, para se excetuar a si, que é a exceção de todos os homens. E o mesmo não haver em Cristo pecado, era a maior segurança da pecadora.

Duas condições concorriam em Cristo neste caso para se compadecer e usar de misericórdia com aquela pobre mulher. A primeira e universal, o ser isento de pecado, verificando-se só nele o "Quem não tem pecado". A segunda e particular, o estar naquela ocasião tentado pelos homens: "Tentando-o". Como tentado, não podia deixar de se compadecer; como isento de pecado, não podia deixar de perdoar. A tentação o fazia compassivo, e a isenção de pecado misericordioso. Tudo disse admiravelmente S. Paulo falando de Cristo: "Porque não temos um pontífice que não possa compadecer-se das nossas enfermidades, mas que foi tentado em todas as coisas à nossa semelhança, exceto o pecado. Cheguemo-nos pois confiadamente ao trono da graça, a fim de alcançar misericórdia" (Hb 4,15s). Notai todas as palavras, e particularmente aquelas: "Tentado e sem pecado". Como tentado: "tentado", não podia deixar de se compadecer: "Que não possa compadecer-se". Como isento de pecado: "sem pecado", não podia deixar de ser misericordioso: "Cheguemo-nos, portanto, confiadamente, a fim de alcançar misericórdia". Na verdade, neste "portanto" de S. Paulo esteve toda a confiança da delinquente, e por isso não quis fugir, como se interpretara a sentença de Cristo e dissera: Se só me há de atirar as pedras quem não tem pecado, ninguém mas há de atirar. Os fariseus, que têm pecado, não, porque têm pecado; Cristo, que não tem pecado, também não, porque o não tem. Quem não tem pecado, não atira pedras. — Assim foi, e assim lho disse Cristo: "Mulher, ninguém te condenou? Nem eu te condenarei" (Jo 8,11). Se ninguém te condenou, nem eu te condenarei. — Eles não te condenaram, porque tinham pecado; eu não te condenarei, porque o não tenho. Eis aqui por que este Homem é tão diferente de todos os outros homens. Os homens que tinham pecado, tentavam, acusavam, perseguiam; o Homem que não tinha pecado, escusou, defendeu, compadeceu-se, perdoou, livrou, e de tal modo condenou o pecado, que absolveu a pecadora: "Vá e não peques mais".

Senhores meus, conclusão. Pois que os homens são piores tentadores que o demônio, guardemo-nos dos homens; e pois que entre todos os homens não há outro homem, de quem seguramente nos possamos fiar, senão este Homem, que juntamente é Deus; tratemos só deste Homem, e tratemos muito familiarmente com este Homem. Toda a fortuna daquela tão desgraciada criatura, esteve em a trazerem diante de tal Homem; e a primeira mercê que lhe fez, foi livrá-la dos outros homens. Por que cuidais que se fez Deus homem? Não só para remir os homens, senão para que os homens tivessem um Homem de quem se pudessem fiar, a quem pudessem acudir, e com quem pudessem tratar sem receio, sem cautela, com segurança. Só neste Homem se acha a verdadeira amizade, só neste Homem se acha o verdadeiro remédio. E nós a buscar homens, a comprar homens, a pôr a confiança em homens! "Maldito o homem que confia em homem" (Jr 7,5) — e bendito o homem que confia neste Homem, e só neste Homem, e muito só por só com este Homem, trata do que lhe convém. Levai este ponto para casa, e não quero outro fruto do sermão.

Depois que se apartaram aqueles maus homens (que bastava serem homens, ainda que não fossem maus) diz o evangelista que ficou só Cristo, e diante dele a venturosa pecadora: "Permaneceu Jesus sozinho e a mulher no meio em pé" (Jo 8,9). Esta foi a maior ventura daquela alma, e esta a melhor hora daquele dia: aquele breve tempo, em que esteve só por só com Cristo. Neste breve tempo, remediou o passado e mais o futuro. O passado: "Nem eu te condenarei"; o futuro: "Não peques mais". Já que os homens nos levam tanta parte do dia, tomemos todos os dias, sequer um breve espaço, em que a nossa alma se recolha com Deus e consigo, e esteja só por só com Cristo, com este Homem. Oh! se o fizéramos assim, quão verdadeiramente nos convertêramos a ele!

Chegado Cristo à fonte de Sicar, mandou todos os apóstolos que fossem à cidade buscar de comer, porque era, diz o evangelista, a hora do meio-dia (Jo 4,7). Veio neste tempo a samaritana, converteu-a o senhor, e tornando os apóstolos, e pondo-lhe diante o que traziam, não quis comer. Duas grandes dúvidas tem este lugar. Primeira, por que mandou Cristo à cidade os apóstolos todos, sendo que para trazer de comer, bastava um ou dois? Segunda: se os mandou buscar de comer, e o traziam, e lho ofereceram, e era meio-dia, por que não comeu? Primeiramente não comeu porque já tinha comido. Assim o suspeitaram os discípulos, dizendo entre si: "Por acaso trouxe-lhe alguém de comer?" (Jo 4,33). Mas não entenderam que quem tinha trazido de comer era a mesma samaritana. Aquela alma convertida foi para Cristo não só a mais regalada iguaria, mas o melhor e o mais esplêndido banquete que lhe podia dar o céu, quanto mais a terra. Tal foi o que também hoje lhe deu, na conversão desta pecadora. Notai. Quando Cristo venceu no deserto as tentações do demônio, banqueteou o céu a Cristo vencedor com iguarias da terra; porém hoje, como as tentações foram maiores, e maiores os tentadores, e a vitória maior, foi também maior e melhor o banquete. Lá, a Cristo vencedor das tentações do demônio, serviram-no os anjos com manjares do corpo: "E eis que os anjos o serviram" (Mt 4,11); e a Cristo vencedor das tentações dos homens, banqueteou a convertida com a sua alma, que é para Cristo o prato mais regalado, e aquele que só lhe podem dar os homens, e não os anjos. Esta foi a razão por que o senhor disse que tinha comido.

E a razão por que mandou à cidade, não parte dos apóstolos, senão todos, foi porque havia de converter ali a samaritana, e para uma alma se converter verdadeiramente a Cristo, é necessário que estejam muito a solas: Cristo só por só com a alma, a alma só por só com Cristo. "Permaneceu Jesus sozinho e a mulher no meio em pé". Jesus e a alma sós. Esta é a solidão que Deus quer para falar às almas e ao coração? "E a levarei à solidão, e lhe falarei ao coração" (Os 2,14). Não é a solidão dos ermos e dos desertos: é a solidão em que a alma está só por só com Jesus. Nesta solidão, só por só lhe fala; nesta solidão, só por só ouve; nesta solidão, só por só lhe representa as suas misérias, e lhe pede, e alcança o remédio delas, e ainda sem o pedir, o alcança só com o silêncio e conhecimento humilde de suas culpas, como aconteceu a esta solitária pecadora. Façamo-lo assim, cristãos, por amor de Cristo, que tanto o deseja, e por amor de nossas almas, que tanto arriscadas andam, e tão esquecidas de si. Não digo que deixeis o mundo, e que vos vades meter em um deserto; só digo que façais o deserto dentro no mesmo mundo, e dentro de vós mesmos, tomando cada dia um espaço de solidão só por só com Cristo, e vereis quanto vos aproveita. Ali se lembra um homem de Deus e de si; ali se faz resenha dos pecados e da vida passada; ali se delibera e compõe a futura; ali se contam os anos, que não hão de tornar; ali se mede a eternidade, que há de durar para sempre; ali diz Cristo à alma eficazmente, e a alma a si mesma um nunca mais muito firme e muito resoluto: "Não peques mais"; ali enfim se segura aquela tão duvidosa sentença do último juiz: "Nem eu te condenarei". — Esta é a absolução das absoluções, esta é a indulgência das indulgências, e esta a graça das graças, sem a qual é infalível o inferno, e com a qual é certa a glória.

SERMÃO DAS

Lágrimas de S. Pedro

Em segunda-feira da Semana Santa na Catedral de Lisboa.
Ano de 1669.

∽

"Cantou o galo, e voltando-se o Senhor, pôs os olhos em Pedro.
E tendo saído para fora, chorou amargamente."
(Lc 22,60ss)

Nos primeiros dias da Semana Santa de 1669 e um pouco antes de partir para Roma, Vieira, meditando a Paixão de Cristo, se detém na figura do apóstolo Pedro: um galo canta, Cristo olha, Pedro chora. Ontem, domingo, as lágrimas da Madalena foram a matéria da contemplação, hoje se somam as lágrimas de Pedro. Os olhos veem e os olhos choram. Os olhos são a primeira origem da culpa, como também a primeira fonte da graça. Do ver segue-se o pecado, do pecar segue-se o chorar. Toda a Escritura prova essa verdade: vendo, os olhos pecam em todos os pecados. Chorando, os olhos se penitenciam. E quem segue os olhos? O coração. Do coração nascem todos os pecados. Mas Pedro também negou. Se a língua pecou por primeiro, por que foram os olhos que pagaram o pecado? A língua foi o instrumento, os olhos deram a causa.
O amargo do choro foi o castigo da língua. Que dizem os olhos de Pedro?
Que cerremos os olhos por amor de Cristo.

§ I

Cantou o galo, olhou Cristo, chorou Pedro. Que pregador haverá em tal dia, que não fale com confiança de converter? Que ouvinte haverá em tal hora, que não ouça com esperança de chorar? Na ceia de Betânia e na do Cordeiro, que foram as duas ocasiões últimas em que Cristo teve juntos a seus discípulos, sete vezes falou o senhor com Judas, e sete vezes lhe pregou para o converter. As palavras, umas foram de amor, outras de compaixão, outras de terror, e porventura que nenhumas disse jamais Cristo tão temerosas: "Ai daquele homem por quem o filho do homem será entregue" (Mt 26,24). — "Melhor lhe fora a tal homem nunca haver nascido". — Ainda ditas a Judas, fazem tremer estas palavras. Mas nem as amorosas o abrandaram, nem as compassivas o enterneceram, nem as temerosas o compungiram; a nada se rendeu Judas. Negou S. Pedro na mesma noite a Cristo; negou uma, negou duas, negou três vezes; cantou na última negação o galo: "E logo cantou o galo" (Jo 18,27); e no mesmo ponto sai Pedro da casa de Caifás convertido, e põe-se a chorar amargamente seu pecado: "Tendo saído para fora chorou amargamente" (Lc 22,62). Notável caso! De maneira que faz Cristo sete pregações a Judas, e não se converte Judas; canta o galo uma vez, e converte-se Pedro? Sim: porque tanto vai de olhar Cristo, ou não olhar. A Pedro pôs-lhe os olhos Cristo: "Olhou para Pedro" (Lc 22,61); a Judas não lhe pôs os olhos. Se Cristo põe os olhos, basta a voz irracional de um galo para converter pecadores; se Cristo não põe os olhos, não basta a voz, nem bastam sete vozes do mesmo Cristo para converter. "Não basta a voz do pregador se não houver juntamente o olhar de Cristo para o pecador" — disse gravemente neste caso S. Gregório Papa[1]. Do pregador são só as vozes; dos olhos de Cristo é toda a eficácia. E quando temos hoje os olhos de Cristo tão propícios, que pregador haverá tão tíbio, e que ouvinte tão duro, que não espere grandes efeitos ao brado de suas vozes? Senhor, os vossos olhos são os que hão de dar as lágrimas aos nossos.

As mais bem nascidas lágrimas que nunca se choraram no mundo foram as de S. Pedro, porque tiveram o seu nascimento nos olhos de Cristo; nos olhos de Cristo nasceram, dos olhos de Pedro manaram; nos de Cristo quando viu: "Olhou para Pedro"; dos de Pedro quando chorou: "Chorou amargamente". Rios de lágrimas foram hoje as lágrimas de S. Pedro, mas as fontes desses rios foram os olhos de Cristo. Ao Nilo, antigamente viam-se-lhe as correntes, mas não se lhe sabia a origem; tais em Pedro hoje os dois rios, ou os dois Nilos de suas lágrimas. A origem era oculta, porque tinham as fontes nos olhos de Cristo; as correntes eram públicas, porque manavam dos olhos de Pedro. Para o dilúvio universal, diz o texto sagrado, que se abriram as janelas do céu e se romperam as fontes dos abismos: "Abriram-se as janelas do céu e se romperam as fontes dos abismos" (Gn 7,11). Assim também para este dilúvio (em que hoje fora tão ditoso o mundo se se afogara) abriram-se as janelas do céu, que são os olhos de Cristo, romperam-se as fontes do abismo, que são os olhos de Pedro. Desta maneira inundou aquele imenso dilúvio, em que depois de fazer naufrágio, se salvou o melhor Noé.

Esta é a lastimosa e gloriosa representação com que a Igreja dá feliz princípio neste dia a uma semana que devera ser santa na compunção, como é santa no nome. Faltando água no deserto a um povo que era figura deste nosso, chegou-se Moisés a um penhasco, deu-lhe um golpe com a vara, e não saiu água; deu o segundo golpe, e saíram rios: "Saíram muitas águas" (Nm 20,11). Que penhasco duro é este, senão o meu coração e os vossos? Deu a Igreja o primeiro golpe, no dia das lágrimas da Madalena, mas não deram as pedras água; dá hoje o segundo golpe, no dia das lágrimas de S. Pedro, e no dia em que tanto chorou Pedro, como não chorarão as pedras? Mas não são estes os golpes em que eu trago posta a confiança. Os dos vossos olhos, senhor, que fizeram rios os olhos de Pedro, são os que hão de abrandar a dureza dos nossos. Pelas lágrimas daquela Senhora que não teve pecados que chorar, nos concedei hoje lágrimas com que choremos nossos pecados. E pois ela chorou só por nós e para nós, sua piedade nos alcance de vossos piedosos olhos esta graça. *Ave Maria*.

§ II

"Tendo saído para fora, Pedro chorou amargamente".

Notável criatura são os olhos! Admirável instrumento da natureza! Prodigioso artifício da providência! Eles são a primeira origem da culpa, eles a primeira fonte da graça. São os olhos duas víboras metidas em duas covas, em que a tentação pôs o veneno, e a contrição a triaga. São duas setas com que o demônio se arma para nos ferir e perder, e são dois escudos com que Deus, depois de feridos, nos repara para nos salvar. Todos os sentidos do homem têm um só ofício, só os olhos têm dois. O ouvido ouve, o gosto gosta, o olfato cheira, o tato apalpa, só os olhos têm dois ofícios: ver e chorar. Estes serão os dois polos do nosso discurso.

Ninguém haverá, se tem entendimento, que não deseje saber por que ajuntou a natureza no mesmo instrumento as lágrimas e a vista, e por que uniu na mesma potência o ofício de chorar e o de ver? O ver é a ação mais alegre; o chorar, a mais triste. Sem ver, como dizia Tobias, não há gosto, porque o sabor de todos os gostos é o ver (Tb 5,12); pelo contrário, o chorar é o estilado da dor, o sangue da alma, a tinta do coração, o fel da vida, o líquido do sentimento. Por que ajuntou logo a natureza nos mesmos olhos dois efeitos tão contrários: ver e chorar? A razão e a experiência é esta: ajuntou a natureza a vista e as lágrimas, porque as lágrimas são consequência da vista; ajuntou a providência o chorar com o ver, porque o ver é a causa do chorar. Sabeis por que choram os olhos? Porque veem. Chorou Davi toda a vida, e chorou tão continuamente, que com as lágrimas sustentava a mesma vida: "As minhas lágrimas foram o meu pão" (Sl 41,4). E por que chorou tanto Davi? Porque viu: "Viu uma mulher" (2Rs 11,2). Chorou Siquém, chorou Jacó, chorou Sansão, um príncipe, outro pastor, outro soldado, e por que pagaram este tributo tão igual às lágrimas os que tinham tão desigual fortuna? Porque viram: Siquém a Dina, Jacó a Raquel, Sansão a Dalila. Choraram os que com suas lágrimas acrescentaram as águas do dilúvio; e por que choraram? Porque tendo o nome de filhos de Deus, viram as que se chamavam filhas dos homens: "Vendo os filhos de Deus, as filhas dos homens" (Gn 6,2). Mas para que são exemplos particulares, em uma causa tão comum e tão universal de todos os olhos? Todas as lágrimas que se choram, todas as que se têm chorado, todas as que se hão de chorar até o fim do mundo, onde tiveram seu princípio? Em uma vista: "Viu a mulher que a árvore era boa para comer" (Gn 3,6). Viu Eva o pomo vedado, e assim como aquela vista foi a origem do pecado original, assim foi o princípio de todas as lágrimas que choramos os que também então começamos a ser mortais. Digam-me agora os teólogos: se os homens se conservaram na justiça original, em que foram criados os primeiros pais, havia de haver lágrimas no mundo? Nem lágrimas, nem uma só lágrima. Nem havíamos de entrar neste mundo chorando, nem havíamos de chorar enquanto nele vivêssemos, nem havíamos de ser chorados quando dele partíssemos. Aquela vista foi a que converteu o paraíso de deleites em vale de lágrimas; por aquela vista choramos todos. Mas que diriam sobre esta ponderação os que neste dia fazem panegíricos às lágrimas? Diriam que estima Deus tanto as lágrimas choradas por pecados, que permitiu Deus o pecado de Adão só por ver chorar pecadores. Diriam que permitiu Deus o pecado, da sua parte, para que os homens vissem a Deus derramar sangue; da nossa parte, para que Deus visse aos homens derramar lágrimas. Não é o meu intento dizer estas coisas. Que importa em semelhantes dias que as lágrimas fiquem louvadas, se os olhos ficam enxutos? O melhor elogio das lágrimas é chorá-las.

Chorou Eva, porque viu; e choramos os filhos de Eva, porque vemos. Mas eu não me admiro de que os nossos olhos chorem porque veem; o que me admira muito, é que sejam tão cegos os nossos olhos, que vejam para chorar. Só os olhos racionais choram; e se é efeito da razão chorar porque viram, não pode haver maior sem-razão que verem para chorar. É queixa do Espírito Santo, e invectiva que fez contra os nossos olhos, no capítulo trinta e um do Eclesiástico: "Que coisa há pior que o olho?" (Eclo 31,15). — Entre todas as coisas criadas, nenhuma há mais desarrazoada no mundo, nenhuma mais perversa que os olhos. E por quê? Porque são tais, diz o mesmo Espírito Santo, que veem para chorar: "Banhará de lágrimas todo o seu rosto quando olhar" (Eclo 31,15). Põem-se os olhos a ver a uma parte e a outra, e depois põem-se a chorar porque viram. Pois, olhos cegos, olhos mal advertidos, olhos inimigos de vós mesmos: se a vossa vista vos há de custar lágrimas, se vedes para chorar, ou haveis de chorar porque vistes, para que vedes? É possível que haveis de chorar porque vistes, e que haveis de ver para chorar? "Banhará de lágrimas quando olhar"? Assim é, e estes são os nossos olhos: choram porque veem, e veem para chorar. O chorar é o lastimoso fim do ver, e o ver é o triste princípio do chorar. Chorou hoje S. Pedro, e chorou tão amargamente, como logo veremos. E donde nasceu este chorar? Nasceu do ver. Naquela trágica noite da Paixão de Cristo, entrou Pedro no átrio do pontífice Caifás, e o fim com que entrou foi para ver: "Para ver o fim" (Mt 26,58). E vós, Pedro, entrais aqui para ver? Pois vós saireis para chorar. Quisestes ver o fim? Vereis o fim do ver. "Tendo saído para fora chorou amargamente".

§ III

Basta o dito para sabermos que o chorar é efeito ou consequência do ver. Mas como se segue esta consequência? Segue-se de um meio-termo terrível, que se complica com o ver e com o chorar, sendo consequente de um e antecedente de outro. Do ver segue-se o pecar, do pecar segue-se o chorar, e por isso o chorar é consequência do ver. Depois que Eva e Adão pecaram, diz o texto que a ambos se lhes abriram os olhos: "Abriram-se os olhos de ambos" (Gn 3,7). Pergunto: Antes desta hora, Adão e Eva não tinham os olhos abertos? Sim, tinham: viram o paraíso, viram a serpente, viram a árvore, viram o pomo, viram-se a si mesmos; tudo viram e tudo viam. Pois se viam e tinham os olhos abertos, como diz o texto que agora se lhes abriram os olhos? Abriram-se-lhes, para começar a chorar, porque até ali não tinham chorado: "Abriram-se os olhos para o que antes não se tinham aberto", diz Santo Agostinho[2]. Criou Deus os olhos humanos com as portas do ver abertas, mas com as portas do chorar fechadas. Viram e pecaram; e o pecado que entrou pelas portas do ver saiu pelas portas do chorar. Estas são as portas dos olhos que se abriram: "Abriram-se os olhos de ambos". Pecaram, porque viram; choraram, porque pecaram. Pagaram os olhos o que fizeram os olhos, porque justo era que se executasse nos olhos o castigo, pois os olhos foram a causa e ocasião do delito.

Dir-me-eis porventura, que em Eva e no seu pecado, teve lugar esta consequência; em nós e nos nossos olhos não, ao menos em todos. Em Eva sim, porque entrou o seu pecado pelos olhos; em nós não, porque, ainda que alguns dos nossos pecados entrem pelos olhos, muitos têm outras entradas. Digo que em todos os pecados é o chorar consequência do ver, e não quero outra prova senão as mesmas lágrimas. Dai-me atenção.

Coisa é digna, não só de reparo, senão de espanto, que queira Deus e aceite as lágrimas por satisfação de todos os pecados. É misericórdia grande, mas misericórdia que não parece justiça. Que paguem os olhos os pecados dos olhos, que paguem os olhos chorando o que os olhos pecaram vendo, castigo é muito justo e justiça muito igual; mas que os olhos hajam de pagar pelos pecados de todas as potências da alma, e pelos pecados de todos os sentidos e membros do corpo, que justiça e que igualdade é esta? Se o homem peca nos maus passos, paguem os pés; se peca nas más obras, paguem as mãos; se peca nas más palavras, pague a língua; se peca nos maus pensamentos, pague a memória; se peca nos maus juízos, pague o entendimento; se peca nos maus desejos e nos maus afetos, pague a vontade; mas que os tristes olhos hajam de pagar tudo, e por todos? Sim, porque é justo que pague por todos quem é causa ou instrumento dos pecados de todos. Lede as Escrituras, e lede-as todas (que não é necessária menos lição para este assunto) e achareis que em todos os pecados do corpo e da alma, são cúmplices os olhos. Pecou a alma, os olhos são os culpados: "O meu olho quase me roubou a vida" (Lm 3,51). Pecou o corpo, os olhos são os delinquentes: "Se o teu olho for mau, todo o teu corpo estará em trevas" (Mt 6,23). Todos os pecados do homem, os de pensamento, os de palavra, os de obra, saem imediatamente do coração: "Do coração é que saem os maus pensamentos" (Mt 15,19), eis aí os pecados do pensamento. "Homicídios, adultério, furtos", eis aí os pecados de obra. "Falsos testemunhos, blasfêmias": eis aí os pecados de palavra. E para todos esses pecados, a quem segue o coração? Aos olhos. "Se o meu coração seguiu os meus olhos" (Jó 31,7). Se seguis com tantas ânsias as vaidades do mundo, os vossos olhos são os que vos levam à vaidade: "Aparta os meus olhos para que não vejam a vaidade" (Sl 118,37). Se seguis tão insaciavelmente as riquezas, os vossos olhos são os hidrópicos desta sede insaciável: "Nem os seus olhos se fartam de riquezas" (Ecl 4,8). Se vos cegais e vos deixais arrebatar e enfurecer da paixão, os vossos olhos são os apaixonados: "O meu olho se turvou à vista do furor" (Sl 6,8). Se vos vingais e não perdoais o agravo, os vossos olhos são os vingativos e os que não perdoam: "O teu olho não os perdoará" (Dt 7,16). Se estais preso e cativo da má afeição, os vossos olhos são os laços que vos prenderam e vos cativaram: "Seja ele preso no laço dos seus olhos" (Jt 9,13). Se desejais o que não deveis desejar, e apeteceis o que não deveis apetecer, os vossos olhos são os que desejam: "Os meus olhos desejaram" (Ecl 2,10); e os vossos olhos são os que apetecem: "Pela concupiscência de seus olhos" (Ez 23,16). Se desprezais o que deveis estimar, e aborreceis o que devereis amar, os vossos olhos são os que desprezam: "Os meus olhos olharam com desprezo" (Sl 53,9), os vossos olhos são os que aborrecem: "Não via com bons olhos" (1RS 18,9). Infinita matéria fora se houvéramos de discorrer por todos os movimentos viciosos e por todas as ações de pecado em que são cúmplices os olhos. Mas pois todos os pecados, e suas espécies, estão reduzidas a sete cabeças, vede como pecam os olhos em todos os pecados capitais. Se pecais no pecado da soberba, os vossos olhos são os soberbos: "Humilharás os olhos dos soberbos" (Sl 17,28). Se pecais no pecado da avareza e da cobiça, os vossos olhos são os avarentos e os cobiçosos: "O olho do avaro não se sacia" (Eclo 14,9). Se pecais no pecado da luxúria, os vossos olhos são os torpes e sensuais: "Olhos prostituídos pela fornicação" (Ez 6,9). Se pecais no pecado da ira, os vossos olhos são os impacientes e irados: "Conturbado com pesar está o meu olho" (Sl 30,10). Se pecais no pecado da inveja, os vossos olhos são os invejosos do bem alheio: "O olho do invejoso é mau" (Eclo 14,8). Se pecais no pecado da gula, os vossos olhos são os apetitosos e os mal satisfeitos: "Os nossos olhos não veem senão maná" (Nm 11,6). Se pecais no pecado da acídia, os vossos olhos são os negligentes e os tíbios: "Os meus olhos desfaleceram" (Sl 87,10). Finalmente, se ofendeis a Deus e à sua lei em qualquer pecado, os vossos olhos são os que ofendem: "Lance de si os tropeços dos olhos" (Ez 20,7). E não há pecado tão feio, nem maldade tão abominável no mundo, que não sejam os olhos a causa dessa abominação: "Lance de si as abominações dos seus olhos" (Ez 20,8). E pois, os olhos pecam em todos os pecados, vendo, que muito é que paguem em todos e por todos, chorando?

Assim como provei a verdade da culpa com toda a escritura, assim hei de provar a justificação da pena com toda a Igreja. "Da mesma fonte de onde se originou o pecado, correm lágrimas incessantes". Sabeis, filhos, diz a Igreja, por que vos manda Deus que chorem os olhos por todos os pecados? É porque os olhos são a fonte de todos: "Da mesma fonte de onde se originou o pecado, correm lágrimas incessantes"[3]. Chorai pois, diz a Santa Igreja, chorai e chorem perenemente os vossos olhos: e pois esses olhos foram a fonte do pecado, sejam também a fonte da contrição; pois esses foram a fonte da culpa, sejam também a fonte da penitência; foram a fonte da culpa enquanto instrumento de ver, sejam a fonte da penitência enquanto instrumentos de chorar; e já que pecaram vendo, paguem chorando. De maneira que são os nossos olhos, se bem se considera, duas fontes, cada uma com dois canais e com dois registros: um canal, que corre para dentro, e se abre com o registro do ver; outro canal, que corre para fora, e se solta com o registro do chorar. Pelos canais que correm para dentro, se os registros se abrem, entram os pecados; pelos canais que correm para fora, se os registros ou as presas se soltam, saem as lágrimas. E pois as correntes do pecado entram pelos olhos, vendo, justo é que as correntes das lágrimas saiam pelos mesmos olhos, chorando.

Vede que misteriosamente puseram as lágrimas nos olhos a natureza, a justiça, a razão, a graça. A natureza para remédio, a justiça para castigo, a razão para arrependimento, a graça para triunfo. Como pelos olhos se contrai a mácula do pecado, pôs a natureza nos olhos as lágrimas, para que com aquela água se lavassem as manchas; como pelos olhos se admite a culpa, pôs a justiça nos olhos as lágrimas, para que estivesse o suplício no mesmo lugar do delito; como pelos olhos se concebe a ofensa, pôs a razão nos olhos as lágrimas, para que onde se fundiu a ingratidão, desfizesse o arrependimento; e como pelos olhos entram os inimigos à alma, pôs a graça nos olhos as lágrimas, para que pelas mesmas brechas, por onde entraram vencedores, os fizesse sair correndo. Entrou Jonas pela boca da baleia pecador; saía Jonas pela boca da baleia arrependido. Razão é logo, e justiça, e não só graça, senão natureza, que pois os olhos são a fonte universal de todos os pecados, sejam os rios de suas lágrimas a satisfação também universal de todos, e que paguem os olhos por todos chorando, já que pecaram em todos vendo: "Da mesma fonte de onde se originou o pecado, correm lágrimas incessantes".

§ IV

Agora se entenderá facilmente uma dúvida não fácil entre as negações de S. Pedro e as suas lágrimas. As negações de S. Pedro, todas foram pecado de língua. A língua foi a que na primeira negação disse: "Não sou" (Lc 22,58). A língua foi a que na segunda negação disse: "Não conheço o homem" (Mt 26,72). A língua foi a que na terceira negação disse: "Homem, não sei o que dizes" (Lc 22,60). Pois se a língua foi a que pecou, por que foram os olhos os que pagaram o pecado? Por que não condenou S. Pedro a língua a perpétuo silêncio, senão os olhos a perpétuas lágrimas? Porque ainda que a língua foi a que pronunciou as palavras, os olhos foram os primeiros culpados nas negações; a língua foi o instrumento, os olhos deram a causa.

Na parábola das vinhas, foram chamados os cavadores a diferentes horas. Ao pôr do sol, mandou o pai de famílias que se pagasse a todos o seu jornal; mas vendo os primeiros que lhes igualavam os últimos: "Murmuravam contra o pai de família" (Mt 20,11). — O que agora noto (e não sei se se notou até agora) é que, repreendendo o pai de famílias aos murmuradores, não se queixou das suas línguas, senão dos seus olhos: "Por acaso o teu olho é mau, porque eu sou bom?" (Mt 20,15). — Assim o disse e assim se queixou o pai de famílias; mas eu não vejo a razão desta sua queixa. A sua queixa era dos murmuradores e da murmuração; os olhos não são os que murmuram, senão a língua. Pois por que se não queixa da língua, senão dos olhos? Porque, ainda que das línguas saiu a murmuração, os olhos, e maus olhos, deram a causa. Muitos murmuradores murmuram o que não veem; mas estes só murmuraram o que viram. Viram que eles tinham trabalhado todo o dia; isso murmuraram: "Aturamos o peso do dia e do calor" (Mt 20,12). Viram que os outros vieram tarde, e muito tarde; isso murmuraram: "Estes últimos não trabalharam senão uma hora" (Mt 20,12). Viram que, sendo desiguais no trabalho, lhos igualavam no prêmio; isso murmuravam: "Tu os igualaste conosco" (Mt 20,12). E como a murmuração, ainda que saiu pela língua, teve a ocasião nos olhos, por isso são repreendidos e castigados os olhos, e não a língua: "Por acaso o teu olho é mau?" Assim o julgou contra os olhos daqueles murmuradores o pai de famílias, e assim se sentenciou também S. Pedro contra os seus. As suas negações saíram pela língua, mas a causa e a ocasião, deram-na os olhos. Negou porque quis ver, porque se não quisera ver, não negara; pois ainda que a língua foi o instrumento da negação, castiguem-se os olhos que foram a causa. Se os olhos não foram curiosos para ver, não fora a língua fraca para negar. E pois os olhos, por quererem ver, puseram a língua em ocasião de negar, paguem os olhos por si, e paguem pela língua: pela língua paguem o negar, e por si paguem o ver.

E se não, pergunto: Por que dizem os evangelistas com tão particular advertência, que chorou Pedro amargamente: "Chorou amargamente"? Se queriam encarecer as lágrimas de Pedro pela cópia, digam que se fizeram seus olhos duas fontes perenes de lágrimas, digam que chorou rios, digam que chorou mares, digam que chorou dilúvios. E se queriam encarecer esses dilúvios de lágrimas, não pela cópia, senão pela dor, digam que chorou tristemente, digam que chorou sentidamente, digam que chorou lastimosamente, digam que chorou irremediavelmente, ou busquem outros termos de maior tristeza, de maior lástima, de maior sentimento, de maior pena, de maior dor. Mas que, deixado tudo isto só digam e ponderem que chorou amargamente. "Chorou amargamente"? Sim, e com muita razão, porque o chorar pertence aos olhos, a amargura pertence à língua, e como os olhos de Pedro choravam por si e mais pela língua, era bem que a amargura se passasse da língua aos olhos, e que não só chorasse Pedro, senão que chorasse amargamente: "Chorou amargamente"? Como a culpa dos olhos em ver se ajuntou com a culpa da língua em negar, ajuntou-se também o castigo da língua, que é a amargura, com o castigo dos olhos, que são as lágrimas, para que as lágrimas pagassem o ver, e a amargura pagasse o negar, e os olhos, chorando amargamente, pagassem por tudo: "Chorou amargamente".

§ V

Mas se o ver em Pedro foi ocasião de negar, e o negar foi a causa de chorar, por que não chorou Pedro quando negou, senão depois que saiu: "Tendo saído para fora, chorou"? Negou a primeira vez, e ficou com os olhos enxutos como dantes; negou a segunda vez, e ficou do mesmo modo; negou a terceira vez, e nem ainda então chorou. Sai Pedro finalmente fora, e depois que saiu, então saíram também as lágrimas: "Tendo saído para fora, chorou amargamente". Pois, se Pedro chora porque negou, por que não chora quando negou, ou depois de negar, senão quando saiu, e depois de sair? Porque, enquanto Pedro não saiu fora, persistia na ocasião de ver e querer ver; e os olhos, enquanto veem, não podem chorar. O ver e o chorar, como dizíamos, são os dois ofícios dos olhos, mas são ofícios incompatíveis no mesmo tempo: enquanto veem, não podem chorar, e se querem chorar, hão de deixar de ver. Por isso saiu fora Pedro, não só para chorar, senão para poder chorar, porque para os seus olhos exercitarem o ofício de chorar, haviam de cessar do exercício de ver.

Notável filosofia é a dos nossos olhos no chorar e não chorar. Se choramos, o nosso ver foi a causa, e se não choramos, o nosso ver é o impedimento. Como estes nossos olhos são as portas do ver e do chorar, encontram-se nestas portas as lágrimas com as vistas: as vistas para entrar, as lágrimas para sair. E porque as lágrimas são mais grossas, e as vistas mais sutis, entram de tropel as vistas, e não podem sair as lágrimas. Vistes já nas barras do mar encontrar-se a força da maré com as correntes dos rios? E porque o peso do mar é mais poderoso, vistes como as ondas entram e os rios param? Pois o mesmo passa nos nossos olhos. Todos os objetos deste mar imenso do mundo, e mais os que mais amamos, são as ondas, que umas sobre as outras entram pelos nossos olhos, e ainda que as lágrimas dos mesmos olhos tenham tantas causas para sair, como o sentido do ver pode mais que o sentimento do chorar, vemos quando havíamos de chorar, e não choramos, porque não cessamos de ver. Vejamos tudo nos olhos de Davi, que do ver nos deixou tantos desenganos, e do chorar tantos exemplos.

Morto lastimosamente o príncipe Abner, mandou Davi que todo o exército vestido de luto e arrastando as armas, o acompanhasse até a sepultura, e o mesmo rei o acompanhou também: "Davi acompanhava o féretro" (2Rs 3,31). Desta maneira foi marchando e continuando o enterro até o lugar do sepulcro, mas ninguém chorava. Tiram o corpo do esquife, e ainda aqui se não viram nem ouviram lágrimas; metem finalmente o cadáver na sepultura, cerram a porta, eis que começa Davi a rebentar em lágrimas, e todos como ele em pranto desfeito: "Quando sepultaram Abner, Davi levantou a sua voz e chorou sobre o túmulo. E todo o povo chorou também" (2Rs 3,32). Pois se no enterro, e antes de enterrado Abner, nem Davi, nem o exército chora, por que chora tanto Davi, e choram todos com ele no mesmo ponto em que foi metido na sepultura? Porque no enterro, e antes de enterrado, viam a Abner; depois de enterrado, já o não viam. Como a ação de chorar se impede pela resistência do ver, enquanto os olhos viram, estiveram represadas as lágrimas; tanto que não tiveram que ver, começaram as lágrimas a sair. Não puderam chorar os olhos enquanto viram; tanto que não viram, choraram. Sirvam as letras humanas às divinas, e ouçamos aquele engenho, que melhor que todos soube exprimir os afetos da dor e da natureza: "Já tinhas sido levado dos olhos, então finalmente chorei"[4]. A história pode ser fabulosa, mas a filosofia é verdadeira. Enquanto Ariadne pôde seguir com os olhos a Teseu, estiveram as lágrimas suspensas, embargadas pela vista; mas tanto que já o não pôde ver: "Já tinhas sido levado dos olhos"; tirado o impedimento da vista, começaram as lágrimas a correr: "Então finalmente chorei".

Esta foi a razão ainda natural por que Pedro saiu do lugar onde via, e onde entrara para ver. Saiu para que as suas lágrimas saíssem: "Tendo saído para fora, chorou amargamente". Entrou para ver, saiu para chorar, porque enquanto a vista tinha entrada, não podiam as lágrimas ter saída. E para que o mesmo S. Pedro nos prove a verdade desta filosofia, diz S. Marcos no texto grego, conforme a interpretação de Teofilato, que saindo S. Pedro do átrio, lançou a capa sobre o rosto, e então começou a chorar: "Tendo coberto a cabeça, chorou" (Mc 14,30). Para Pedro poder chorar, cobriu primeiro os olhos para não ver. Saiu para não ver o que via, e cobriu os olhos para que nenhuma coisa vissem, e quando não viu, nem pôde ver, então pôde chorar, e "Chorou". O pranto mais público que se viu na nação Portuguesa foi quando chegaram à Índia as novas da morte de el-rei Dom Manuel[5], primeiro e verdadeiro pai daquela monarquia. Estava o vice-rei na Sé, como nós agora, ouvindo sermão, e tanto que lhe deram a triste nova, diz a história que lançou a capa sobre o rosto, e que fazendo todo o auditório o mesmo, começaram a chorar em grito, e se levantou o maior e mais lastimoso pranto que jamais se vira. Este era o uso dos capuzes portugueses, quando também se usava o chorar. Metiam os capuzes na cabeça até o peito, cobriam e escureciam os olhos, e assim choravam e lamentavam o defunto. Depois que as mortes se não choram, trazem-se os capuzes por detrás das costas, para que nem os olhos os vejam. Não foi assim o luto que Pedro fez pela morte da sua alma; mas porque a quis logo chorar, cobriu os olhos para não ver: "Tendo coberto a cabeça, chorou".

§ VI

Assim saiu Pedro do lugar da sua desgraça. Mas para onde saiu? Diz Nicéforo[6], e outros autores eclesiásticos mais vizinhos daquele tempo, que se foi S. Pedro meter em uma cova, entre Jerusalém e o Monte Sião. Tinha prometido morrer com Cristo, mas porque não tivera ânimo para morrer, teve resolução para se sepultar. Nesta sepultura triste, solitária, escura, como os olhos não tiveram luz para ver, tiveram maior liberdade para chorar. Só na suposição de um paralelo se pode conhecer este excesso, ou este artifício das lágrimas de S. Pedro. Os dois exemplares da penitência que Deus pôs neste mundo em uma e outra lei, foi S. Pedro e Davi. Davi foi o Pedro da lei escrita; Pedro foi o Davi da lei da graça. E assim como S. Pedro escolheu lugar particular para as suas lágrimas, assim Davi escolheu tempo particular para as suas. Mas qual escolheu melhor e mais finamente? Agora o veremos.

O tempo que Davi escolheu para as suas lágrimas, foi o que diz mais com os tristes: o tempo escuro da noite: "Todas as noites, regarei com minhas lágrimas o meu leito" (Sl 6,7). De dia governava, de noite chorava: o dia dava aos negócios, a noite às lágrimas. Oh! que exemplo este para reis, para ministros, e para todos os que gastam o dia em ocupações, ou públicas, ou particulares! As flores anoitecem murchas e quase secas, mas com o orvalho da noite amanhecem frescas, vigorosas, ressuscitadas. Assim o fazia Davi, e assim regava a sua alma todas as noites: "Todas as noites, regarei com minhas lágrimas o meu leito". Mas tornemos ao motivo desta eleição. E por que razão escolhia Davi o tempo escuro da noite para chorar? Porque de dia, com a luz, como está livre o uso do ver, fica embaraçado o exercício do chorar; mas de noite, com a sombra e escuridade das trevas, fica livre e desembaraçado o exercício do chorar, porque está impedido o uso de ver. A mesma razão seguiu S. Pedro na eleição da sua cova, mas com maior crédito da sua dor, e para maior excesso das suas lágrimas. Davi escolheu o tempo da noite, e assim chorava de noite, mas de dia não chorava; porém Pedro escolheu uma cova escura, em que de dia e de noite sempre fosse noite, para que de dia e de noite sempre chorasse. Os olhos de Davi, alternando o dia com a noite, alternavam também o ver com o chorar; porém os olhos de Pedro, metidos naquela noite sucessiva e continuada, nem de dia nem de noite viam, e de dia e de noite sempre choravam.

Só Pedro pôde conseguir para as suas lágrimas o que só Jeremias soube desejar para as suas: "Quem dará água a minha cabeça, e uma fonte de lágrimas a meus olhos, e eu chorarei de dia e de noite?" (Jr 9,1). Oh! quem dera fontes de lágrimas a meus olhos, dizia Jeremias, para chorar de dia e de noite! Vede quão discreta e quão encarecidamente pedia Jeremias. Não só pedia lágrimas, senão fontes de lágrimas: "Uma fonte de lágrimas". E por que pedia fontes? Porque desejava chorar de dia e de noite: "E chorarei de dia e de noite". As fontes não fazem diferença de noite a dia: de dia e de noite sempre correm, e como Jeremias desejava chorar de dia e de noite: "E chorarei de dia e de noite", por isso pedia fontes de lágrimas, ou lágrimas como fontes: "Uma fonte de lágrimas aos meus olhos". Tais eram as fontes dos olhos de Pedro naquela cova escura. Não havia ali diferença de noite a dia, porque não havia luz, e como a luz não interrompia a noite, a vista não interrompia as lágrimas: a noite suspendia perpetuamente o ver, as lágrimas continuavam perpetuamente a chorar. Chorava amargamente porque vira, chorava continuamente porque não via: fora do paço, onde vira, para não ver; dentro da cova, onde não via, para sempre chorar: "Tendo saído fora chorou amargamente".

§ VII

Até agora falamos com os olhos de Pedro: agora falem os olhos de Pedro com os nossos. Os olhos também falam: "Nem a pupila do teu olho se cale" (Lm 2,18). E que dizem os olhos de Pedro? Que dizem aqueles dois grandes pregadores aos nossos olhos? Olhos, aprendei de nós: nós vimos, e porque vimos, choramos; do nosso ver, aprendei a não ver; do nosso chorar aprendei a chorar. Oh! que grandes duas lições para os nossos olhos!

Se Pedro, quando quis ver a Cristo, negou três vezes a Cristo, os olhos que querem ver as criaturas, quantas vezes o negarão? Se nega a Cristo Pedro quando quer ver, levado do amor de Cristo, como não negarão a Cristo os que querem ver, levados de outro amor? Se quem entrou a ver uma tragédia da paixão de Cristo teve tanto que chorar, os que entram a ver outras representações e outros teatros, que fruto hão de colher daquelas vistas? Diz S. Leão Papa[7] que os olhos de S. Pedro se batizaram hoje nas suas lágrimas. Bem se podem batizar os nossos olhos outra vez, porque não têm nada de cristãos. Comparai aquela cova de Chipre com a de Jerusalém; comparai as nossas vistas, ou as nossas cegueiras, com a de S. Pedro. Não digo que se metam os nossos olhos em uma cova, porque não há hoje tanto espírito no mundo; mas, ao menos, não comporemos os nossos olhos? Não faremos ao menos com os nosso olhos aquele concerto que fez Jó com os seus?

"Fiz um pacto com os meus olhos para certamente não cogitar nem sequer numa virgem" (Jó 31,1). Falava Jó do vício contra a honestidade, em que tanta parte têm os olhos, e diz que fez concerto com os seus, para não admitir o pecado no consentimento, nem ainda na imaginação. Este concerto, parece que não se havia de fazer com os olhos, senão com o entendimento e com a vontade. O consentimento pertence à vontade, a imaginação pertence ao entendimento: faça-se logo o concerto com a vontade que consente, e com o entendimento que cuida e imagina, e não com os olhos, que somente veem. Não, diz Jó. Com os olhos se há de fazer o concerto, porque o pecado, ou o que há de ser pecado, entra pela vista, da vista passa à imaginação, e da imaginação ao consentimento; logo, para que não chegue ao consentimento, nos olhos, onde está o primeiro perigo, se há de pôr a cautela, nos olhos a resistência, nos olhos o remédio. Notou advertidamente Salmeirão[8], que sucede aos homens nos pecados desta casta o mesmo que sucedeu a São

Pedro nas suas negações. Para as negações de São Pedro concorreram duas tentadoras e um tentador: a primeira e a segunda tentadora foram as duas ancilas, e o terceiro tentador foi o soldado da guarda de Caifás. Assim também as nossas negações. A primeira ancila, e a primeira tentadora é a vista; a segunda ancila, e a segunda tentadora é a imaginação; e o terceiro tentador é o consentimento, em que se consuma o pecado. E assim como nas negações de Pedro a primeira tentadora foi a ancila Ostiária, a porteira, assim nas nossas negações a primeira tentadora é a vista, que é a porteira, e a que tem nos olhos as chaves das outras potências. Por isso Jó fez concerto com os seus olhos, para que estas portas estivessem sempre fechadas.

Não fecharemos estas portas tão arriscadas da nossa alma, ao menos nestes dias, em reverência dos olhos de Cristo? No mesmo tempo em que Pedro estava negando a Cristo, estava Cristo com os olhos tapados, padecendo tantas afrontas. Consente Cristo que lhe tapem os olhos tão afrontosamente por amor de mim, e eu por amor de Cristo, não fecharei os olhos? Consente Cristo que lhe tapem os olhos para me salvar, e eu abrirei os olhos para me perder?

Olhai quanto mais encarecida é a doutrina de Cristo neste caso: "Se o teu olho te escandaliza, arranca-o e lança-o de ti" (Mt 5,29). Se os vossos olhos vos servem de escândalo, se vos fazem cair, arrancai-os e lançai-os fora. Se fora resolução muito bem empregada arrancar os olhos por amor da salvação, e para esses mesmos olhos verem a Deus, por que há de ser coisa dificultosa o fechá-los? A Sansão arrancaram-lhe os olhos os filisteus, porque os entregou a Dalila (Jz 14,1-16,21). Não lhe fora melhor a Sansão fechar os olhos para não ver, que perdê-los porque viu? Não lhe fora melhor a Siquém não ver a Dina (Gn 34,25s)? Não lhe fora melhor a Amnon não ver a Tamar (2Rs 13)? Não lhe fora melhor a Holofernes não ver a Judite (Jt 10,19)? Todos estes pereceram às mãos de seus olhos. Demócrito, filósofo gentio, como diz Tertuliano[9], arrancou voluntariamente os olhos por se livrar de pensamentos menos honestos. Que tivesse resolução um gentio para arrancar os olhos por amor da pureza, e que não tenha ânimo nem valor um cristão para os fechar! Cristãos: por amor daqueles olhos que Cristo hoje pôs em S. Pedro, e para que ele os ponha em nós, que se havemos de fazer esta semana alguma penitência, se havemos de fazer esta semana alguma mortificação, se havemos de fazer esta semana algum ato de cristandade, seja cerrar os olhos por amor de Cristo. Aquelas pestanas cerradas sejam as sedas de que teçamos um cilício muito apertado a nossos olhos. Não são os olhos aqueles grandes pecadores que pecam em todos os pecados? Pois tragam esta semana este cilício.

§ VIII

Como os olhos estiverem cerrados (que é o segundo documento dos olhos de S. Pedro), como os nossos olhos não virem, logo chorarão. Lembremo-nos que estamos em um vale de lágrimas; lembremo-nos que esta vida não é lugar de ver, senão de chorar: "Lugar dos que choram" (Jz 2,5). Esta vida, diz S. Crisóstomo, é para os nossos olhos chorarem; a outra é para verem. Nós nesta vida trocamos aos nossos olhos os tempos e os lugares, mas também na outra vida os acharemos trocados. Os olhos que chorarem na terra, verão no céu; os olhos que quiserem ver na terra, chorarão no inferno: "Ali haverá choro" (Mt 8,12). Também no inferno há lágrimas, mas lágrimas sem fruto. Não é melhor chorar aqui poucos dias para nosso remédio, que chorar eternamente no inferno sem nenhum remédio? Que contas lhe fazemos? Que contas faz a nossa fé com a nossa vida? Que contas fazem os que fazem conta de dar conta a Deus? Olhai as contas que Deus faz com as nossas lágrimas e com os nossos pecados. É passo admirável, e que podendo ser de grande consolação, é de grande terror.

"Puseste as minhas lágrimas diante do teu rosto" (Sl 55,9), diz Davi: Senhor, vós sempre tendes postas as minhas lágrimas diante dos vossos olhos. E estas lágrimas que Deus tem postas diante dos olhos, onde estão? Elas correm, elas passam, elas enxugam-se, elas secam-se: onde estão postas estas lágrimas? O texto original o declarou admiravelmente: "Puseste as minhas lágrimas no livro de tuas contas". Tem Deus posto as nossas lágrimas nos seus livros da razão; tem Deus posto as nossas lágrimas nos seus livros de deve e há de haver. — Estes são os livros dos quais diz S. João que se hão de abrir no dia do juízo: "E foram abertos os livros" (Ap 20,12), e assim o resolvem todos os teólogos. Um é o livro do deve, outro o livro do há de haver; um o livro das dívidas, outro o livro das satisfações: no das dívidas estão os pecados, no das satisfações estão as lágrimas: "No livro de tuas contas". Faça agora cada um as suas contas, pois há de dar conta a Deus por estes livros. Some cada um quantos pecados tem no livro das dívidas, e some quantas lágrimas tem no livro das satisfações. Haverá, quando menos para cada pecado uma lágrima? Oh! tristes dos nossos olhos! Oh! miseráveis das nossas almas! S. Pedro no livro do deve tem três negações, e no livro do há de haver tem infinitas lágrimas. Quantos cristãos haverá, que no livro do deve tenham infinitos pecados, e no livro do há de haver não tenham três lágrimas choradas de coração! Pois como havemos de aparecer diante do tribunal de Deus? Como lhe havemos de dar boa conta? E se estamos tão alcançados nas contas, como não nos resolvemos a chorar nossos pecados desde logo, pois o não fizemos até agora? S. Pedro não chegou a estar duas horas no seu pecado, e chorou toda a vida até a morte; e nós que toda a vida temos gastado em pecados, e muitos estamos no cabo da vida, e todos não sabemos quanto nos há de durar a vida, quando fazemos conta de chorar? S. Pedro sabia de certo que Deus lhe tinha perdoado, e contudo não cessava de chorar continuamente. Sabemos de certo que Deus nos tem perdoado? Sabemos de certo que temos ofendido a Deus, e muitos sabem também de certo que não estão perdoados, porque também sabem de certo que estão atualmente em pecado mortal; e com toda esta evidência, nem uns nem outros choram.

Dizei-me, pelas chagas de Cristo: Fazeis conta de vos salvar como S. Pedro? Sim. Pecastes como S. Pedro? Muito mais. Chorastes como S. Pedro? Não. Pois se pecastes como Pedro, e não chorais como Pedro, como fazeis conta de vos salvar como Pedro? Tem Deus para vós outra lei? Tem Deus para vós outra justiça? Tem Deus para vós outra misericórdia? Cristo perdoou a Pedro porque chorou, e se Pedro não chorara, não lhe havia Cristo de perdoar, como não perdoou a Judas. Pois se Cristo não perdoa a Pedro sem chorar, como nos há de perdoar a nós, se não choramos? Somos mais discípulos de Cristo que Pedro? Somos mais favorecidos de Cristo que Pedro? Somos mais mimosos de Cristo que Pedro? Somos mais de casa e do seio de Cristo? Somos mais amigos, e mais amados, e mais prezados de Cristo que Pedro? Pois que confiança cega e diabólica é esta nossa?

    Senhor, senhor, Judas não chorou, porque lhe não pusestes os olhos; Pedro chorou, porque lhe pusestes os olhos. "Olhai para nós e tende piedade de nós". Olhai para nós, piedoso Jesus, olhai para nós com aqueles piedosos olhos com que hoje olhastes para Pedro. Abrandai esta dureza impenetrável de nossos corações. Alumiai esta cegueira obstinada de nossos olhos. Fechai-nos estes olhos, para que não vejam as vaidades e loucuras do mundo. Abri-nos estes olhos, para que se desfaçam em lágrimas por vos terem negado e por vos terem tanto ofendido. São Pedro, divino apóstolo, divino penitente, pontífice divino, lembrai-vos desta vossa Igreja, que tão cega está e tão impenitente. Lembrai-vos destas vossas ovelhas. Lembrai-vos destes vossos filhos, e dessas lágrimas que vos sobejaram; derramai sobre nós as que tanto havemos mister. Alcançai-nos daqueles olhos, que tão benignamente vos viram, que imitemos vossa contrição, que choremos nossos pecados, que façamos verdadeira penitência, que acabemos uma vez de nos arrepender e emendar de todo coração. E nesta semana tão sagrada, lançai-nos do céu uma bênção, e concedei-nos uma indulgência plenária que nos absolva de todas nossas culpas. Sobretudo, perseverança na graça, nos propósitos, na dor, no arrependimento, para que chorando o que só devemos chorar, vejamos finalmente o que só devemos desejar ver, que é a Deus nessa glória.

SERMÃO DO

Mandato

Em Roma, na Igreja de Santo Antônio dos Portugueses.
Ano de 1670.

"Sabendo Jesus que era chegada a sua hora de passar deste mundo ao Pai, como tinha amado os seus que estavam no mundo, amou-os até o fim."
(Jo 13,1)

Em Roma, na igreja dos portugueses, Vieira prega na Quinta-feira Santa o tema corrente do dia, o mandamento [mandato] novo de Cristo: amai-vos uns aos outros como eu vos amei. E como amou Cristo? Até o fim de sua vida, e então amou-nos mais. É maior o amor de quem se aparta? Será maior fineza ficar? E morrer por alguém não é o extremo de todos os amores? Vieira percorre a Escritura provando que o apartar-se pode ser amor e grande amor. Não só, é grande amor, é o maior de todos. Porque o amor do que se ama prova-se pelo amor do que se deixa: Cristo chega a deixar os mesmos homens por quem tinha deixado tudo: o céu, o Pai, o mundo, a si mesmo. Mas, se Cristo se apartou, ao mesmo tempo se deixou ficar. Essa é a fineza do amor, é amor sobre amor e sua expressão maior foi a paixão: no Horto era a ausência, o afastar-se dos seus, a agonia. No Calvário morria: a morte sem agonia. Se o morrer nos homens é a maior prova de amor, em Cristo o ausentar-se dos homens foi a maior fineza.
Seja este dia o fim de todo amor mundano, seja o início de amarmos Deus sem fim.

§ I

Este é aquele texto saudoso e suavíssimo, este é aquele mistério, ou enigma grande do amor tantas vezes repetido nesta hora, tantas vezes e por tantos modos encarecido, tantas vezes e tão sutilmente interpretado, mas nunca assaz entendido. Diz o evangelista S. João, que se parte Cristo, e que nos ama. Que se parte: "Para passar deste mundo", que nos ama: "Amou-os até o fim". Mas se nos ama, como se parte? Se nos ama, como se ausenta de nós? Mais diz o evangelista. Não só diz que nos ama Cristo, e que se parte, não só diz que nos ama e que se ausenta de nós, senão que nesta mesma hora em que se partiu, nesta mesma hora em que se ausentou, havendo nos amado sempre tanto, então, ou agora, nos amou mais: "Sabendo que era chegada a sua hora de passar deste mundo, como tinha amado os seus, amou-os até o fim".

Se dissera isto outro evangelista, não me admirara tanto. Mas João, a águia do entendimento e a fênix do amor? João, o secretário do peito de Cristo? João, aquele discípulo que entre todos soube melhor amar, e mereceu ser mais amado, que me diga que se parte Cristo, que se ausenta, que nos deixa, que se vai de nós, e que nos ama? Que nos ama, e que agora nos amou mais? Não o entendo. Se me dissera S. João que se ausentava Cristo, porque estava arrependido de nos amar; que se ausentava porque aqueles primeiros extremos do seu amor, o tempo, que acaba tudo, os acabara; se me dissera que, obrigado de nossas más correspondências, que ofendido de nossos desprimores, que cansado de nossas ingratidões, que desenganado de nossa pouca fé, já nos aborrecia, ou já nos desamava, e que por isso deixa o mundo e se ausenta dos homens, se isto me dissera S. João, sentira-o eu muito, mas conhecera a razão e a consequência. Confessaria, e confessaríamos todos, que obrava Cristo como quem é, e que nos tratava como quem somos. Amou-nos sem o merecermos, ausenta-se porque lho merecemos. O amor o trouxe, e o desamor o leva; por isso se vai e nos deixa. Mas que diga o evangelista constantemente que não é desamor, senão amor, e que quando Cristo se ausenta de nós, então obrou a maior fineza, então subiu ao maior extremo, então chegou ao último fim aonde podia chegar amando: "Como tinha amado os seus, amou-os até o fim"?

O verdadeiro entendimento desta amorosa implicação será a matéria do nosso discurso, e a mesma razão de duvidar nos dará a solução da dúvida. Veremos com assombro de todas as leis do amor, como o maior extremo do amor de Cristo para conosco foi o ausentar-se de nós. É o que dizem as palavras do texto: "Sabendo que era chegada a sua hora de passar deste mundo", eis aí o ausentar-se de nós; "Como tinha amado os seus, amou-os até o fim": eis aí o maior extremo de seu amor. Parece paradoxo, mas é extremo. Amou Cristo tanto aos homens que os deixou e se foi: parece paradoxo. Amou Cristo tanto aos homens que chegou por eles a apartar-se deles: este é o extremo, e isto é o que diz o evangelista. Nos homens, a hora da partida é o fim do amor; em Cristo, o fim do amor foi a hora da partida: "Sabendo que era chegada a sua hora, amou-os até o fim". Dizer menos é descer; subir mais, não há para onde. E como este foi o ponto mais alto onde pôde chegar o amor de Cristo, este será também o ponto único em que começará e acabará nosso discurso. Peçamos ao mesmo amor, pelos merecimentos daquele coração, que só soube corresponder dignamente, nos assista nesta hora sua com a sua graça. *Ave Maria*.

§ II

"Para passar deste mundo, amou-os até o fim".

Amou Cristo tanto aos homens, que chegou por eles a apartar-se deles. Este é o meu assunto, e este digo que foi o maior extremo do amor de Cristo. Mas que vejo? Naquele monumento sagrado, naquele mistério sacrossanto (que é a cifra do amor e o memorial da morte de Cristo) vejo postos em campo contra este meu pensamento três poderosos opositores: o Sacramento, a morte, e o mesmo amor. O amor diz que não pode ser amor o apartar-se Cristo de nós; o Sacramento diz que o deixar-se conosco foi a maior fineza; a morte diz que o morrer por nós foi o maior extremo de todos. Estes são os assombros com que as ações mais heroicas do amor de Cristo hoje, e com que as mesmas leis do amor se opõem à novidade do nosso assunto. Mas essas mesmas nos dividirão o discurso, e nos servirão de degraus para mais o subir de ponto.

Começando pelo amor. O amor essencialmente é união, e naturalmente a busca; para ali pesa, para ali caminha, e só ali para. Tudo são palavras de Platão e de S. Agostinho[1]. Pois se a natureza do amor é unir, como pode ser efeito do amor o apartar? Assim é, quando o amor não é extremado e excessivo. As causas excessivamente intensas produzem efeitos contrários. A dor faz gritar, mas, se é excessiva, faz emudecer; a luz faz ver, mas, se é excessiva, cega; a alegria alenta e vivifica, mas, se é excessiva, mata. Assim o amor: naturalmente une, mas, se é excessivo, divide. "O amor é forte como a morte" (Ct 8,6). O amor, diz Salomão, é como a morte. — Como a morte, rei sábio? Como a vida, dissera eu. O amor é união de almas: a morte é separação da alma; pois se o efeito do amor é unir, e o efeito da morte é separar, como pode ser o amor semelhante à morte? O mesmo Salomão se explicou. Não fala Salomão de qualquer amor, senão do amor forte: "O amor é forte como a morte"; e o amor forte, o amor intenso, o amor excessivo produz efeitos contrários. É união, e produz apartamentos. Sabe-se o amor atar, e sabe-se desatar como Sansão: afetuoso, deixa-se atar; forte, rompe as ataduras. O amor sempre é amoroso, mas umas vezes é amoroso e unitivo, outras vezes amoroso e forte. Enquanto amoroso e unitivo, ajunta os extremos mais distantes; enquanto amoroso e forte, divide os extremos mais unidos. Quais são os extremos mais distantes e mais unidos que há no mundo? O nosso corpo e a nossa alma. São os extremos mais distantes, porque um é carne, outro espírito; são os extremos mais unidos, porque nunca jamais se apartam. Juntos nascem, juntos crescem, juntos vivem; juntos caminham, juntos param, juntos trabalham, juntos descansam; de noite e de dia, dormindo e velando, em todo o tempo, em toda a idade, em toda a fortuna; sempre amigos, sempre companheiros, sempre abraçados, sempre unidos. E esta união tão natural, esta união tão estreita, quem a divide? A morte. Tal é o amor: "O amor é forte como a morte". O amor, enquanto unitivo, é como a vida; enquanto forte, é como a morte. Enquanto unitivo, por mais distantes que sejam os extremos, ajunta-os; enquanto forte, por mais unidos que estejam, aparta-os.

Antes da Encarnação do Verbo, quais eram os extremos mais distantes? Deus e o homem. E que fez o amor unitivo? Trouxe a Deus do céu à terra, e uniu a Deus com os homens. Depois da Encarnação, quais eram os extremos mais unidos? Cristo e os homens. E que fez o amor forte? Leva hoje a Cristo da terra ao céu: "De passar deste mundo ao Pai" (Jo 13,1), e apartou a Cristo dos homens. "Saí do Pai, e vim ao mundo" (Jo 16,28): eis aí o amor unitivo; "Outra vez deixo mundo e torno para o Pai (Jo 16,28): eis aí o amor forte. É o que diz o evangelista: "Tendo amado, amou". Houve diferença nos tempos, mas não houve mudança no amor. Cristo unido com os homens, amor: "Tendo amado"; Cristo apartado dos homens, também amor, e maior amor: "Amou-os até o fim".

Já temos mostrado ao amor que pode ser amor e grande amor o apartar-se. Agora abra mais os olhos o mesmo amor, e veja que não só é amor, e grande amor, senão o maior de todos: "Até o fim". Em uma hora, que era representação desta mesma hora, como notou S. Bernardo[2], estando a esposa em um horto, que também era figura de outro horto, pediu-lhe o Esposo divino que cantasse alguma letra, por que a queriam ouvir seus amigos: "Ó tu, a que habitas nos jardins, os teus amigos estão atentos, faze-me ouvir a tua voz" (Ct 8,13). Os amigos que escutam somos nós; o esposo é Cristo; a esposa é a Igreja. Qual será a letra? Cantou a esposa em verso pastoril o que S. João em prosa evangélica. Toma a esposa uma cítara na mão, e tocando docemente as cordas, cantou assim: "Ai! Foge, amado meu, e faze-te semelhante a uma cabra montesa, e aos veadinhos sobre os montes dos aromas" (Ct 8,14). Parti como cervo ligeiro, deixai os vales da terra, ide-vos para os montes do céu. — Disse a esposa, quebrou a cítara e emudeceu para sempre. Assim foi, porque este é o último verso e a última cláusula do último capítulo dos Cânticos. Todos sabemos que a matéria dos Cânticos de Salomão é a história do amor, ou dos amores de Cristo com sua esposa, a Igreja. Pois, esposa santa, este é o fim com que dais fim à história do amor de vosso esposo? Ou quereis encarecer o seu amor, ou o vosso, ou o de ambos? Se o seu, dizeis-lhe que se vá? Se o vosso, dizeis-lhe que vos deixe? Se o de ambos, concluís com o apartamento de ambos? Sim, porque este é o último fim, este é o último extremo a que pode chegar o amor: Apartar-se quem ama de quem ama. Enquanto não chegou a este ponto, sempre a sabedoria de Salomão teve mais e mais que escrever dos extremos do amor de Cristo; mas tanto que disse: "Foge", tanto que disse que havia Cristo de deixar o mundo, tanto que disse que se havia de apartar dos homens por amor dos homens, Salomão suspendeu a pena, a esposa quebrou a cítara, o amor rompeu o arco, e aqui deu fim a história de suas finezas, porque até aqui pode chegar o amor, e não pode passar daqui. Salomão acabou o livro, e S. João pôs "o fim: amou-os até o fim".

E se não, comparemos este fim com os princípios do mesmo amor. Nos princípios do amor, as finezas do esposo eram buscar a esposa por montes e vales: "Ei-lo aí vem saltando sobre os montes, atravessando os outeiros" (Ct 2,8); nos princípios do amor, as finezas da esposa eram ter o esposo sempre consigo, e não se apartar um momento dele: "Achei aquele a quem ama a minha alma; segurei-o e não largarei" (Ct 3,4); porém, depois que o amor principiante passou a amor perfeito, depois que o amor proficiente chegou a amor consumado, já as presenças se trocam pelas ausências, e todos os extremos do amor se reduzem: a quê? A um Ai! e um ide-vos: "Ai! Foge"! O "ai" significa a dor, o "foge" o apartamento; o "ai" significa a violência, o "foge" a resolução; o "ai" significa o afeto, o "foge" o sacrifício; o "ai" significa o amor, o "foge" a fineza e o extremo. "Ai! E ide-vos?" Oh! que extremos tão encontrados! "Diz isso, sem preferências", diz Beda³. Mas destes dois extremos tão encontrados se compunha o extremo do amor de Cristo, e o encontro e repugnância destes dois extremos eram os torcedores que nesta hora de sua partida lhe partiam o coração. O afeto pedia que ficasse, a conveniência instava que se fosse: "A vós convém que eu vá" (Jo 16,7); mas como o afeto era seu, e a conveniência era nossa, pôde mais a conveniência que o afeto. Vença a conveniência, pois é vossa, pelo que tem de vós; corte-se pelo afeto, pois é meu, pelo que tem de mim, e seja este o último fim e o extremo último do meu amor: "Ai! Foge, amado meu: amou-os até o fim".

§ III

Só resta para inteira satisfação do amor, que lhe demos a razão desta altíssima filosofia. Qual é a razão por que apartar-se Cristo de nós, e apartar-se quem ama de quem ama é o maior extremo a que pode chegar o amor? A razão é esta! Porque o amor do que se ama prova-se pelo amor do que se deixa, e não pode deixar mais o amor que chegar a deixar pelo amado ao mesmo amado. A pedra de toque do amor é um amor com outro. Quis Deus provar o amor de Abraão, tocou-o com o amor de Isac, a quem amava como filho; quis Davi provar o amor de Jônatas, tocou-o com o amor de Saul, a quem amava como pai. Da mesma maneira, quem quiser apurar os quilates do amor, toque o amor do que se ama com o amor do que se deixa, e logo conhecerá quão fino é. Desde o primeiro amor que houve no mundo, ficou estabelecida esta regra.

No ponto em que Eva saiu das mãos de Deus, amou-a logo Adão tão extremadamente, quanto ela por si e por seu autor merecia ser amada. Quis encarecer este seu amor o novo desposado, mas como então não havia no mundo outro amor, nem outrem a quem amar, que faria Adão para provar o amor que desejava encarecer? Vede o artifício: "Por isso, o homem deixará o pai e a mãe" (Gn 2,24). Por amor desta deixará o homem a seu pai e a sua mãe. — Adão não tinha pai, nem mãe; era homem, mas o primeiro homem. Pois, se não tinha pai, nem mãe, por que prova Adão o seu amor com o amor do pai e da mãe, que os outros homens haviam de deixar por suas esposas? Por isso mesmo. Porque o amor do que se ama prova-se pelo amor do que se deixa. E como Adão não tinha outro amor que deixar, provou o amor com que amava a sua esposa pelo amor do pai e mãe que os outros homens haviam de deixar pelas suas: "Por isso, o homem deixará o pai e a mãe". Provou Adão o amor presente pelo futuro, e o próprio pelo alheio, e provou bem, porque o amor do pai e mãe, que nos deram o ser, é o mais natural e o mais devido, e quando se deixa por amor da esposa o que tanto se ama, é prova que se ama mais a esposa por amor de quem se deixa. Isto é o que fez e o que disse Adão; mas ainda que soube provar, não soube encarecer, porque o verdadeiro encarecimento do amor não era para o primeiro Adão: estava reservado para o segundo. Se Adão soubesse encarecer o seu amor, que havia de dizer? Havia de dizer assim: Eu, esposa minha, não posso qualificar o amor que vos tenho, porque não tenho outro amor que deixar por ele; e ainda que tivera pai e mãe, a quem muito amara, como hão de ter meus descendentes, deixar o pai e a mãe por amor de vós não era bastante prova do meu amor; mas para que conheçais quanto vos amo, amo-vos tanto que chegara a vos deixar a vós por amor de vós. Isto é o que não soube dizer Adão, e isto é o que fez Cristo. Chegou a nos deixar a nós por amor de nós. Deixar os pais por amor da esposa, foi o ponto mais alto que soube imaginar o amor de Adão; mas Cristo chegou a fazer o que ele não chegou a imaginar, porque chegou a deixar a esposa por amor da esposa: "Este sacramento é grande em Cristo e na Igreja" (Ef 5,32). A esposa de Cristo é a Igreja; a Igreja somos nós, e Cristo chegou a nos deixar a nós por amor de nós.

Quando Cristo veio ao mundo, pareceu-se o amor divino com o amor humano, porque deixou o Pai por amor da esposa; mas quando hoje Cristo se vai do mundo: "De passar deste mundo ao Pai", não teve o seu amor com quem se parecer, porque deixou a esposa por amor da esposa. Saiu Jacó peregrino da casa de seus pais para se desposar com Raquel, e neste caminho viu aquela misteriosa escada que chegava da terra ao céu. Voltou Jacó outra vez com Raquel para a pátria, mas neste segundo caminho, ainda que teve aparições de anjos, não viu a escada. Todos sabeis que Jacó não só foi figura de Cristo, mas expressamente figura de Cristo amante. Agora, pergunto: se Jacó viu a escada na primeira visão e no primeiro caminho, por que a não viu no segundo? Se Jacó viu a escada quando veio, por que não viu a escada quando tornou? Porque aquela escada, como dizem comumente os Padres, significava a descida de Cristo e a subida: a descida, quando veio ao mundo; a subida, quando tornou para o Pai. E quando Jacó veio, viu a escada, porque Cristo quando veio pareceu-se com Jacó; mas quando Jacó tornou, não viu a escada, porque quando Cristo tornou, não se pareceu com ele, nem teve com quem se parecer. Quando Cristo veio, pareceu-se com Jacó, porque assim como Jacó deixou os pais por amor de Raquel, assim Cristo deixou o Pai por amor da esposa; porém, quando Cristo tornou, não se pareceu com Jacó, porque Jacó não deixou a Raquel por amor de Raquel, e Cristo sim. Deixou a sua Raquel por amor da mesma Raquel; deixou a sua esposa por amor da mesma esposa; deixou os seus homens ("tendo amado os seus") por amor dos mesmos homens. E este foi o último e o maior extremo do seu amor, porque chegou a deixar os amados por amor dos mesmos amados: "Tendo amado os seus, amou-os até o fim".

Quem deixa tudo pelo amado, deixa tudo; mas quem deixa pelo amado ao mesmo amado, ainda deixa mais, porque chega a deixar aquele por quem tem deixado tudo. Quando Cristo veio ao mundo, deixou o céu por amor dos homens; porém hoje deixa os mesmos homens por quem tinha deixado o céu. Quando veio ao mundo, deixou os anjos por amor dos homens; porém hoje deixa os mesmos homens por quem tinha deixado os anjos. Quando veio ao mundo, deixou a glória por amor dos homens; porém hoje deixa os mesmos homens por quem tinha deixado a glória. Finalmente, quando veio ao mundo deixou o Pai por amor dos homens; porém hoje deixa os mesmos homens por quem tinha deixado o Pai. E neste mundo, que deixou Cristo? Nascendo pobre, deixou por amor dos homens a riqueza; desterrando-se, deixou por amor dos homens a pátria; trabalhando, deixou por amor dos homens o descanso; entregando-se, deixou por amor dos homens a liberdade; padecendo afrontas, deixou por amor dos homens a honra; morrendo, deixou por amor dos homens a vida; sacramentando-se, deixou por amor dos homens a si mesmo; mas hoje, ausentando-se dos homens e partindo-se do mundo: "De passar deste mundo", deixou mais que as riquezas, mais que a pátria, mais que o descanso, mais que a liberdade, mais que a honra, mais que a vida, mais que a si mesmo, porque deixou os mesmos homens, por quem tudo isto tinha deixado. De maneira que, havendo Cristo deixado por amor dos homens tudo o que tinha no céu, até o mesmo Pai, e tudo o que tinha e podia ter na terra, até a si mesmo, não tendo já nem no céu, nem na terra, não tendo já em si, nem fora de si outra coisa que deixar por amor dos homens, para chegar ao "grau mais elevado"[4] do amor, chega a deixar por amor dos homens aos mesmos homens: "De passar deste mundo, amou-os até o fim".

§ IV

Haverá ainda quem se oponha a este extremo de fineza? Haverá ainda quem se oponha a este extremo de amor? Ainda. Ainda se opõe e resiste o mesmo amor, defendendo-se com o escudo do Sacramento e com a espada da morte. Fortes armas! Mas também as há de render o amor, ainda que tão fortes e tão finas.

Alega por parte do Sacramento o amor, e defende constantemente que foi maior fineza em Cristo o deixar-se que o deixar-nos, o ficar conosco, que o apartar-se de nós. E como o prova? Em um caso, temos ambos os casos. Na terra de Moab houve três amigas muito celebradas na escritura: Noemi, Rut e Orfa. Viveram muito tempo juntas essas amigas, como amigas e parentas que eram, até que veio uma hora, como esta hora, em que se houveram de ausentar. Abraçaram-se, choraram muito, fizeram as exéquias à sua despedida com todas as solenidades que costuma o amor, mas tanto que chegou o ponto preciso em que se haviam de apartar, sucedeu uma diferença notável. Orfa, diz o texto, que se apartou e que se foi para a sua pátria e para o seu Deus, porém Rut enterneceu-se tanto, que de nenhum modo se pôde apartar da companhia de Noemi, e se deixou ficar com ela por toda a vida. Eis aqui quanto vai de amar a amar, e de ficar a partir-se. Quem ama pouco, aparta-se; quem ama muito não se pode apartar. Orfa, que amava pouco, apartou-se e deixou a Noemi; Rut, que amava muito, não a pôde deixar, nem apartar-se dela. São os termos do nosso caso. Chegou a hora precisa em que Cristo se havia de apartar dos homens: "Sabendo que era chegada a sua hora de passar deste mundo"; mas nesta amorosa despedida, neste rigoroso apartamento, quem foi a Orfa, que se apartou? Quem foi a Rut, que se não pôde apartar? Uma e outra, por modo admirável, foi a mesma humanidade sacratíssima de Cristo. Ela foi a que nesta mesma hora se apartou, ela foi a que nesta mesma hora se não pôde apartar. Ela foi a Orfa, que se apartou, e se foi para a sua pátria e para o seu Deus: "De passar deste mundo para o Pai"; e ela foi a Rut, que se não pôde apartar, e recolhendo as espigas, se deixou naquele Sacramento, debaixo das espécies de pão. Logo, maior amor foi em Cristo o deixar-se que o deixar-nos; logo, maior amor foi em Cristo o ficar conosco que o apartar-se de nós. Que grosseiros são os afetos humanos para avaliar as finezas do amor divino! Se Cristo se apartara como Orfa, amando como Orfa, fora menor o seu amor; mas Cristo apartou-se como Orfa, amando como Rut. Amar muito, e apartar-se, esta é a fineza. Orfa amou pouco, Rut amou muito, mas nem uma, nem outra finamente; porque Orfa, apartando-se de Noemi, seguiu a sua conveniência, e Rut não se podendo apartar, seguiu a sua inclinação.

Perdoai-me, sacramentado amor (mas não me perdoeis). Deixar-se Cristo com os homens no Sacramento, foi seguir o amor o seu afeto e a sua inclinação; foi satisfazer ao desejo: "Tenho desejado ansiosamente comer convosco esta Páscoa" (Lc 22,15); foi gosto, foi alívio, foi satisfação, foi descanso, foi comodidade, sim, que fineza não. Obrou o amor como amor, mas não obrou como fino. Cair a pedra para o centro, correr a fonte para o mar, voar o fogo para a sua esfera, é natureza, é inclinação, é descanso, não é fineza; e isso foi deixar-se Cristo com os homens no Sacramento. Ainda o coração de Cristo não era humano lá naquele princípio sem princípio de sua eternidade, e quais eram já então os seus gostos, as suas recreações, as suas delícias? Eram estar no mundo com os homens: "Achando as minhas delícias em estar com os filhos dos homens" (Pr 8,31). Notável dizer! Naquele tempo, antes de todo o tempo, ainda não havia mundo nem havia homens. Pois, se não havia homens, nem mundo, como eram as delícias do Verbo estar com os homens no mundo? Essa é a força da minha razão e da minha consequência. Se quando não havia homens nem mundo, eram as delícias de Cristo estar no mundo com os homens, que não eram, quais seriam depois as suas delícias estar no mundo com os homens, que eram: "Os seus estavam no mundo" (Jo 13,1)? Deixar-se Cristo no mundo com os homens, foi buscar o amor as suas delícias, e por isso não foi fineza; a fineza foi deixar o mundo e apartar-se dos homens: "De passar deste mundo", porque foi violentar a inclinação, foi sacrificar o gosto, foi martirizar o desejo, foi vencer em si e contra si a maior repugnância.

Para Cristo se apartar de nós, e juntamente se deixar conosco, dividiu-se Cristo de si mesmo. Grande fineza! Grande maravilha! Mas nesta prodigiosa divisão, o amor que fez a maravilha e a fineza não foi o amor que deixou a Cristo no mundo, senão o amor que o levou do mundo: "De passar deste mundo". Vede-o com os olhos. Para dar passo à Arca do Testamento, apartou-se o rio Jordão, e dividiu-se de si mesmo: uma parte do rio assim dividido correu para o mar, e a outra parte suspendeu a corrente, e tornou para a fonte donde tinha saído: "Que tiveste tu, ó mar, que fugiste? E tu, Jordão, para retrocederes?" (Sl 113,5). Dizei-me agora. Partido assim o Jordão, e dividido de si mesmo, qual destas duas partes fez a maravilha? Qual destas duas partes obrou a fineza? A parte que correu para o mar, ou a que voltou para a fonte? Claro está, diz Agostinho[5], e não era necessário que ele o dissesse, claro está que a parte que voltou para a fonte foi a que fez a fineza e a maravilha, porque a parte que correu para o mar seguiu a inclinação natural, e foi buscar o seu centro; porém a parte que tornou para a fonte, violentou essa mesma inclinação, rebateu e quebrou o ímpeto da corrente, e contra o peso das águas e da natureza, a fez outra vez subir para donde descera. Por isso, como agudamente notou Lorino[6], quando o rio desceu, disse-lhe Davi: "Que tiveste tu?", e quando subiu, não, porque o correr para o mar foi buscar-se a si, e o voltar para a fonte foi ir contra si: "Para retrocederes". Ah! Jordão Divino! — que assim vos chamou profundamente Orígenes — vejo-vos dividido de vós mesmo nesta hora, e dividido de vós mesmo com duas correntes contrárias. Com uma corrente ides para o Pai, que é o princípio fontanal, como dizem os teólogos, donde nascestes: "De passar deste mundo ao Pai"; com outra corrente ide-vos meter nesse mar imenso do Sacramento, onde verdadeiramente estais sem aparecer, assim como os rios entram no mar e desaparecem: "Que tiveste tu, ó mar, que fugiste?". O Jordão fugiu de si, e vós fugistes de vós. Vendo que vos ausentáveis dos homens, fugistes de vós para nós, e escondeste-vos neste mistério. Mas qual foi aqui a fineza? Qual foi aqui a maravilha? Milagre dos milagres, qual foi aqui o milagre? O ficar Cristo conosco no Sacramento, foi milagre da natureza, porque correu o rio para o mar, correu o amor para o centro; mas o apartar-se Cristo de nós: "De passar deste mundo", esse foi o milagre sobre a natureza, e contra a natureza porque foi voltar o rio para a fonte donde nascera, foi romper contra o ímpeto da inclinação, foi não só vencer a corrente, senão quebrar as correntes ao amor. Assim que a maravilha e a fineza, não foi o sacramentar-se Cristo para ficar conosco, senão o apartar-se e ausentar-se de nós.

E se não, perguntemos ao mesmo evangelista nestas suas reflexões tão ponderosas do amor de Cristo, por que não fez menção, nem memória alguma da instituição do Sacramento? Não fundo o reparo na relação tão copiosa que todos os outros evangelistas fizeram deste sagrado mistério, mas na que S. João não quis fazer. E vede se se argui bem do seu mesmo texto: "Amou-os até o fim; e acabada a ceia" (Jo 13,1s). Ponderou o extremo do amor com que nos amou Cristo no fim: "Amou-os até o fim"; fez menção da ceia: "E acabada a ceia"; porém do Sacramento instituído na mesma ceia, nem palavra falou. Pois se pondera o extremo do amor, e faz menção da ceia imediatamente depois, por que passa totalmente em silêncio a instituição de um mistério tão soberano, tão admirável, tão amoroso? Porque falou e calou como divino retórico que era. Disse o que fazia ao seu intento, e calou o que não servia. O intento de S. João neste Evangelho não era só provar o amor de Cristo, senão realçar a fineza do mesmo amor: "Como tinha amado, amou até o fim". E a instituição do Sacramento, ainda que foi amor, e grande amor, em rigor não era fineza. Por isso não diz que se sacramentou, senão que se ausentou; por isso não diz que se deixou conosco, senão que se apartou de nós; por isso não diz que ficou no mundo, senão que se foi do mundo: "De passar deste mundo"; logo concluiu: "Amou-os até o fim", porque ainda que o sacramento foi amor, o ausentar-se foi fineza; ainda que o deixar-se foi amor, o deixar-nos foi o extremo; ainda que o ficar conosco foi amor, o apartar-se de nós foi amor sobre amor: "Como tinha amado, amou".

§ V

Temos rendido o braço do escudo; só nos resta o da espada, que é a morte. Muito confia nesta espada o amor, porque traz escrito e gravado nela: "Ninguém tem maior amor do que este, de dar a própria vida por seus amigos" (Jo 15,13). Mas saiba a morte e o amor, se o não sabem, que o "ninguém" não compreende a Cristo. "Ninguém te condenou, mulher, nem eu" (Jo 8,10). O "eu" singular de Cristo, não se compreende debaixo do universal de "ninguém". O "ninguém", em respeito do Filho, é como o "todos" em respeito da Mãe. Nem o "todos" faz argumento contra a pureza da Mãe, nem o "ninguém" contra a caridade do Filho. E para que julgue a mesma vista dos olhos, de que carece a morte e o amor, quanto maior fineza foi no amor de Cristo o apartar-se de nós que o morrer por nós, ponhamos o Horto defronte do Calvário, e ajuntemos o teatro da despedida com o teatro da morte.

O teatro da última despedida ou apartamento de Cristo foi o vale de Getsêmani, coberto das sombras da noite, onde tudo aspirava amor, tudo silêncio, tudo tristeza, tudo saudade. Aqui se apartou o amoroso senhor de seus discípulos; não de todos juntamente, senão de uns primeiro, e depois dos outros. Como o golpe lhe chegava tanto à alma, não se atreveu a levá-lo todo de uma vez; foi dividindo por partes. Assim se apartou o senhor; mas não digo bem! "Arrancou-se deles" (Lc 22,41), diz S. Lucas: Não se apartou, arrancou-se. Tão violentamente se apartava Cristo dos homens, que o apartar-se deles era arrancar-se. Tão dentro deles estava, e tão dentro de si os tinha, que não se apartava dos seus olhos, nem se apartava de seus braços: arrancava-se de seus corações, e arrancava-se-lhe o coração: "Arrancou-se deles" (Lc 22,41). Saia agora a morte com algum semelhante encarecimento, se o tem, do muito que fizesse Cristo em padecer, e diga o que dizem dela os evangelistas. Porventura chegou a dizer algum evangelista, que, quando Cristo morreu, se lhe arrancou a alma? Não por certo. O evangelista que mais disse foi S. Mateus. E que disse? "Entregou a alma" (Mt 27,50), despediu a alma. De sorte que quando Cristo morre despede a alma, e quando Cristo se despede, arranca-se dos homens. Tão fácil lhe foi morrer, tão dificultoso o apartar-se. O laço com que a alma de Cristo estava atada ao corpo desatou-se; os laços com que o mesmo Cristo estava atado aos homens não se puderam desatar: romperam-se. Romperam-se, rasgaram-se, arrancou-se: "Arrancou-se". Quantos eram os homens que havia no mundo, tantas eram as raízes que prendiam o coração de Cristo. Eram raízes de trinta e três anos, eram raízes de uma eternidade inteira, profundadas com tanto amor, regadas com tantas lágrimas, endurecidas com tantos trabalhos; e que todas essas raízes, tantas e tão fortes, se houvessem de arrancar juntas na mesma hora: "Sabendo que era chegada a sua hora?" Oh! que dor! Oh! que violência!

Oh! que tormento! Cada palavra do evangelista é uma profunda ponderação desta força e desta repugnância. É possível que hão de ficar no mundo os homens, que hão de ficar no mundo os meus: "Os seus que estavam no mundo!". É possível que eu me hei de apartar para sempre deste mundo, onde os vim buscar: "De passar deste mundo? Deste mundo": Oh! que terrível apartamento! "A sua hora": Oh! que terrível hora! "Até o fim:" Oh! que terrível fim! "De passar". Oh! que terrível transe!

Assim apartado, ou arrancado Cristo dos discípulos, começa a orar ao Pai: "Pai, se é possível, passe de mim este cálice" (Mt 26,39): — Tornemos agora ao Calvário, ou torne o Calvário ao Horto. Pregado Cristo no duro madeiro da cruz, e já vizinho à morte: "Sabendo que tudo estava consumado, disse: Tenho sede" (Jo 19,28). Vendo que todos os tormentos se tinham acabado, disse: Tenho sede. — Sede agora, senhor meu? Sois outro, ou o mesmo? Reparai que estes ecos do monte não respondem bem aos clamores do vale. No Horto, repugnáveis com tantas instâncias o cálix: "Passe de mim este cálice"; e agora, no Calvário, depois de ter bebido todas as amarguras dele, publicais a vozes que tendes sede de mais: "Tenho sede"? Sim. Porque o cálix do Calvário era um; o cálix do Horto era outro: "Este cálix": este; este, e não aquele. Ora vede: S. João Crisóstomo, S. Cirilo, Eutímio e outros Padres entendem do cálix da paixão e morte de Cristo aquele famoso texto do Salmo setenta e quatro: "O cálice na mão do Senhor: e lançou de um no outro" (Sl 74). Estava o cálix na mão do senhor — diz Davi — e lançou de um no outro. — Se era cálix: "O cálice na mão do Senhor", era um; se "lançou de um no outro", eram dois. Que cálices eram logo estes na morte e paixão de Cristo, tão unidos que compunham um só cálix, e tão distintos que se dividiam em dois? Era a mesma morte diversamente considerada (como o senhor a considerava) no Horto e no Calvário. Toda a morte é juntamente morte e ausência: é morte, porque nos tira a vida; é ausência, porque nos aparta para sempre daqueles que neste mundo amamos. E estes são os dois cálices que Cristo distinguia no mesmo cálix, fazendo grande diferença entre a sua morte, enquanto morte, e a mesma morte, enquanto ausência. Enquanto morte, era o cálix do Calvário, onde deu a vida; enquanto ausência, era o cálix do Horto, onde se apartou dos seus. E este, e não aquele, era o cálix que seu amor recusava quando disse: "Passe de mim este cálice". Prova? Sim, que me não empenhara eu em tal pensamento sem ela, e muito forte.

Primeiramente, assim o entendeu S. Basílio de Selêucia[7], quando disse: "Cristo, para retardar a ausência, entrega-se à paixão com repugnância". Mas eu o provo do mesmo texto: "Este cálice". Aquele "este" é distintivo, é demonstrativo e é relativo. Enquanto distintivo, distingue um cálix do outro; enquanto demonstrativo, demonstra cálix presente, e não futuro; enquanto relativo, refere-se ao que ficava dito imediatamente antes. E que é o que dizem imediatamente antes os evangelistas? Todos referem o sentimento de Cristo naquele passo, e a repugnância e violência excessiva, com que se apartava dos discípulos. S. Lucas: "Apartou-se deles, e posto de joelhos, orava dizendo: Pai, se é do teu agrado, passe de mim este cálice" (Lc 22,41s). S. Mateus: "Demorai-vos aqui e vigiai comigo. E adiantou-se uns poucos passos, prostrou-se com o rosto em terra, fazendo oração e dizendo: Pai meu, se é possível, passe de mim este cálice" (Mt 26,38s). Assim que a ação ou sentimento atual, sobre que caiu o "passe de mim este cálice", era a dor, a dificuldade, a repugnância, a violência com que o senhor se apartava, ou provava a se apartar dos discípulos; logo este mesmo apartamento, e a apreensão dele tão presente, tão viva e tão rigorosa, era o cálix que o seu amor e o seu coração tanto recusava. Confirma-se admiravelmente do mesmo texto, porque dele consta, que três vezes no mesmo tempo e no mesmo Horto se apartou o Senhor dos discípulos, e três vezes, imediatamente, tanto que se apartava, repetia a mesma petição. Assim o pondera S. Mateus. A primeira vez, no texto que acabamos de referir; a segunda: "De novo apartou-se, e orou dizendo: Pai meu, se este cálice não pode passar (Mt 26,42). E deixando-os de novo foi orar terceira vez, dizendo as mesmas palavras" (Mt 26,44). Em suma, que a cada novo apartamento se seguia nova resistência; a cada novo apartamento, nova instância; a cada novo apartamento, nova apelação do cálix. Logo este era, e não outro.

E verdadeiramente que se o mesmo apartamento não fora o cálix, ou a matéria dele, nunca os evangelistas se puseram a o descrever e encarecer com tão particulares e miúdas advertências. O "apartou-se deles" de S. Lucas já o ponderamos. O "e adiantou-se uns poucos passos" de S. Mateus não é digno de menor ponderação e piedade. Diz o evangelista que se apartou o Senhor: "Uns poucos" [um pequenino]. Vede a dificuldade, vede o tento, vede o receio com que se apartava. "Uns poucos" [um pequenino]. Não contava os passos, mas media e pesava os indivisíveis, porque em cada um se dividia. "Uns poucos" [um pequenino]. Como quem tocava o cálix para provar se o poderia beber, e não se atrevendo a o levar, parava, e não ia por diante. E como este apartamento mínimo era tão violento para o coração de Cristo, e lhe parecia coisa impossível o poder se apartar de todo, por isso intentava impossíveis pelo estorvar, e abraçado com a terra clamava: "Pai, se é possível, passe de mim este cálice". Este, este, e não aquele; este do Horto, e não aquele do Calvário; este da ausência, e não aquele da morte; este do apartamento, e não aquele da cruz. Assim como eram dois os cálices, assim também eram duas as sedes, mas muito contrárias: na cruz, a sede de padecer por nós; no Horto, a sede de estar conosco. Mas como a morte podia matar aquela sede, e estoutra sede com a morte crescia mais, por isso no calvário dizia: "Tenho sede", e no Horto repugnava o cálix: "Passe de mim este cálice".

E que se seguiu a esta repugnância tão estranha? Que se seguiu a esta violência tão violenta? "E entrou em agonia" (Lc 22,44). Ali mesmo começou o senhor a entrar em agonia. Cristo em agonia? Cristo agonizante no Horto? Acuda por si a morte. A agonia e o agonizar é ação ansiosa e acidente terrível, próprio da morte; mas Cristo na morte não agonizou. Vede como expirou placidamente: "Inclinada a cabeça entregou a alma" (Jo 19,30). Pois se Cristo não agoniza na cruz, se não agoniza no Calvário, como agoniza no Horto? Porque no Calvário morria, no Horto ausentava-se; no Calvário dividia-se de si, no Horto dividia-se de nós, e esta era a sua agonia. Por isso no Calvário passou pelo artigo da morte sem agonizar, e no Horto, quando entrou em artigos da ausência[8], então agonizou: "E entrou em agonia". Morreu Cristo enquanto homem, e ausentou-se enquanto homem; mas nem morreu como os homens morrem, nem se ausentou como os homens se ausentam, porque não amava como os homens amam. Morreu e ausentou-se, mas com os acidentes trocados: morreu como se se ausentara, sem agonizar; ausentou-se como se morrera, agonizando. Oh! que amor! Oh! que fineza! Oh que extremo! A ausência agonizante, e a morte sem agonia.

Agora se entenderá o que Cristo lançou de um cálix no outro cálix, quando inclinou um no outro: "Lançou de um no outro". Um cálix, como dissemos, era o da morte, o outro era o da ausência; e como o cálix da ausência era muito mais amargo para o seu coração, e muito mais terrível que o da morte, para que constasse aos homens quanto menos fazia em morrer por eles que em apartar e ausentar deles, que fez? Todas as agonias e ânsias que naturalmente havia de padecer na morte, verteu-as do cálix da morte, e passou ao cálix da ausência. Na morte, segundo as leis do amor da vida, havia Cristo de padecer todo aquele tropel de penas, toda aquela tormenta de aflições, todo aquele combate ou conflito de angústias que padecem, e mais na idade robusta, aqueles, que por isso se chamam agonizantes; e todas essas se passaram do cálix do Calvário ao do Horto, porque no Horto se ausentava. Assim o dizem os evangelistas, falando expressamente daquele último apartamento. Que padecem os homens no transe da morte? Padecem agonias? "E entrou em agonia". Padecem tristezas? "Triste está minha alma" (Mc 14,34). Padecem tédios e temores? "Começou a ter pavor e a angustiar-se" (Mc 14,33). De sorte que todas as aflições e angústias que se padecem na morte, as traspassou o senhor do cálix da morte, e as refundiu no cálix da ausência. E se a alguém parecer dificultoso que, voltando-se o cálix do Calvário sobre o cálix do Horto, não levasse de mistura algumas partes de sangue, essas foram aquelas gotas de sangue que no suor mais que mortal do Horto derramou a violência da mesma agonia: "E veio-lhe um suor, como gotas de sangue, que corria sobre a terra"

(Lc 22,44). Confesse logo a morte, com o testemunho de seus próprios despojos, que muito mais sentiu Cristo o apartar-se de nós que o morrer por nós, e que se o morrer nos homens é a maior prova do amor, em Cristo o ausentar-se dos homens foi a maior fineza.

E para que nem a morte, nem outrem por ela, tenha que replicar contra esta amorosa verdade, concluamos com uma justificação autêntica do secretário do mesmo amor, que dentro e fora do coração de Cristo foi presente a tudo, e acabemos por onde começamos: "Sabendo Jesus que era chegada a sua hora de passar deste mundo". — Esta hora de que fala o evangelista era a hora da morte. Assim o declarou o mesmo S. João no capítulo sete, falando desta mesma hora: "Ninguém lhe lançou as mãos, porque não era ainda chegada a sua hora" (Jo 7,30). E no capítulo oitavo, tornou a declarar o mesmo: "E ninguém o prendeu, porque não era ainda chegada a sua hora" (Jo 8,20). Pois se esta hora era a hora de morrer o senhor, e dar a vida pelos homens, por que não diz: Sabendo que era chegada a hora de morrer; senão: Sabendo que era chegada a hora de se ausentar? Se o intento do evangelista era encarecer o amor do fim: "Amou-os até o fim", declare o fim do amor pelo fim da vida, e diga que amou Cristo tanto aos homens que chegou a morrer por eles. Mas para prova e encarecimento do amor, calar o nome da morte, e ostentar o da ausência e da partida? Sim, porque, como S. João tinha as chaves do coração de Cristo, sabia o lugar que tinham nele estes dois afetos, e o preço com que lá se avaliava um e outro extremo. O preço da morte era muito alto, porque pesava tanto como a vida; mas o da ausência era muito mais subido, porque pesava tanto como aqueles por quem se dava a vida. Por isso diz que quando chegou a hora de partir, então amou, e não quando chegou a hora de morrer, porque era muito mais dura para o coração de Cristo a mesma hora enquanto hora da ausência que enquanto hora da morte. A hora da morte era um fim que acabava a vida: a hora da ausência era o fim que consumava o amor. "De passar deste mundo, amou-os até o fim".

Concluído temos logo (não a pesar, senão muito a prazer de Cristo morto, de Cristo sacramentado e de Cristo amante) que o chegar a apartar-se dos homens por amor dos homens foi o último e mais subido extremo com que os amou: "Como tinha amado os seus, amou-os até o fim".

§ VI

Tenho acabado, fiéis, o meu discurso, e não sei se tendes também concluído o vosso. Se me ouvistes com discurso, se me ouvistes com a devida consideração, com os mesmos argumentos com que ponderei os extremos do amor de Cristo, devíeis vós também ter ponderado e conhecido as obrigações do vosso. E que obrigações são essas? Por ventura, porque o amor de Cristo chegou a nos deixar a nós por amor de nós, obriga-nos este mesmo amor a que nós também deixemos a Cristo por amor de Cristo? Se eu pregara noutro tempo e noutro lugar, facilmente o inferira e persuadira assim. A maior fineza que fez por Cristo aquela grande alma de S. Paulo foi deixar a Cristo por amor de Cristo: "Desejo ser desatado da carne, e estar com Cristo; mas o permanecer em carne é necessário, por amor de vós" (Fl 1,23). Assim o fizeram, saindo dos desertos os Arsênios, e não saindo das cidades os Martinhos[9], e em todas as idades, e ainda na nossa, tantos outros varões de extremado amor e zelo, a quem a mitra era peso, a vida tormento, a morte desejo, e só Cristo a ambição e a saudade.

Mas, deixado àqueles heroicos espíritos o primor tão pouco imitado destas correspondências, falemos com o desamor, com a ingratidão e com o pouco juízo das nossas. É possível que sinta tanto Cristo o apartar-se de nós, e que haja homens que não sintam o apartar-se de Cristo, antes tenham por gosto e por vida, e ainda por felicidade, o que os aparta dele? Cristão ingrato e infeliz, que há tantos anos vives tão apartado de Cristo, que juízo é o teu neste dia do juízo do teu amor? Cristo sente tanto apartar-se de ti, indo para o céu: "De passar deste mundo ao Pai"; e tu sentes tão pouco apartar-se de Cristo, indo para o inferno? Antes queres o inferno sem Cristo, que o céu e a bem-aventurança com Cristo? Se, como cristão, não te lembras de Cristo, ao menos como homem, lembra-te de ti. Dize-me, dize-me: Fazes conta de te apartar alguma hora de tudo o que te aparta de tua salvação? Se não fazes essa conta, que tanto devias fazer, não falo contigo, porque nem és cristão, nem homem, nem tens fé, nem tens juízo. Mas se fazes conta, como é certo que fazes, e se tens propósitos, como é certo que tens, de alguma hora te converter a Cristo, de alguma hora te chegar a Cristo, de alguma hora te apartar de tudo o que te aparta de Cristo, quando há de ser esta hora? Esta é a hora, cristão, esta é a hora: "Sabendo que era chegada a sua hora". Esta é a hora de acabar com o mundo: "De passar deste mundo". Esta é a hora de romper as cadeias desse mau vício, qualquer que seja, que tão preso te tem e tanto te tiraniza. Esta é a hora de acabar de conhecer, e te desenganar desse falso e enganoso amor. Esta é a hora de abrir os olhos a esse amor cego. Esta é a hora de reformar esse amor escandaloso. Esta é a hora de purificar esse amor impuro, e de o pôr todo em Cristo. Aproveitemo-nos, cristãos, desta hora, pois não sabemos se teremos outra hora. Aproveitemo-nos, torno a dizer, desta hora, pois não sabemos se teremos outra. Ah! Senhor, como se há de converter noutra hora, quem se não converte a vós nesta hora vossa? Como vos há de amar noutra hora, quem vos não ama nesta hora de vosso amor? Por reverência desta hora, por honra e glória desta hora, por amor do amor desta hora, que triunfe nesta hora vosso poderoso amor desta dureza tão dura de nossos corações. Não permitais, Senhor, por vossa bondade, que saia deste cenáculo nesta hora vossa, algum coração que não seja vosso. Basta um Judas, basta um ingrato, basta um inimigo, basta um traidor. Oh! triste alma! Oh! miserável alma! Oh! desventurada alma! Oh! alma que melhor te fora não ser criada, e que nesta hora se não rende ao amor de Cristo!

Amoroso Jesus, todos nesta hora estamos rendidos ao vosso amor. Todos nesta hora, e desde esta hora, vos queremos amar de todo nosso coração. Só a vós, Senhor, só a vós: só a vós queremos amar, para nunca mais vos ofender; só a vós queremos amar, para nunca mais vos ser ingratos; só a vós queremos amar, para nunca mais nos apartarmos de vós; só a vós queremos amar, para desta hora em diante nos apartarmos para sempre de tudo o que aparta de vosso amor. Seja esta hora o fim de todo o amor que não é vosso, e seja o princípio de vos amarmos sem fim, assim como vós sem fim nos amastes: "Amou-os até o fim".

SERMÃO DA

Bula da S. Cruzada

*Na Catedral de Lisboa.
Ano de 1647.*

∾

"Um dos soldados lhe abriu o lado com uma lança,
e imediatamente saiu sangue e água."
(Jo 19,34)

---

*Em 1646 e 1647, Vieira vive em missões diplomáticas: vai a Paris,
depois a Haia; volta a Paris, a Haia. O papa Inocêncio X retoma então
a iniciativa de Gregório XIII, instituindo a Bula da Cruzada com a concessão
das indulgências tendo em vista subsidiar os soldados portugueses
que defendem na África a invasão dos Mouros.
Vieira desenvolve uma longa paráfrase do texto litúrgico,
palavra por palavra aplicando-o ao texto da bula.
Um comentário exaustivo e catequético dos direitos e obrigações de todos
— corte e reino — tendo sempre em conta os seus vícios e méritos.
Uma convocação fundada nas Escrituras para o êxito da Bula e ao mesmo tempo
um amplo exame de consciência para a sociedade portuguesa.*

§ I

Como do lado do primeiro Adão dormindo foi formada Eva, assim do lado do segundo Adão morto se formou a Igreja. Daquele lado ferido saíram e emanaram os sacramentos, e daquele lado aberto se derramaram os tesouros das graças com que o mundo depois de remido se enriquece. Mas, se bem todas as graças da Igreja se representam admiravelmente na história deste mistério, reparando eu com atenção em todas as circunstâncias dele, ainda acho com maior propriedade as da Bula da Santa Cruzada, que hoje se concedem e publicam solenemente ao Reino e Reinos de Portugal.

Saíram estas graças do lado de Cristo não antes, nem depois, senão quando estava pregado na cruz, porque da cruz trouxeram o merecimento, e da cruz tomou a mesma Bula o nome, que por isso se chama da Cruzada. "Saíram em figura de sangue e água": de água, para apagar o que estava escrito; e de sangue, para se escrever de novo o que naquele sagrado papel se lê. Diz S. Paulo que Cristo morrendo apagou a escritura de nossos pecados, e que assim apagada a pregou na sua cruz: "Cancelando a cédula do decreto que havia contra nós, a qual nos era contrária, aboliu-a inteiramente, encravando-a na cruz" (Cl 2,14). Mas se Cristo então apagou uma escritura, e a fixou na cruz para o remédio, hoje escreve outra escritura e fixa nela a mesma cruz para o efeito. Isto é o que significa aquela cruz, e isto o que contém aquela escritura: tudo graça, e tudo graças.

Vejo porém que me estão perguntando todos, e com razão, se estes tesouros e graças manaram do lado de Cristo aberto, como os abriu não outrem, senão um soldado: "Um dos soldados lhe abriu o lado com uma lança". Esta é a maior circunstância da história, e a mais viva energia do mistério. O princípio e primeira instituição da Bula da Cruzada foi em tempo do Concílio Lateranense[1], quando se concederam estas graças e indulgências a todos os que, tomando a insígnia da cruz, se alistassem por soldados para a conquista da Terra Santa. E como elas foram concedidas, não a outros, senão aos soldados daquela sagrada empresa, por isso, com a mesma propriedade, não outrem, senão um soldado, foi o que abriu o lado de Cristo: "Um dos soldados". Mas não parou aqui o mistério, como também não pararam aqui as graças. O motivo que teve primeiro o Papa Gregório Décimo Tércio[2], e depois seus sucessores, e hoje o Santíssimo Padre Inocêncio Décimo[3], Nosso Senhor, para conceder as mesmas indulgências da Cruzada aos Reinos de Portugal, foi, como se contém na mesma bula[4], o subsídio dos nossos soldados da África, que armados sempre, e em velas naquelas fronteiras, defendem as portas de Espanha e da Cristandade contra a invasão dos mouros. E como os soldados da África propriamente são soldados de lança, e os cavaleiros que lá servem, servem ou com uma, ou com muitas lanças, para cumprimento e realce do mistério em toda a sua propriedade, o soldado que abriu o lado de Cristo e franqueou os tesouros das mesmas graças, não foi só, nem devia ser de qualquer modo soldado, senão soldado de lança, e com lança: "Lhe abriu o lado com a lança".

Temos declarado o tema e proposta a matéria em comum. Para descer aos particulares dela, publicando as graças da Santa Bula e descobrindo um por um os inestimáveis tesouros que nelas se encerram, o mesmo tema nos dará o discurso. Em todo ele não seguirei outra ordem, nem outra divisão, que as das mesmas palavras. *Ave Maria*.

§ II

"*U*m dos soldados lhe abriu o lado com a lança".

A primeira excelência que acho na Bula da Santa Cruzada, é ser um o que abre estes tesouros do lado de Cristo: "Um". Se estas graças e indulgências dependeram de muitos, para mim quase deixaram de ser graças. Esta é a grande diferença que há entre as graças e mercês dos reis da terra e as do rei do céu. As graças dos reis da terra, sendo por merecimentos nossos, dependem de muitos ministros; as do Rei do céu, sendo por merecimentos seus, dependem de um só: "Um".

Antes de Davi entrar em desafio com o gigante, perguntou que prêmio se havia de dar a quem tirasse do mundo aquele opróbrio de Israel (1Rs 17,23). E foi-lhe respondido que o rei lhe havia de dar sua própria filha em casamento (1Rs 17,25). Saiu Davi a campo, matou o filisteu, mas quando aos aplausos da famosa vitória parece que se haviam de seguir logo as bodas, nada menos lhe passava pelo pensamento a Saul. Puxava Davi pela palavra real, requeria o prêmio, não arbitrário, senão certo, de um tão singular e notório serviço, e a resposta por muito tempo (como se costuma) eram dilações e palavras frívolas (1Rs 18,25). Finalmente mandou-lhe responder o rei que, se queria com efeito a satisfação que se lhe prometera, matasse mais um cento de filisteus. Servi lá, arriscai-vos lá, e fiai-vos de promessas e mercês de homens. De maneira que, para Davi merecer a mercê, bastou-lhe pelejar e vencer um filisteu, e para fazer a mercê efetiva, foi-lhe necessário pelejar e vencer um cento de filisteus. Isto é o que vos acontece em todas as promessas e despachos dos reis da terra. Muito mais custa o requerimento que o merecimento. Para o merecimento basta batalhar com um inimigo; para o requerimento é necessário batalhar com um cento de ministros, que as mais vezes não são amigos. Para render o filisteu de Davi bastou uma pedra; para render estes filisteus tão estirados, tão sombrios, tão armados, não basta uma pedreira, nem muitas pedreiras, e se alguns se rendem com pedras, não são as do rio. Mas quando não foram tão duros e tão dificultosos, bastava serem tantos.

Esta é pois a primeira graça que Deus nos faz na Bula da Santa Cruzada. Tantas enchentes de mercês, tantos tesouros de misericórdias e favores, e todos despachados por um só ministro: um confessor. Para as mercês dos reis da terra, que não importam nada, tantas papeladas e tantos ministros; para as graças do rei do céu, que importam tudo, uma só folha de papel e um só ministro, uma Bula e um sacerdote: "Um".

Mas porque, para tirar toda a dificuldade e repugnância, não basta só ser o ministro um, se for certo e determinado, concede-vos mais a bula, que este um seja, à vossa eleição, aquele que vós escolherdes. Esta é a maior circunstância de graça que se encerra nesta graça. Quando Cristo sarou aquele leproso do Evangelho, mandou-lhe, segundo o texto de S. Marcos, que se fosse presentar ao Príncipe dos Sacerdotes: "Vai, mostra-te ao Príncipe dos Sacerdotes" (Mc 1,44). Contra este mandado está que a lei universal do Levítico, como consta do capítulo treze, só obrigava aos leprosos que se manifestassem a qualquer sacerdote, aos quais pertencia julgar da lepra (Lv 13,1). Pois, se qualquer sacerdote ordinário podia conhecer da lepra, por que manda Cristo a este leproso que nomeadamente se presente ao Príncipe dos Sacerdotes? Respondem os expositores que antigamente assim era, mas que esta lei geral se tinha restringido depois, e estava reservado o caso da lepra ao conhecimento e juízo do Príncipe dos Sacerdotes somente. E por isso Cristo mandou o leproso, não a outro sacerdote, senão ao príncipe: "Ao Príncipe dos Sacerdotes". O mesmo passa hoje nos casos e pecados reservados, de que não podem absolver os sacerdotes ordinários, e só pertence a absolução ao prelado de toda a diocese, e talvez ao príncipe supremo de toda a Igreja. E posto que semelhantes reservações sejam muito justas e necessárias para refrear a temeridade, não há dúvida que também são ocasionadas para precipitar a fraqueza. Que haja um homem de descobrir a sua lepra e manifestar a sua miséria, de que só Deus é sabedor, não só a outro homem como ele, senão determinadamente a tal homem? Grave e dificultosa pensão! E muito mais, quando pela distância dos lugares se acrescenta o trabalho e a despesa, e pela grandeza e dignidade da pessoa, se faz maior a repugnância, o pejo e o horror. É verdade que os meios da salvação se hão de procurar e aceitar de qualquer mão, ainda que seja a mais aborrecida e repugnante: "Que nos havia de livrar das mãos de nossos inimigos, e das mãos de todos os que nos tivessem ódio" (Lc 1,71). Mas ainda mal, porque é tal a fraqueza e pusilanimidade humana, que estão ardendo muitos no inferno, não por não confessar seus pecados, senão pelos não confessar a tal homem, sem reparar que no dia do juízo hão de ser manifestos todos a todos os homens.

A este inconveniente porém acode hoje a misericórdia divina e a benignidade do Sumo Pastor por meio da Santa Cruzada, concedendo a todos os que tomarem faculdade de eleger cada um o confessor aprovado de que mais se contentar e satisfizer. Por isso o ministro que abriu o lado se não nomeia no texto, e só se diz que era "um dos soldados": um, indeterminadamente. E posto que da História Eclesiástica conste que foi Longino (ou, como o vulgo lhe chama, Longuinhos) neste mesmo homem concorriam duas circunstâncias dignas de grande reparo para o nosso caso. Era Longino estrangeiro e cego. Estrangeiro, porque, sendo romano, servia nos presídios de Jerusalém; cego, porque, como afirma S. Gregório Nazianzeno, de ambos os olhos não via[5]. E por que quis Cristo que lhe abrisse o lado e fosse o dispensador destas graças um estrangeiro, e cego? Para tirar toda a ocasião e escusa ao pejo e repugnância humana. Tendes pejo de manifestar a vossa miséria, tendes repugnância de descobrir o vosso pecado? O remédio está na vossa eleição: buscai um estrangeiro que vos não conheça, buscai um cego que vos não veja: "Um dos soldados". Passemos à segunda palavra.

§ III

"Dos soldados". Sobre esta palavra soldados, a primeira coisa que ocorre é o soldo. E este se paga pontualmente e se despende todo com os nossos soldados e cavaleiros da África, tão beneméritos da fé e da Igreja: esse é o fim para que os Sumos Pontífices concederam o subsídio da bula. Da pureza das primeiras mãos em que se recebe, nunca houve, nem pode haver dúvida. Mas, como passa por tantas outras, e há tanto mar e sumidouros em meio, não sei se poderá ser justificada a queixa comum. É certo que nos escritores da África, sem serem Tertulianos, nem Agostinhos[6], se leem de tempos passados graves lamentações deste descaminho. O dinheiro santo da bula, que cá se recolhe em vinténs, dizem que torna de lá em meticais[7], e que a muita fome que de cá se leva é a causa da que lá se padece. Mas isto toca a quem toca. O que a mim me pertence é desfazer este escrúpulo e assegurar a todos os que tomam a bula que, ainda que o dinheiro da esmola se desencaminhe, e os soldados da África os não comam, sempre as graças concedidas se ganham com infalível certeza.

No dia do juízo, dirá Cristo: "Vinde benditos de meu Pai, porque tive fome e me destes de comer" (Mt 25,35). — Notai muito aquele porque. Não diz: Porque comi o que me destes, senão: Porque me destes de comer. Aqui está o ser da obra. O merecimento da esmola não consiste em que a comam aqueles para quem a dais, senão em que vós a deis para que eles a comam. E isto é o que se verifica na esmola da bula, em qualquer acontecimento. Pode acontecer que a não comam, nem se sustentem com ela os soldados para que está aplicada. E pode também acontecer que em parte não haja tais soldados, porque há praças fantásticas. Mas, ainda que a praça e o soldado seja fantástico, a esmola que se dá para seu sustento sempre é verdadeira, e o merecimento certo. Grande exemplo na História Sagrada.

Vieram à casa de Abraão três anjos em figura de peregrinos, e diz o texto que Abraão os hospedou e lhes pôs a mesa, e os tratou com grande agasalho e regalo (Gn 4,2). Agora pergunto: Aqueles anjos comeram verdadeiramente o que lhes deu Abraão? Claro está que não, porque os anjos não comem, e aqueles corpos com que apareceram eram corpos fantásticos. Contudo diz o mesmo texto que Deus pagou esta obra a Abraão muito de contado, e lhe fez grandes mercês por ela, como foi a do filho Isac, e outras (Gn 15,18). Pois, por uma obra que se fez a homens fantásticos, a homens que não havia tais homens no mundo, e pelo comer que se lhes deu, o qual eles não comeram nem podiam comer, faz Deus tantas graças e tantas mercês a Abraão? Sim. Porque ainda que os homens eram fantásticos, a esmola era verdadeira; e ainda que eles não comeram o que lhes deu Abraão, Abraão deu-o para que eles comessem. A esmola da bula que dais para os soldados de África, pode acontecer que eles a não comam, ou porque alguns os não há, ou porque fica cá o dinheiro, ou porque, se lá vai, eles (como dizeis) ficam anjos; mas como Deus só respeita o merecimento da esmola e o fim dela, ainda que os homens o divirtam e desencaminhem, a paga que naquela escritura se vos promete sempre está segura.

Tenho notado a este propósito um lanço da providência e governo de Cristo, que sempre me admirou muito e deve admirar a todos. Cristo e seus discípulos, como não possuíam nada deste mundo, viviam das esmolas com que a devoção dos fiéis socorria o Sagrado Colégio. Para receber estas esmolas, e as despender e distribuir, houve o Senhor de eleger um deles (Jo 12,6), e quem se não admirara e pasmara de que este eleito fosse Judas? — Senhor, dai-me licença. Vós não conheceis muito bem a Judas? — Sim, conheço. Não sabeis que é ladrão, e que há de furtar? Sim, sei. — Estas esmolas que lhe entregais e fiais dele, não são para sustento dos outros discípulos que vos servem, e que hão de defender com a vida vossa fé e vossa Igreja? — Sim, são. — Sobretudo, a esmola não é aquela obra de caridade tão estimada de vós, a que tendes prometido tantos prêmios, tantas mercês, tantas graças, e a mesma bem-aventurança? — Sim, é. — Pois nas mãos de Judas meteis tudo isso, para que ele se aproveite e os outros padeçam? Para que ele coma, e os outros morram de fome? Não foi esse o fim de Cristo, que Deus não favorece ladrões, ainda que os permita. Mas permitiu neste caso, com alta providência, que as esmolas dadas para sustento dos que o serviam corressem por mãos de quem as havia de roubar, para que constasse então e agora a toda sua Igreja, que ainda que as esmolas se roubem, e se desencaminhem, e não se apliquem ao fim para que se dão, o preço e merecimento delas, e o prêmio que se promete a quem as dá, sempre está seguro. Neste contrato há duas pagas: uma, a paga dos soldados para quem dais a esmola, que corre por mão dos homens, e outra, a paga da mesma esmola que dais, que corre pela mão de Deus. A que corre por mão dos homens, pode faltar aos soldados; a que corre por mão de Deus, nunca vos pode faltar a vós. Os soldados não serão pagos; vós sempre sois pago.

Satisfeito este escrúpulo vulgar, respondamos a outro de mais bem fundada objeção, a que nos chama o texto.

§ IV

"Com a lança". Assim como a lança do soldado do Calvário foi a que abriu o lado de Cristo, assim dissemos que as lanças dos nossos soldados de África são as que abrirão e abrem os tesouros da Igreja, que se nos concedem na Bula. Mas esta aplicação, ou modo de dizer, parece que se encontra com a propriedade e verdade do que cremos neste mesmo ponto. É verdade católica de nossa santa fé romana que quem abre e só pode abrir os tesouros espirituais da Igreja, são as chaves de S. Pedro: logo, mal o atribuímos às lanças dos nossos soldados. Direi. Para abrir estes sagrados tesouros, necessariamente concorrem duas coisas: da parte de quem os concede (que é o Papa) o poder; e da parte de quem os recebe (que somos nós) a justa causa. Mas de tal sorte dependem desta justa causa as mesmas graças concedidas, que sem elas seriam totalmente inválidas e de nenhum efeito. A razão disto é, como está decidido em muitos cânones, porque o Pontífice não é senhor dos bens espirituais da Igreja, senão despenseiro, e como tal só os pode despender racionavelmente e com causa justa. De outra maneira seria a monarquia espiritual de Cristo tão mal governada, como são as temporais de muitos príncipes. Por isso vemos tantos tesouros mais esperdiçados que repartidos, e tantas graças e mercês imódicas concedidas sem nenhuma causa, e muitas vezes com a contrária. Digam-no as prodigalidades de el-rei Assuero com o seu mau valido Amã (Est 3,1). E no mesmo tempo o fiel Mardoqueu, benemérito de tantos serviços feitos à coroa e à pessoa do mesmo rei, pregado manhã e tarde aos postes de palácio, subindo e descendo aquelas cansadas escadas, sem haver quem pusesse nele os olhos, salvo o mesmo Amã, para o destruir. Não assim os tesouros da monarquia de Cristo, de que tem as chaves o seu Vigário. Ele só os pode despender, sim, mas só com justa causa. E como a justa causa das graças que se nos concedem na bula é a defensa dos lugares e fortalezas da África, as quais os nossos soldados sustentam contra a invasão e forças de toda a barbaria, por isso a abertura das mesmas graças se atribui justamente às suas lanças. Vede se falo conforme a doutrina e leis do Senhor e autor da mesma Igreja.

Quando Cristo concedia perdão de pecados, ou dava saúde milagrosa aos enfermos, tudo atribuía comumente à fé dos que a recebiam. A Madalena: "A tu fé te salvou" (Lc 7,50); à cananeia: "Ó mulher, grande é a tua fé" (Mt 15,28); ao centurião: "Faça-se a ti conforme creste" (Mt 8,13); ao pai do surdo e mudo: "Tudo é possível ao que crê" (Mc 9,22). E assim a outros muitos. Mas, por que razão? Essas obras sobrenaturais, Senhor, e essas mercês extraordinárias, ou da graça, ou da saúde, não são todas efeito da vossa onipotência? São. Pois, por que as não atribuís à mesma onipotência que as obra, senão à fé dos que as recebem? Porque, segundo a regra geral da providência de Cristo, queria o Senhor que assentassem estas mercês e graças que fazia, sobre o merecimento da fé dos que as logravam. E como para as mesmas graças concorriam duas causas, uma eficiente, que era a onipotência, e outra meritória, que era a fé, atribui-se o efeito à meritória e não à eficiente, porque a eficiente naquela suposição dependia da meritória. O mesmo passa no nosso caso. O poder de abrir os tesouros da Igreja está nas chaves de S. Pedro, mas como elas os não podem abrir validamente senão com justa causa, e toda a justa causa das graças que se nos concedem na bula é a conservação das praças católicas, que os nossos soldados e cavaleiros da África defendem às lançadas, por isso, sem ofensa do poder das chaves (que reconhecemos) não atribuímos os efeitos delas tanto às mesmas chaves, quanto às lanças. "Abriu-lhe o lado com uma lança".

Mas vejo que voltais contra mim a mesma lança, e me arguis com a minha mesma razão. Se a causa das indulgências que se concedem na bula é a defesa dos lugares da África e daquelas muralhas da Cristandade com que impedimos os passos aos infiéis, e pomos freio ao orgulho e fúria de seus exércitos, será justa e justíssima causa para os soldados e cavaleiros, que com as armas às costas, vigiando de noite e pelejando de dia, defendem às lançadas e com o sangue e as vidas as mesmas muralhas. Mas para nós, que estamos em Portugal muito seguros e descansados, sem vigiar, nem acudir a rebate, nem ver mouro, nem empunhar lança, que só com a contribuição de uma esmola tão tênue tenhamos justa causa de se nos concederem as mesmas graças? Parece que não pode ser. Prova-se com a experiência das nossas fronteiras. Para os soldados que nelas militam e as defendem, todos pagamos a décima, mas quando vêm ao requerimento das mercês, só os soldados e capitães as pedem e as recebem: os demais, ainda que os sustentem com os seus tributos, nem recebem, nem pedem, nem esperam mercê por isso. Não é assim? Assim é, e assim havia de ser, se Deus fora como os homens, e o rei do céu, como os da terra. Nas leis da terra dão-se os prêmios ao que milita e serve, mas não a quem o sustenta; nas leis do céu, aquele que milita e serve, e mais aquele que o sustenta, todos têm o mesmo prêmio. Lei expressa do Evangelho, promulgada por Cristo: "O que recebe um profeta na qualidade de profeta, receberá a recompensa de profeta; e o que recebe um justo, na qualidade de justo, receberá a recompensa de justo" (Mt 10,41). Eu, diz Cristo, mando meus pregadores, que são os meus soldados, a conquistar o mundo e pelejar contra os infiéis, mas porque eu lhes não dou sustento, nem soldo com que o comprar, saibam todos que a mercê que lhes tenho tachado a eles por me servirem, a mesma hei de fazer aos que os sustentarem: "Receberá a recompensa de profeta, e a recompensa de justo". Pode haver texto mais claro e promessa mais infalível? Pois isto é o que se nos promete naquela escritura fundada na mesma lei da munificência divina. Os soldados e cavaleiros da África passam o mar, mudam o clima e deixam a pátria: vós ficais nela; eles vigiam nas atalaias, vós dormis; eles defendem as tranqueiras, saem ao campo, andam às lançadas com os bárbaros, e muitas vezes perdem a vida; vós lograis a bela paz. Mas basta que as vossas esmolas, posto que tão limitadas, concorram ao seu sustento, para que, nas mercês e nas graças, iguale Deus o vosso ócio ao seu trabalho. Para com os reis, só eles merecem e ganham as comendas; para com Deus, tanto ganha a vossa esmola, como a sua lança: "Com a lança".

§ V

"O seu lado". Se esta segunda palavra não limitara ou ampliara a primeira, grande oposição se nos oferecia nela contra tudo o que temos dito e nos resta por dizer. Cristo na cruz estava com título e representação de rei, mas não de rei universal, que era de todo o mundo, senão de rei particular de uma nação: "Rei dos Judeus". E não há graças mais dificultosas e duras de conseguir que as que dependem dos lados dos reis: "O seu lado". Olhemos bem para esta figura exterior, e veremos nela uma imagem natural do que os vassalos têm nos reis e do que padecem com os lados. Primeiramente, no estado em que Cristo se achava na cruz, tudo o que pertencia ao rei estava feito; só o que corria por conta do lado estava por fazer. O que houve de fazer o rei, era pedir perdão pelos inimigos, e já estava pedido; era dar o paraíso ao ladrão penitente, e já estava dado; era entregar o discípulo à Mãe, e a Mãe ao discípulo, e já estavam entregues; era beber ou gostar o fel, e já estava gostado; era principalmente remir o mundo, e já estava remido. Enfim, tudo o que tocava ao rei estava feito: "Foi consumado" (Jo 19,30). Ao lado pertencia dar os sacramentos, e só isso estava por fazer. O rei estava patente a todos com quatro portas abertas: duas para os inferiores, nos pés, e duas para os mais altos, nas mãos; e os lados no mesmo tempo estavam fechados por uma e por outra parte, sem haver por onde entrar, nem penetrar a eles. O corpo estava ferido e lastimado, e só os lados sãos e sem lesão alguma. Nem chegaram lá os golpes dos açoites, como às costas; nem os carregou o peso da cruz, como aos ombros; nem os rasgava ou suspendia a dureza dos cravos, como aos pés e mãos; nem os molestava o estirado e desconjuntado dos membros, como aos nervos e ossos; nem os atenuava o vazio e exausto do sangue, como às veias; nem os amargava o fel, como à boca; e o que é mais que tudo, nem os picavam os espinhos, como à cabeça, tendo tanto da coroa. Finalmente, o que excede toda a razão e toda a admiração, é que estava junto e recolhido nos lados tudo o que faltava ao rei. De duas coisas padeceu Cristo extrema falta no Calvário: falta de sangue e falta de água. Faltou-lhe o sangue, porque o tinha derramado ali e em tantas outras partes; faltou-lhe a água, porque da mesma falta de sangue se seguiu aquela extraordinária sede que o obrigou a dizer: "Tenho sede" (Jo 19,28). É porém muito de notar, que quando se abriu o lado, do mesmo lado saiu sangue e água: "Saiu sangue e água". Pois se o rei padecia tanta falta de sangue e tanta falta de água, como agora lhe sai do lado sangue e mais água? Porque tudo o que falta aos reis está junto e recolhido nos lados. Oh! se houvesse, não digo uma lança, ou uma lançada, senão uma chave mestra que abrisse estes lados, como é certo que achariam neles junto os reis, ou tudo, ou grande parte do que lhes falta, e que fazendo dois atos de justiça em um mesmo ato, poderiam socorrer, remediar, e ainda enriquecer a muitos com o que não basta a poucos.

Estes são os lados dos reis, mas não assim o lado de Cristo. Passemos do exterior da alegoria ao interior da realidade. "O seu lado". Toda a diferença de lado a lados está na limitação do "dele", de Cristo. Os lados dos reis da terra dilatam, porque não querem fazer; o lado de Cristo dilatou para poder fazer mais do que estava feito. Os lados dos reis, estando todo o corpo chagado, só eles se veem sãos; o lado de Cristo esteve são para ser ele o mais chagado, antes a maior chaga de todas. Os lados dos reis fecham-se porque se não querem comunicar; o lado de Cristo esperou fechado para se comunicar com maior abundância, e para ficar sempre aberto. Finalmente os lados dos reis ajuntam em si, e para si, tudo o que falta aos reis; o lado de Cristo ajuntou em si, mas para nós, tudo o que sobejou a Cristo. Notai muito.

O sangue de Cristo foi o preço de nossa redenção, e como este preço era infinito, porque uma só gota bastava para remir mil mundos, tão infinito foi o que sobejou depois de remido, como era infinito o que se despendeu para o remir. E que se fez deste preço que sobejou? Assim como do que se despendeu se pagou o resgate, assim do que sobejou se fez um depósito. E este depósito de preço e valor infinito são os tesouros da Igreja, que misteriosamente estavam encerrados no lado de Cristo. Daqui se entenderá a razão por que, tendo o Senhor derramado tanto sangue até a morte, ainda reservou no lado mais sangue para o derramar depois de morto. E por que, se no ponto da morte de Cristo ficou o mundo remido? Porque o sangue derramado até a morte significava o preço necessário à redenção, que se despendeu, e o sangue que se derramou depois da morte, significava o preço superabundante, que sobejou. Do que se despendeu na paixão, como de resgate, se remiu o mundo; do que sobejou no lado, como de depósito, se formou e enriqueceu a Igreja. "Dormindo Adão, formou-se Eva do lado dele. Morto Cristo, o seu lado foi perfurado a fim de que saíssem os sacramentos com os quais se formou a Igreja"[8]. Assim como do lado de Adão, diz Santo Agostinho, se formou Eva, assim do lado de Cristo saíram os sacramentos, para que deles, como de matéria superabundante, se formasse a Igreja. Isso quer dizer a palavra "Saíam com abundância", que significa sair como coisa superabundante, supérflua, e que sobeja. Falou Agostinho com tão grande lume da teologia, porque estes são os próprios termos de que usam os teólogos quando falam do tesouro da Igreja, que se compõe principalmente da satisfação infinita do sangue de Cristo, que superabundou e sobejou do preço da redenção. "Tesouro das satisfações superabundantes de Cristo", diz com todos os doutores ortodoxos o Cardeal Belarmino[9]. E este é o tesouro donde a Igreja tira as graças e indulgências que concede e aplica aos fiéis para que satisfaçam à justiça divina pelas culpas ou penas e que lhe são devedores.

E se alguém desejar, na semelhança de Santo Agostinho, que também é de S. Paulo (Ef 5,32), perfeita proporção da figura com o figurado, e me perguntar como se verifica ou pode verificar do lado de Adão ser formada Eva, não da parte ou matéria necessária, senão da superabundante e supérflua? Eu o direi, satisfazendo a esta e a outra grande dúvida. Diz o texto sagrado, que tirou Deus uma costa do lado de Adão, e que desta costa formou a Eva; mas duvidam, e com muito fundamento os teólogos, que costa de Adão foi esta? Porque se era uma das costas de que naturalmente se compõe o corpo humano, segue-se que o corpo de Adão ficou defeituoso e imperfeito, o que se não deve admitir, sendo Adão o primeiro homem e o modelo original de todos o homens que dele haviam de nascer. E se o corpo de Adão ficou perfeito, antes perfeitíssimo (como era bem que fosse), que costa foi esta sua, de que Eva se formou? Responde Santo Tomás[10] que o corpo de Adão, quando ao princípio foi criado, tinha uma costa demais em um dos lados, e que deste lado e desta costa, que nele sobejava, foi formada Eva. Pois, assim como no lado de Adão criou Deus uma parte superabundante e supérflua de que tirou a matéria necessária à formação de Eva, assim no lado de Cristo depositou outra parte também superabundante e supérflua, necessária à formação e reformação da Igreja, que foi o que sobejou do preço infinito da redenção. E estes são os tesouros das graças que hoje se nos concedem, tirados do depósito infinito e inexausto do lado de Cristo aberto. "Abriu-lhe o lado".

§ VI

"Abriu:" Abriu-se o lado de Cristo, mas porque se podia abrir mais, ou menos, para que saibamos a larguza com que se abriu, e quão imensos são os tesouros que dele se nos comunicam, vejamo-los patentes e declarados, não por outro intérprete, senão pela mesma bula. Diz S. João no princípio de seu Apocalipse, que viu diante do trono de Deus um pergaminho escrito por dentro e por fora, envolto e cerrado com sete selos. Isto é o que ele chama livro, porque assim eram e se chamavam os livros daquele tempo. Desejava, como profeta, saber o que continha aquela escritura tão cerrada (Ap 5,1)? E diz que chorava muito por se não achar quem a abrisse. Mas logo se chegou a ele um velho, dos vinte e quatro anciãos que assistem ao trono de Deus, o qual o consolou, dizendo que o leão da Tribo de Judá tinha poder para abrir. Então viu S. João um cordeiro que estava em pé como morto, o qual desfechando os sete selos, abriu e estendeu o pergaminho e fez patente o que nele estava escrito. Grande mistério verdadeiramente, e grande e excelente representação ou figura da Bula da Santa Cruzada! Primeiramente isto significam os selos, que são os que dão autoridade à Bula, e dos mesmos selos pendentes é que ela tem e tomou o nome, porque bula quer dizer selo. Estava o pergaminho escrito por dentro e por fora, porque as graças que contém a bula, não só pertencem aos bens interiores e espirituais, senão também aos temporais e exteriores, e não só aos vivos, que estamos neste mundo, senão também aos defuntos, que estão fora dele. Não se achava quem abrisse o que ali estava fechado, e publicasse o que estava escrito, porque este poder é só de Cristo e do seu Vigário, e por isso o velho que consolou S. João, como tem para si Lirano, foi S. Pedro. Disse que o abriria o Leão da tribo de Judá, que é Cristo, o qual logo apareceu em figura de cordeiro, em pé, e como morto: "Um cordeiro de pé e como morto" (Ap 5,6), tudo com o mesmo mistério. Em figura de cordeiro, porque esta obra, sendo de seu poder, é muito mais de sua benignidade e misericórdia. Em pé, e como morto, porque Cristo morreu na cruz, não jazendo, senão em pé, e da cruz acresceu à bula o nome de Cruzada. E finalmente não morto, senão como morto, porque correr sangue do lado de Cristo (o que só acontece aos vivos) foi ação de faculdade vital e vivificante, como gravemente notou S. Hipólito: "De tal modo que o mesmo corpo morto não parecesse semelhante aos outros, e pudesse dele emanar para nós aquilo que é causa de vida": Correu sangue do lado de Cristo morto — diz este antiquíssimo Padre — para que entendêssemos que o mesmo lado, ainda morto, tinha potência de vivificar, e que dele manavam todas as graças que nos haviam de dar vida.

Vamos agora metendo a mão neste sagrado lado aberto, não como Tomé incrédulo, mas fiel, e abrindo os sete selos, um por um, como o mesmo cordeiro crucificado os abriu, vejamos os divinos tesouros de graças, que naquela larga escritura se nos prometem e comunicam. Em uma alma, ou consciência embaraçada, podem geralmente concorrer sete impedimentos para não conseguir prontamente os meios de sua salvação: pecados reservados, excomunhões, interditos, votos, enfermidades, dívidas temporais aos homens, e espirituais a Deus. E todos estes impedimentos (com poucas exceções, em que me não posso deter e se contêm na mesma bula) se nos tiram e facilitam por ela. Acha-se carregada vossa alma, não só com pecados, mas com pecados de dificultosa absolução, quais são os reservados? Tomai a Bula da Santa Cruzada, abri o primeiro selo: "Abriu", e ela dá poder ao confessor que elegerdes para vos absolver de todos, por graves e enormes que sejam, e não só reservados aos prelados ordinários, mas à mesma Sé Apostólica. Estais ligado com a gravíssima censura da excomunhão, tendes horror, como deveis ter, de vós mesmo, vendo-vos privado da comunicação dos fiéis? Abri o segundo selo: "Abriu", e por graça e faculdade da mesma bula, sereis absoluto da excomunhão, ou seja "de direito ou de autoridade", e restituído ao antigo estado. Fecharam-se-vos as portas da Igreja, por estar interdita a paróquia, a cidade ou reino onde viveis? No meio desta tristeza e desconsolação pública, abri o terceiro selo: "Abriu", e pelo privilégio que debaixo dele se vos concede, não só poderdes assistir privadamente aos divinos ofícios, e receber os sacramentos, mas se durante o interdito morrerdes, gozareis de eclesiástica sepultura. Fizestes votos com que vos obrigastes a Deus e aos santos mais do que o tempo, as ocupações e a pouca devoção vos dão lugar? Abri o quarto selo: "Abriu", e o confessor, por virtude da bula, vo-los comutará de modo que facilmente os possais cumprir. Sois enfermo ou achacado, fazem-vos dano à saúde os comeres quadragesimais? Abri o quinto selo: "Abriu", e de conselho do médico e confessor, não só na quaresma, mas em todos os outros dias proibidos poderdes comer licitamente o que julgardes conveniente à vossa fraqueza. Adquiristes e possuís bens alheios; não sabeis a quem os haveis de restituir, porque ou foram adquiridos vagamente, ou não aparece o dono; não podeis restituir inteiramente por pobreza, ou não quereis por avareza, como é mais certo? Abri o sexto selo: "Abriu", e a tudo vos dará a bula tão fácil remédio, que com pouca despesa satisfaçais muita dívida. Finalmente deveis a Deus as penas de vossos pecados, que sois obrigado a pagar, ou nesta, ou na outra vida, como as estão pagando os do purgatório, dos quais igualmente vos compadeceis, ou pelas obrigações do sangue, ou pelas de cristão? Abri o sétimo selo: "Abriu", e achar-vos-eis rico de tantas abundâncias de graças e indulgências, que plenamente, e plenissimamente, possais satisfazer por vós, e por todos os defuntos, a quem se estender a vossa caridade.

Oh! misericórdias do lado de Cristo! Oh! tesouros da Madre Igreja, que dele se enriqueceu! Ele tão infinito em lhos entregar, e ela tão liberal em no-los repartir! Agora entendereis a cláusula desta visão do Apocalipse. Diz S. João que quando o cordeiro abriu os sete selos daquela misteriosa escritura, prostrados diante do seu trono, lhe deram infinitas graças todos os que estavam no céu, e na terra, e debaixo da terra, e no mar, e debaixo do mar: "E ouvi toda criatura que está no céu, sobre a terra e sob a terra, e que está no mar, a todos ouvi dizendo ao que sentava no trono e ao Cordeiro: bênção, e honra, e glória" (Ap 5, 13). E quem são estes que davam tantas graças a Deus e ao cordeiro que abriu os sete selos, não só no céu, senão na terra e no mar, senão também debaixo da terra e debaixo do mar? São todos aqueles que por diversos modos gozam os benefícios da bula. Os do céu, são os bem-aventurados; os da terra e do mar, são os vivos; os de debaixo da terra, e debaixo do mar, são os defuntos. E todos davam graças a Deus e a Cristo morto pela abertura dos sete selos da Santa Cruzada, porque bem-aventurados, vivos, e defuntos, todos por diverso modo lhe devem o maior benefício. Os bem-aventurados, porque por meio da bula subiram direitos à glória. Os vivos, porque por meio da bula se restituem à graça. Os defuntos e do purgatório, porque por meio da bula se livram das penas. Vede até onde alcançam, e se são grandes e universais para todos as graças daquele lado e daquela escritura aberta: "Abriu"?

§ VII

"*Logo*". Mas porque em matéria de mercês e graças, não basta só estarem impetradas e concedidas, nem basta terdes em vosso poder as portarias, os alvarás e as provisões para que entre o dado e o efetivo, entre a escritura e a posse, entre o papel e o que ele diz, não se atravessem muitos embaraços e muito tempo de esperas e ainda de desesperações, com muita razão me perguntareis: Estas graças e indulgências tão grandes que se nos concedem na bula, quando se alcançam? Já pagamos a esmola, já se escreveu o nosso nome na bula, já a temos em nosso poder, mas o efeito, ou o efetivo, quando há de ser? A palavra que se segue o diz: "Logo". Logo sem dilação, logo sem tardança, logo verdadeiramente logo. E digo verdadeiramente por que não cuide ou receie alguém que o logo da Santa Cruzada é como os logos dos vossos tribunais.

Não há palavra mais equívoca, nem advérbio de mais duvidosa significação, que o logo em matéria de despachos. Apenas há remissão que não desça com um logo, e quase não há consulta que não suba com dois logos, e alguma com três. Mas estes logos quão longos são, quanto tardam e quanto duram! Há logo de dois anos e de quatro, e de dez e de toda a vida. Estais despachado para a Índia, sobem os vossos papéis com três logos, dispara a capitânia peça de leva, cortam-se as amarras, embarcai-vos, e que vos sucede? Estivestes parado muitos dias nas calmas da Guiné, destes volta ao Cabo de Boa Esperança, invernastes em Moçambique, passastes duas vezes a linha, chegais finalmente a Goa a cabo de um ano e meio, e os logos ainda não chegaram. Se lá morrestes, chegarão para o dia do juízo, e se tornastes daí a oito ou dez anos, ainda os logos estão lá em cima, ou não há já memória donde estejam. E isto é o que significavam aqueles logos. Muitas vezes me pus a considerar que quer dizer logo. Logo? Porque se o primeiro logo significa logo, o segundo, que significação tem? Parece que um logo sobre outro logo, é como um não sobre outro não. Um não sobre outro não quer dizer sim; e um logo sobre outro logo, muitas vezes quer dizer nunca, e quase sempre, tarde. Isto porém se entende quando os logos são para remunerar e premiar beneméritos, que quando são para os destruir e aniquilar, um logo, e dois, e três, todos voam. Vede-o na tragédia do grande precursor de Cristo. Fez el-rei Herodes aquele solene convite ao dia dos seus anos; saiu a dançar a filha de Herodias, disse-lhe o rei que pedisse ainda que fosse a metade do seu reino. E que pediu? A cabeça do Batista, com três logos. "E tornando logo a entrar com grande pressa onde estava o rei, pediu dizendo: Quero que sem mais demora me dês num prato a cabeça de João Batista" (Mc 6,25). Contai os logos, e vede se foram três. "Logo", logo; "Com grande pressa", logo; "Sem mais demora", logo. E foram os logos tão prontos e tão logos, que logo entre os pratos da mesa apareceu em um deles a cabeça do maior dos nascidos. Estes são os logos da justiça, ou tirania do mundo. Quatro significações, todas formidáveis! Para o bem, um nunca; para o mal, três logos: "Logo", "com grande pressa", "sem mais demora".

Só o logo da Santa Cruzada, sendo para bem, e para tão grandes bens, verdadeiramente, e com infalível certeza é logo: "Logo". Para um logo não ser logo, podem-no impedir e retardar, ou as distâncias do tempo, ou as dos lugares. Mas nem as distâncias do tempo (ainda que sejam de muitos anos) nem as distâncias dos lugares (ainda que sejam de muitos centos de léguas) podem impedir, ou suspender o logo da Santa Cruzada, para que não seja logo. Vamos à mesma Bula, e ide comigo. O jubileu do Ano Santo antigamente era de cem em cem anos, e depois foi de cinquenta em cinquenta; hoje é de vinte e cinco em vinte e cinco. Mas esta mesma distância de tempo tão comprido se estreita e abrevia de tal modo, por graça e privilégio da bula, que, sem esperar vinte e cinco anos, nem dez, nem dois, nem um, neste mesmo dia podeis ganhar o jubileu do Ano Santo, e neste mesmo ano duas vezes. Nas distâncias dos lugares ainda é mais maravilhoso este logo: "Logo". Quereis ganhar as indulgências de São Tiago, haveis de peregrinar cem léguas a Compostela. Quereis fazer as estações de Roma e correr as sete igrejas dentro e fora dos muros, haveis de peregrinar quinhentas léguas à Itália. Quereis visitar o Santo Sepulcro, o Calvário, o Monte Olivete, a Casa Santa, haveis de peregrinar mil léguas a Jerusalém. Não são grandes distâncias de lugares estas? Grandes por certo, e ainda maiores, se lhes ajuntarmos que haveis de passar por terras habitadas de infiéis, e por mares infestados de infinitos corsários, onde é mais certa a escravidão e o remo que os perdões e indulgências que ides buscar. Mas para todos estes perigos, eu vos darei um passaporte muito seguro, e para todos estes caminhos um atalho muito breve. Tomai a Bula da Santa Cruzada, e sem sair de Lisboa, fostes a Compostela, fostes a Roma, fostes a Jerusalém, porque as graças que lá haveis de ir buscar, aqui se vos concedem, não diversas, nem menores, senão as mesmas. Querei-las alcançar logo? Visitai cinco igrejas. Quereis mais logo? Visitai na mesma igreja cinco altares. Quereis mais logo? Visitai o mesmo altar cinco vezes, e sem vos bulir de um lugar, fostes à Galiza, fostes à Itália, fostes à Palestina, e vos achais rico de todos os tesouros de graças, que tão longe se vão buscar com trabalho.

Mas ouço que me diz algum pobre: Padre, não são indulgências o que eu só quero, maior mal e maior pena é a minha. Fui tão desgraciado, que incorri uma excomunhão da Bula da Ceia. E quem me há de levar aos pés do Santo Padre, e mais em tempo de tantas guerras? Também cometi um pecado muito grave, reservado ao meu bispo, e agora não há bispos. Além de que, eu sou de uma aldeia de entre Douro e Minho, e depois que faltou o santo frei Bartolomeu dos Mártires[11], já os prelados não conhecem o meu lugar. Assim que me vejo com o remédio, quando menos mui dilatado; a morte pode vir mais cedo, não sei que há de ser de mim. Quê? Eu vos dou o remédio logo. Tomai a

Bula da Santa Cruzada, elegei um confessor, e logo tendes o bispo na vossa igreja, e o Papa na vossa terra, porque o confessor, com uma bula na mão, é bispo e é Papa. Pode haver maior felicidade e maior brevidade que esta para os pecados, para as censuras, para as indulgências? De maneira que sem a Bula da Cruzada haveis de ir buscar o bispo e o Papa, e com a bula o bispo e o Papa vêm-vos buscar a vós. Sem a bula, havíeis de ir tão longe, a Compostela, a Roma, a Jerusalém; com a bula, tendes Compostela, tendes Roma, tendes Jerusalém dentro de Lisboa. Vede quanto vai deste sagrado tribunal aos outros. Nos outros tribunais tratam-se os negócios em Lisboa, como se estiveram em Roma, ou em Jerusalém; neste tratam-se e conseguem-se os de Roma e de Jerusalém como se estiveram em Lisboa. Em Lisboa digo, mas não como em Lisboa, porque o despacho e as graças não estão na mão dos ministros, senão na vossa.

E se vos parece coisa dificultosa que naquela folha de papel, como se fora um mapa do mundo, se ajuntem lugares tão distantes e terras tão remotas, como são Roma, Jerusalém e Lisboa, e que para se conseguirem tantos tesouros de graças se contente Deus e o seu vigário com que vos ponhais de joelhos numa igreja, respondei-me a uma pergunta. Quem é mais liberal: Deus em dar, ou o demônio em prometer? Não há dúvida que Deus em dar. Lembrai-vos agora do que fez o demônio e do que prometeu, e do que pediu a Cristo na tentação do monte. O que fez foi trazer ali todo o mundo; o que prometeu, foi a glória de todos os reinos; o que pediu foi somente que se pusesse Cristo de joelhos diante dele. Pois se o demônio trouxe todos os reinos do mundo a um monte, por que não trará Deus, por modo mais fácil, Jerusalém, Roma e as outras cidades santas à vossa? E se o demônio prometeu todas as glórias daqueles reinos, por que não prometerá Deus todas as graças daqueles lugares? E se o demônio se contenta, e não quer mais, nem põe outra condição, senão que se lhe ajoelhem, por que se não contentará Deus com vos ver de joelhos diante de si, contrito, arrependido e orando? Finalmente se o demônio fez tudo isto (como diz o evangelista): "Em um momento" (Lc 4,5), por que o não fará Deus em um logo que seja logo: "Logo"? Mas já é tempo de concluirmos. Vão juntas as duas últimas palavras.

§ VIII

"Saiu sangue e água". Jerônimo, que por testemunho da Igreja, na interpretação das Sagradas Escrituras é o Máximo de todos os doutores, declarando o mistério por que do lado de Cristo morto saiu sangue e água, disse com singular propriedade, que foi para significar, no sangue, o martírio, e na água, o batismo: "O lado de Cristo foi perfurado pela lança e nascem igualmente os sacramentos do batismo e do martírio"[12]. E por que razão mais o martírio e o batismo que algum dos outros sacramentos? A razão deste pensamento não a deu S. Jerônimo; mas, posto que seja altíssima, não é dificultosa de entender. Entre todos os sacramentos, só o batismo e o martírio (que também é batismo) de tal modo purificam a alma e a absolvem de toda a culpa e pena, que no mesmo ponto ao mártir, por meio do sangue próprio, e ao batizado, por meio da água batismal, se lhes abrem as portas do céu, e se lhes franqueia a vista de Deus. Esse foi o mistério com que ao soldado, que abriu o lado (tanto que dele saiu o sangue e água) logo, sendo cego, se lhe abriram os olhos, e viu ao mesmo Cristo, que não podia ver. E como o fim da encarnação do Verbo foi destruir o pecado, reparar o estado da inocência, e abrir e restituir ao homem o Paraíso perdido, por isso o último ato da vida e morte de Cristo, e a última cláusula com que cerrou a obra da Redenção, foi tirar do sacrário de seu próprio peito aquelas duas chaves douradas do céu, e dar-nos as duas prendas mais seguras de sua graça e glória, que são, no sangue, a do martírio, e, na água, a do batismo: "E nascem igualmente os sacramentos do batismo e do martírio".

Quando os filhos de Israel passaram do Egito à Terra de Promissão, passaram pelo Mar Vermelho e pelo Rio Jordão, mas por um e outro a pé enxuto. E que Egito, que Terra de Promissão, que filhos de Israel, que Mar Vermelho, que Rio Jordão foi este? O Egito é o mundo, a Terra de Promissão é a glória, os filhos de Israel são os fiéis, o Mar Vermelho é o martírio, o Rio Jordão é o batismo, e passaram por um e outro milagrosamente a pé enxuto, porque só pelo Mar Vermelho do martírio, e só pelo Rio Jordão do batismo se pode passar à glória a pé enxuto, isto é, sem tocar as penas do purgatório. Mas com isto ser assim, debaixo das mesmas significações de martírio e batismo, acho eu que ainda nos deu mais o lado de Cristo, e foi mais liberal conosco nas graças da Santa Cruzada. Comparado o martírio com o batismo, não tem conhecida vantagem: ambos se excedem um ao outro, e ambos são excedidos. O batismo, como é sacramento do princípio da vida, deixa-nos capazes de merecer, mas também capazes de pecar. O martírio, como se consuma com a morte e acaba a vida, deixa-nos incapazes de pecar, mas também incapazes de merecer. E nesta vantagem recíproca com que o martírio e o batismo se excedem e são excedidos, só poderá resolver qual é maior graça quem primeiro averiguar se é melhor o merecimento com perigo ou a segurança sem merecimento, tão iguais ou problemáticas são as prerrogativas do batismo e do martírio comparados entre si. Mas comparados com as graças da Santa Cruzada, não há dúvida que a indulgência e indulgências plenárias, que tão facilmente e por tantos modos se nos concedem nela, ainda têm circunstâncias de vantagem, com que não só igualam, mas excedem ao mesmo batismo e ao mesmo martírio. Igualam o batismo e o martírio, porque se o batismo e o martírio purificam e livram a alma de toda a culpa e pena, o mesmo faz a indulgência plenária verdadeiramente ganhada. E excedem o mesmo batismo e o mesmo martírio, porque a indulgência plenária é como o martírio, mas como martírio sem tormento, e é como o batismo, mas como batismo com repetição. Ora vede.

O martírio, como lhe chama a Igreja, é um compêndio ou atalho brevíssimo do caminho da glória, porque o mártir, sem dar mais que um passo, com um pé na terra e outro no céu, entra da morte à bem-aventurança. Por aquela morte se lhe não pede conta da vida; por aquela pena se lhe perdoam todas as penas que devia por seus pecados. E posto que tivesse sido o maior pecador, no mesmo ponto fica santo. Grande felicidade por certo, e muito para desejar! Mas os mártires que assim passaram ao céu, por onde passaram? Uns por cruzes, outros por grelhas, outros por rodas de navalhas, outros pelas unhas e dentes das feras, e todos por tantos e tão atrozes tormentos, que muitos, por medo e horror de tão cruéis mortes, se escondiam e fugiam do martírio, e outros, estando já nele, por não lhes bastar a fortaleza e constância para sofrer, desmaiavam e retrocediam. Vede agora quanto mais fácil é ir direito ao céu por uma indulgência da Bula da Cruzada, que de cruz não tem mais que o nome. O mártir sobe direito ao céu, mas por tantos tormentos e tão arriscados; vós com a indulgência plenária também subis direito ao céu, mas sem tormento nem risco. Por isso o sangue que significava o martírio não saiu do lado de Cristo vivo com dor, senão do lado morto e insensível, porque as graças que manaram daquela fonte divina, se bem logram os privilégios de martírio, são martírio sem tormento.

E se é grande prerrogativa a da indulgência plenária, por ser como o martírio, mas sem tormento, não é menor, nem menos privilegiada, por ser como o batismo, mas com repetição. A graça do sacramento do batismo é tão maravilhosa por grande como por fácil. Que maior maravilha, e que maior facilidade, que um homem carregado de pecados, e obrigado por eles a penas eternas, purificar-se de toda a culpa e livrar-se de toda a pena, só com se lavar, ou o lavarem com uma pouca de água? Mas esta mesma graça tão grande, e esta mesma maravilha e facilidade, se é lícito falar assim, tem um notável defeito. E qual é? Não se poder o batismo reiterar, nem repetir. O homem, uma vez batizado, não se pode batizar outra vez. Essa foi a razão (como lemos em Santo Agostinho)[13] por que muitos dos antigos catecúmenos, conhecendo esta limitação, e que não se podiam batizar mais que uma só vez, ou dilatavam o batismo para a morte, ou quando menos para a velhice, reservando, e como poupando a eficácia daquele remédio para o tempo da maior necessidade. Era abuso, e por isso se proibiu justificadamente. Mas se o Batismo se pudera repetir, e um homem se pudesse rebatizar todas as vezes que quisesse, não há dúvida que seria graça sobre graça, e um excesso de favor muito mais para estimar. Pois isto mesmo que Deus não concedeu a todos pelo sacramento do batismo, nos concede hoje a nós pela bula da Santa Cruzada. Porque, sendo a indulgência plenária, como batismo em purificar de culpa e pena, é juntamente como batismo com repetição, porque se pode repetir e reiterar muitas vezes. O batismo é fonte que se abre uma só vez, e se torna a cerrar para sempre; mas a indulgência da Bula é fonte que se abre hoje, e todos os anos, e não se torna a cerrar, antes fica continuamente aberta. Por isso o lado de que saiu a água, que significava o batismo, de tal maneira se abriu estando Cristo morto, que não se tornou a cerrar, nem depois de ressuscitado. Aberto uma vez, e sempre aberto: "Abriu-lhe o lado com uma lança, e logo saiu sangue e água".

§ IX

Tenho acabado o meu discurso. E sei, senhores, que vos tenho cansado, mas não sei se vos tenho persuadido. Se estais resolutos todos a vos aproveitar de tão inestimáveis tesouros, isto é o que Cristo deseja, e esta a correspondência que espera de vossa devoção: o amor e liberalidade com que, para vos encher de graças, abriu e tem aberto o lado. Mas se houver algum cristão indigno de tal nome, que por fraqueza de fé, ou falta de piedade, não agradeça ao mesmo Senhor as mercês que tão de graça lhe oferece, ao menos com as aceitar e estimar como merecem, saiba que esta será a segunda lançada com que lhe penetrará mais dentro o peito aberto, e lhe ferirá o coração. A lançada do Calvário não diz o texto que feriu, senão que abriu o lado; esta segunda lançada é a que só pode ferir e penetrar tão dentro, que lhe chegue ao coração. "Feriste o meu coração, irmã minha esposa, feriste o meu coração com um dos teus olhos" (Ct 4,9). São queixas de Cristo à sua Igreja, que se compõe de maus e bons, de devotos e indevotos, e de fiéis e infiéis. Diz pois o amoroso Senhor, que sua esposa lhe feriu o coração: "Com um dos olhos". E por que não com ambos? Porque os dois olhos da Igreja são a fé e o entendimento, e só com um deles, se se dividem, ferem os homens neste caso o coração de Cristo. Os Hereges ferem o coração de Cristo com o olho da fé: "Com um dos olhos", porque negam a verdade das indulgências e o poder do pontífice para as conceder. Assim as negou Lutero, por sinal que raivoso de se dar a outro pregador o sermão da cruzada, que ele pretendia pregar. E este foi o primeiro erro com que depois se precipitou a tantos. Os católicos (que somos nós) ferem também o coração de Cristo, mas com o olho do entendimento: "Com um dos olhos", porque crendo o poder do pontífice e a verdade das indulgências, têm alguns tão pouco juízo, que por negligência e pouco cuidado da alma, e por desprezo dos bens do céu, deixam de se aproveitar de tamanhos tesouros. Oh! que ferida esta para o coração de Cristo, tão cruel da nossa parte, e tão sensível da sua!

É possível que há de haver no mundo homem com fé, que podendo se purificar de todos seus pecados, e pagar a Deus as penas de que lhe é devedor, e uma e outra coisa tão facilmente, o não faça? Mas a mesma facilidade é a causa. É tal a condição vil de nossa natureza, que só estimamos o dificultoso, e desprezamos o fácil. A primeira vez que se concederam as indulgências do Ano Santo, foi tal o concurso de todo o mundo a Roma, que não cabendo a multidão das gentes na cidade, inundava os campos. Se esta mesma bula se concedera uma só vez em cem anos, e no cabo do mundo, lá a havíamos de ir tomar. Pois porque Deus nos facilita tanto este bem, e nos vem buscar com ele à nossa casa, o havemos nós de estimar menos? O que o havia de fazer mais precioso, lhe há de tirar o preço? Tais como isto somos os homens. Quando Eliseu mandou a Naamã Siro que se lavasse no Jordão para sarar da lepra, quis-se ele voltar logo para a sua terra, desprezando o remédio pela facilidade e não crendo que podia ter tanta virtude o que tão pouco custava. Mas que lhe disseram a este príncipe os seus criados, e como o persuadiram a que fizesse o que Eliseu lhe ordenava? "Senhor, se o profeta vos mandasse fazer uma coisa muito dificultosa, é certo que a havíeis de fazer para sarar da lepra; pois, se vos pede uma coisa tão fácil, como lavar-vos no Jordão, por que o não fareis? (4Rs 5,13). — Isto diziam a Naamã os prudentes criados, e o mesmo digo eu aos que não quiserem curar suas consciências e acudir a suas almas, para esta e para a outra vida, com um remédio tão fácil. Se para nos purificar de tantas lepras tão feias, tão asquerosas e tão mortais, como são os pecados de todo gênero, e para nos livrar das penas devidas por eles, ou eternas no inferno, ou de muitos anos no purgatório, devíamos aceitar qualquer partido, e oferecer-nos muito de grado a qualquer satisfação, por dura e dificultosa que fosse, uma tão fácil como esta, em que tudo se nos concede e perdoa de graça, por que a desprezaremos? Se há alguém que saiba responder a este porquê, deixe embora de tomar a Bula. Mas porque estou certo que nenhum entendimento que tenha fé lhe pode achar resposta, quero vos deixar com a mesma pergunta nos ouvidos, esperando que por eles nos abra os corações aquele mesmo Senhor que, para nos encher de tantas graças, se deixou abrir o peito: "Um dos soldados lhe abriu o lado com uma lança".

SERMÃO DE

Quarta-Feira de Cinza

Em Roma, na Igreja de S. Antônio dos Portugueses.
Ano de 1673, aos 15 de fevereiro, dia da Trasladação do mesmo Santo.

"Tu és pó, e em pó te hás de tornar."
(Gn 3,19)

Um ano antes, nesta mesma igreja, no mesmo dia litúrgico,
Vieira pregava o tema tradicional do "És pó".
Sobre a cabeça uma cinza feita de palmas, na mão uma palma feita de cinzas.
Que a morte seja uma, incerta e momentânea, toda pessoa em vida o sabe.
Mas poucos sabem que há uma grande diferença entre morrer vivo
e morrer já morto. Morrem vivos os que acabam a vida com a morte.
E morrem já mortos os que acabam a vida antes de morrer
e estes são bem-aventurados.
Morreram ao mundo antes que a morte os colhesse.
O único e eficaz remédio contra todos os perigos
e dificuldades da morte é este: morrer já morto.
Demos, portanto, a Deus, o tempo que sempre é seu,
enquanto também é nosso.

§ I

Duas coisas prega hoje a Igreja a todos os mortais, ambas grandes, ambas tristes, ambas temerosas, ambas certas. Assim comecei eu o ano passado, quando todos estávamos mais longe da morte; mas hoje, que também estamos todos mais perto dela, importa mais tratar do remédio, que encarecer o perigo. Adiantando pois o mesmo pensamento, e sobre as mesmas palavras, digo, senhores, que duas coisas prega hoje a Igreja a todos os vivos: uma grande, outra maior; uma triste, outra alegre; uma temerosa, outra segura; uma certa e necessária, outra contingente e livre. E que duas coisas são estas? Pó e pó. "O pó que somos", e "O pó que havemos de ser". O pó que havemos de ser é triste, é temeroso, é certo e necessário, porque ninguém pode escapar da morte; o pó que somos é alegre, é seguro, é voluntário e livre, porque se nós o quisermos entender e aplicar como convém, o pó que somos será o remédio, será a triaga, será o corretivo do pó que havemos de ser.

Notável foi o caso sucedido em tempo do imperador Valente, do qual disse então, com elegante juízo, o poeta Ausônio[1] aquela tão celebrada sentença: "Quando os fados os querem, dois venenos ajudam". Quis uma inimiga doméstica tirar a vida com veneno ao senhor da casa, e depois de ter medicado a bebida com certos pós venenosos, duvidando ainda se teriam bastante eficácia para segurar melhor o efeito, mandou buscar outros. Vieram os segundos pós, lança-os na mesma taça a traidora, bebe o inocente marido, mas quando ela esperava que caísse subitamente morto, ele ficou tão vivo e sem lesão como dantes. Admirável acontecimento! Se os primeiros pós bastavam para matar, e os segundos também, ambos juntos, por que não mataram? Este homem não era Mitridates[2], que se alimentasse com veneno. Se bebia só os primeiros pós, morria; se bebia só os segundos, também morria. Pois por que não morreu bebendo uns e mais os outros? Porque os segundos pós foram corretivos dos primeiros. A guerra que haviam de fazer ao coração, fizeram-na entre si, e em vez de matar, mataram-se. Tais são os dois pós com que hoje nos ameaça a sentença universal de Adão: "És pó", um pó; "Em pó hás de tornar", outro pó, ambos mortais, ambos venenosos, mas se nós quisermos, não está na mão dos fados, senão na nossa, que um seja a triaga e o corretivo do outro. Isto é o que determino pregar hoje. A Igreja põe-vos sobre a cabeça uma cinza feita de palmas; eu hei-vos de meter na mão uma palma feita de cinzas. Havemos de vencer um pó com outro pó; havemos de curar um veneno com outro veneno; havemos de matar uma morte com outra morte: a morte do pó que havemos de ser, com a morte do pó que somos: "És pó, e em pó hás de tornar". Para que eu saiba preparar estes pós de modo que venham a ter uma tão grande virtude, e para que vós e eu saibamos aplicar como convém, não por cerimônia, que não é o dia disso, senão muito de coração, peçamos a assistência da divina graça: *Ave Maria*.

§ II

"És pó, e em pó hás de tornar". Homem cristão, com quem fala a Igreja, és pó e hás de ser pó. Que remédio? Fazer que um pó seja corretivo do outro. Sê desde logo o pó que és, e não temerás depois ser o pó que hás de ser. Sabeis, senhores, por que tememos o pó que havemos de ser? É porque não queremos ser o pó que somos. Sou pó, e hei de ser pó: pois antes de ser o pó que hei de ser, quero ser o pó que sou. Já que hei de ser pó por força, quero ser pó por vontade. Não é melhor que faça desde já a razão, o que depois há de fazer a natureza? Se a natureza me há de resolver em pó, eu quero me resolver a ser pó; e faça a razão por remédio o que há de fazer a natureza sem remédio. Não sei se entendestes toda a metáfora? Quer dizer mais claramente que o remédio único contra a morte é acabar a vida antes de morrer. Este é o meu pensamento, e envergonho-me, sendo pensamento tão cristão, que o dissesse primeiro um gentio. "Considera que bela coisa seja consumar a vida antes da morte: e em seguida esperar seguro parte de seu tempo"[3], Lucílio meu, diz Sêneca, escrevendo de Roma à Sicília. O pensamento saiu de Roma, e fora melhor que não saísse. — Lucílio meu, considera com atenção o que agora te direi, e toma um conselho que te dou como mestre e como amigo. Se queres morrer seguro, e viver o que te resta sem temor, acaba a vida antes da morte. — Oh! grande e profundo conselho, merecedor verdadeiramente de melhor autor, e digno de ser abraçado de todos os que tiverem fé e entendimento! "Consumar a vida antes da morte". Acabar a vida antes de morrer, e ser pó por eleição, antes de ser pó por necessidade. Isto disse e ensinou um homem gentio, porque para conhecer esta verdade não é necessário ser cristão; basta ser homem: "Lembra-te homem".

Suba agora a fé sobre a razão, venha a autoridade divina sobre a humana, e ouçamos o que diz o céu à terra. "Ouvi, diz S. João, uma voz do céu que me dizia e me mandava escrever esta sentença: Bem-Aventurados os mortos que morrem em o Senhor" (Ap 14,13). — Celestial oráculo, mas dificultoso! "Que morto pode morrer?" — argui a pergunta S. Ambrósio[4]. — Que morto há que possa morrer? "Nenhum, sem dúvida". — Tudo acaba a morte, e tudo se acaba com a morte, até a mesma morte. Quem morreu, já não pode morrer. Só os mortos têm este privilégio contra a jurisdição e império universal da morte. São sujeitos à morte os príncipes, os reis, os monarcas; só os mortos, depois que uma vez lhe pagaram tributo, ficarão isentos de sua jurisdição. Por isso Tertuliano chamou judiciosamente a sepultura "Asilo da morte"[5]: asilo, e sagrado, da morte. Contra a alçada da morte, nem o Vaticano é sagrado, mas a sepultura sim, porque os mortos já não podem morrer. Como diz logo a voz do céu a S. João: Bem-aventurados os mortos que morrem em o Senhor? Mortos que morrem? Que mortos são estes? São aqueles mortos que acabam a vida antes de morrer. Os que acabam a vida com a morte, são vivos que morrem, porque os tomou a morte vivos; os que acabam a vida antes de morrer, são mortos que morrem, porque os achou a morte já mortos. "São bem-aventurados aqueles que morrem no Senhor, aqueles que antes morrem ao mundo e depois à carne" — responde o mesmo S. Ambrósio. Sabeis quais são os mortos que morrem? São aqueles que acabaram a vida antes de morrer, aqueles que morreram ao mundo antes que a morte os tire do mundo: "Que antes morrem ao mundo e depois à carne". Estes são os mortos que morrem; estes são os que morrem em o Senhor; estes são os que a voz do céu canoniza por bem-aventurados: "Bem-aventurados os que morrem no Senhor".

E se os que morrem mortos são bem-aventurados, os que morrem vivos, que serão? Sem dúvida mal-aventurados. Grande texto de Davi: "Venha a morte sobre eles, e desçam vivos ao inferno" (Sl 54,16). A primeira parte desta sentença faz estranha e dificultosa a segunda. Que possam homens descer vivos ao inferno, exemplo temos em Datã e Abiron: abriu-se a terra, e engoliu-os o inferno vivos (Nm 16,32). Mas o caso do nosso texto ainda encerra maior maravilha. Diz que virá a morte sobre eles: "Venha a morte sobre eles", e que assim descerão vivos ao inferno: "E desçam vivos ao inferno". Se a morte veio sobre eles, já os matou, e se já são mortos, como diz o profeta que desceram ao inferno vivos? Porque esse é o estado em que os achará a morte. Não fala o profeta do estado em que hão de chegar ao inferno, senão do estado em que os achará e tomará a morte, quando lá der com eles. A morte, quando vem, mata a cada um no estado em que o acha. Aos que acabaram a vida antes de morrer, mata-os já mortos; aos que não quiseram acabar a vida antes da morte, mata-os vivos. Estes tais, vem a morte sobre eles; os outros, vão eles sobre a morte. E vai tanta diferença de vir a morte sobre vós, ou irdes vós sobre ela; vai tanta diferença de morrer assim vivo, ou já morto, que os que morrem mortos são os que têm seguro o céu: "Bem-aventurados os mortos, que morrem no Senhor"; e os que morrem vivos, são os que vão ao inferno: "Venha a morte sobre eles e desçam vivos ao inferno".

Senhores meus, o dia é de desenganos. Morrer em o Senhor, ou não morrer em o Senhor, haver de ser bem-aventurado, ou não haver de ser bem-aventurado, é o ponto único a que se reduz toda esta vida e todo este mundo, todas as obras da natureza, e todas as da graça, tudo o que somos, e tudo o que havemos de ser, porque é salvar, ou não salvar. Este é o negócio de todos os negócios, este é o interesse de todos os interesses, esta é a importância de todas as importâncias, e esta é e deve ser na cúria, e fora dela, a pretensão de todas as pretensões, porque este é o meio de todos os meios, e o fim de todos os fins: morrer em graça, e segurar a bem-aventurança. E se me perguntardes: essa bem-aventurança, e esse seguro, e essa graça, por que a não promete a voz do céu aos vivos que morrem, senão aos mortos que morrem: "Mortos que morrem?" A razão verdadeira e natural, e provada com a experiência de todos os que viveram e morreram, é porque aqueles que morrem quando morrem, hão de contrastar com todos os perigos e com todas as dificuldades da morte, que é coisa muito arriscada naquela hora; porém os que morrem antes de morrer, já levam vencidos e superados todos esses perigos e todas essas dificuldades, porque na primeira morte desarmaram e venceram a segunda.

Três coisas (dividamos o discurso para que declaremos e apartemos bem este ponto) três coisas fazem duvidosa, perigosa e terrível a morte: ser uma, ser certa, ser momentânea. Estas são as três cabeças horrendas deste Cérbero, estas são as três gargantas por onde o inferno engole o mundo. E de todas estas dificuldades e perigos se livra seguramente só quem? Quem não guarda a morte para a morte; quem acaba a vida antes de morrer; quem se resolve a ser pó antes de ser pó: "És pó".

§ III

Primeiramente é terrível e terribilíssima condição da morte ser uma: "Está decretado aos homens que morram uma só vez" (Hb 9,27). Hei de morrer, e uma só vez. A lei geral de Adão diz: "Morrerás" (Gn 2,17). A glosa de S. Paulo acrescenta: "Uma vez". E sendo a lei tão temerosa, muito mais terrível é a glosa que a mesma lei. Os males desta vida, quanto mais se multiplicam, tanto são maiores: "Multiplicarei os teus trabalhos" (Gn 3,16), disse Deus a Eva. O maior mal da morte é não se poder multiplicar. Se a unidade da morte se multiplicara, e se pudera morrer mais de uma vez, apelara-se de uma para a outra. Quando Davi saiu a desafio com o gigante, meteu cinco pedras no surrão, porque se errasse a primeira pedrada, pudesse apelar para as outras pedras (1Rs 17,40). Todos havemos de sair a desafio com este grão-gigante, com este Golias da morte; mas o vencer ou não vencer, está em um só tiro. Quem disse: "Na guerra não se pode errar duas vezes", errou. O que se erra em uma batalha pode-se emendar na outra; e o que se perdeu em uma rota, pode-se recuperar em uma vitória: só a morte é aquela em que não é lícito errar duas vezes. "Enfim erramos" (Sb 5,6) — diziam depois de mortos aqueles que tinham dito pouco antes: "Coroemo-nos de rosas, antes que se murchem" (Sb 2,8). — Pois se errastes, por que não emendais o erro? Porque já não é tempo; somos mortos. Muito mais temerosa é nesta parte a morte do corpo que a morte da alma. Para a morte da vida espiritual há contrição, há penitência; para a morte da vida corporal não instituiu Deus sacramento, nem há remédio. Quem a errou uma vez, errou-a para sempre. A transmigração deste mundo para o outro não é como a transmigração de Pitágoras[6]. Se a alma, depois de viver em um corpo, pudera animar outro, depois de o homem morrer a primeira vez em um ladrão, pudera morrer a segunda em um anacoreta. Mas quem uma vez morreu Judas, não lhe resta outra morte para morrer Paulo. Uma só morte, ou boa para sempre, ou má para sempre: "Uma vez".

Não há dúvida que é terrível condição esta da morte. Mas para quem terrível? Para quem morre quando morre. Porém quem morre antes de morrer, zomba desta condição e ri-se desta terribilidade: "Rirá no último dia" (Pr 31,25)? Que se me dá a mim que a morte seja uma, se eu posso fazer que sejam duas? A morte não tem remédio depois, mas tem remédio antes. "Demarcaste os seus limites dos quais ele não pode passar" (Jó 14,5). Notai a palavra "passar". A morte é um termo que se não pode passar da parte dalém, mas pode-se antecipar da parte daquém. Não tem remédio depois, porque depois de uma morte não há outra morte; mas tem remédio antes, porque antes de uma morte pode haver outra. Por lei e por estatuto hei de morrer uma vez, mas na minha mão e na minha eleição está morrer duas, e este é o remédio. Morreu Lázaro, enterraram-no as irmãs; chegou Cristo ao sepulcro, e chorou. À vista destas lágrimas e da sepultura de Lázaro, admirados os circunstantes diziam: "Não podia aquele que abriu os olhos do cego de nascimento fazer que este não morresse?" (Jo 11,37). Este que chora, não é o mesmo que deu a vista ao cego de seu nascimento? Sim. Pois como não impediu que morresse Lázaro? — Se chora, é seu amigo; se deu vista ao cego, é poderoso: é amigo e poderoso, e não faz por seu amigo o que pode? Se o podia sarar, por que o deixou morrer, e não fez o que podia? Não fez Cristo neste caso o que podia, porque nos quis ensinar com este caso a fazer o que podemos. Quis-nos ensinar Cristo a morrer duas vezes. Altamente Santo Agostinho: "Para que o homem que nasce uma só vez aprendesse a morrer duas vezes"[7]. Deixou Cristo morrer a Lázaro, e não o quis sarar enfermo, senão ressuscitar morto, para que à vista deste exemplar (morrendo Lázaro agora, e tornando a morrer depois) aprendessem e soubessem os homens, que nascendo uma só vez, podem morrer duas: "Nascer uma só vez, e morrer duas vezes". Oh! divino documento do divino Mestre: Nascer uma vez, e morrer duas vezes!

Bem creio eu que haverá bem poucos que quiseram antes trocados estes termos, e poder nascer duas vezes, para escolher nascimento. Mas Deus, que nos fez para a eternidade, e não para o tempo, para a verdade, e não para a vaidade, deixou o nascer à natureza e o morrer à eleição. No nascer, em que todos somos iguais, não pode haver erro, e por isso basta nascer uma vez; no morrer, em que o erro ou acerto importa tudo, e há de durar para sempre, era justo que o homem pudesse morrer duas vezes, para eleger a morte que mais quisesse, e para aprender, morrendo, a saber morrer. Nenhuma coisa se faz bem da primeira vez, quanto mais a maior de todas, que é morrer bem. Reparo é digno de toda a admiração, que sendo tantas as meditações da morte, e tantos os espertadores deste desengano, sejam tão poucos os que sabem morrer. Mas a razão desta experiência e desta desgraça é porque as artes ou ciências práticas não se aprendem só especulando, senão exercitando. Como se aprende a escrever? Escrevendo. Como se aprende a esgrimir? Esgrimindo. Como se aprende a navegar? Navegando. Assim também se há de aprender a morrer, não só meditando, mas morrendo. Por isso Cristo nos ensinou em Lázaro a morrer duas vezes: uma vez para que aprendêssemos, outra para que soubéssemos morrer. Ao paralítico, e a outros a quem o Senhor deu saúde milagrosa, depois de os sarar, pregava-lhes; a Lázaro, e aos demais que ressuscitou, nenhum documento lhes deu. E por quê? Porque eram homens que já morreram uma vez, e haviam de morrer outra, e quem morre antes da morte, não há mister mais doutrina para bem morrer.

O inferno e a condenação eterna (que é o paradeiro dos que morrem mal) chama-se no Apocalipse morte segunda. E faz menção ali S. João de certas almas, em quem a morte segunda não tem poder: "Nestes a segunda morte não tem poder" (Ap 20,6). E que almas venturosas são estas, em quem não tem poder a morte segunda? Todos, enquanto estamos sujeitos à morte primeira, que é a morte temporal, estamos também arriscados à morte segunda, que é a morte eterna, porque todos nos podemos condenar e ir ao inferno. Que almas são logo estas privilegiadas, que totalmente se isentam do poder e jurisdição da morte segunda? São as almas daqueles que com verdadeira resolução e perseverança souberam acabar a vida antes da morte e morrer antes de morrer. Das mesmas palavras de S. João se colhe, se bem as consideramos. E se não, pergunto: Por que se chama a morte eterna precisa e determinadamente morte segunda, e não mais que segunda? Porque não pode ser morte senão daqueles que morrem uma só vez. Morte segunda refere-se à morte primeira, e supõe antes de si outra morte, mas uma só, e não mais que uma, porque se as mortes antecedentes fossem duas, já não seria morte segunda, senão morte terceira. E como os que morrem em vida morrem duas vezes, uma quando morrem, e outra antes de morrer, já não tem neles lugar morte segunda. Para quem morre uma só vez há no inferno morte segunda; para quem morre duas vezes, não há lá morte terceira. Por isso a que se chama segunda, não tem sobre eles poder: "Nestes a segunda morte não tem poder". Oh! ditosos aqueles, que para evitar o perigo da morte segunda, souberem meter outra morte diante da primeira!

Cristãos, e senhores meus, se quereis morrer bem (como é certo que quereis) não deixeis o morrer para a morte: morrei em vida; não deixeis o morrer para a enfermidade e para a cama: morrei na saúde, e em pé. E se quiserdes para esta grande empresa um corpo, ou hieroglífico natural, não notado por Plínio ou Marco Varro[8], senão por autor divino e canônico, eu vo-lo darei. Foi notar S. Judas Tadeu naquela sua admirável epístola, que as árvores morrem duas vezes: "Árvores do outono, sem fruto, duas vezes mortas" (Jd 1,12). A primeira vez, morrem as árvores em pé, a segunda deitadas; a primeira, quando se secam; a segunda, quando caem. Platão disse que os homens são árvores às avessas, e eu acrescento que, se morrerem como as árvores, serão homens às direitas. Na árvore, enquanto lhe dura a vida, ou a verdura, tudo são galas, tudo pompa, tudo novidades; morre finalmente a árvore com o tempo a primeira vez, e daquele corpo tão formoso e vário, que vestiam as folhas, que guarneciam as flores, que enriqueciam os frutos, não se vê mais que um cadáver seco, triste e destroncado. Neste despojo de tudo o que tinha sido, presa ainda pelas raízes, e sustentando-se na terra, mas não da terra, espera a árvore em pé a última caída, e esta é a segunda morte, com que de todo acaba. Assim deve acabar antes de acabar, quem quer acabar bem. Quantas primaveras têm passado por nós, quantos verões, e quantos outonos, e pode ser que com menos fruto que folha e flores! O que fazem os anos nas árvores, bem o puderam já ter feito em muitos de nós os mesmos anos. E é bem que a razão e o desengano o faça em todos, pois são mais fracas as nossas raízes. Esperemos mortos pela morte, e esperemo-la em pé, antes que ela nos deite na sepultura. Oh! ditosa sepultura a daqueles na qual se possa escrever com verdade o epitáfio vulgar do grande Escoto[9]: "Uma vez sepultado e duas morto".

§ IV

Vencida assim esta primeira dificuldade de ser a morte uma, segue-se a segunda, não menos perigosa, nem menos terrível, que é o ser incerta. Certa a morte, porque todos certa e infalivelmente havemos de morrer; mas nessa mesma certeza, incerta, porque ninguém sabe o quando. Repartimos a vida em idades, em anos, em meses, em dias, em horas, mas todas estas partes são tão duvidosas e tão incertas que não há idade tão florente, nem saúde tão robusta, nem vida tão bem regrada, que tenha um só momento seguro. Perplexo no meio desta incerteza, e temeroso dela, Davi fez esta petição a Deus: "Senhor, fazei-me conhecer o meu fim e o número dos meus dias, para que eu saiba o que me resta" (Sl 38,5). Senhor, não vos peço larga vida, mas estes dias poucos, ou muitos, que hei de viver, peço-vos que me digais quantos são, para saber o que me resta. — Assim o pediu Davi, mas é a lei da incerteza da morte tão indispensável, que nem a Davi o concedeu Deus. Era Davi aquele homem que com verdade dizia de si: "Revelaste-me o segredo e o oculto do teu saber" (Sl 50,8), e manifestando-lhe Deus todos seus segredos, e as outras coisas mais incertas e ocultas de sua providência, só o incerto e oculto de sua morte lhe não quis revelar. Tão reservado é só para Deus o certo desta incerteza.

Mas dado caso que Deus revelara a Davi a certeza da sua morte, ainda depois de revelada e certificada por Deus, digo que ficaria incerta. Temos o caso em outro rei não menos santo, nem menos favorecido de Deus que Davi. Havendo el-rei Josias feito grandes serviços a Deus, em observância e aumento de religião, prometeu-lhe o mesmo Deus em prêmio destas boas obras, que morreria em paz: "Por isso eu te farei descansar com teus pais e serás sepultado em paz no teu sepulcro" (4Rs 22,20). Muito contente Josias com esta revelação, e muito animado com este seguro divino, como mancebo que era de trinta e nove anos, desejoso de glória, arma exército contra os Assírios, mete-se em campanha, e tanto que os dois exércitos estiveram à vista, põe-se na testa dos esquadrões com o bastão na mão e o cartaz de Deus no peito. Eu hei de morrer na paz, seguro estou na guerra. Cerram nisto os esquadrões, trava-se a batalha, voam as setas, senão quando uma delas atravessa pelo coração do rei Josias, e cai morto. Morto el-rei? Não pode ser. Não tinha Josias uma revelação e um assinado de Deus, que havia de morrer em paz? "E serás sepultado em paz no teu sepulcro?" Pois, como morre na guerra e na batalha? Aqui vereis qual é a incerteza da morte. É certo que Josias morreu na guerra; é certo que Deus lhe tinha prometido que havia de morrer em paz; é certo que a palavra de Deus não pode faltar, e no meio de todas estas certezas foi incerto o dia, incerto o lugar, e incerto o gênero de morte de que havia de morrer e morreu Josias. Mas como pode estar esta incerteza, e tantas incertezas, com a certeza infalível da palavra Divina? Disse-o Davi nas mesmas palavras com que pouco há fez a sua petição: "Falei com a minha língua: Fazei-me conhecer, Senhor, o meu fim" (Sl 38,5). Quando eu pedi a Deus que me revelasse o fim de minha vida, falei na minha língua: "Falei com a minha língua". E assim como Davi falou a Deus na sua língua, assim Deus falou a Josias na sua. A língua de Deus, não a entendem bem os homens, porque pode ter muitos sentidos. E que importa que tenha eu palavra de Deus, e que a palavra de Deus seja certa, se o sentido da mesma palavra de Deus pode ser incerto, como aqui foi? Por isso fala Deus de propósito com palavras de sentido duvidoso e incerto, ainda quando revela os futuros da morte, para que a certeza dela fique reservada sempre à sua sabedoria somente, e para nós seja sempre duvidosa, e sempre incerta.

Tal é, senhores, a incerteza da morte; mas na nossa mão está fazê-la certa, se nos resolvemos a acabar a vida antes de morrer. Que bem vem caindo neste lugar aquele dito verdadeiramente romano do vosso Catão. Estava ele na África, sustentando só, como bom cidadão, as partes da república contra César; estava também ali o famosíssimo oráculo de Júpiter, Amon. Disseram-lhe que o consultasse. E que responderia Catão?[10] Respondeu mais sabiamente do que pudera responder o mesmo Júpiter: "Os oráculos não me dão certeza, mas sim a morte". Do meu fim não me certificam os oráculos: o meu oráculo certo é a morte certa. Falou barbaramente como gentio, mas generosamente como estoico. Era dogma da seita estoica, nos perigos de morrer indignamente, tirar-se a si mesmos a vida antes da morte. Assim o fez Catão tomando a morte certa por suas próprias mãos, por antecipar a morte duvidosa, vindo às mãos de César. Melhor o cristão que o estoico. O estoico mata-se para que o não matem: o cristão morre para morrer. Morrer mal, para não morrer pior, como faz o estoico, parece valor e prudência, mas é temeridade e fraqueza. Morrer bem, para morrer melhor, como faz o cristão, é valor, e verdadeira prudência. E se o estoico morre uma morte certa, o cristão morre duas, também certas, porque na certeza da primeira, segura a incerteza da segunda. Que se lhe dá logo ao cristão que a morte seja incerta, se ele, morrendo antes, a pode fazer certa.

Ouvi S. Paulo: "Eu corro não ao incerto" (1Cor 9,26). Eu passo a carreira da vida como os outros homens, mas não corro como eles, ao incerto, senão ao certo. — Alude o apóstolo aos jogos daquele tempo, em que os contendores corriam até certa baliza ou meta, incertos de quem havia chegar primeiro ou depois. A meta é a morte, a carreira é a vida. E por que diz Paulo que ele corria ao certo, e não ao incerto, como os demais? Porque os demais acabam a carreira quando chegam à meta; Paulo, antes de chegar à meta, tinha já acabado a carreira. Os demais acabam a vida quando chegam à morte; Paulo tinha acabado a vida antes de morrer. O mesmo apóstolo o disse, persistindo na mesma metáfora: "Combati o bom combate, terminei a corrida" (2Tm 4,7). Já tenho vencido o certame, já tenho acabado a carreira. Já? Para bem vos seja, apóstolo sagrado: mas quando? Aqui está a dúvida. Disse isto S. Paulo na segunda epístola que escreveu a Timóteo, a qual, como nota o Cardeal Barônio[11], foi escrita no ano quinto de Nero, oito anos antes que o mesmo Nero lhe tirasse a cabeça. Pois se a S. Paulo lhe restavam ainda tantos anos de vida, e podia viver muitos mais, como diz que já tinha acabado a sua carreira: "Combati o bom combate, terminei a corrida" (2Tm 4,7). Porque não esperou pela morte para acabar a vida: já tinha acabado a vida antes de morrer. E como tanto tempo antes podia dizer com verdade: "Combati o bom combate, terminei a corrida", por isso disse também com mesma verdade: "Eu corro não ao incerto", porque já tinha feito certo o incerto da morte. Para quem acaba a carreira da vida quando morre, é a morte incerta; mas para quem a soube acabar antes de morrer, não é incerta, é certa.

E para que vejais quão certa é, notai que entre todas as mortes certas, só esta, com que acabamos a vida antes de morrer, tem infalível e total certeza. Todas as outras mortes, ou no ser, ou no modo, ou no tempo, têm suas incertezas; só esta em si, e em todas suas circunstâncias, é certamente certa. Quando por traça de Amã se publicou edito de morte contra todos os hebreus que viviam nas cento e dezessete províncias sujeitas a el-rei Assuero, diz o texto sagrado que todo Israel clamou a Deus, vendo-se condenados sem remédio à morte certa: "Todo Israel clamou ao Senhor porque era-lhes eminente a morte certa" (Est 13,18). Era certa esta morte, porque estava sentenciada; era certa, porque estava determinado o dia; e sobretudo era certa, porque os decretos dos reis, por lei inviolável dos persas e medos, eram irrevogáveis. Mas esta mesma morte tão certa, e que por tantas razões carecia de toda a defesa e remédio humano, alfim mostrou o efeito, que não tinha infalível certeza, porque, descoberto o engano e maldade de Amã pela rainha Ester, Assuero revogou o edito, e todos os que estavam condenados e sujeitos à morte ficaram livres e vivos (Est 16). Tão incerta é a morte, ainda quando mais certa.

E se alguém me disser que era decreto humano e falível, e que por isso houve incerteza na morte certa, vamos a outra morte certa por decreto divino, e vereis que também nela pode haver circunstâncias de incerteza. "Estou certo de que brevemente hei de deixar o meu tabernáculo, porque o Senhor nosso Jesus Cristo me revelou" (2Pd 1,14). Estou certo, diz S. Pedro na sua segunda epístola, estou certo que hei de morrer brevemente, porque assim mo significou o mesmo Cristo. — Pode haver maior certeza, nem mais bem provada? Não pode. Mas ainda assim perguntara eu a S. Pedro: Apóstolo e pontífice santo: a brevidade dessa mesma morte de que estais tão certo, saber-nos-eis dizer quão breve há de ser? Se será neste ano, ou no seguinte? Se será neste mês, ou em algum dos outros? Se será neste mesmo dia, e nesta mesma hora, e neste mesmo lugar em que estais escrevendo? Nada disto podia dizer, nem afirmar S. Pedro, porque debaixo daquela certeza particular, significada e declarada por Cristo, estava ainda encoberta e duvidosa, e igualmente infalível aquela outra incerteza geral, pronunciada pelo mesmo Cristo: "Porque não sabeis o dia nem a hora" (Mt 25,13). De sorte que sabia S. Pedro que havia de morrer brevemente, mas o quando e onde, não o sabia; estava certo da morte e da brevidade; mas do dia e da hora não estava, nem podia estar certo; e esta é a certeza da morte que se acaba com a vida. Porém a morte em que se acaba a vida antes de morrer é tão certa em si, e em todas as suas circunstâncias, que se eu me resolvo neste ponto (como devo resolver), não só sei com certeza o lugar e o dia, senão com certeza a hora, e com certeza o momento. E a razão desta diferença é a que notou Jó: "Breves são os dias do homem; em teu poder está o número dos seus meses" (Jó 14,5). O quando daquela morte, não o posso saber certamente, porque está em Deus; o quando de estoutra morte posso-o saber com toda a certeza, porque está em mim. Aquele está em Deus, porque depende só da sua vontade; este está em mim, porque com a graça do mesmo Deus, que nunca falta, depende da minha.

Agora me não espanto que Deus não deferisse a petição de Davi, porque o despacho, se ele quisesse, estava na sua mão. Que dizia Davi, e que pedia a Deus? Pedia que Deus lhe revelasse o fim de sua vida: "Fazei-me conhecer, Senhor, o meu fim" (Sl 38,5). E para Davi, ou qualquer outro homem, sem ser profeta, saber o fim de sua vida, não é necessário que Deus lho revele. Se eu quero saber o fim de minha vida, ponha-lhe eu o fim, e logo o saberei. Então será verdadeiramente "o meu fim", porque será livre, e não necessário; será voluntário, e não forçoso: será da minha eleição e do meu merecimento; será, enfim, fim da minha vida, e não da vida que não é minha, porque só é minha a presente, e não a futura. Que mais pedia e queria Davi? "E o número dos meus dias": queria saber a conta dos seus dias. Inútil desejo, e escusada petição. Pedia o que não importa nada, e deixava o que só importa. Não quero saber a conta aos dias da vida futura; quero saber conta, e tomar conta aos dias da vida passada. Não quero saber de Deus a conta dos dias que hei de viver; quero saber de mim a conta que hei de dar a Deus dos dias que tenho vivido. Esta é a necessária e verdadeira conta dos nossos dias. Finalmente a que fim pedia Davi esta revelação? "Para que eu saiba o que me falta". E que importa saberdes o que vos falta, se é melhor não o saber? Não quero saber da vida o que me falta; quero ignorar o que me sobeja. Quem sabe quando há de morrer, sabe os dias que lhe faltam; quem morre antes de morrer, ignora os dias que lhe sobejam, e esta ignorância é melhor que aquela ciência. Que maior felicidade na incerteza da morte, que sobejar-me a vida? Aos que acabam a vida com a morte, falta-lhes a vida; aos que acabam a vida antes de morrer, sobeja-lhes. E sequer estes sobejos da vida não os daremos de barato a Deus e à alma? Mas vamos à última dificuldade.

§ V

A última dificuldade e o maior perigo e aperto da morte, é ser momentânea. Que coisa é morte? "Um momento do qual pende a eternidade", ou por melhor dizer, as eternidades. — O momento é um, e as eternidades que dele pendem são duas: ou de ver a Deus para sempre, ou de carecer de

Deus para sempre. É uma linha indivisível que divide este mundo; do outro mundo, é um horizonte extremo, donde para cima se vê o hemisfério do céu, e para baixo o do inferno; é um ponto preciso e resumido, em que se ajunta o fim de tudo o que acaba e o princípio do que não há de acabar. Oh! que terrível ponto este, e mais terrível para os que nesta vida se chamam felizes. "Passam-se seus dias em prazeres, e num momento descem à sepultura" (Jó 21,13). Se este ponto tivera partes, fora menos temeroso, porque entre uma e outra pudera caber alguma esperança, alguma consolação, algum recurso, algum remédio, mas este ponto não tem partes, nem ata, ou se ata com partes, porque é o último. O instante da morte não é como os instantes da vida. Os instantes da vida, ainda que não têm partes, unem-se com partes, porque unem a parte do tempo passado com a parte do futuro. O instante da morte é um instante que se desata do tempo que foi, e não se ata com o tempo que há de ser, porque já não há de haver tempo: "E não haverá mais tempo" (Ap 10,6). Não vos parece que é terrível coisa ser a morte momentânea? Não vos parece que é terrível momento este? Pois eu vos digo, que nem é terrível, nem é momento, para quem souber fazer pé atrás a acabar a vida antes de morrer, porque ainda que a morte é momento, e não é tempo, quem acaba a vida antes de morrer, mete tempo entre a vida e a morte.

Não vos quero alegar para isto com autoridades de Jerônimo, ou Agostinho, nem com exemplos de Hilariões e Pacômios[12], senão com o exemplo e com a autoridade de um homem de capa e espada, ou de espada sem capa, que é ainda mais. Entrou um soldado veterano a Carlos Quinto, e pediu-lhe licença, com um memorial, para deixar seu serviço e se retirar das armas. Admirou-se o imperador, e parecendo-lhe que seria descontentamento e pouca satisfação do tempo que havia servido, respondeu-lhe, chamando-o por seu nome, que ele conhecia muito bem o seu valor e o seu merecimento, que tinha na lembrança as batalhas em que se achara e as vitórias que lhe ajudara a ganhar, e que as mercês que lhe determinava fazer, lhas faria logo efetivas com grandes vantagens de posto, de honra, de fazenda. Oh! venturoso soldado com tal palavra, e de um príncipe que a sabia guardar! Mas era muito melhor, e muito maior a sua ventura. — Sacra e real majestade, disse, não são essas as mercês que quero, nem essas as vantagens que pretendo: o que só peço e desejo da grandeza da Vossa Majestade, é licença para me retirar, porque quero meter tempo entre a morte e a vida: "Entre os negócios da vida e o dia da morte deve caber um espaço", diz o vosso, e nosso Lívio na História *De Bello Belgico*[13]. E que vos parece que faria o César neste caso? Concedeu enternecido a licença, retirou-se ao gabinete, tornou a ler o memorial do soldado, e despachou-se a si mesmo. — Oh! soldado mais valente, mais guerreiro, mais generoso, mais prudente, e mais soldado que eu! Tu até agora foste meu soldado, eu teu capitão: desde este ponto tu serás meu capitão, e eu teu soldado: quero seguir tua bandeira. — Assim discorreu consigo César, e assim o fez. Arrima o bastão, renuncia o império, despe a púrpura, e tirando a coroa imperial da cabeça, pôs a coroa a todas suas vitórias, porque saber morrer é a maior façanha. Resolveu-se animosamente Carlos a acabar ele primeiro a vida, antes que a morte o acabasse a ele. Recolheu-se, ou acolheu-se ao Convento de Juste, meteu tempo entre a vida e a morte, e porque a primeira vez soube morrer imperador, a segunda morreu santo. Oh!

generoso príncipe, e prudente general, que soubeste seguir e aprender do teu soldado! Oh! valente e sábio soldado, que soubeste ensinar e vencer o maior general. Ambos tocaram a recolher a tempo, e por isso seguraram a maior vitória, porque fizeram a seu tempo a retirada.

Estes são os exemplos, senhores, que vos prometi. E se porventura quereis outros mais antigos e mais sagrados, ouvi-o de outro general também coroado, e de outro soldado igualmente valoroso e sábio, a quem ele imitou e seguiu. Desenganado Davi, como vimos, de não poder alcançar de Deus o número que lhe restava de seus dias, e o fim e o termo certo de sua vida, reformou o memorial, e pediu assim nas últimas palavras do mesmo salmo: "Afastai de mim a vossa ira para que eu tome alento, antes que me vá para não mais voltar" (Sl 38,14). Já que, Senhor, não sois servido que eu saiba a certeza de minha morte, e os dias que na vossa providência me tendes determinado de vida, ao menos vos peço que me concedais algum espaço de quietação e sossego, em que possa meter tempo entre a vida e a morte: "Dai-me quietação e sossego antes de morrer, e assim sairei desta vida em paz; sem os terrores de consciência que então costumam aparecer", comenta Genebrardo[14]. De maneira que, desenganado Davi, mudou e melhorou de pensamento, e a sua última resolução foi segurar o estreito passo e momento da morte, com meter tempo entre ela e a vida. E de quem aprendeu Davi, de quem aprendeu o rei, general dos exércitos de Deus, esta lição? Aprendeu-a daquele famoso soldado, que pela experiência de suas batalhas dizia: "A vida do homem sobre a terra é uma guerra" (Jó 7,1). Quase pelas mesmas palavras de Davi o tinha já dito e pedido Jó: "Porventura o pequeno número de meus dias não acabará em breve? Deixa-me pois que eu chore um pouco a minha dor, antes que vá para não tornar" (Jó 10,20). Os dias da minha vida, diz Jó, ou eu queira, ou não queira, hão-se de acabar brevemente. O que pois vos peço, Senhor, é que antes da morte me concedais algum tempo, em que chore meus pecados, em que trate só de compor a minha consciência e aparelhar a minha alma. Vede quão conformes foram nesta galharda resolução o soldado primeiro, e o general depois. Jó tinha dito: "Antes que vá para não tornar"; Davi disse: "Antes que saia e já não mais serei". Um diz "antes que"; [psius] outro diz "antes que"; [ante] e nenhum deles se atreveu a deixar a morte para a morte; ambos trataram de ter tempo, e meter tempo entre a morte e a vida.

Mas quem era este general, quem era este soldado? Este Davi e este Jó, que homens eram? Oh! miséria e confusão de nosso descuido e de nossa pouca fé! Davi era aquele homem, que sendo ungido por Deus, quis antes perdoar a seu maior inimigo, que pôr na cabeça a coroa e empunhar o cetro (1Rs 24,7); era aquele que, depois de ser rei, tinha entre noite e dia sete horas de oração, trazendo debaixo da púrpura cingido o cilício, e domando ou humilhando, como ele dizia, seu corpo com perpétuo jejum (Sl 34,13); aquele que dos despojos de suas vitórias ajuntava tesouros não para si, e para a vaidade, senão para a fábrica do Templo (2Rs 7); aquele que, sendo leigo, ordenou o canto eclesiástico (2Par 7,6), distinguiu os ministros, reformou as cerimônias, e pôs em perfeição todo o culto divino e coisas sagradas (1Par 23,3); aquele que, se cometeu um pecado (3Rs 7,51), ainda depois de absolto e perdoado, o chorou com rio de lágrimas por todos os dias e noites de sua vida (Sl 41,4); aquele finalmente de quem disse o mesmo

Deus que tinha achado nele um homem à medida do seu coração (At 13,22). Este era Davi. E Jó, quem era? O espelho da paciência, a coluna da constância, a regra da conformidade com a vontade divina; aquele a quem Deus pôs em campo contra todo o poder, astúcias e máquinas do inferno (Jó 1,12); aquele que na próspera e adversa fortuna, com a mesma igualdade de ânimo, recebia da mão de Deus os bens, e lhe agradecia os males (Jó 2,10); aquele com quem nasceu e crescia juntamente com a idade, a compaixão dos trabalhos alheios, a misericórdia, a piedade com todos (Jó 29,15); aquele que, como ele dizia, era os olhos do cego, os pés do manco, o pai dos órfãos, o amparo das viúvas, o remédio dos necessitados, e que nunca comeu uma fatia de pão que não partisse dela com os pobres (Jó 31,17); aquele finalmente a quem canonizou o mesmo Deus, não só por inocente, mas pelo maior justo e santo de todo o mundo (Jó 1,8). Este era Jó e este Davi, e cada um deles muito mais do que eu tenho dito, e do que se pode dizer. Agora pergunto: E se qualquer de nós se achara com a vida de um destes dois homens, não se atrevera a esperar pela morte muito confiadamente? Se vivemos como os que vivem e como os que vemos morrer, certo é que sim. E contudo, nem Davi, nem Jó, com tanto cabedal de virtudes, com tantos tesouros de merecimento, e o que é mais, com tantos testemunhos do céu, tiveram confiança para que os tomasse de repente o momento da morte: ambos pediram tempo a Deus para meter tempo entre a morte e a vida.

Mas para que me dilato eu em buscar exemplos estranhos, quando tenho presente em sua casa, e no seu dia, o mais nosso, e mais admirável de todos. Acabou Santo Antônio[15] a vida em tempo, que a idade lhe prometia ainda muitos anos, porque não tinha mais de trinta e seis. E que fez, muitos dias antes? Despede-se de todas as ocupações, ainda que tão santas e tão suas; deixa a cidade, vai-se a um deserto, e ali só com Deus e consigo, dispôs muito devagar e muito de propósito para quando o Senhor o chamasse. Verdadeiramente que nenhuma consideração me faz fazer maior conceito da morte, nem me causa maior horror daquele perigoso momento, que esta última ação de Santo Antônio. Que corte Santo Antônio o fio ordinário de sua vida, e que sendo a sua vida qual era, faça mudança de vida para esperar pela morte! Dizei-me, santo meu, que vida era a vossa? Não era a mais inocente, a mais pura, a mais rigorosa? O vosso vestido, não era um cilício inteiro atado com uma corda? A vossa mesa, não era um perpétuo jejum, e uma pobre e continuada abstinência? A vossa cama, não era uma dura tábua, ou a terra nua? Não passáveis a maior parte da noite em oração e contemplação dos mistérios divinos? Os dias não gastáveis em pregar, em converter pecadores, em reduzir hereges? Os vossos pensamentos não eram sempre do céu e de Deus? As vossas palavras não eram raios de luz e de fogo, com que alumiáveis entendimentos e abrasáveis corações? As vossas obras, não eram saúde a enfermos, vista a cegos, vida a mortos, finalmente prodígios e milagres estupendos em testemunho da fé que pregáveis? Pois com esta vida, ainda fugis do mundo para um deserto? Com esta vida, ainda vos retirais de vós para vós, e para vos unirdes mais com Deus? Com esta vida, ainda vos não atreveis a morrer? Ainda quereis acabar esta vida e fazer outra? Ainda quereis meter tempo entre esta vida e a morte? Pare o discurso nesta admiração, porque nem eu sei como ir por diante, nem haverá quem deseje maior, mais apertada e mais temerosa prova de quão necessária seja esta antecipada prevenção para quem sabe que há de morrer, e o que é morrer.

Este é o único antídoto contra o veneno da morte; este é o único e só eficaz remédio contra todos seus perigos e dificuldades: acabar a vida antes que a vida se acabe. Se a morte é terrível por ser uma, com esta prevenção serão duas; se é terrível por ser incerta, com esta prevenção será certa; se é terrível por ser momentânea, com esta prevenção será tempo, e dará tempo. Desta maneira faremos da mesma víbora a triaga, e o mesmo pó que somos será o corretivo do pó que havemos de ser: "És pó e em pó hás de tornar".

§ VI

Parece-me, senhores meus, que tenho satisfeito ao meu argumento, e tanto em comum, como em cada uma das suas partes, demonstrado a verdade dele, mais pela evidência da matéria que pela força das razões, menos necessárias a um auditório de tanto juízo e letras. Para o que se deve colher desta demonstração, quisera eu que subisse agora a este lugar quem com diferente espírito e eficácia perorasse. Mas já que hei de ser eu, ajudai-me a pedir de novo à divina bondade o favor e auxílio de sua graça, que para matéria de tanto peso nos é necessária.

Tudo o que temos dito e ouvido, é o que nos ensina nas Escrituras a fé, nos santos o exemplo, e ainda nos gentios o lume e razão natural. Mas quando eu vejo e considero o modo com que comumente vivem os cristãos, e o modo com que morrem, acho que em vez de acabarmos a vida antes da morte, ainda depois da morte continuamos a vida. Parece paradoxo, mas é experiência de cada dia. Que morto há nestas sepulturas, e mais nas mais altas, em quem a morte se não antecipasse à vida? Que morto há que não esperasse e presumisse que havia de viver mais do que viveu? "Quando eu ainda estava urdindo, ele me cortou" (Is 38,12). Nós urdimos a teia, a vida a tece, a morte a corta; e quem há, ou quem houve, a quem não sobejasse depois da morte muita parte da urdidura? É possível, dizia Ezequias, quando o profeta o avisou para morrer, é possível que hei de acabar a vida no meio dos meus dias: "Na metade de meus dias irei para as portas do inferno" (Is 38,10). E quem lhe disse a este enganado rei, que aquele era o meio, e não o fim de seus dias? Disse-lho a sua imaginação e a sua esperança. Cuidava que havia de viver oitenta anos, e a morte veio aos quarenta. Eis aqui como continuava e estendia a vida quarenta anos além da morte. Quantos estão já debaixo da terra, que ainda lhes faltam por viver muitos anos! Ouçamos a um destes. "Alma minha, tens muitos bens para muitos anos". "Come, bebe e regala-te" (Lc 12,19). Leva-te boa vida, regala-te, gasta largamente e a teu prazer, já que tiveste tão boa fortuna. — Não tinha acabado de pronunciar estas palavras, quando ouviu uma voz que lhe dizia: "Insensato! Nesta noite exigirão de ti a tua alma" (Lc 12,20). Néscio, ignorante, insensato, este dia que passou foi o último de tua vida, e nesta mesma noite hás de morrer. — Morreu naquela mesma noite, e os muitos anos que se prometia de vida: "Para muitos anos", que foi feito deles? Ainda se continuaram e foram correndo em vão, depois da sua morte. Verdadeiramente néscio, e pior que néscio, "insensato". Os anos de que fazias conta, não eram teus, e os bens que eram teus, serão de outrem. Mas ainda que os anos não foram teus para a vida, serão teus para a conta, porque hás de dar conta a Deus, do modo com que fazias conta de os viver. Quanto melhor conselho fora acabar antes da morte os anos que vivestes, para o remédio, que continuar depois da morte os anos que não viveste, para o castigo!

Agora acabo eu de entender aquele dificultoso conselho do Espírito Santo: "Não morras no tempo que não é teu" (Ecl 7,18). "Não morras". Logo, na minha mão está a morte. "No tempo que não é teu"? Logo, há tempo que é meu, e tempo que não é meu. Assim é. Mas qual é o tempo meu, em que é bem que morra, e qual o tempo não meu, em que é bem que não morra? O tempo meu é o tempo antes da morte; o tempo não meu é o tempo depois da morte. E guardar, ou esperar a morte para o tempo depois da morte, que não é tempo meu, é ignorância, é loucura, é estultícia, como a deste néscio: "insensato"; mas antecipar a morte, e morrer antes de se acabar a vida, que é o tempo meu, esse é o prudente e o sábio, e o bem entendido morrer. E isto é o que nos aconselha quem só tem na sua mão a morte e a vida: "Não morras no tempo que não é teu".

Quem haverá logo, se tem juízo, que se não persuada a um tão justo, tão necessário e tão útil partido, como acabar a vida antes da morte? Faça a nossa alma com o nosso corpo, e o nosso corpo com a nossa alma, o concerto que fez Elias. Ia Elias fugindo pelo deserto à perseguição da rainha Jesabel que o queria matar, e vendo quão dificultosa coisa era escapar à fúria de uma mulher poderosa e irada, diz o texto que: "Pediu a morte à sua alma" (3Rs 19,4). Alma minha, morramos; já que se há de morrer por força, morramos por vontade. Isto pedia o corpo à alma, e isto deve também pedir a alma ao corpo, porque ambos vão igualmente interessados no mesmo partido. Alma minha, diga o corpo à alma; corpo meu, diga a alma ao corpo: Se havemos de morrer depois por força e com perigo, morramos agora e logo, de grado e com segurança. Eu bem vejo que o vir facilmente neste concerto, é mais para os desertos que para as cortes. Na corte fugia Elias da morte; no deserto chamava por ela. Mas se uma tal resolução no deserto é mais fácil, na corte é mais necessária, porque nas cortes é muito mais arriscado o esperar pela morte para acabar a vida.

Suposto pois que o ditame é certo, conveniente e forçoso, desçamos à prática dele, sem a qual tudo o demais é nada. Isto de acabar a vida antes da morte, como se há de fazer? Respondo que fazendo resolutamente por própria eleição, na morte antecipada e voluntária, tudo aquilo que se faz prudente e cristãmente na morte forçosa e precisa. Que faz um cristão quando o avisam para morrer? Primeiramente (que isto deve ser o primeiro) confessa-se geralmente de toda sua vida, arrepende-se de seus pecados, compõe do melhor modo que pode suas dívidas, faz seu testamento, deixa sufrágios pela sua alma, põe-na inteiramente nas mãos do padre espiritual, abraça-se com um Cristo crucificado, e dizendo como ele: "Tudo está consumado" (Jo 19,30), espera pela morte. Este é o mais feliz modo de morrer que se usa. Mas como é forçoso e não voluntário, e aqueles poucos e perturbados atos que então se fazem, não bastam para desfazer os maus hábitos da vida passada, assim como a contrição é pouco verdadeira e pouco firme, e as tentações então mais fortes, assim a morte é pouco segura e muito arriscada. A contrição, diz Santo Agostinho, na enfermidade é enferma, e na morte, diz o mesmo Santo, temo muito que seja morta. Deixemos logo os pecados quando nós os deixamos, e não quando eles nos deixam a nós, e acabemos a vida quando ainda podemos viver, e não quando ela se tem acabado. Que damos a Deus, quando ele no-la tira? Demos a vida a Deus, enquanto ele no-la dá; demos a Deus o tempo que sempre é seu, enquanto é também nosso, e não quando já não temos parte nele. Que propósitos são aqueles de não ofender mais a Deus, se eu já não tenho lugar de o ofender? A confissão nos tratos não é jurídica; há-se de ratificar fora dela para fazer fé; e pois se não pode ratificar depois, ratifique-se antes. A fazenda que se há de alijar ao mar no meio da tempestade não é mais são conselho que fique no porto, e com ganância? Se eu posso ser o testador do meu, e mais o testamenteiro, por que o não serei? Se o meu testamento há de dizer: Item deixo, por que não dirá: Item levo? Não é melhor levar obras pias, que deixar demandas? Se se há de dizer de mim em dúvida: Fulano que Deus tem, não é melhor que seja desde logo, e com certeza?

§ VII

Para a outra vida ninguém haverá (se crê que há outra vida) que não tenha por bom este conselho, e que só ele no negócio de maior importância é o verdadeiro, o sólido, o seguro. Mas, que diremos ao amor deste mundo, a que tão pegados estamos? É possível que de um golpe hei de cortar por todos os gostos e interesses da vida? Aqueles meus pensamentos, aqueles meus desenhos, aquelas minhas esperanças, com tudo isto hei de acabar desde logo, e para sempre, e por minha vontade; e que hei de tomar a morte por minhas mãos, antes que ela me mate, e quando ainda pudera lograr do mundo e da mesma vida muitos anos? Sobretudo, tenho muitos negócios em aberto, muitas dependências, muitos embaraços: comporei primeiro minhas coisas, e depois que tiver acabado com elas, então tomarei esse conselho, e tratarei de acabar a vida antes da morte. Eis aqui o engano e a tentação com que o demônio nos vence depois de convencidos, e com que o inferno está cheio de bons propósitos.

Primeiramente estes vossos negócios e embaraços não devem de ser tão grandes, e de tanto peso, como os de Carlos Quinto; mas dado que o fossem, e ainda maiores, se no meio de todos eles, e neste mesmo dia viesse a febre maligna, que havíeis de fazer? Não havíeis de cortar por tudo, e tratar de vossa alma? Pois o que havia de fazer a febre, não o fará a razão? Se hoje tendes muitos embaraços, amanhã haveis de ter muitos mais, e ninguém se desembaraçou nunca desta meada senão cortando-a. E quanto aos anos que ainda podeis ter e lograr de vida, pergunte-se cada um a si mesmo quantos anos tem? Eu quantos anos tenho vivido? Sessenta. E quantos morreram de quarenta? Quantos anos tenho vivido? Quarenta. E quantos morreram de vinte? Quantos anos tenho vivido? Vinte. E quantos morreram de dez e de dois, e de um, e de nenhum? "Desde o ventre trasladado para a sepultura" (Jó 10,19). E se eu tenho vivido mais que tantos, que injúria faço à minha vida em a querer acabar? Que injúria faço aos meus anos em renunciar aos poucos e duvidosos, pelos seguros e eternos? Finalmente, se tanto amo, e tão pegado estou aos dias da vida presente, por isso mesmo os devo dar a Deus, para que ele me não tire os que ainda naturalmente posso viver, segundo aquela regra geral da providência sua, e aquele justo castigo dos que os gastam mal: "Homens sanguinários e enganadores não chegarão à metade de seus dias" (Sl 54,24).

Só resta o mais dificultoso laço de desatar, ou cortar, que são os que vós chamais gostos da vida, os quais, se ela se acaba, também, acabam: "Depois da morte, nenhum prazer"[16]. Ajude-me Deus a vos desenganar neste ponto, e seja ele, como é, o último. Se nesta vida (vede o que digo), se nesta vida e neste miserável mundo, cheio, para todos os estados, de tantos pesares, pode haver gosto algum puro e sincero, só os que acabam a vida antes de morrer a gozam. Para todos os outros é a vida, e o mundo, vale de lágrimas; só para os que acabaram a vida antes da morte é paraíso na terra. Dois homens houve só neste mundo que verdadeira e realmente acabaram a vida antes da morte: Henoc e Elias. Ambos acabaram esta vida há muitos anos, e ambos hão de morrer ainda no fim do mundo. E onde estão estes dois homens que acabaram a vida antes de morrer? Ambos, e só eles estão no paraíso terreal, e com grande mistério. Porque se há e pode haver paraíso na terra, se há e pode haver paraíso neste mundo e nesta vida, só os que acabam a vida antes de morrer o logram. Oh! que vida tão quieta! Oh! que vida tão descansada! Oh! que vida tão feliz e tão livre de todas as perturbações, de todos os desgostos, de todos os infortúnios do mundo! Depois que Henoc acabou a vida no mundo, sucedeu logo nele a maior calamidade que nunca se viu, nem verá: o dilúvio universal. O mundo grande estava já afogado debaixo daquele imenso mar sem porto nem ribeira; o mundo pequeno, metido em uma arca, já subindo às estrelas, já descendo aos abismos, sem piloto, sem leme, sem luz, flutuava atonitamente naquela tempestade. Os montes soçobrados, as cidades sumidas, o céu de todas as partes chovendo lanças e fulminando raios. E só Henoc no meio de tudo isto, como estava? Sem perigo, sem temor, sem cuidado. Porque ainda que lhe chegassem lá os ecos dos trovões e o ruído da tormenta, nada disto lhe tocava. Eu já acabei com o mundo, o mundo já acabou para mim; que importa que se acabe para os outros? Lá se avenham com os seus trabalhos, pois vivem, que eu já acabei a vida. Neste tempo não era ainda nascido Elias. Nasceu Elias, viveu anos, e antes de morrer acabou a vida do mesmo modo. Mas, que não padeceu o mundo e a terra onde Elias vivia, depois deste seu apartamento? Veio contra Samaria, Senaquerib e Salmanasar; veio contra Jerusalém, Nabucodonosor: tudo guerra, tudo fomes, tudo batalhas, ruínas, incêndios, cativeiros, desterros. As dez tribos de Israel levadas aos assírios, donde nunca tornaram; as duas tribos de Judá e Benjamim, transmigradas à Babilônia, donde voltaram despedaçadas depois de setenta anos. Porém Elias, que noutro tempo o comia tanto o zelo e amor da pátria, estava-se no seu paraíso em suma paz, em suma quietação, em sumo sossego, em suma felicidade. Volte-se o mundo de baixo para cima, reine Joaquim, ou reine Salmanasar, reine Nabuco, ou reine Ciro, vença Jerusalém, ou vença Babilônia, vão uns e tornem, e vão outros para não tornar: que se lhe dá disso Elias? Quem tem acabado a vida, de todos esses vaivéns da fortuna está seguro.

O mesmo acontece, senhores meus, e o mesmo experimenta todo aquele que deveras se resolve a deixar o mundo ao mundo, e acabar a vida antes da morte. Não são necessários para isso arrebatamentos, como os de Henoc, nem carros de fogo, como o de Elias, senão uma valente resolução. Quem assim se resolve, goza como Henoc e Elias todos os privilégios de morto. Corra o mundo por onde correr, nenhuma coisa lhe empece, nem lhe dá cuidado. Um dos professores deste estado foi, como vimos,

S. Paulo, e por isso, ainda vivo, dizia: "Vivo, mas não sou eu?" (Gl 2,20). E que quer dizer: Eu vivo, mas já não sou eu? Quer dizer, diz S. Bernardo[17]: "Morri a todas as outras coisas; não as sinto, não me dão cuidado, nem faço caso delas" Todas as coisas deste mundo são para mim como para os mortos; nem as sinto, nem me dão cuidado, nem faço mais caso delas, que se não foram; porque se elas ainda são, eu já não sou. Considerai as imunidades dos mortos, e vereis o descanso de que gozam e os trabalhos de que se livram os que antecipam a morte. Vieram ao Calvário os executores de Pilatos para quebrar as canelas aos crucificados, e assim o fizeram a Dimas e Gestas[18] com grandes dores daquele tormento, porque estavam ainda vivos (Jo 19,31s.). "Quando chegaram a Jesus", "como viram que estava já morto, não lhe quebraram as pernas". Como viram que estava já morto, não executaram nele aquela crueldade. — De quantos quebrantamentos, de quantas moléstias, de quantas sem-razões se livra quem está já morto! O epitáfio que eu pusera a um morto destes, é aquele verso de Davi: "Livre entre os mortos" (Sl 87,6).

Entre os mortos livre. Livre dos cuidados do mundo, porque já está fora do mundo. Livre de emulações e invejas, porque a ninguém faz oposição. Livre de esperanças e temores, porque nenhuma coisa deseja. Livre de contingências e mudanças, porque se isentou da jurisdição da fortuna. Livre dos homens, que é a mais dificultosa liberdade, porque se descativou de si mesmo. Livre finalmente de todos os pesares e moléstias e inquietações da vida, porque já é morto.

A todos os mortos se canta piamente por costume: "Descansem em paz". Mas esta paz e este descanso, só o logram seguramente os que morreram antes de morrer. Vede-o no mesmo texto de Davi, donde a Igreja tomou aquelas palavras: "Em paz para isso mesmo, dormirei e repousarei" (Sl 4,9). "Para isso mesmo". Nesta cláusula "para isso mesmo", está o mistério, que sendo a sentença tão clara, a faz dificultosa, mas admirável. Que quer dizer: Morrerei e descansarei em paz para isso mesmo? Se dissera: Morrerei para descansar em paz, bem se entendia; mas: Morrerei e descansarei em paz para isso mesmo? Se há de morrer e descansar em paz para isso mesmo, há de morrer e descansar em paz, para morrer e descansar em paz? Assim é, e esse foi o profundo pensamento de Davi. Como se dissera: Eu quero morrer e descansar em paz na vida. E por que, ou para quê? Para isso mesmo, para morrer e descansar em paz na morte: "Em paz para isso mesmo, dormirei e repousarei". Por isso, com grande propriedade, significou o morrer pela frase de dormir: "dormirei", porque o sono é morte em vida. Daqui se seguem duas consequências últimas, ambas notáveis e de grande consolação para os que morrem antes de morrer. A primeira, que só eles, como pouco há dissemos, gozam seguramente de paz e descanso. A segunda, que da paz e descanso desta morte, se segue também seguramente a paz e descanso da outra, que é o argumento de todo o nosso discurso. Os que morrem quando morrem, perdem o descanso da vida, e não conseguem ordinariamente o da eternidade, porque passam de uns trabalhos a outros maiores. Assim diziam no inferno aqueles miseráveis que já tinham sido felizes: "Cansamo-nos no caminho da iniquidade". Chegamos cansados ao inferno. — Ao inferno, e cansados, porque lá não tivemos descanso, e cá teremos tormentos eternos. Pelo contrário, os que morrem antes de morrer morrem descansados, e morrem para descansar: "Em paz para isso mesmo, dormirei e descansarei". Oh! que paz, oh! que descanso para a vida e para a morte! Creio que ninguém haverá, se tem juízo, que se não resolva desde logo a viver e morrer assim, ou a morrer assim para morrer assim. Acabando desta maneira a vida, esperaremos confiadamente a morte, e por benefício do pó que somos: "És pó", não temeremos o pó que havemos de ser: "Em pó hás de tornar".

Louvado seja Deus

NOTAS

SERMÃO DA SEXAGÉSIMA (1655) [p. 13-32]
* O domingo da Sexagésima corresponde ao penúltimo domingo anterior ao início da Quaresma; precede-o o domingo da Septuagésima e o último é o domingo da Quinquagésima.
1. São Gregório Magno (540-604), ML 76 em *Homiliarum in Ezechielem Prophetam Libri duo*, Liber I, Homilia III, col. 806a-814d.
2. Santo Agostinho (354-430), ML 42 em *Contra Faustum Manichaeum Libri Triginta Tres*, Liber II, 6, col. 213-214. São Gregório Magno (540-604), ML 76 em *Homiliarum in Ezechielem Prophetam Libri Duo*, Liber II, Homilia II, 6, col. 948d-958.
3. O Concílio de Trento desenrolou-se em três momentos: 1545-1549, 1550-1552 e 1561-1563.
4. Dicionário de Ambrósio Calepino, publicado em 1502.
5. Bartolo da Sassoferrato (1313-1357) e Baldo de Ubaldis (1327-1406), conhecidos pelos comentários ao *Corpus Iuris Civilis*.
6. Pátroclo, com as armas de seu primo, Aquiles, foi vencido por Heitor. *Ilíada* XVI, v. 786-828.
7. Santo Ansberto (629-695), monge beneditino, abade de Fontenelle na Normandia, bispo de Rouen, exilado por Pepino de Herstal (635-714).
8. No Livro do Êxodo, Moisés responde duas vezes a Javé: Ex 4,10, "non sum eloquens" (não sou eloquente) e Ex 6,30, "incircuncisus labiis sum" (sou incircunciso de lábios), segundo a Vulgata Clementina. E, segundo Santo Agostinho, ML 34 em *Heptateuchum Locutionum Libri Septem*: Liber II, Locutiones de Êxodo VI, 30, "ego gracili voce sum" (tenho voz fraca).
9. São Jerônimo, no prólogo "a Galeato" [isto é, em sua defesa contra os apócrifos]: "Somente a obra das Escrituras é aquela que todos mercadejam e, acariciando os ouvidos do povo com um discurso elegante, julgam ser a lei de Deus. Nem se dignam conhecer o que os profetas e os apóstolos pensavam, mas acomodam para a sua opinião testemunhos inconsequentes, como se corromper sentenças e arrastar para o seu sentido a Escritura que a isto se opõe, não fosse grande e viciosíssimo gênero de exposição".

SERMÃO DE QUARTA-FEIRA DE CINZA (1672) [p. 33-45]
1. Vieira se refere aos quatro papas falecidos: Urbano VIII (1623-1644), Inocêncio X (1644-1655), Alexandre VII (1655-1667) e Clemente IX (1667-1669). Em 1672 era papa Inocêncio XI.
2. No Campo Damasceno, dizia-se que do limo de sua terra vermelha foi criado Adão. Localizavam-no perto de Hebrón.
3. Virgílio, *Bucólicas* II, 17.
4. São Jerônimo (347-420), ML 23 em *Liber de Nominibus Hebraicis, Vetus testamentum, De Genesi*, col. 773.
5. Próspero de Aquitânea (390-455/463), ML 45 em *Sententiae ex Augustino Delibatae, CCCXC De Divitiis*, col. 1898.

6. Ausonius (310-395), *Epigrammata* XXXII, De Nomine Cuiusdam Lucii Sculpto In Marmore, v. 10.
7. Sêneca (4 a.C.- 65 d.C.), em *De Consolatione ad Marciam*, 11, 5; cf. Epistolae 57 et 117.

SERMÃO DO SSMO. SACRAMENTO (1645) [p. 47-66]

1. A celebração cumpria o voto estabelecido de desagravo "perpétuo".
2. Gn 19,26 (a mulher de Ló); Ex 4,3 (a serpente); Ex 7,17 (o rio Nilo).
3. Js 10,12: "obediente Deo voci hominis" (parou o sol) e Nm 20,8 (a terra da promissão).
4. Sêneca (4 a.C.-65 d.C.), em *Tiestes*, v. 784ss; 1035s. Tradução de J. A. Segurado e Campos, Lisboa, Editorial Verbo, 1996. Cf. Camões, *Lusíadas*, III, 133, 1-4.
5. Tertuliano (160-230), ML 1 em *Apologeticus Adversus Gentes pro Christianis*, cap. XLVII, col. 520a.
6. Ovídio (43 a.C.-18 d.C.), *Metamorphoses* I, 452 (Dafne); III, 339 (Narciso); VI, 146 (Níobe); X, 560 (Hipomenes); V, 576 (Aretusa).
7. Virgílio (70-19 a.C.), *Eneida* VIII (corpo de Gerião); Ovídio (43 a.C.-18 d.C.), *De Remediis* I, 2 (espada de Aquiles); Virgílio, *Eneida* IV (Hécate); Horácio (65 a.C.-8 d.C.), *Ode* XVI (Dánae); Virgílio, *Eneida* I (Ganimedes); Ovídio, *Metamorphoses* XIV (Glauco) [referências do autor].
8. Na Vulgata: "Este cálice é o Novo Testamento em meu sangue, que será derramado por vós" (Lc 22,20).
9. Tertuliano (160-230), ML 2 em *De Resurrectione Carnis*, caput XII, col. 811a.
10. Jo 2,1 (em Caná); Mt 14,19 (multiplicação dos pães).
11. Santo Agostinho (354-430), ML 35 em *Evangelium Joannis Tractatus* CXXIV, Tractatus XXIV, col. 1593; cf. Tractatus VIII, col. 1450.
12. Ruperto Tuitiense (1075-1129), ML 169 em *Commentaria in Evangelium Sancti Joannis*, col. 467b.
13. Santo Tomás de Aquino (1225-1274), em *Opus* LXVII, Officium de Festo Corporis Christi, ad mandatum Urbani Papae IV dictum festum instituendis [1264], Hymnus.
14. Tertuliano (160-230), ML 2 em *De anima*, cap. XLIII, col. 723b.

SERMÃO DO NASCIMENTO DA VIRGEM MARIA (1657) [p. 67-82]

1. Santo Agostinho (354-430), ML 34 *De Consensu Evangelistarum Libri Quatuor*, Liber III, cap. XXIV, col. 1198.
2. Nicolau de Lira (1274-1349), em *Postillae Perpetuae in Universam Sacram Scripturam*. Glosas são comentários breves, ordinariamente com sentenças dos Padres da Igreja aplicadas literalmente aos textos bíblicos em suas entrelinhas (glosa interlinear) ou à margem deles (glosa marginal).
3. Santo Tomás de Aquino (1225-1274), em *Suma teológica*, Parte I, questão 67, artigo 2, ad 2; e questão 70, artigo 2, ad 3. São Paulo, Edições Loyola, 2002, vol. II.
4. São Bernardo de Claraval (1091-1153), ML 183 *Sermones de Tempore*, In Vigilia Nativitatis Domini, Sermo III, col.100a.
5. Santo Ambrósio (339-397), ML 14 em *Hexaemeron Libri Sex*, Liber I, Sermo II, cap. IX, col. 143b.
6. Ibidem.
7. São Basílio (319-379), MG 29 em *Homiliae*, in Hexaemeron.
8. Dionísio Areopagita (séc.V-séc.VI), MG 3 em *De Divinis Nominibus*, cap. IV.
9. Pentápolis compreendia as cidades de Sodoma, Gomorra, Segor [Zoar], Adama, Seboim e Bala.
10. Santo Agostinho (354-430), ML 38 em *Sermones ad Populum Classis II*, De tempore, Sermo CXC, In Natali Domini Nostri Jesu Christi VII, cap. I, col. 1007.
11. Ex 14,26s (egípcios perecem no mar); Gn 19,24ss (incêndio de Sodoma e Gomorra); Gn 6–8 (dilúvio); Gn 3,23s (Adão e Eva).

12. São Bernardo de Claraval (1091-1153), ML 183 em *Sermones de Sanctis*, Dominica Infra Octavam Assumptionis BV Mariae, Sermo XII, De Praerogativis BV Mariae, 6, col. 432c.
13. Inocêncio III (1160-1216), ML 217 em *Sermo de Sanctis*, Sermo XXVIII, In Solemnitate Assumptionis Gloriossimae Semper Virginis Mariae, col. 584c.
14. Santo Anselmo (1033-1109), ou seu secretário Eadmerus Cantuariensis (1064-1124), ML159 em *Liber de Excellentia Virginis Mariae*, cap. VI, col. 570a.
15. "Positus in medio, nescio quo me vertam", esse verso citado frequentemente e atribuído a Santo Agostinho (354-430) — cf. Pascal, contemporâneo de Vieira, em *Art Chrétien*, tom. I, p. 250, e até Rui Barbosa, em Réplica às defesas da redação do texto do Código Civil, na Câmara dos Deputados, 1919 — é considerado de autor desconhecido pelo bolandista Joannes Pinio, em *Acta sanctorum*, Augusti, tom. IV, p. 101.

SERMÃO DA TERCEIRA QUARTA-FEIRA DA QUARESMA (1669) [p. 83-98]

1. Sêneca (4 a.C.-65 d.C.), em *De Beneficiis*, Liber IV, cap. 1, 3.
2. São Beda, o Venerável (672-735), ML 91 em *Lucae Evangelium Expositio*, col. 541.
3. Isabel, a Católica.
4. Sentença de Marco Túlio Cícero, louvada por São Jerônimo [referência do autor].
5. Virgílio (70-19 a.C.), em *Eneida* XII, 435.
6. Ovídio (43 a.C.-18 d.C.), em *Metamorphoses* II, 99.
7. Santo Agostinho (354-430), ML 36 em *Enarrationes in Psalmos* II, Sermo ad Plebem, 7, col. 202.
8. Valério Máximo (séc. I a.C.-séc. I d.C.), em *Factorum et Dictorum Memorabilium Libri Novem*, Liber VII, cap. 2.
9. Santo Agostinho (354-430), ML 36 em *Enarrationes in Psalmos* II, Sermo ad Plebem, 7, col. 202.
10. São João Crisóstomo (347-407), MG 57/58, cf. *Comentarius in Sanctum Matthaeum Evangelistam*.

SERMÃO DE S. INÁCIO (1669) [p. 99-117]

* Sobre Santo Inácio de Loyola, fundador da Companhia de Jesus (dos Jesuítas), Edições Loyola possui as seguintes publicações: *O Relato do Peregrino* (Autobiografia), tradução de R. Paiva, SJ, e notas de Claude Dhôtel, São Paulo, 2006; *Diário Espiritual*, tradução de Armando Cardoso, SJ, São Paulo, 2007; *Exercícios Espirituais*, tradução de R. Paiva, SJ, São Paulo, 2006; *Cartas Escolhidas*, São Paulo, 2008.

1. Plínio, o Velho (23-79), *Naturalis Historia*, Liber XXXV, cap. IX [referência do autor].
2. São Bernardo de Claraval (1091-1153), ML 183 em *Sermones de Tempore*, In Feria IV Hebdomadae Sanctae, col. 268b.
3. Árias Montano (1527-1598) [referência do autor]. Orientalista e editor da Bíblia Poliglota de Antuérpia, utilizada por Vieira.
4. Cornélio a Lápide (1567-1637) [referência do autor]. Exegeta, sua obra compreende comentários sobre os livros da Bíblia.
5. São Justino (séc. II) [referência do autor]. Cf. São Beda, o Venerável (672/3-735), ML 91 em *Pentateuchum Commentarii*.
6. Santo Agostinho (354-430), ML 36 em *Joannis Evangelium Tractatus* XXXIV, 12, col. 1473.
7. São Jerônimo (347-420), ML 28 *Divina Bibliotheca* 10. Libri Duo Malachim, Liber I, col. 676c.
8. Santo Tomás de Aquino (1225-1274), em *Scriptum Super Quatuor Libros Sententiarum Magistri Petri Lombardi*, disp. 36.
9. Cardeal Hugo de Saint-Cher († 1263), em *Opera Omnia in Universum Vetus et Novum Testamentum*, Tomi VIII, in tom. III.
10. Santo Agostinho (354-430) está em São Gregório I Magno (540-604), ML 76 em *Homiliarum In Evangelia Libri Duo*, Liber II, Homilia XXIX, col. 1214.

11. C. Claudiano (370-404 d.C.), em *De Consulatu Stilichonis*, Liber I, vers. 35.
12. Ovídio (43 a.C.-18 d.C.), em *Tristia*, Liber I, 7, 11-12.
13. Sêneca (4 a.C.-65 d.C.), em *Epistulae Morales*, Liber VI, LV Ad Lucilium (11).
14. Santo Agostinho (354-430), ML 38 em *Sermones ad Populum*, Classis I, De Scripturis, Sermo XXII, cap. VII, col. 152.
15. Santo Tomás de Aquino (1225-1274), em *Suma teológica*, Parte III, questão 1, artigo 1. São Paulo, Edições Loyola, 2002, vol. VIII. Cf. *Opus* LX de Santo Tomás e Sermo de Nativitate Virginis de São João Damasceno [referências do autor].
16. Santa Tereza em carta manuscrita, citada por Eusébio na *Vida de Santo Inácio*, cap. 40, algumas vezes se chama filha da Companhia. Cf. Luis de la Puente, em *Vida do Padre Baltazar Álvares*, e outros autores [referências do autor].
17. Tertuliano (160-230), ML 2 em *Adversus Marcionem*, Liber V, cap. XX, col. 522a.
18. *Flos Sanctorum* (ou *Legenda Aurea*) de Jacobo de Varazze (1229-1298) foi um dos livros lidos por Inácio em Loyola, durante sua convalescença [tradução de Hilário Franco Júnior, São Paulo, Companhia das Letras, 2003].

SERMÃO DA TERCEIRA DOMINGA DA QUARESMA (1655) [p. 119-143]
1. Marcela, segundo uma tradição cristã, foi a mulher que exaltou a mãe de Jesus no milagre da cura de um possesso (Lc 11,21). [Cf. em *Maria Rosa Mística*, I, 3, § 1; I, 11, § IX.]
2. Cf. Irenaeus, Cyrillus, Epiphanius, Efrem et Communiter Patres [referências do autor].
3. Platão (428-347 a.C.), em *República* 370b-c; 374b.
4. Panos de Tunes: tapeçarias em memória da Conquista de Arzira e de Tunes, a pedido de Carlos V (1549-1554).
5. Cornelius [referência do autor]. Aqui se dizem escribas os que eram próximos do rei. A eles cabia, em nome do rei, conceber, escrever, promulgar e fazer respeitar os decretos [Ibid.].
6. Plínio, o Velho (23-79), em *Naturalis Historia*, Liber XVIII, 69.

SERMÃO DO SSMO. SACRAMENTO (1673) [p. 145-156]
* De acordo com uma carta de Vieira, este sermão foi pregado em 1673 e não em 1674, como consta na edição "princeps". Cf. Carta ao Marquês de Gouveia (D. João da Silva II), de Roma, em 11 de fevereiro de 1673.
1. O Cardeal Barberino foi o promotor da devoção [referência do autor]. Trata-se da Adoração das 40 horas, em que, durante três dias, o Santíssimo Sacramento é solenemente exposto, noite e dia, à pública adoração, principalmente no período quaresmal.
2. Plínio, o Velho (23-79), em *Naturalis Historia*, Liber XXII, 57.
3. São Cirilo de Alexandria (370-444), MG 70 em *Commentarius in Isaiam*, Libri V.
4. São Jerônimo (347-420), ML 24 em *Commentariorum in Isaiam prophetam Libri Duodeviginti*, Liber III, cap. VI, vers. 2, col. 93c.
5. São Bernardo de Claraval (1091-1153), ML 183 em *Sermones de Sanctis*. In Festo Sancti Martini Episcopi, 17, col. 498b.
6. Flávio Josefo (37-100), em *Antiguidades Judaicas*.
7. São Dâmaso, papa (305-384), encarregou São Jerônimo de revisar as traduções latinas do Novo Testamento, a partir do texto grego.
8. São Jerônimo (347-420), ML 23 em *Adversus Jovinianum Libri Duo*, Liber II, 37, col. 337a.

SERMÃO DA QUINTA QUARTA-FEIRA DA QUARESMA (1669) [p. 157-175]
1. Aristóteles (384 a.C.-322 a.C.), em *Política*, Livro X [referência do autor].
2. Santo Agostinho (354-430), ML 34 *De Consensu Evangelistarum Libri Quatuor*, Liber III, cap. XXV, col. 1204-1206.
3. Filo [Filon] de Alexandria (20 a.C.-50 d.C.), em *De Vita Mosis*, De opificio mundi.

4. Aristóteles (384 a.C.-322 a.C.), em *Ars Rhetorica*, Liber II, col. 1337b-1388b. Cf. Santo Tomás de Aquino, *Suma teológica*, I-II, q. 22, "Diferença das paixões entre si", art. 4 [logo, são onze as paixões especificamente diferentes: seis do concupiscível (amor e ódio, desejo e aversão, alegria e tristeza) e cinco do irascível (esperança e desespero, temor e audácia, e ira)]. São Paulo, Edições Loyola, 2003, vol. III.
5. Sêneca (4 a.C.-65 d.C.), em *Epistularum Moralium ad Lucilium*, Liber V, Epist. L (2-3).
6. Assim todos os intérpretes [referência do autor]. Vieira se utiliza dessa referência para reforçar a verdade da afirmação.

SERMÃO DE NOSSA SENHORA DE PENHA DE FRANÇA (1652) [p. 177-191]

1. "Positus in medio, nescio quo me vertam", esse verso citado frequentemente e atribuído a Santo Agostinho (354-430) — cf. Pascal, contemporâneo de Vieira, em *Art Chrétien*, tom. I, p. 250, e até Rui Barbosa, em Réplica às defesas da redação do texto do Código Civil, na Câmara dos Deputados, 1919 —, é considerado de autor desconhecido pelo bolandista Joannes Pinio, em *Acta sanctorum*, Augusti, tom. IV, p. 101.
2. Juan Maldonado (1534-1583), *Commentarii in IV evangelia, in Joannem*, cap. 21, v. 25.
3. Guilebertus de Hoilandia († 1172), ML 184 em *Sermones in Canticum Salomonis*, 246. São Máximo, o Confessor (580-662), em *Mystagogia* [referência do autor].
4. Santo Anselmo (1033-1109), ou Anselmo de Laon (1050-1117), ML 162 em *Enarrationes in Matthaeum*, col. 1281.
5. Glosas são comentários breves, ordinariamente com sentenças dos Padres da Igreja aplicadas literalmente aos textos bíblicos em suas entrelinhas (glosa interlinear) ou à margem deles (glosa ordinária ou marginal).
6. Santo Agostinho (354-430), ML 38 em *Sermones ad Populum*. Classis I. De Scripturis, Sermo CXXVII, cap. II, col. 707.
7. *FINIS* — o termo "finis" em maiúsculas indica o objetivo e o fim do sermão: o louvor de Maria e a eternidade, respectivamente.

SERMÃO NO SÁBADO QUARTO DA QUARESMA (1652) [p. 193-211]

1. As pedras de São Jerônimo (347-420), referência às imagens do Santo penitente, batendo com uma pedra no peito.
2. Santo Agostinho (354-430), ML 35 em *Evangelium Joannis Tractatus* CXXIV, Tractatus XXXIII, col. 1650.
3. São Gregório Magno (540-604), ML 76 em *Homiliarum in Ezechielem Prophetam Libri Duo*, Liber II, Homilia III, col. 968c.
4. Ludolfo Cartusiano ou de Saxônia (1300-1377), *De Vita Christi* (1495). Cf. edição fac-similar do vol. I, traduzida e comentada por Augusto Magne, SJ, publicada pela Casa de Rui Barbosa, Rio de Janeiro, Brasil, 1955.
5. Santo Agostinho (354-430), ML 35 em *Evangelium Joannis Tractatus* CXXIV, Tractatus XXXIII, col. 1648. Santo Ambrósio (339-397), ML 16 em *Epistolae Prima Classis*, Epistola XXV Ambrosius Studio, col. 1040.
6. Santo Agostinho (354-430), ML 38 em *Sermones ad Populum Classis* III. De Sanctis, Sermo CCCII, In Solemnitate Martyris Laurentii, cap. XVIII, col. 1391.
7. Santo Agostinho (354-430), ML 35 em *Evangelium Joannis Tractatus* CXXIV, Tractatus XXXIII, col. 1650.

SERMÃO DAS LÁGRIMAS DE S. PEDRO (1669) [p. 213-226]

1. São Gregório Magno (540-604), ML 75 em *Moralium Libri*.
2. Santo Agostinho (354-430), ML 34 em *De Genesi ad Litteram Libri Duodecim*, Liber XI, caput XXXI, col. 446.

3. Cf. Hino "o sol salutis, intimis" que se canta no tempo da Quaresma.
4. Ovídio (43 a.C.-18 d.C.), *Heroides* 10,43.
5. D. Manuel I faleceu em 13 de dezembro de 1521.
6. Nicéforo (1256-1335), PG 145.146, em *Ecclesiasticae Historiae*, Libri XVIII.
7. São Leão Magno, papa († 461), ML 54 em *Sermones in Praecipuis Totius Anni Festivitatibus ad Romanam Plebem Habiti*, Sermo XLIX/aliis XLVIII, De Quadragésima XI, cap. VI, col. 305b.
8. Afonso Salmerón (1515-1585) participou do Concílio de Trento. Obra póstuma: *Commentarii in evangelicam Historiam et in acta apostolorum*, IX De sermone in Coena.
9. Tertuliano (160-230), ML 1 em *Apologeticus Adversus Gentes pro Christianis*, cap. XLVI, col. 510a.

SERMÃO DO MANDATO (1670) [p. 227-240]
1. Santo Agostinho (354-430), ML 32 *Confessionum Libri Tredecim*, Liber XIII, cap. IX, 10.
2. São Bernardo de Claraval (1091-1153), ML 183 *Sermones in Cantica Canticorum*.
3. São Beda, o Venerável (672/3-735), ML 91 em *Cantica Canticorum Allegorica Expositio*, Liber VI, cap. VIII, col. 1222c.
4. A expressão "non plus ultra", inscrita nas Colunas de Hércules, indicava o ponto final além do qual não se podia ir. Literalmente, quer dizer: "não (vá), mais além".
5. Santo Agostinho (354-430), ML 37 em *Enarrationes in Psalmos*, In Psalmum CXIII Enarratio, Sermo I, 1, col. 1475-1479.
6. Jean Lorin [Lorino] (1559-1634), em *Commentarii* III in Librum Psalmorum.
7. São Basílio de Selêucia († 468), MG 85 em *Oratio* XXXII, col. 359-365.
8. "Artigo de morte" – "artigos de ausência", expressões que significam o momento em que algo vai acontecer.
9. Santo Arsênio (354-450) e São Martinho de Tours (316-397). O primeiro era anacoreta e se tornou preceptor do filho do Imperador Teodósio. O segundo, inicialmente eremita, depois militar, faleceu como bispo de Tours.

SERMÃO DA BULA DA S. CRUZADA (1647) [p. 241-257]
1. 1º Concílio Lateranense (do Latrão), em 1123 (o nono Concílio ecumênico e o primeiro celebrado no Ocidente), sendo papa Calisto II († 1124).
2. Gregório XIII (1502-1585) participou no Concílio de Trento e, como papa, promoveu os decretos do Concílio e a reforma católica. Em seu tempo, fez-se a reforma do calendário juliano, posteriormente chamado calendário gregoriano.
3. Inocêncio X (1575-1655), papa de 1544 a 1655, durante a primeira estada de Vieira em Portugal.
4. Trata-se da Bula "Dolore Cordis Intimo" de 1584.
5. Longuinhos teria vivido no primeiro século e teria sido o centurião romano que reconheceu Cristo como o "filho de Deus" na cruz. São Gregório Nazianzeno (329-389), MG 37.38 em *A Paixão de Cristo* [*Christus Patiens*], uma tragédia de grande repercussão em sua época. Convém notar que a sua produção poética demasiadamente ampla consta de cerca de dezoito mil versos.
6. Tertuliano (160-230) é de Cartago, hoje na Tunísia. Agostinho (354-430) de Tagaste, hoje na Argélia.
7. Meticais, a moeda em uso em Marrocos.
8. Santo Agostinho (354-430), ML 45 em *Prosperus Aquitanus* (390-455/463), Sententiae Ex Augustino Delibatae, CCCXXIX, De Comparatione Primi Adami et Secundi, col. 1888.
9. Cardeal Belarmino (1542-1621), em *De Indulgentiis*, Liber I, cap. 2 [referência do autor].
10. Santo Tomás de Aquino (1225-1274), em *Suma teológica*, Parte I, questão 92 "Sobre a produção da Mulher" [referência do autor]. Edições Loyola, São Paulo, 2002, vol. II. Cf. Postilla in Librum Geneseos, cap. 2, 1031-1038.

11. Frei Bartolomeu dos Mártires (1514-1590) foi arcebispo de Braga de 1558 a 1582. Muito popular, visitava frequentemente as paróquias.
12. São Jerônimo (347-420), ML 22 em *Epistolae Secundum Ordinem Temporum Distributae*, In Quatuor Classes distribuas, Prima Classis, Epistola LXIX Ad Oceanum, 6.
13. Santo Agostinho (354-430), ML 32 em *Confessionum Libri Tredecim* , Liber I, cap. XI, 17-18.

SERMÃO DE QUARTA-FEIRA DE CINZA (1673) [p. 259-277]
1. Ausônio (350-395), poeta romano, nascido em Burdigala (Bordeaux), em *Epigrammata* X, In Eumpinam. Imperador Valente (328-378), Imperador do Oriente de 364 a 378; irmão do Imperador Romano Valentinian, que governou de 364 a 375.
2. Mitridates IV Eupator (132 a.C.-63 a.C.), Rei do Ponto. Vencido por Pompeu em 66 a.C., e temendo os seus inimigos, procurou imunizar-se contra os venenos.
3. Sêneca (4 a.C.-65 d.C.), em *Epistolarum Moralium ad Lucilium*, Liber IV, Epist. XXXII (3).
4. Santo Ambrósio (339-397), ML 17 em *Expositio Super Septem Visiones Libri Apocalypsis*, Liber IV, cap. XIV, vers. 12-13, col. 895b.
5. Tertuliano (160-230), ML 1 em *Apologeticus Adversus Gentes pro Christianis*, cap. XXXVII, col. 461a.
6. Pitágoras (571 a.C.-497 a.C.) admitia que a alma racional era imortal, devendo reencarnar de acordo com o seu modo de agir.
7. Santo Agostinho (354-430), ML 32 em *Sermones Suppositi*. Classis I, De Vetero et Novo Testamento, Sermo XCVI, 2, col. 1929.
8. Plínio, o Velho (23-79), autor de *Historia Naturalis*. Marco Varro (116 a.C.-27 a.C.), autor de *Antiquitates Rerum Humanarum et Divinarum*.
9. Duns Escoto (1270-1308), filósofo franciscano, denominado *Doctor Subtilis* [a referência do autor diz: este epitáfio está no livro "Sales musarum"; quanto à sua veracidade, cf. Spondanum]. Henri Spondanus (1568-1643) resumiu os doze volumes dos *Anales Ecclesiastici*, do Cardeal Barônio (1538-1607), que compreendiam o período de 500 a 1100, e o continuou a partir dessa data.
10. Catão, o Velho ou o Censor (234 a.C.-149 a.C.), opôs-se a Júlio César e, vencidos os tenentes de Pompeu na Espanha, suicidou-se. A frase é atribuída a Catão por Lucano (39-65), neto de Sêneca, o Velho (4 a.C.-65 d.C.), e sobrinho de Sêneca, o Jovem (3 a.C.-65 d.C.), no poema "Pharsalia" ou "De Bello Civili" [IX, 575, 6; 578, 84], sobre a guerra entre Júlio César e Pompeu.
11. Cardeal Barônio (1568-1607), em *Anales Ecclesiastici*.
12. Hilarião († 371), anacoreta. São Jerônimo escreveu a sua vida. Pacômio († 346) monge cenobita, no Egito.
13. Famianus Strada (1572-1649), em *De Bello Belgico*, sobre os conflitos de Flandres no século XVI, faz menção à obra homônima de Tito Lívio.
14. Gilbert Genebrard (1537-1597), em *Psalmi Davidis Vulgata Editione*... argumentis et commentariis, etc. instructi. Monge beneditino, foi um escritor prolífico e tradutor de obras sobre questões bíblicas, teológicas e afins.
15. Santo Antônio (1195-1231) foi canonizado, um ano após sua morte, pelo papa Gregório IX (1170-1241). A trasladação do seu corpo para Pádua, que o sermão comemora, aconteceu em 1263.
16. Expressão proverbial comumente conhecida como o epitáfio de Sardanapalo, rei assírio lendário [século VI a.C.]. Desde a Antiguidade, é comentada ou parafraseada.
17. São Bernardo de Claraval (1091-1153), ML 183 em *Sermones de Tempore*, In Quadragésima, Sermo VII, 2, col. 184b.
18. Dimas, o bom ladrão; Gestas, o mau ladrão. Os nomes constam no Evangelho apócrifo de Nicodemos.

PRIMEIRA PARTE

*Em Lisboa,
Na Oficina de Joam da Costa*

MDCLXXIX

❧

Com todas as licenças e privilégio real.

LISTA

Dos sermões, que andam impressos com nome do autor em várias línguas, para que se conheça quais são próprios e legítimos, e quais alheios e supostos.

Outra vez leitor, me hás de ouvir; outra vez não só peço, mas imploro tua atenção. E se te faltar paciência, bem a podes aprender da minha, pelo que agora direi. Saberás que devo grandes obrigações aos impressores, principalmente de Espanha. No ano de 1662, imprimiram em Madri debaixo de meu nome um livro intitulado: *Sermones Varios,* e no ano de 1664 outro, a que chamaram: *Segunda Parte*. As mais intoleráveis injúrias são aquelas a que se deve agradecimento; e tal foi este benefício. Muitos dos ditos sermões, como já te adverti, são totalmente alheios e supostos. E os que verdadeiramente são, ou tinham sido meus, ou por vício dos exemplares, ou por outros respeitos, não ocultos, se estamparam pela maior parte em tal figura, que eu mesmo os não conheço. E porque de presente ouço que ainda se continua a estampa de outros, os quais devem ser mais dignos de sair à luz, pois lhes fazem esta honra, para que eu a não logre roubada a seus verdadeiros autores, e os que os lerem se não enganem com eles e comigo, me pareceu no princípio deste primeiro tomo escrever-te esta como carta de guia pela qual, sem equivocação do nome, saibas a quem lês, e como. Outras diligências tenho feito para que os ditos livros se recolham, mas como este favor, posto que tão justo, é incerto, o que só posso, entretanto, é pôr-te diante dos olhos esta lista de todos os sermões que até agora têm chegado à minha notícia, distribuídos com a maior distinção e ordem, que em matéria tão desordenada, e confusa, me foi possível.

Sermões estampados de consentimento do autor

Sermão do Espírito Santo nos anos da Rainha nossa Senhora.

Sermão ao Te Deum *no nascimento da sereníssima Princesa*. Estes dois Sermões se traduziram em Francês, e se imprimiram em Paris.

Cinco Sermões das Pedras de Davi em língua italiana, estampados em Roma, Milão e Veneza, e depois de traduzidos em Castelhano impressos em Madri, Saragoça, Valência, Barcelona e Flandres.

Sermão das Chagas de São Francisco, em Italiano, estampado em Roma, Milão e Veneza.

Sermão do Beato Estanislau, em Italiano, estampado em Roma.

Estes dois Sermões se traduziram em Castela e Portugal, *de verbo ad verbum*, isto é, mal, e como não deveram, pela dissonância das línguas.

Todos os outros sermões, que andam estampados com nome do autor em língua portuguesa, castelhana e outras, se imprimiram sem consentimento seu, nem ainda notícia.

Sermões da primeira parte estampada em Madri, ano de 1662

Sermón del Juizio, p. I.
Sermón de las llagas de S. Francisco, p. 31.

O primeiro destes sermões tem muitos erros, e o segundo muitos mais, por culpa dos manuscritos, que andam mui viciados, e também da tradução, que mudou em algumas partes o verdadeiro sentido.

Sermón de S. Juan Baptista, y Professión, p. 52.
Sermón en las Exequias de Doña Maria de Ataïde, p. 93.

Estes dois sermões, por serem primeiro estampados em Portugal, trazem menos erros. No segundo falta um discurso.

Sermón de S. Juan Evangelista, p. 118.

No fim se diz com razão: *Hic multa desiderantur*, porque se não estampou a primeira parte, que contém a ocasião e motivo da matéria, demais de outros muitos defeitos.

Sermón de Jueves Santo, p. 137.
Sermón de la Exaltacion de la Cruz, p. 169.

Ambos trocados, e truncados, e defeituosos em muitos lugares.

A estes sermões se seguem no mesmo livro três fragmentos de outros com título de *Pensamientos predicables sacados de papeles del Autor:* a saber:

Discurso sobre las calidades de un ánimo Real, p. 192.
Discurso sobre la buena política de los tributos, p. 204.
Discurso sobre la immunidad de la Iglesia, p. 212.

O primeiro foi tirado do *Sermão dos anos de El-Rei*, em dia de São José; o segundo do *Sermão de S. Antônio nas Cortes*; o terceiro, do *Sermão de S. Roque*, impressos em Portugal; mas nenhum deles é, nem merece nome de discurso; porque lhes falta o fundamento e intento, e a conexão de tudo, e lhes sobeja o que acrescentaram os tradutores.

Sermões da segunda parte estampada em Madri, ano de 1664

Esta segunda parte contém vinte e dois sermões, onze totalmente alheios, e onze do autor. Uns e outros são os seguintes:

SERMÕES TOTALMENTE ALHEIOS

Sermón de la Feria quarta Miércoles de ceniza, p. 83.
Sermón para el Miércoles segundo de Quaresma, p. 117.
Sermón en la Domínica quarta de Quaresma, p. 136.

Sermón para el Sábbado sexto de Quaresma, p. 157.
Sermón del Mandato en el Jueves Santo, p. 179.
Sermón de la Soledad de la V. N. S., p. 193.
Sermón de las Lágrimas de la Madalena, p. 208.
Sermón de S. Augustin, p. 298.
Sermón de S. Francisco, p. 313.
Sermón de la Expectación, p. 323.
Sermón de S. Juan Evangelista, p. 333.

Entram neste número os dois *Sermões das Lágrimas da Madalena, e de S. Agostinho*; porque bem que o assunto de ambos seja do autor, e também alguns lugares da Escritura, no primeiro não há palavra sua, e no segundo, que só é um fragmento, mui poucas.

SERMÕES DO AUTOR

Sermón de la segunda Dominga de Adviento, p. 1.
Sermón de la Domínica tercera de Adviento, p. 24.
Sermón de la Domínica quarta de Adviento, p. 41.
Sermón de la Domínica de Sexagésima, p. 56.
Sermón en el primer Domingo de Quaresma, p. 98.
Sermón en el segundo dia de Pascua de Ressurrección, p. 220.
Sermón de S. Pedro Nolasco, p. 253.
Sermón de la Visitación de N. Señora, p. 161.
Sermón de S. Roque, p. 284.
Sermón de N. Señora de la Gracia, p. 348.
Sermón para el buen successo de las armas del Brasil, p. 369.

Estes sermões reconhece o autor por seus, mais pela matéria que pela forma, que em muitos está totalmente pervertida e adulterada: como se verá quando saírem tirados dos verdadeiros originais. O de S. Pedro Nolasco é composto de duas metades diversas, e não diz a cabeça com os membros. No de S. Roque falta metade; no de N. S. da Graça dois discursos. E assim neste, como nos demais, há muitas coisas diminuídas, muitas acrescentadas, muitas mudadas, não falando em infinitos outros erros, ou do texto, ou da tradução, ou da sentença, e sentido natural. Veja-se e combine-se o *Sermão da Sexagésima* que sai neste tomo com ser este entre todos o que se traduziu por exemplar mais correto, e com menos defeitos.

Sermões da terceira parte estampada em Madri, ano de 1678

Quando, em suposição da graça que pedi, e me foi concedida, de que os dois tomos antecedentes impressos debaixo do meu nome se recolhessem, cuidava eu que com este exemplo se absteriam os impressores de Madri de prosseguir, ou me perseguir com este injurioso favor, eis que aparece em Portugal outro terceiro tomo estampado na mesma corte com nome de *Sermones del Padre Antonio Vieira*. Assim me vendem com boa tenção os fabricadores desta falsa moeda, não aparecendo entre ela alguns papéis verdadeiros e legítimos que, por roubados, se me puderam e deviam restituir. É bem verdade que na mesma tela dos discursos que me perfilham, reconheço eu alguns remendos da minha pobreza, que só para isso servem fora da urdidura em que foram tecidos. Deixados porém estes reparos, e outros, que não é justo me queixe de quem me honra, saiba terceira vez o leitor, que de dezenove sermões que contém este tomo, entrando no mesmo número um problema de S. Francisco Xavier, somente cinco são meus. De uns e outros se põe aqui a lista para maior clareza.

SERMÕES TOTALMENTE ALHEIOS

Sermón de Ceniza, p. 1.
Sermón de los Inimigos, p. 21.
Sermón de la quarta Dominga de Quaresma, p. 49.
Sermón del Mandato, p. 100.
Sermón de las Lágrimas, de S. Pedro, p. 161.
Sermón de la Venida del Espíritu Santo, p. 184.
Sermón de la Epifanía, p. 203.
Sermón de S. Thomé Apostol., p. 219.
Sermón de S. Francisco de Assis, p. 241.
Sermón de S. Antonio de Padua, p. 256.
Sermón de S. Francisco Xavier, p. 273.
Sermón de una Prosession en dia de S. Joseph, p. 294.
Sermón de S. Úrsula, y sus compañeras, p. 325.
Question de la fineza del amor de S. Francisco Xavier, p. 361.

SERMÕES DO AUTOR

Sermón del quarto miércoles de Quaresma, p. 35.
Sermón del Ciego, p. 81.
Sermón del Mandato, p. 119.
Sermón del Santíssimo Sacramento, p. 136.
Sermón de S. Thereza de Jesus, p. 325.

Estes cinco sermões, e com mais razão três deles, se puderam também contar entre os alheios, pela notável corrupção, que em alguns se vê foi indústria, com que saem deformados. Mas enquanto a estampa os não restitui todos à sua origem, leiam-se nesta o do cego, e dos Zebedeus, que já estavam impressos quando cá apareceram em tão dessemelhante figura, e ver-se-á a diferença.

APROVAÇÃO DO

Muito Reverendo Padre Mestre

Frei João da Madre de Deus, Provincial da Província de Portugal, da Seráfica Ordem de S. Francisco, pregador de S. Alteza, Examinador das Ordens Militares etc.

Senhor.
 Se em alguma ocasião se achou obediência sem merecimento, foi nesta, em que por mandado de V. Alteza vi a **Primeira Parte** dos sermões do Padre Antônio Vieira, da Sagrada Companhia de Jesus, meritíssimo pregador de tal Príncipe, por príncipe de todos os pregadores, tirados das imperfeições com que os adulteraram as mãos por onde corriam, e reduzidos a parto legítimo de seu supremo engenho. A censura mais acertada é pôr-lhes o nome de seu autor por censura, pois sem competência de nenhuma, posto que com inveja de todas, é respeitado pelo oráculo do púlpito entre as nações do mundo, aonde a experiência ou a fama de seus escritos o têm levado nas asas da sua pena. Tinha eu um grande desejo de que o autor desse princípio às obras a que anela a nossa bem fundada esperança e promete o seu grande talento, para que por benefício da imprensa ficasse imortal na memória dos vindouros a glória que logra a admiração dos presentes, e que soubesse o mundo que não tinha que invejar Portugal à erudição latina, e à eloquência grega, e muitas vezes me repetia a mim mesmo aquelas palavras de Jó no capítulo 31, vers. 35: *Desiderium meum audiat omnipotens, et librum scribat ipse qui judicat, ut in humero meo portem illum, et circundem illum quasi coronam mihi:* Ouça Deus o meu desejo, e escreva um livro o mesmo que julga, para que eu o traga por estimação nos ombros, e por coroa na cabeça. Deus com a inspiração, e V. Alteza com a obediência, me cumpriram este desejo. Que juiz podia escrever um livro de sermões, senão o Padre Antônio Vieira, juiz por antonomásia do ofício em a arte e regras da prédica, e de quem todos os pregadores nos contentáramos de ser aprendizes, para nos podermos chamar mestres. Só se podia duvidar em que, sendo o juiz o escritor do livro, fosse Jó o coroado com ele, e que o livro, que havia de ser glória para quem o compôs, fosse glória para quem o lesse? Mas quem abrir o livro achará solução à dúvida, porque em cada um dos sermões que contém verá que, podendo só ser glória de quem os escreve, são juntamente coroa de quem os lê. Não são só glória de quem os fez, mas também ventura dos que os têm. Ao menos para comigo, assim o julga com Jó o meu afeto: *Coronam mihi.* Digo pois de cada

um destes sermões o que disse Plínio no II livro das suas Epístolas, Ep. 3: *Proemiatur apte, narrat aperte, pugnat acriter, colligit fortiter, ornat excelse*. Começa com energia viva, que atrai; prossegue com claridade singular, que deleita; prova com viveza grave, que admira; recolhe com variedade eloquente, que ensina; adorna com excelência sentenciosa, que suspende, e, o que é mais dificultoso, *Postremo docet, delectat, afficit*. Diverte como se não advertisse; ensina como se não recreasse; deleita como se não repreendesse, aproveita como se não deleitasse. Não só não há neles coisa que encontre ao serviço real, mas muitas para que V. Alteza continue a obediência com que obrigou ao autor a dar à estampa este livro, para que saia à luz com os mais trabalhos tão luzidos de seus estudos e engenho, para a glória de Deus, e honra destes reinos. Isto sinto, isto digo, e o que não sei dizer é o que mais sinto. Em S. Francisco de Lisboa, 29 de agosto de 1678.

Fr. João da Madre de Deus

LICENÇAS

DA RELIGIÃO

Eu, Luís Álvares, da Companhia de Jesus, provincial da Província de Portugal, por particular concessão que para isso me foi dada de nosso muito reverendo Padre João Paulo Oliva, prepósito geral, dou licença para que se imprima este livro, **Primeira Parte** dos Sermões do Padre Antônio Vieira da mesma Companhia, pregador de S. Alteza. O qual foi examinado e aprovado por pessoas doutas e graves da mesma Companhia. E por verdade dei esta assinada com meu sinal e selada com o selo de meu Ofício. Dada em Lisboa aos 18 de setembro de 1677.

LUÍS ÁLVARES

DO SANTO OFÍCIO

Vistas as informações que se houveram, pode-se imprimir esta **Primeira Parte** dos Sermões do Padre Antônio Vieira, da Companhia de Jesus, e impressos tornarão, para serem conferidos com o original, e se dar licença para correrem, e sem ela não correrão. Lisboa, 15 de julho de 1678.

MANOEL DE MAGALHÃES DE MENESES. MANOEL PIMENTEL DE SOUZA.
MANOEL DE MOURA MANOEL. FR. VALÉRIO DE S. RAIMUNDO

DO ORDINÁRIO

Pode-se imprimir o **Primeiro Tomo** dos Sermões do Reverendo Padre Antônio Vieira da Companhia de Jesus, e pregador de S. Alteza. Lisboa, 6 de agosto de 1678.

FR. CRISTÓVÃO, BISPO DE MARTÍRIA

DO PAÇO

Pode-se imprimir, vistas as licenças do Santo Ofício e Ordinário, e depois de impresso tornará a esta mesa, para se conferir e taxar, e sem isso não correrá em Lisboa. 30 de agosto de 1678.

Marquês Presidente. Magalhães de Menezes.
Carneiro. Mousinho

Está conforme com seu original. Convento de N. Senhora da Graça, 15 de setembro de 1679.

Fr. Diogo de Teive

Pode correr em Lisboa, 15 de setembro de 1679.

F. C. B.

Taxam este livro de Sermões do Padre Antônio Vieira em mil e duzentos réis. Lisboa, 18 de setembro de 1679.

Marquês P. Magalhães de Menezes.
Roxas. Basto. Rego Lamprea

PRIVILÉGIO REAL

Eu, o príncipe, como Regente e Governador dos Reinos e Senhorios de Portugal e Algarves, faço saber que o Padre Antônio Vieira me representou, por sua petição, que tinha impresso, com as licenças necessárias, a **Primeira Parte** dos Sermões que oferece em um tomo, que contém quinze, pedindo-me lhe fizesse mercê conceder privilégio na forma do estilo, e visto o que alegou, hei por bem que por tempo de dez anos nenhum livreiro, nem impressor possa imprimir, nem vender o Livro dos Sermões referidos, nem mandá-lo vir de fora do Reino, sob pena de perdimento dos volumes que lhe forem achados, e de cinquenta cruzados, a metade para a minha câmera, e a outra para o acusador. Este alvará se cumprirá como nele se contém, e valerá posto que seu efeito haja de durar mais de um ano, sem embargo da Ordem do Liv. 2, Tit. 40, em contrário. E pagou de novos direitos quinhentos e quarenta réis, que se carregaram ao tesoureiro deles, Pedro Soares, à Fol. 63 do Liv. 4 de sua receita. Luís Goudinho de Niza o fez em Lisboa, a trinta de setembro de mil seiscentos e setenta e nove. José Fagundes Bezerra o fez escrever.

PRÍNCIPE
Marquês Mordomo-Mor

Alvará do Padre Antônio Vieira, por que V. A. há por bem de lhe conceder privilégio por tempo de dez anos, para nenhum livreiro ou impressor vender, nem imprimir, ou mandar vir de fora do Reino o Livro dos Sermões de que trata, na maneira acima declarada.

Para V. A. ver

Este livro foi composto nas famílias tipográficas
Liberty e Minion
e impresso em papel *Bíblia 40g/m²*

Edições Loyola
editoração impressão acabamento
rua 1822 nº 341
04216-000 são paulo sp
T 55 11 3385 8500
F 55 11 2063 4275
www.loyola.com.br